The Rise and Fall of the American System

아메리칸
시스템의 흥망사,
1790-1837

"제게 늘 큰 힘이 되어 주시는

어머니와

그리고 이미 고인이 되신

할머니와 아버지께

이 책을 바칩니다."

역사가 하성호는 아메리칸 시스템(The American System)이라는 주제를 통하여 남북전쟁이전의 미국 역사를 총체적으로 서술할 수 있다는 신념에서 출발하고 있다. 그래서 그의 글은 처음부터 끝까지 일관지게 나아간다. 그는 미국 역사에서 한 가지 열쇠 열고 반드 많은 문제를 풀어낼 수 있다는 확고한 믿음에서 출발하여 그 주제 이 외에는 결코 한 눈을 팔지 않았기에 독자들은 생각의 실타래를 복잡하게 풀 필요가 없는 것이다. 그래서 독자들은 이 글을 읽을 때 즐거울 것이다. 그러나 단지 즐거움만으로 이 책이 가치가 한정되는 것은 아니다. 책의 주업에서 강조해서 이야기하듯이 저자는 아메리칸 시스템에 대한 지금까지의 해석一주로 정치, 정체와 갈등에서 문제를 풀어내는 해석에는 자유로움 필요가 있음을 주장한다. 그는 새로운 시정, 즉 문화, 지성사적인 측면에서 이 문제를 다시 보려고 하도가 이 책의 시종 목차임을 분명히 하고 있다. 그 런 면에서 저자의 접근 태도는 새로운 시도이기에 그 모두 주체적으로 그 자체만으로도 시선을 사로잡기에 충분한 것이다. 실제로 최근 이 분야에서는 역사가 하우(Daniel Walker Howe)를 위시한 일군의 학자들이 문화·사회사적 접근으로 새로운 연구 결과를 발표하고 있다.

The Rise and Fall of the American System

아메리칸 시스템의 흥망사, 1790-1837

하성호(Songho Ha) 저 | 양홍석 역

學古房

한글판 서문 »

많은 분들의 노고로 한글 번역본을 출판하게 된 것에 깊은 감사를 드립니다. 우선, 동국대학교 사학과의 양홍석 교수님께 깊은 감사의 인사를 드립니다..양 교수님은 한국에서는 거의 유일하게 미국의 1800년대 초기를 연구하는 학자로서 많은 시간을 들여 이 책을 번역해 주셨습니다. 그리고 번역보다 더 오래 걸렸던 교정, 제작, 마무리의 모든 과정을 꼼꼼하게 처리하는 노고를 아끼지 않으셨습니다.

다음은 출판사를 소개하여 주신 중앙대 역사학과의 선생님들, 특히 직접 연락을 담당해 주셨던 손준식 교수님께 감사를 드립니다. 중앙대 역사학과는 제가 2011년 여름부터 2012년 여름까지 연구년을 가질 때 교환교수로서 지낸 곳인데, 연구년을 편안히 지낼 수 있도록 도와주신 여러 역사학과 선생님들께 감사를 드립니다.

또 이 책의 출판을 결정하여 주신 학고방 하운근 대표님과 출판의 실무를 담당하신 박은주 차장님께 깊이 감사드립니다. 박은주 차장님은 긴 제작과정을 인내심을 가지고 잘 인도해주셨습니다.

마지막으로, 저를 위해 항상 기도하여 주시는 어머니와 저의 곁에서 꾸준히 응원해 준 아내에게 말로서는 다 못할 감사의 마음을 전합니다.

이 책은 한글판으로 출판되기 전에 번역자, 저자, 편집자 등 수많은 분들이 같이 교정을 보면서 영어판 원문이 의미하는 바에 맞추고자 많은 노력을 하였습니다. 독자 여러분들께 이 책이 미국을 이해하는데 약간이나마 도움이 되기를 바랍니다.

2014년 7월

하성호

영어판 감사의 글 »

이 책을 완성하는데 도움을 주신 여러 분들에게 감사를 드립니다.

먼저, 작고하신 리처드 엘리스(Richard E. Ellis) 교수님은 저의 박사 학위 지도 교수였고 미국 초기 역사에 대한 학문적인 열정으로 가득 찬 분이셨습니다. 선생님의 열정은 저에게 큰 본보기가 되었습니다. 또한 선생님은 저의 학문적인 정체성 확립에도 큰 영향을 주셨습니다. 선생님께서 저의 박사학위 논문주제로 아메리칸 시스템(American System)을 연구해 보라고 추천하셨고, 그 연구가 이 책의 밑바탕이 되었습니다. 이 책이 나오기 전에 돌아가셔서 너무나 큰 유감입니다.

박사 논문 위원회(Dissertation Committee)의 위원이셨던 타마라 돈턴과 에릭 시먼(Tamara P. Thorton and Erik Seeman) 교수님은 학위 논문의 원고를 꼼꼼히 읽어주시고 날카로운 질문을 통해서 논문의 수준을 향상시켜 주었습니다. 조지 이거스와 윌마 이거스(Georg and Wilma Iggers) 교수님 또한 박사 학위 초고를 정성들여 읽고 많은 충고를 아끼지 않으셨습니다. 이 분야의 전문가이신 퍼듀 대학(Purdue University)의 존 라슨(John L. Larson) 교수님 역시 외부 심사 위원(Outside Reviewer)의 자격으로 박사 학위 원고를 꼼꼼히 읽어 주셨으며, 논문이 통과된 이후에도 여러 가지 학문적인 조언을 해 주셨습니다. 동료이자 친구인 존 벤 아타(John Van

Atta), 카이드만 라이버드(Caedmon Liburd), 그리고 멜린다 니콜슨(Melinda Nicholson)은 이 책의 원고를 꼼꼼하게 교정해 주었습니다. 그들의 교정 덕택에 이 책의 문장이 한층 좋아졌습니다.

다음의 학자들도 학문적으로 값진 충고들을 아끼지 않으셨습니다. 다니엘 워커 하우(Daniel Walker Howe), 존 브루크(John L. Brook), 다니엘 펠러(Dniel Feller), 마이클 모리슨(Michael A. Morrison), 다니엘 프레스톤 (Daniel Preston), 모니카 나자(Moinicar Najar)가 바로 그들입니다. 이들은 본인들이 바쁜 와중에도 흔쾌히 학문적인 자문에 응해 주었습니다. 이 글을 통하여 다시 한 번 감사를 전합니다. 그리고 출판사가 위촉한 두 분의 외부 심사 위원들의 정확한 평가와 의견들도 글을 수정하는데 많은 도움이 되었습니다.

이 책을 저술하는 과정에서 앞서 소개한 분들과 아울러 다음 두 분의 도움을 특별히 언급하고 싶습니다. 친구인 토마스 콕스(Thomas H. Cox) 교수는 박사 학위 논문 단계에서부터 많은 도움을 주었습니다. 그는 여러 번에 걸쳐 원고를 꼼꼼히 읽어 주었고, 문장 하나 하나에 대해서 지적을 아끼지 않았습니다. 그의 이러한 도움이 없었더라면 책 원고의 저술 작업이 훨씬 늦어졌을 것입니다. 로버트 라이트(Robert E. Right) 교수 역시 박사 학위 논문과정에서부터 많은 도움을 주었습니다. 게다가 그는 피커링 차토 출판사의 "재정사 시리즈"(Financial History Series)의 총괄 편집인으로서, 이 책을 그의 시리즈의 하나로 출판할 수 있도록 주선 하였습니다. 출판사의 편집인인 데이러 카(Daire Carr) 또한 긴 출판 과정을 처음부터 끝까지 자세히 안내해 주었으며, 이 책의 담당 편집자인 폴 리(Paul Lee)는 원고를 매끄럽게 편집해 주었습니다. 이 책에 실수가 남아있다면 그것은 물론 저의 몫입니다.

덧붙여, 도서관의 협조가 없었더라면 저와 같은 역사가가 학문적 성과물을 이루어 낼 수 있을 지에 대해 의문스러울 따름입니다. 버팔로 소재 뉴욕 주립 대학 락우드 도서관(Lockwood Library at the University at Buffalo)의 찰스 다니엘로(Chales D'Aniello)와 앵커리지 알래스카 대학 컨소시움 도서관(Consortium Library of the University of Alaska Anchorage)의 로빈 한센(Robin Hansen), 케빈 키팅(Kevin Keating), 브라이언 호킨스(Brian L. Hawkins), 돈 버그(Dawn Berg)는 본 저술 작업에 필요한 자료 수집을 도와주었습니다. 또한 필라델피아 라이브러리 컴퍼니(Library Company of Philadelphia)와 미국 의회 도서관(Library of Congress)의 연구 자료 지원 연구관들의 도움도 잊을 수 없습니다.

한편으로 알래스카 대학의 인문대 학장(Dean of the College of Arts and Sciences)인 제임스 리츠카(James Liszka)와 사학과 학과장 엘리자베스 데니슨(Elizabeth Denison)은 2008년 가을 학기에 본인이 저술에 더욱더 집중할 수 있도록 강의 과목을 하나 줄여 주었습니다. 현재의 대학 동료들과 전 직장이었던 캐나다의 뉴 브런스위크 대학(University of New Brunswick Saint John, Canada)과 노스 콜로라도 대학(University of Northern Colorado)의 동료 교수들은 격려를 아끼지 않았습니다. 이 자리를 빌어 그들의 도움에 진심으로 감사를 표하는 바입니다. 2009년 봄 학기에 개설하였던 "19세기 초 미국사(Early National Period, 1800–1850)" 강좌의 수강생들과 이 책에서 다루고 있는 중요한 주제와 논쟁점에 대해 토론을 하면서 부족한 점을 많이 보완할 수 있었습니다. 그 강좌를 들었던 학생들에게도 고마움을 표합니다.

또한, 여러 연구 진흥 기구들의 도움과 지원금이 있었기에 이러한 저술작업을 안정적으로 추진 할 수 있었습니다. 풀브라이트 장학 재단(Fulbright Foundation)은 저의 대학원 초기 학자금을 지원하였습니다. 또 한미 연구 재단(Korean–American Scholarship Foundation)으로부터는 박사 학위 논문을 쓰는 중에 양백/체어 장학금(Yang Baek/Chair Scholarship)을 받았습니다. 버팔로 소재 뉴욕 주립 대학(New York University at Buffalo)에서는 대학원 학생회(Graduate Studies Association)에서 마크 다이어몬드 연구 지원 자금(Mark Diamond Research Grant)을 받았으며, 역사학과로부터는 락우드 연구 자금(Lockwood Research Fund)을 받았습니다. 본격적으로 책을 집필할 때 쯤엔 현재 재직 중인 알래스카 대학의 여러 학술 진흥 기구(The Provost's Office, Dean's Office of the College of Arts and Sciences, and the Center for Advancing Faculty Excellence)에서 여러 번의 여행 비용과 연구비용을 지원 받았습니다. 더욱이 알래스카 대학의 컴플렉스 시스템 연구 그룹(Complex System Group)은 연구 조교의 비용을 부담하여 주었습니다. 이 지원금으로 오라이언 앨런(Orion Allen)을 고용하였으며 그는 이 책을 완성하는데 있어 많은 노고를 아끼지 않았습니다. 특히 책의 목차, 주, 그리고 색인을 꼼꼼히 검토해 주었던 그의 노력에 이 자리를 통해서 다시 한 번 감사를 표하고자 합니다.

사랑하는 가족은 언제나 나의 힘의 원천이 되었습니다. 미국 역사를 공부하는 긴 여정의 힘들었던 순간에도 그들의 응원 덕택에 이를 극복할 수 있었습니다. 제가 대학원 과정을 시작하였을 때, 할머님과 부모님 모두 살아 계셨으나, 안타깝게도 시간이 흐르고 나니 이제는 할머님과 아버님은 안 계시고, 오직 어머님만이 이 책이 출판되어 나온 것을 보실 수 있게 되었습니다. 저에게 끝없는 사랑과 희생을 베풀어 주신 그 분들께 이 책을 바칩니다.

역자 해제 »

- 역사가 하성호와 아메리칸 시스템 -

역사가 하성호는 아메리칸 시스템(The American System)이라는 주제를 통하여 남북전쟁이전의 미국 역사를 총체적으로 서술할 수 있다는 신념에서 출발하고 있다. 그래서 그의 글은 처음부터 끝까지 신명이 나있다. 그는 미국 역사에서 한 가지 열쇠 말로 많은 문제를 풀어낼 수 있다는 확고한 믿음에서 출발하여 그 주제 이 외에는 결코 한 눈을 팔지 않았기에 독자들은 생각의 실타래를 복잡하게 꼴 필요가 없는 것이다. 그래서 독자들은 이 글을 읽을 때 즐거울 것이다. 그러나 단지 즐거움만으로 이 책의 가치가 한정되는 것은 아니다. 책의 초입에서 강조해서 이야기하듯이 저자는 아메리칸 시스템에 대한 지금까지의 해석-주로 정치, 경제적 갈등에서 문제를 풀어내는 해석에서 자유로울 필요가 있음을 주장한다. 그는 새로운 지평, 즉 문화, 지성사적인 측면에서 이 문제를 다시 보려는 의도가 이 책의 서술 목적임을 분명히 하고 있다. 그런 면에서 저자의 접근 태도는 새로운 시도이기에 그 포부 자체만으로도 시선을 사로잡기에 충분한 것이다. 실제로 최근 이 분야에서는 역사가 하우(Daniel Walker Howe)를 위시한 일군의 학자들이 문화·사회사적 접근으로 새로운 연구 결과를 발표하고 있다. 저자의 글도 이러한 연구 방법론과 매우 밀접한 관계가

있다.[1)]

이러한 전제하에서 이 책은 처음부터 끝까지 거침없이 미국 건국 시기를 시작으로 미국 역사 전반에 걸쳐 아메리칸 시스템의 발전 과정을 탐색하고 있다. 우선 그는 단일 주제의 접근에서 꼭 필요한 것으로 보이는 필요한 "아메리칸 시스템"이라는 용어의 정의와 그 기원에 대한 분석에서부터 시작하고 있다. 아메리칸 시스템의 기원은 초대 대통령 조지 워싱턴(George Washington)행정부에서부터 시작된다. 그는 임기의 대부분을 국가의 기초를 세우기 위하여 산업과 인문 분야의 토대를 구축하기 위해 노력하였다. 저자는 이러한 대통령의 노력을 아메리칸 시스템의 시초라고 주장한다. 서문에서 저자는 이 용어가 알렉산더 해밀턴(Alexander Hamilton)에서 비롯되고, 토마스 제퍼슨(Thomas Jefferson)도 그러한 용어를 사용했다고 하면서 미국의 중요한 건국의 아버지 모두가 이러한 정치 공학적 언어를 사용하였음을 지적하고 있다. 저자는 이들 초기의 미국 국가 건설자들은 단지 국가 기간산업의 기초 인프라를 강조하는 차원에서 수식적인 의도로 이 용어를 사용한 것이 아니라, 미국 예외주의(American Exceptionalism)의 차원에서 볼 수 있는 정치경제학, 또는 정치공학의 가치 체계로서 그 용어를 사용했다고 보고 있다.[2)]

---

1) Daniel Walker Howe, *The Political Culture of the American Whig* (Chicago, IL: University of Chicago Press, 1979); *What Hath God Wrought: The Transformation of America, 1815-1848* (New York: Oxford University Press, Inc., 2007); Carol Sheriff, *The Artificial River: The Erie Canal and the Paradox of Progress 1817-1862* (New York: Hill and Wang, 1996); Lawrence A. Peskin, *Manufacturing Revolution: The Intellectual Origins of Early American Industry* (Baltimore, MD: The Johns Hopkins University Press, 2003; Andrew M. Schocket, *Founding Corporate Power in Early National Philadelphia* (DeKalb, IL: Northern Illinois University Press, 2007, Songho Ha, *The Rise and Fall of the American System*, pp.12-13.

이어서 저자는 소위 "아메리칸 시스템"차원에서의 국가 건설 작업은 그 후에도 중단 없이 이어져가고 있다고 본다. 도로, 운하, 은행, 관세 시스템의 건설에서 부터 시작하여, 이어서 비록 성공을 거두지는 못했지만 국립대학의 건설까지도 노력하였다. 특히 지금까지 거의 잘 알려지지 않았던 워싱턴, 아담스, 제퍼슨, 메디슨 모두가 적극적으로 추진한 국립대학 건설 문제를 자세하게 다루고 있는 점은 매우 흥미롭다고 할 수 있다. 워싱턴과 존 아담스(John Adams)의 노력에도 불구하고 뚜렷한 결과를 보이지 않았던 국립대학 문제는 제퍼슨 시대에 오면 적극성을 띄게 된다. 그는 의회에 요청하여 공유지를 판매하여 국립 교육 기관을 만들려고 하였다. 그는 또한 여러 전문가들을 만나 이러한 사업이 가능할 수 있도록 부단히 노력하였다(Dr William Thornton, Benjamin Latorbe, Dupont de Nemours, Joel Barlow). 그런 지식인과 전문 기술자 중에서 발로우는 대통령의 요청에 따라 국립대학의 구체적인 조감도를 그리게 된다. 이 계획은 1806년 상원에까지 입법 상정되었지만 별다른 결과를 가져오지 못했다. 이어서 메디슨도 같은 취지의 시도를 하지만 결과를 이루어 내지 못했다. 저자는 양 대통령의 계획이 무산되는 결정적인 이유를 미국이 직면하고 있었던 국제적인 조건에서 찾을 수 있다고 보고 있다. 1812년의 제 2차 미영전쟁으로 국부의 많은 부분이 소진되었기 때문이다. 전쟁 이후 메디슨 대통령은 다시 적극적으로 국립대학 건설을 계획하지만 결국 뚜렷한 결과를 이루어내지 못했다. 지금까지 모든 대통령이 이 사업에 희망을 포기하지 않은 것은 국가의 밝은 장래는, 지식의 보급과 국민을

2) Songho Ha, *The Rise and Fall of the American System*, 2-3, 15-19; B, F, Wright, ed., *The Federalist* (Cambridge, MA: The Belknap Press of Harvard University Press, 1966), 141; "Mr Jefferson and the Tariff," *Niles' Weekly Register*, 38 (12 June, 1830), p.294.

하나로 묶을 수 있는 구심체의 역할을 할 교육으로만 가능하다고 보았기 때문이다.[3]

아메리칸 시스템은 이러한 기초 작업에서 힘을 얻어서 전쟁 이후(1815-24)에는 보다 체계적인 방식으로 발전하게 된다. 바로 정치적인 강령으로 그 세련된 이념 체제를 형성하게 되었고, 이와 더불어서 문화적인 면에서 미국 국민주의(Nationalism)의 합의를 만들어 낼 방안들을 찾는데 지대한 관심을 쏟게 된다. 물론 이러한 순기능만 작동되는 것은 결코 아니었다. 바로 아메리칸 시스템의 공과와 실리에 따라서 미국의 지역(section)적인 경계가 형성되고, 결국 이러한 지역 간의 갈등으로 인해 마침내 파국(남북전쟁)을 맞이하였다고 저자는 서술한다. 1819-21년의 미주리위기(The Missouri Crisis) 이후의 미국을 보면 이를 구체적으로 파악 할 수 있다고 기술하고 있다.[4]

저자는 1812년의 미영전쟁으로 미국인들이 여러 가지 면에서 국민주의적 의식을 드러내게 되었다고 보고 있다. 이 같은 사실이야 말로 역사학자들이 이 전쟁을 "제2차 독립 전쟁"으로 부르는 이유일 것이다. 전쟁 기간 미국인들은 전국적인 통화. 도로, 운하의 부족이 가져오는 문제점을 실감하게 된다. 다른 한편으로 전쟁 기간 대서양을 중심으로 양 국가가 무역 제한 조치를 취함으로써(미국의 Embargo, 영국의 blockades) 대서양에서 자유로운 무역이 불가능하게 되었고, 이와 아울러 미국의 제조업은 자체적으로 존립을 모색해야 했으며 그 결과 남다른 성장을 하게 된다. 이런 분위기에서 1815년 이후 아메리칸 시스템은 적극성을 띠게 된다. 메디슨 대통령은 전쟁 후 1815년의 연례 의회 시정 연설을 통해서 국립 은행의 설치와

---

3)　Songho Ha, *The Rise and Fall of the American System*, pp.16-43.

4)　Ibid., pp.45-77.

함께 전쟁 전에 최소한 유지되었던 전국적 통화의 부활과 국가 안보와 미국의 농업, 제조업 보호를 위한 보호 관세 정책을 추진할 것을 의회에 요구하게 된다. 더불어서 도로와 운하의 건설과 함께 "국립대학을 워싱턴"에 건설하는 계획을 확정하여 이후 더더욱 발전되는 소위 아메리칸 시스템의 모형을 제시하게 된다. 이것이 바로 역사가들이 나중에 "메디슨 강령"(Madisonian Platform)이라고 불리게 되는 국가 개발 프로젝트였다. 그럼에도 전임 제퍼슨대통령이 그러하였듯이 아메리칸 시스템의 사업의 추진에서 메디슨은 예외적인 효과를 많이 이루어 내지 못했다는 점을 저자는 제시하고 있다, 그 이유가 무엇일까? 저자는 메디슨 대통령이 여러 계획을 위하여 적극적인 노력을 하면서도 다른 한편으로는 조심성을 나타내고 있었는데, 그 이유가 바로 이러한 거대한 프로젝트를 헌법적인 차원에서 합법적으로 추진할 수 있는 조항을 가지고 있지 않다고 보았기 때문이라고 서술한다. 그러므로 사업을 시작하기 이전에 우선 헌법상의 근거를 만들기 위한 노력 즉 수정 헌법이 필요하다고 그는 보았다.[5]

하성호 교수의 연구에서 아주 재미있는 것은 전후 물밀듯이 쏟아지는 영국 상품의 미국 내 유입에 대항해서 1816년 4월 27일 통과된 보호관세법(Protective Tariff Act of 1816)은 일반적으로 알려진 것과는 달리 보호주의를 목표로 한 처방이 결코 아니었다는 점이다. 당시 이 법안을 대통령을 대신하여 요청 했던 재무장관 달라스(A. J. Dallas)에 따르면, 이 법의 주된 목적이 외국 상품에 대한 보호 관세에 있었던 것이 아니라, 국가가 필요로 하는 재정 확보에 있었다는 사실을 확인 할 수 있다. 매우 흥미로운

---

5) "Seventh Annual Message," 5 December 1815, *A Compilation of the Messages and Papers of the Presidents*, ed. J. D. Richardson, 11 vols (New York: Bureau of National Literature, 1911), vol. 1, 553, 550-2; Howe, *What Hath God Wrought*, 80; Songho Ha, *The Rise and Fall of the American System*, pp.45-77.

사실이다. 국가가 직면하고 있는 재정 적자를 해결하는 것이 미국의 산업 보호를 위한 것보다 우선시 되었다는 점은 이후 연속적으로 제정된 연방 관세법의 설치가 주로 국내 산업의 보호에서 발생하였고, 그리고 이러한 취지의 법률은 지역적 경제 특징에 따라 상당한 반발을 야기하게 된다는 점을 볼 때 비교될 수 있는 측면이다. 이후의 관세법은 남부가 보기에 자신의 정치 경제학의 특징을 무시하고, 북부의 유치산업을 보호하기 위한 것이었다. 감당하기 어려운 짐을 남부가 수용할 수밖에 없는 상황에서 발생했던 이후의 사건들을 보면서, 더더욱 이러한 초기의 단순한 유치산업의 보호라는 요구가 나중에 완전히 다른 의도로 발전하게 되었다는 사실은 역사의 아이러니라고 할 수 있을 것이다. 이러한 보호관세 법안의 통과를 위해서 아메리카 시스템의 지지자들은 수사학적인 웅변으로 미국의 국민주의 또는 애국주의에 호소하였던 측면을 저자는 자세하게 관찰하였다. 더욱이 이후 1830년대 초의 연방 관세법 무효화 논쟁에서 즉각적인 관세법 폐지와 필요시 미국 연방 체제에서 탈퇴하여 새로운 국가를 건설할 수 있다는 급진적 주권론(State's Right)을 주장하였던 칼훈(John C. Calhoun)이 초기에는 관세법 문제와 제2 연방 은행 설치 문제에서 연방 강화 주의를 옹호하였던 바로 그 인물과 동일인이었다는 점에 놀라지 않을 수 없다.[6]

이 문제와 연관해서 이 책의 가장 큰 특징이며 장점이라고 할 수 있는 점은 저자가 말하는 아메리칸 시스템과 연관하여 미국의 지역 간의 갈등이 어떻게 발전되어가는 지를 매우 상세하고 조심스럽게 관찰하고 있다는 점이다. 이 분야에서는 이전의 연구들은 전체적이고 개략적인 밑그림만을

---

6)   Songho Ha, *The Rise and Fall of the American System*, 46-49; F. W. Taussig, ed., *State Papers and Speeches on the Tariff* (New York: Burt Franklin, 1895), 110; N. W. Preyer, "Southern Support of the Tariff of 1816-A Reappraisal," *Journal of Southern History* 25: 3 (August 1959), pp.306-22.

그리는 정도에 그쳤다. 그러나 저자는 각 개별 정책과 관련한 지역 간의 갈등이 구체적으로 어떤 모습으로 나타나고 진화되어 가는지, 결국 이것이 어떠한 역사적 결과를 낳게 되는 지를 자세하게 서술하고 있다. 이러한 서술은 단일 주제에 대한 시간상의 전개를 목표로 하는 작업에서 쉽게 간과될 수 있는 것인데도, 저자는 예리한 시각으로 이 문제를 놓치지 않고 있다. 결론적으로 저자는 이 장을 비롯하여 다른 장에서도 동일한 관점에서 지역 간의 갈등에 끊임없이 관심을 보이며, 1861년 미국 역사의 파국에 이르게 되는 과정을 작은 암 세포의 생성 진화 과정을 관찰하듯 날카로운 시선으로 보여주고 있다. 아마 저자는 처음부터 각 장에 이러한 측면과 내용을 배치하여 아메리칸 시스템의 진화와 그 종말이 남북전쟁과 관계있음을 서술하려는 듯하다.

아메리칸 시스템이 메디슨 대통령의 시대에 관세, 국토 개발 계획, 국립 은행 건설을 통하여 발 빠르게 진행되면서, 이러한 계획을 옹호하는 이념과 사상이 또한 구체적으로 출현하게 되었다. 사실 아메리칸 시스템은 당시 미국 사회에서 물밀듯이 일어나고 있는 사회 개혁 운동에서 많은 영향을 받았다. 국토 개발 계획은 이들 사회 개혁 운동을 지도하는 인물들의 영향 아래서 그 속도감을 한층 높이게 됨을 저자는 추적하고 있다. 예를 들어 당시 미국 전역을 강타했던 제2차 대각성 운동(The Second Great Awakening)은 전통적인 캘빈주의 예정설(Predestination)에서 벗어나서, 인간 의지의 가능성을 높이 평가하는 이성적 신학(Rational theology)에 바탕을 두고 있다. 그러므로 현실 개혁적 의지를 강조하는 아메리칸 시스템과 제2차 대 각성 운동은 공유하는 가치를 가지고 있었다. 특히 그들은 기독교적인 천년 왕국의 도래에 대해서 비슷한 관점을 가지고 있었다. 그들은 지상의 인간들이 해야 할 일은 이러한 천년 왕국의 도래를 빨리 실현하기 위해서 준비하는 것이라고 믿었다. 그것이 바로 사회 개혁이라고 보았던 것이다. 저자는 이러한 이유로 두 운동이 밀접하게 영향을 주고받았음을 확인하고 있다(Charles G. Finney, John Quitman, William Lloyd Garrison, Susan B. Anthony).[7]

물론 저자가 이러한 부분에 가중치를 두고 설명을 이끌어가는 것은 책의 서문에서 언급했듯이, 지금까지의 정치 경제적인 접근 방식에서 벗어나서 문화 지성사적인 관점에서 문제를 접근하려는 저자의 목표에서 보면 충분히 이해할 수 있다. 신앙심이 깊었던 대통령 존 퀸시 아담스(John Quincy Adams, 1825-29)뿐만 아니라 저자의 표현에 의하면 "교활"하기 짝이 없었던 헨리 클레이(Henry Clay)마저 이러한 대 각성 운동의 영향 아래 아메리칸 시스템의 제반 정책을 실천했음을 밝히는 대목은 저자의 통찰력을 보여주고 있다고 할 수 있다. 특히 저자가 대 각성 운동을 "도덕, 정치, 사상의 운동의 기원"이라는 아담스의 말을 강조하고, 이것이 "우리를 존재케 해준 저자(하느님)가 우리에게 맡긴 책무"라고 한 말을 인용하면서, 양 운동의 연관 관계를 밝히고 있는 점은 이 책의 중요한 주장이라고 할 수 있을 것이다.[8] 또한 클레이의 토지 분배 법안(Distribution Bill of 1832)을 분석하며, 그가 공유지에서 얻은 수입으로 단지 국토 개발만 아니라 "미국 밖에 있는 자유 흑인의 교육과 식민지"를 건설하기 위해서 쓰도록 제의했다는 내용은 잘 알려져 있지 않은 중요한 역사적 사실이다.[9] 하성호는 클레이를 "자신의 선거구에서 인기 없는 정책이지만 미국 국가의

---

7) W. G. McLoughlin, *Revivals, Awakening and Reform* (Chicago, IL: University of Chicago Press, 1980), 114; R. G. Walters, *American Reformer 1815-1860*, revised edition (New York: Hill and Wang, 1997, original publication, 1978), pp.21-37.

8) "First Annual Message," 6 December 1825, *the Messages and Papers of the Presidents*, vol. 2, 877; *Daily National Intelligencer*, 7, July p.1828.

9) Songho Ha, *The Rise and Fall of the American System*, p.83

미래의 이익을 위해서 자신의 정치적 경력을 희생하였다."라고 하면서 그의 궁극적인 목적인 대통령의 길을 버리고 대의를 위하다가 포퓰리즘에 희생당하는 영웅의 모습으로 그렸다. 아담스 역시 포퓰리즘으로 인한 희생을 각오하면서 미국의 국가적인 진로를 위해서 클레이와 동행하였던 인물로 그려지고 있다.[10]

　그렇다면 실제 그들은 어떠한 사람들이었는가? 아담스는 대통령 선거에서 국민투표, 선거인단 투표에서 앤드류 잭슨에게 선두를 내주었지만 헨리 클레이의 조정에 의해 결국 자신이 의장으로 있는 하원에서 아담스가 대통령 당선이 되도록 하여 결국 "타락한 흥정"(corrupted bargain)이라는 비난을 받은 인물이다. 이러한 명백한 오점으로 인해 아담스는 그의 임기 내내 정권의 정당성의 의심을 받았다. 클레이의 경우에도 이러한 낙인으로 인하여 그는 여러 번의 대권 경쟁에서 결국 실패하게 된다. 미국 역사에서 그들의 모습은 이렇게 순수하지 못한 낙인을 받았던 인물들이다. 그러나 저자의 의하면 그들의 단합을 단지 부정적으로만 볼 수 없는 측면이 있음을 보여준다. 그들이 단합할 수 있었던 것은 장래의 국가 발전에 대한 전망에서 공유하는 점이 있었기에 가능했다고 보고 있다. 우선 클레이는 1824년 이후에 오면 미국의 장래를 위해서 서부 토지 개발과 관세문제에 매우 적극성을 보였다. 이러한 그의 적극적인 국민주의적 정책과 추진 방향은 아담스의 관점과 거의 동일한 것이었다. 원래 아담스의 전문 분야는 외교문제였지만, 이제 그는 연방정치에 적극적으로 참여를 하였다. 1819년 스페인과의 조약(Transcontinental Treaty)으로 플로리다를 획득하고 미국의 국경을 태평양까지 확장하게 된다. 이어서 1823년 먼로 독트린으로 미국의 세력 범위를 분명히 하였다. 그럼으로 클레이가 잭슨을 택할지 아니면,

10)　Ibid., pp.81~93.

아담스를 택할지는 그들의 정치 경제학적인 가치의 문제에서 이미 결정된 것이었다고 저자는 말하고 있다. 어쨌든 다른 모든 부분을 제거하고, 저자가 말하는 아메리칸 시스템 측면에서만 본다면, 이제 둘의 동맹은 그러한 계획의 실천에 날개를 달은 꼴이 된 것이다.[11]

따라서 아담스가 대통령이 되자마자 아메리칸 시스템은 보다 더 구체적으로 실천된다. 그는 보호 관세 운동, 국토 개발 계획, 제2 연방 은행 문제에서 전임 대통령들과 비교해서 보다 적극적인 태도를 보이게 된다. 아담스의 국토 개발 계획의 기본 생각은 그의 서부 공유지 정책에 잘 나타나 있는데, 당시 미주리 출신 토마스 하트 벤턴(Thomas Hart Benton)은 서부 지역의 공유지를 서부 농민에게 싸게 팔거나 아니면 무상으로 분배하는 법안을 1824년에서 1828년까지 의회를 통해 제출하고 있었다. 저자는 아담스와 헨리 클레이가 당시의 서부 지역 유권자에게 가장 인기 있는 이러한 법안에 대해 전체 국가의 이익과 미래를 생각해서 적극적으로 반대하였다는 점을 부각시키면서 결국 이들이 국민주의에 기반을 둔 아메리칸 시스템의 이상을 추구하였음을 지적하고 있다. 저자는 이 장면에서 이들 두 인물을 거의 서사시 수준에서 평가를 하고 있다.[12] 특히 다음과 같은 글은 저자의 의도가 무엇인지 분명히 확인 할 수 있는 장면이다. "아담스와 클레이의 벤턴 법안에 대한 태도에서 아메리칸 시스템을 지지하는 인물들이 공유하는 정치 문화의 특징이 가장 잘 보이고 있다. 그들은 자신들의 정치적인 인기를 위한 것 보다는 오직 연방을 위한 (정책)을 추진하였다. 그들의 정책은 단지 현실적으로 가능한 정치보다는 어떤 상황에서도 변화지 않는 옳음의 정치에 있었다. 그리하여 서부인 들에게 가장 인기 있는 벤턴의

---

11) Ibid., pp.79-80.
12) Ibid., pp.83-93.

법안 보다는 전통적인 토지 시스템을 지지하였다."[13]

아담스와 클레이에 대한 저자의 입장을 이해한다면, 저자가 잭슨(Andrew Jackson) 시대를 다루는 장의 제목을 "아메리칸 시스템의 쇠퇴"(Decline of the American System)라고 정한 것은 당연히 귀결이라고 할 수 밖에 없을 것이다. 출신, 자라온 환경, 정치적인 신념, 이 모든 것에서 완전히 다르고 또한 현실 정치에서 사사건건 적대적인 헨리 클레이 대 잭슨, 그리고 아담스 대 잭슨이었기에, 잭슨이 아담스와 같은 방향에서 정책을 계속 추진할 것을 기대할 수는 없었다. 저자는 우선 잭슨 대통령의 어린 시절의 시련에서부터 자라면서 경험했던 여러 가지 일들에서 결코 아메리칸 시스템의 이상과 하나가 될 수 없는 DNA를 추적하려하고 있다. 이어서 인디언 정책에서 저자는 결국 남부 지역에서 인디언이 제거됨에 따라 이 지역에서 궁극적으로 노예 제도가 확산되게 되었다고 지적한다. 저자에 의하면 인디언 이주 정책의 결과로 백인들이 이 지역으로 물밀듯이 들어가 면화 경작으로 몰입하게 됨에 따라, 결정적으로 노예 수요의 증가를 가져오게 되었다는 것이다.[14]

어쨌든 아메리칸 시스템의 실천에서 볼 때, 잭슨 대통령은 문제점이 많아도 너무 많은 인물로 저자는 서술하고 있다. 1830년 메이스빌 도로 건설 거부권(Maysville Road Veto of 1830)의 사용에서부터 연방 은행 문제까지 그는 국가가 나아갈 진로에서 하등 도움이 되지 않는 반아메리칸

---

13) Ibid., pp.93.

14) R, Suth and S. B. Carter, eds., *Historical Statistics of the United States: Earliest Times to the Present, Millennial Edition*, 5 vols (New York: Cambridge University Press, 2006), 1: 180–359; Songho Ha, *The Rise and Fall of the American System*, 112; Josep H. Vann, *Cherokee Rose: On Rivers of Golden Tears*, (New York: Ist Books Library 2001), William McLoughlin, *Cherokee Renaissance in the New Republic* (New Jersey: Princeton University Press, 1986) 참조.

시스템적 정책을 실시하였음을 주장하고 있다. 특히나 1833년의 타협 관세법(Compromise Tariff Act 1833)으로 결국 보호 관세주의 원칙을 포기한 것이나 마찬가지라고 보고 있다. 저자가 볼 때 아메리칸 시스템의 가장 중요한 부분이 바로 보호 관세 제도였다. 그런데 결정적으로 이 제도와 원리가 사라지면서 아메리카 시스템은 그 종말을 고하게 되었다.[15] 잭슨시대 이러한 시스템의 종말은 단기적으로 1837년 경제 공황의 위기를 가져오게 되었고, 이어서 남북전쟁이라는 파국으로 치달은 후에야 결국 전쟁기간인 1861년 모릴 관세법, 1862년 태평양 철도 건설 법안, 모릴 토지법, 1863년 국립은행법을 통하여 다시 재개된다. 저자는 이 장면에서 만족한 것 같다. 에필로그의 가장 마지막 문장은 그러한 저자의 생각을 결코 숨김없이 나타내고 있다. "조지 워싱턴, 존 아담스, 토마스 제퍼슨, 제임스 메디슨, 제임스 먼로, 헨리 클레이, 존 퀸시 아담스는 남북전쟁의 외중에도 그들이 희망했던 국가 발전 작업이 계속되는 것을 알게 되었을 때, 결코 기쁨을 감추지 못했을 것이다."[16]

---

15) Songho Ha, *The Rise and Fall of the American System*, pp.114-128.

16) Ibid., pp.129-133.

목 차 »

〈표, 그림 목차〉

본인이 계산하기에 인디언들의 희생과 함께 국토 개발 계획(internal improvement) 그리고 국내 산업의 발달은 현 정부의 인기를 약화시키기 보다는 강화시킬 것으로 생각한다. 나는 오랜 동안 국토 개발 계획의 필요성과 함께 전국적 시스템 구축이 매우 중요하다고 생각하여 왔다. 본인이 이렇게 생각한 이유는 이 국가의 안녕과 복지, 명예, 영광 그리고 궁극적으로는 인류의 번영을 위해서는 그러한 국토 개발 계획 밖에 다른 길이 없다고 생각하기 때문이다. 이 시스템 구축 작업은 미국 연방 헌법(The Constitution of the United States) 체제가 성립한 이후부터 변화 무쌍한 경로를 겪어 왔다. 먼로 행정부(President James Monroe)하에서 이 계획은 연방 의회와 국민 사이에 보다 많은 관심과 지지를 얻었다. 당시 이러한 정책을 실시하려는 노력은 칼훈(John C. Calhoun)과 로운데스(William Lowndes)에 의해서 이루어졌다. 이들은 오랜 전부터 이 사업을 적극적으로 추진하려고 노력하여 왔다. 이들과 함께 사우스캐롤라이나(The State of South Carolina)는 이 사업에 박차를 가하였다. 의회에서 그들의 협력과 노력이 몹시 강했기에 먼로의 반대를 무릅 쓰고 결국 1824년 4월 의회의 법안(Act of Congress)을 만들 수 있었다. 그 때 이후로 남부의 노예 소유주들은 이러한 법령이 그들의 이해와 다르게 작동할 수 있을 수 있다는 것을 알게 되었다. 이제 칼훈은 초기의 입장에서 벗어나게 된다. 그리고 여기에서 잭슨(Andrew Jackson)은 대통령 선거에서 여론을 얻기 위해서 특하나 서부 지역의 유권자의 관심을 얻기 위해서 잠시 동안 그러한 정책에 대해서 관심을 갖는 척 하더니 오히려 완전히 정 반대로 돌아섰다. 본인의 국내 개발 계획에 대한 일관된 확고한 신념은 그들로 하여금 적의와 시기심을 더 한층 강하게 하였다. 더더욱 이들은 국민들을 이러한 정책에 반대토록 이끌었다. 이유인 즉 그들의 생각에는 이러한 사업이 성공적으로 이루어질 때, 본인의 평판이 좋아질 것에 대한 시기심에서 그러했던 것이다. 그러나 본인의 이러한 사업에 대한 정당성과 그 대의 명분은 더더욱 확고하게 될 것이다. 그리고 이 연방이 계속될 수 있다면, 궁극적으로 승리로 나아갈 것이다. 그러나 현재에는 그러한 희망이 보이질 않고 오히려 절망적이다."

1830년 6월 25일 존 퀸시 아담스 회고록(25 June 1830, *Memoirs of John Quincy Adams*, ed. C. F. Adams, 12 vols (1874-7; Freeport, NY: Books for Libraries Press, 1969, original publication), vol.8, p.233.

서론 :
아메리칸 시스템이란 무엇인가?

미국 초기 역사 연구에서 역사가들이 끊임없이 의문을 갖는 문제 중의 하나는 남북 전쟁 전의 미국 사회를 어떻게 규정해야 하는가에 대한 문제이다. 역사가 찰스 셀러(Charles Seller)는 이 시대 연구에서 기념비적인 작품을 남겼다. 그는 "시장 혁명: 잭슨 시대 미국, 1815-1846"(*The Market Revolution: Jacksonian America, 1815-1846*)이라는 제목의 저작에서 남북 전쟁 전에 시장 지향적인 여러 요소들에 의해서 결국 민주주의의 힘들이 약해지는 것을 지적하고 이를 아쉬워했다.1 역사가 숀 윌렌쯔(Sean Wilentz)는 이 시대를 아주 다른 입장에서 보고 있다. 그의 저서 "미국 민주주의의 발전: 제퍼슨에서 링컨까지"(*The Rise of American Democracy: Jefferson to Lincoln*)에서 미국은 19세기 전체를 관통해서 민주주의의 실질적인 발전이 있어왔다고 주장하고 있다.2 역사가 다니엘 워커 하우(Daniel Walker Howe)는 2008년 퓰리처상을 받은 저작 "하나님의 작품: 미국 사회의 변화, 1815-1848"(*What hath God Wrought: The Transformation of America, 1815-1848*)에서 남북 전쟁 전 미국 사회가 정치, 사회, 경제 전반에서 경험했던 통신과 교통 혁명이 이루어낸 그 놀라운 변화들을 치밀하게 탐구하고 있다.[3] 하우의 주장에 의하면 미국에서는 1815년부터 1848년까지 미국의 발전 방향에 관한 두 개의 대립적인 그리고 경쟁하는 이상(vision)들이 존재하고 있었다. 그 중의 하나는 당시 미국 사회의 상태와 방향성에 대해 "대체적으로 만족감을 느끼고 있었던 집단이다. 이들은 노예 제도를 비롯하여 그 제도가 낳은 독립적이고 자치적인 생활 터전에 대한 가치를 인정해야 한다고 생각하는 집단으로서, 중앙 정부의 존재로부터 간섭을 배제하는 자치 체제를 이상적인 것으로 보았다. 이유인 즉 바로 그러한 체제에서 주로 백인들과 그들의 지역 자치가 무난하게 유지 될 수 있기 때문이다."[4] 이러한 시각을 가진 집단은 당시 미국이 유지되고 있는 그 모습 그대로의 세계가 유지되고 나아가 그러한 세계가 공간적으로 더더욱 확대되기를 기대하고 있었다. 반면에 이들과는 다른 생각을 가지고 있었던 집단도 있었다. 이들은 미국 경제가 확대 재편되기를 기대하고 있었다. 여기에 더하여 미국 사회가 실질적인 차원에서의 개혁이 확대되기를 기대하고 있었다. "그들은 장차 미국을 위해서 양적인 것 보다는 질적인 수준의 진보를 기대하고 있었다."[5] 하우 교수는 주로 후자의 집단의 미래에 대한 기획과 성취에 대해서 역사적 통찰력을 가지고 논하고 있다. 특히나 그는 교통, 통신 혁명과 이에 수반해서 나타나고 있는 사회, 문화, 정치, 경제적인 변화를 예리한 시각으로 분석하고 있다.[6]

본 저서에서 다루고자 하는 주제는 역사가 하우의 연구 방향과 아주 밀접하게 관계가 있다. 본인은 본 저서에서 미국 초기 사에 있어 아메리칸 시스템은 정치 사회적인 변화에서 항시 그 중심적 역할을 계속하여 왔다고 주장하고 있다. 이것은 초대 대통령 조지 워싱턴의 임기 기간 중에 출발한 이래 개혁적인 사고를 가진 이들의 정치 경제학적 철학으로 서서히 자리 잡게 되었고, 제퍼슨(Thomas Jefferson) 대통령 임기에 보다 정교하게 발전되었다. 이후 제임스 먼로(James Monroe) 대통령과 존 퀸시 아담스 (John Quincy Adams) 대통령 통치 기간에 가시적인 결과를 거두게 된다. 그러나 앤드류 잭슨(Andrew Jackson) 대통령 시기에 이르러 아메리칸 시스템은 시련을 겪게 되고, 이어서 발생하게 되는 1837년 경제 공황으로 인하여 실패를 보게 된다. 아메리칸 시스템을 지지하는 인물들은 이 체제를 통하여 정치적으로는 모든 지역이 단결되고, 외교적으로는 유럽과의 갈등 과 문제에서 벗어나며, 경제적으로는 다양한 산업이 발전하며, 문화적으로 도 앞서나가는 그런 국가를 발전시킬 꿈을 꾸었다. 이러한 기획안을 실현하 기 위해서 켄터키 주 출신의 헨리 클레이(Henry Clay of Kentucky)와 매사추세츠 주 출신의 존 퀸시 아담스(John Quincy Adams of Massachusetts) 는 보호 관세(protective tariffs)정책과 도로와 운하 구축을 위한 총체적인 국토 개발 계획(internal improvements)의 실시, 국립 은행(Bank of the United States)의 설립, 국가 재정을 도우기 위한 연방 정부의 토지 판매 계획(land policies)을 구상하였다. 이들의 국가 건설을 위한 기획은 단지 경제적인 측면에서의 개혁과 그 노력으로만 한정된 것은 결코 아니었다. 이들은 문화적, 사회적 차원의 발전도 기획하였다. 그러한 취지에서 그들은 천문 관측소, 국립 도서관, 국립대학 건설까지도 포함하는 총체적인 차원에 서의 개혁을 꿈꾸었다. 이러한 측면에서, 아메리칸 시스템을 구상했던 이들은 이를 통하여 통일적인 국가 경제 시스템과 함께 문화적으로 한층 향상된 국가를 건설하려는 시도를 하였던 것이다.

아메리칸 시스템과 국민주의

(The American System and Nationalism)

아메리칸 시스템은 미국을 경제, 문화적인 차원에서 발전을 도모하기 위한 생각을 염두에 두고 계획된 기획안이라고 할 수 있을 것이다. 이러한 기획을 주도한 인물들은 헨리 클레이(Henry Clay, 1777 1852)와 존 퀸시 아담스(John Quincy Adams. 1767-1848)라고 할 수 있을 것이다. 켄터키 주 출신의 헨리 클레이는 미국 연방 의회 상·하원 의원을 역임하였고, 미국 국무 장관, 대통령 후보를 경험한 미국 초기 역사에서 어느 곳에서도 그의 이름을 빼고서는 이야기가 될 수 없는 매우 중요한 정치가였다고 할 수 있다. 한편 매사추세츠 주 출신의 존 퀸시 아담스는 미국 정치 명문가 출신으로 그는 국무 장관을 거쳐 대통령을 마치고, 하원 의원을 역임하였다.

무엇보다도 아메리칸 시스템은 미국 민족, 국민주의의 정치적 표현이었다. "아메리칸 시스템"(American System)이라는 용어는 특히 유럽의 지배에서 벗어나려는 미국 국민주의 운동의 차원에서 추진된 것임을 반영하고 있는 것이다. 그것은 이 용어와 역사를 본격적으로 사용한 클레이가 이를 쓰기 시작한 당시의 상황을 이해하면 알 수 있는 것이다.

이 용어의 기원을 이야기하기 위해서는 미국의 건국의 아버지들 특히 재정 문제에서 연방 정부의 기초를 닦은 초대 재무 장관(The Secretary of Treasury)인 알렉산더 해밀턴(Alexander Hamilton)을 언급해야 한다. 알렉산더 해밀턴은 1787년 겨울에 미국 연방 헌법에 관한 고전적인 해설서인 *"연방주의자론"(The Federalist Paper)*의 11번째 글을 적었는데 이는 미국 연방 헌법이 필요한 이유를 경제 상업적인 측면에서 옹호하는 글이다.[7]

미국 헌법의 정치 경제학적 방향성을 이해하는 고전이 된 이 글에서 그는 다음과 같이 말했다. "13개의 주"(The Thirteen States)들을 확고한 하나의 단일 체제로서 연방을 구성하도록 하고, 대서양을 건너 유럽에서 오는 그 영향력을 벗어나고, 그들을 능가하는 하나의 위대한 아메리칸 시스템(one great American system)을 구축하는데 모두가 동의해야 하며, 이어서 유럽 대륙과 미국 신대륙의 관계 조건을 우리가 스스로 결정 할 수 있도록 해야 한다!"8

제퍼슨에게서도 이러한 용어 사용의 흔적을 찾을 수 있다. 그는 당시 해밀턴과 매우 대립적인 정치 경제학적 태도와 국가 이념을 가지고 있었다. 한마디로 말해서 그는 여러 가지 면에서 해밀턴과 하나가 될 수 없는 성격을 가지고 있었다. 그랬던 인물인 제퍼슨에게서조차도 아메리칸 시스템이라는 용어를 사용했음을 확인 할 수 있음은 이 용어가 얼마나 당시대의 정치, 경제적인 논의의 중심적 단어였는지를 확인 할 수 있다. 1817년 6월 26일 그는 뉴욕의 국내 제조업 육성 위원회(The American Society for the Encouragement of Domestic Manufactures)에 보낸 편지에서 그 용어를 사용하였다: "본인은 앞으로 약 20년 이내에 미국 대륙(American hemisphere)이 자체적인 시스템(System)을 가지길 원한다. 이 시스템 하에서 미 대륙은 본질적으로 평화롭고 근면하며, 유럽에서 물건을 수입할 필요가 없게 되기를 바란다."9

이 용어의 사용에서 누구보다도 중요한 인물은 헨리 클레이다. 그는 앞에서의 인물들과 같이 정치적인 면에서 이 용어를 사용하였다. 1820년 5월 10일 그는 미국 연방 하원(House of Representatives)에서 연설하였다. 이 연설에서 그는 유럽의 국가들이 남 아메리카에 있는 스페인의 식민지들을 독립 국가로 승인하기 전에, 미국이 먼저 그러한 행동을 할 필요가 있다고 주장하였다. 그는 다음과 같이 말하였다. "우리는 (유럽)의 여러 경제 정치적인 족쇄로부터 벗어나야 한다. 우리는 더 이상 유럽의 한 정치가의 허락에 의지해야 할 필요가 없어야 할 것이다. 이제 정말로 순수한 미국인이 되어야 한다. 그리고 우리 자신들이 아메리칸 시스템의 중심에 서야 한다."10 클레이가 이러한 견해에 얼마나 적극적이었는가는 다음의 경우에서도 아주 분명하게 확인 할 수 있다. 1823년 12월 2일 대통령 제임스 먼로(James Monroe)가 그의 연례 시정 연설(annual message)에서 다음과 같은 선언을 하였을 때도 분명하게 나타나고 있다. "그들 유럽 국가들이 그들의 시스템을 우리의 반구(this hemisphere)에 확대하려는 시도는 우리(국가)의 안녕과 평화를 위협하는 것으로 간주한다."11 이러한 연설에 대해서 클레이는 진심으로 지지를 표명하였다. 클레이가 이날 저녁 국무 장관 존 퀸시 아담스를 만났을 때, 시정 연설에서 가장 뛰어난 부분이 외교 문제를 언급한 부분이라고 하였다.12 그러므로 1787년부터 1823년까지 "아메리칸 시스템"이라는 용어는 완전히 유럽의 영향력으로부터 벗어나서 독자적 정치, 경제적 시스템을 기획하고 실천하는 경우에서 자주 묘사되는 용어가 되었다.

1824년 관세 법안(The Tariff bill of 1824)과 관련해서 클레이는 이 용어를 다시 사용하였다. 그러면서 그는 이 용어를 유럽 시스템과 대비하는 측면에서 사용하였다. 그는 다음과 같이 말하였다.

유럽의 폐쇄적인 시장 때문에 가면 갈수록 우리의 산업이 쇠퇴해지는 것을 보면서도 이것을 단지 운명으로 감당해야만 하겠는가? 이 상황을 고칠 방안이 있다. 그것은 우리의 외교 정책을 조정하는 것으로 충분히 가능하다. 바로 완전한 아메리칸 시스템을 채택하는 것이다. 다른 모든 국가들이 효과적으로 사용하고 있는 방법인 국내 산업의 보호를 통하여 다른 나라들의 압도적인 영향력을 막을 수 있는 것이다.13

다른 말로 하면, 클레이는 아메리칸 시스템을 유럽으로 부터 미국의 정치, 상업적 독립을 위한 여러 경제 정책들의 총체적 시스템으로 확대 앙양하는 기획을 꿈꾸었던 것이다.

아메리칸 시스템과 보호 관세
(The American System and Protective Tariffs)

1824년 헨리 클레이가 최초로 "아메리칸 시스템"이라는 말을 사용했을 때 그가 말하고자 했던 것은 다분히 내수 시장(Domestic Market)을 창출하기 위해서 "미국 산업의 적절한 보호"를 목적으로 주로 보호 관세(Protective Tariffs)정책을 실행하는 것이었다.14 그러나 당시의 정치가들이나, 이후의 역사가들은 이 용어를 제2 연방 은행(2BUS: The Second Bank of the United States)의 설치와 재인가 과정과 관련된 논란 속에서 사용하고 있다. 또한 도로, 운하 건설을 포함한 국토 개발 계획(Internal Improvement), 그리고 때때로 연방 정부 산하의 공유지(Public Lands)를 판매하는 정치적인 토론에서도 이 용어가 사용되었다.15

클레이가 이 용어를 어떻게 사용했는가를 확인하기 위해서는 1824년, 그리고 1832년 연방 의회에서의 관세법의 처리 과정에서 행한 연설에서 확인 할 수 있다.16 이 두 번의 연설은 이후에 소책자 형태로 널리 유통되었다. 그 하나가 "미국 산업 보호를 위한 아메리칸 시스템 지지를 위한 강론"(Speech in Support of an American System for the Protection of American Industry)와 "영국 식민 정치에 대항하는 아메리칸 시스템의 방어를 위한 헨리 클레이의 연설"(Speech of Henry Clay in Defense of the American System, against the British Colonial System)이다.

당시 아메리칸 시스템을 강조하고 주장하는 여타 인물들도 마찬가지로 관세 문제에 초점을 맞추어서 이 용어를 사용하였다. 1828년 경제학자 다니엘 레이먼드(Daniel Raymond)는 "아메리칸 시스템"(*The American System*)이라는 소책자를 출판하였다. 이 책에서 그는 보호 관세를 언급하면서 이 용어를 사용하였다.[17] 또한 국내 제조업 육성을 지지하는 모임의 기관지 역할을 하였던 "나일즈 위클리 레지스터"(*Niles' Weekly Register*)에서는 보호 관세에 반대하는 남부인의 주장을 실은 장문의 글을 게재하면서 그 기사의 제목을 "남부인의 분노"(*Southern Excitement*)라고 달았다. 그런데 이 기사는 나중에 "아메리칸 시스템에 저항하는 남부인의 분노"(*Southern Excitement, against the American System*) 라는 제목의 소책자로 수정 제작되어 널리 유통 되었다. 그 기사는 보호 관세에 반대하는 남부 여러 주로 부터의 신문 게재 논설, 결의안, 항의 편지 등을 모은 것이었다.[18]

아메리칸 시스템에 대한 저항 운동을 통해서 볼 때도 이 용어는 주로 보호 관세로 이해되었음을 확인 할 수 있다. 1827년 2월 21일 버지니아의 정치가인 윌리엄 자일스(William B. Giles)는 클레이의 보호 관세를 반대하는 입장에서 버지니아 주 하원(The Virginia House of Delegates)에서 긴 연설을 하였다.[19] 클레이와 자일스의 연설문은 나중에 "관세, 또는 아메리칸 시스템에 관한 클레이의 연설"(*Mr. Clay's Speech upon the Tariff, or, The 'American System' so called* …)이란 제목으로 출판이 되었다. 1827년 7월 2일 사우스캐롤라이나 대학(South Carolina College)의 총장이었던 토마스 쿠퍼 박사(Dr. Thomas Cooper)는 컬럼비아 타운 홀(The Columbia Town Hall)에서 있었던 아메리칸 시스템에 대한 반대 모임에서 중요한 연설을 하게 된다.[20] 그는 아메리칸 시스템이란 "우리 남부인의 생활 방식이고 농장 경영 제도인 소위 플랜테이션이라고 부르는 시스템을 북부인의 체제하에 강제하기 위한 것이다. 즉 남부가 북부의 노예로, 그리고 그들의 지배하에 놓이게 하는 것이며, 결국 그들의 명령에 복종할 수밖에 없게 될 것이며, 매사추세츠의 정치와 경제를 장악하고 있는 강력한 권력자의 이익을 위해서, 그리고 제니 방적기(spinning jenny)와 방직기(power loom)의 소유자를 위해서 (우리 모두가) 노동자로 전락하는 것!"이라고 주장하였다.[21] 1830년 3월 23일 버지니아의 필립 바뷰어(Philip Barbour)는 연방 하원에서 연설을 하였는데, 당시 그는 연방 의회에서 가장 유명한 반관세주의자였다. 그의 연설의 목적은 버펄로(Buffalo)부터 뉴 올린언즈(New Orleans)에 이르는 도로 건설 법안에 대한 연방 정부의 지원에 대해서 반대하는 것이었다. 그는 연설 중에 다음과 같은 말을 사용했다. "본인은 이제 연방 정부의 세금을 줄이려고 한다. 그래서 더 이상의 재정상의 흑자가 나타나지 않도록 할 것이다. 그렇게 될 경우에는 일반적으로 아메리칸 시스템이라고 불리어지는 내수 산업 보호 정책에 큰 영향을 줄 것이다."[22]

아메리칸 시스템과 국토 개발 계획
(The American System and Internal Improvements)

19세기 정치가들과는 달리 20세기와 21세기 역사가들은 "아메리칸 시스템"이라는 용어를 보다 광의의 개념으로 사용하고 있다. 그러므로 이들 역사가들은 다양한 정부 정책을 이러한 개념 속에 집어넣어 설명을 시도하고 있다. 예를 들면, 사뮤엘 플래그 비미스(Samuel Flagg Bemis), 글린던 반 도슨(Glyndon G. Van Deusen), 다니엘 펠러(Daniel Feller), 로버트 레미니(Robert V. Remini)는 아메리칸 시스템을 보다 폭 넓은 범위로 확대해서 사용한다. 이들은 운하 건설, 도로 건설과 같은 국토 개발 계획 프로그램을 지원하는 연방주의적 지원 정책을 그 개념 하에 포함하여 설명하고 있다.23 그런데 미국 역사에서 이 용어는 아메리칸 시스템에 반대하는 인물들에 의해 더 넓은 의미로 사용되었다. 그리고 이들의 개념에 영향을 받은 것이 이후 이 분야를 연구하는 역사가들이다. 이들 아메리칸 시스템이 반대하는 인물들은 단지 보호 관세뿐만 아니라 국토 개발 계획을 동시에 반대하였다. 예를 들면 사우스캐롤라이나 주 의회(The South Carolina Legislature)는 1825년 12월 16일 다음과 같은 결의안을 통과했다.

1. 현 연방 헌법 아래에서 연방 의회는 … 국가적인 방안으로서 종합적 국토 개발 계획을 수립할 수 있는 권한을 가지고 있지 않다.
2. 현 연방 헌법 아래에서 연방 의회가 국내 제조업자들을 보호하기 위해서 세금을 사용한다는 것은 헌법에 위배되는 것이다.24

버지니아 주 의회(The Virginia Legislature)도 1826년 3월 4일 유사한 결의안을 채택하였다. 이어서 조지아 주도 1827년 12월 24일 유사한 결의안을 채택하였다.25

아메리칸 시스템을 부정하는 정치 엘리트들도 종종 비슷한 주장을 하였다. 그들은 국토 개발 계획이라는 것은 단지 국내 산업의 보호를 위해 고율의 관세 정책을 지속적으로 유지하기 위한 변명에 불과하다고 주장하고 있다. 예를 들어 자일스(Giles)는 다음과 같이 주장한다. "간단하게 보면 고관세 정책은 거대한 국토 개발 계획을 실시하기 위한 자금을 충분히 마련하기 위해서 필요한 것이며, 필수 불가결한 수단이라는 의도가 숨겨져 있다."26 비슷한 취지에서 필립 바뷰어(Philip P. Barbour)는 다음과 같이 말하였다.

이 시스템(국토 개발 계획)에 대한 또 다른 반대 이유는 (이 계획이 실시되면), 이것은 이를 위한 직접적이고 취소할 수 없는 재정 수요를 영구화시키는데, 이것은 (헌법에서 정부에 허락한) 일반적인 재정 수요와는 아무 관계가 없다는 것이다. 분명한 것은 이러한 프로젝트를 수행하기 위해서는 지금보다 훨씬 많은 재정이 필요할 것이다.[27]

앤드류 잭슨(Andrew Jackson) 대통령 또한 그의 유명한 메이쉬빌 도로 건설 법안 거부 메시지(Maysville Veto Message)에서 앞에서와 같은 논리를 구사하였다. 그는 약 60마일 거리에 해당하는 켄터키 주의 메이쉬빌에서 렉싱턴(Lexington)까지의 도로 건설 법안에 대해서 약 백오십만 달러를 지원하자는 의회의 계획에 대해서 거부권을 행사하였다.[28] 이러한 아메리칸 시스템에 반대하는 자들은 자일스, 바뷰어, 잭슨이 대표적인데, 그들은 국토 개발 계획을 보호 관세를 계속적으로 실행하려는 구실로 밖에 달리 보지 않았다. 그러므로 그들은 국토 개발 계획에 반대를 주장하였다.

아메리칸 시스템과 연방 은행 문제
(The American System and National Banks)

국토 개발 계획과 더불어서, 역사가들은 제2 연방 은행(2BUS)문제에서도 광의적인 측면에서 아메리칸 시스템의 한 부분으로 포함하는 경향이 있다. 1965년 역사가 조지 데인져필드(George Dangerfield)는 아메리칸 시스템은 "세 개의 기둥"(three pillars)으로 구성된다고 주장하였다. 바로 보호 관세, 국토 개발 계획, 연방 은행의 건설에 대한 기획이 여기에 속한다고 주장하고 있다.[29] 30년 후 모리스 백스터(Maurice G. Baxter)와 데이비드 큐리(David P. Curie) 또한 연방 은행 문제가 아메리칸 시스템의 영역에 포함될 수 있다고 주장하였다.[30]

후대에 와서 이 시대를 전공하는 역사가들이 이렇게 아메리칸 시스템이라는 개념 아래에 연방 은행 문제, 국토 개발 계획 사업에 대한 연방 정부의 지원 문제를 집어넣는 것은 그렇게 놀랄만한 일은 아니다. 이유인 즉 이 세 가지 정책들은 미국 연방 헌법의 광의적 해석에서 기초하고 있기 때문이다. 무엇보다도 연방 은행의 문제는 1790년대 큰 논란이었다. 그 이유는 연방 정부 권한의 범위를 실험해볼 수 있는 최초의 중요한 계기가 이 은행 문제로 발생하였기 때문이다. 소위 헌법의 광의적 해석(a broader interpretation of the federal power)이 가능 할 수 있는지를 확인할 수 있는 시험대였다. 1790년 12월 14일 알렉산더 해밀턴은 미국 연방 하원 (House of Representatives)에 다음과 같은 법안을 제출한다. 그 제안에 의하면 의회는 국립 은행을 설치할 필요가 있다는 것이다. 그리고 이러한 노력으로 이후에 제1 연방 은행(1BUS: The First Bank of the United States)이 만들어지게 된다.[31] 상원과 하원은 1791년 1월 20일 그리고 1791년 2월 8일 각각 이 법안을 통과시켰다.[32] 그 법안이 대통령의 승인을 받기 위한 절차에 이르자 조지 워싱턴 대통령은 법안이 과연 헌법에 합당한지에 대해서 확실한 판단을 할 수 없었다. 그래서 그는 당시 국무 장관이었던 토마스 제퍼슨(Secretary of State Thomas Jefferson), 그리고 법무장관 에드먼드 랜돌프(Attorney General Edmund Randolph)에게 의견을 구하였다.[33] 두 사람은 다음과 같은 입장을 표시하였다. 연방 헌법의 수정 헌법 제10조에 의하면 "연방 헌법에 의하여 미합중국 연방 정부(The United States)에 위임되지 않은 권한이거나 또는 각 주(The States)가 하지 말도록 특별히 규정하지 않은 권한에 해당되는 경우에는 각 주, 또는 국민에게

귀속된다."라는 조항과 연방 헌법에서는 연방 의회가 은행의 설립을 인가하는 권한에 대해서 구체적으로 표현하고 있지 않음으로 해서 당연히 그 설립인가는 헌법에 위배된다고 건의하였다.[34]

대통령은 똑같은 질문을 해밀턴에게 물었다. 해밀턴은 1791년 2월 23일에 대통령에게 제출한 긴 서한에서 그 은행의 합헌성을 주장하였다. 그가 주장하는 것은 소위 "암묵적 권한"(implied powers)이라는 이론을 내세웠다. 해밀턴에 따르면, 연방 헌법은 연방 정부로 하여금 헌법에 "명시된 권한"(enumerated powers)뿐만 아니라, 암묵적 권한을 주었다고 주장하였다. 연방 은행을 설치할 수 있는 권한도 여기에 속한다는 것이다. 해밀턴은 다음과 같이 말하였다. "암묵적 권한이란 헌법에 명시된 권한과 마찬가지로 헌법에 의하여 위임된 권한으로 간주할 수 있다." 이러한 구조에서, 회사(법인)를 만들 수 있는 권한은 헌법에서 보장하는 부수적인 권한임을 암묵적으로 인정하고 있다고 주장하였다. 그는 계속해서 다음과 같이 말하였다. "법인(회사)을 만들 수 있는 권한은 그 자체로서 독자적인 권한이거나 구체적인 권한이라기보다는 부수적이고 보조적인 권한에 속하는 것이다. 그럼으로, 이것을 보다 구체적인 구절이나 말로 표현하는 것이라기보다는 암묵적으로 남겨 두었던 것이다." 그렇다면 어떤 기준에서 회사를 설립하는 것이 암묵적인 권한에 속하는 것이라고 할 수 있는 것인가? 그것은 바로 헌법에서 구체적으로 열거하고 있는 권한을 수행하기 위해서 "필요하고 적절한"(necessary and proper)것인가 아닌가에 달려있다고 그는 주장하였다. 해밀턴은 "필요하고"(necessary)를 단지 "필요한, 불가결한, 부수적인, 유용한, 전도성이 있는"(no more than *needful, requisite, incidental, useful, or conductive to*)와 같이 아주 폭넓게 사용하고 있다.

해밀턴에게 있어서 특정 권한이 합헌적인 것이냐 아니냐를 결정하는 것은 "그 권한이 수단으로서 이용되는 목적에 달려있다. 만일 그 목적이 헌법에 구체적으로 명시되어 있는 권한 중의 하나이고, 그리고 만일 문제가 되는 특정 권한이 헌법에 구체적으로 명시되어 있는 권한과 명백한 관계가 있다면, 더불어서 그 특정 권한이 헌법의 어떤 규정에 의해서도 금지되지 않았다면, 그것은 연방(중앙) 정부(national authority)의 권한 범위 내에 있다고 생각 할 수가 있다."고 하였다. 이런 구조에서 보면, 은행은 "세금을 징수하는 권한, 돈을 빌릴 수 있는 권한, 주(state)들 사이의 상업 활동을 규제하는 권한, 해군과 육군을 양성하고 지원하며, 유지하는 데 필요한 권한"과 관련이 있는 것이다. 해밀턴은 예를 들어 다음과 같이 말하였다. 은행은 "간접적으로는(indirectly), 시중에 유통되는 통화 수단을 증가시키거나, 또는 통화의 흐름을 원활하게 하여, 결국 지불 수단을 원활하게 하여, 그리고 직접적으로는(directly), (세금으로) 지불하게 될 편리한 거래 수단으로서 통화를 만들어냄으로써" 세금 징수와 아주 깊은 관계가 있음을 설명하였다. 그러므로 은행은 헌법적인 기구이다.[35] 해밀턴의 논리는 미국 연방 헌법을 광의적으로 해석하는 가장 주요한 이론적인 토대 중에 하나가 되었다. 그의 "암묵적 권한"(implied powers)이라는 주장과 논리는 이후 대법원장 존 마셜(Chief Justice John Marshall)에 의한 역사적인 맥컬럭 대 메릴랜드(McCulloch v. Maryland)판결에서 재차 인용되었다.[36] 어쨌든 이러한 해밀턴의 이론은 보호 관세, 국토 개발 계획, 연방 은행 문제에서 나타나는 헌법적인 문제 대한 논의들에 직접적으로 영향을 주게 된다.

헨리 클레이가 1824년 국토 개발 계획을 위하여 연방 정부 주관의 측량 사업을 허가하기 위한 국토 조사 사업 법안(The General Survey Bill)의 합헌성을 옹호하는 경우에 있어서, 그는 비록 다른 논리이긴 하지만 연방 헌법의 광의적 해석을 끌고 왔다. 그는 다음과 같이 주장하였다. "연방 헌법이 제정된 후 미국은 지리적으로 계속 성장해왔다. 그러한 상황과 조건을 이해한다면 헌법 또한 현실에 맞게 광의적으로 해석해야 함"을 주장하였다.37 요약하면 연방 헌법은 생명체처럼 진화하는 문서로서, 그 해석 역시 국가의 변화에 맞추어 변화하여야 한다고 주장한 것이다.

1828년 출판된 "아메리칸 시스템"(*The American System*)이라는 소책자에서 다니엘 레이몬드(Daniel Raymond)는 또 다른 논리를 구사하여 연방 정부의 권한의 확대를 주장하였다. 그는 연방 정부는 연방 헌법에서 특별히 금지한 것을 제외하고는 그 외의 경우에서는 모든 권한을 사용할 수 있다고 주장하였다. 연방 헌법은 연방 의회가 보호 관세를 실시하는 것을 특별히 금하지 않았으므로, 연방 의회가 보호 관세 법률들을 통과 시킬 수 있다고 주장하였다.38 연방 헌법을 광의적으로 해석하는 방식을 끌어오든, 아니면 사회적인 변화에 따라서 국가의 최고의 법률을 적절하게 조정하는 것이 필요하다고 주장하던, 아메리칸 시스템의 옹호자들은 연방 정부가 다양한 수단을 가지고 경제 문제에 적극적으로 관여 할 수 있는 권한을 가지고 있다고 생각하는데 이견을 보이지 않았다.

보호 관세 정책과 국토 개발 계획을 헌법적인 차원에서 옹호하는 노력에서 제2 연방 은행 허가 문제에 대한 논의가 결정적으로 큰 기여를 함은 틀림없다. 그러나 이러한 문제 보다 더 실질적인 면을 보면, 제1 연방 은행은 국내 제조업의 발전과 국토 개발 계획의 추진에 커다란 도움을 주었다. 예를 들면, 제1 연방 은행은 상업 은행으로서의 역할을 톡톡히 하였다. 즉 상업을 발전시키는데 도움을 주었다는 말이다. 그리고 연방 정부에 재정적인 지원과 지출 창구의 역할을 하였다. 그러한 공공의 성격을 구체적으로 보면, 상업상의 거래에서 중요한 약속 어음(promissory notes), 내국 환 어음(inland drafts), 또 외국환의 할인 업무(foreign bills of exchange through discount, 지불 만기 시간이 도래할 때 까지의 이자를 제외한 액수의 지불)를 처리하는 기능과 역할을 하고 있었다.

제2 연방 은행(2BUS)은 1816년에 설립되었다. 이 은행은 제1 은행보다

46

훨씬 큰 영역에서 동일한 역할을 수행하고 있었다. 예를 들면, 1828년 8월 1일의 제2 연방 은행의 사업 보고서에 의하면 그 은행이 29,316,745.45달러에 이르는 개인 담보성 자산(저축)을 가지고 있었다. 여기에 국채 142,212.73달러를 가지고 있고, 은행의 주식 1,350,380.56달러를 가지고 있었다. 내국환 어음(discounted domestic bills of exchange)은 6,013,890.15달러에 이른다. 외국환 어음(foreign bills of exchange)은 340,185.23달러에 이른다.[39] 1825년 이후에 오면 외국과의 금융과 화폐 거래에서도 적극적으로 활동하게 된다.[40] 상인들은 그들의 어음에 대한 할인이 가능하게 됨에 따라, 자신들의 상품에 대한 지불을 위해서 어음의 만기를 기다릴 필요가 없었다. 이들 상인들이 그들이 거래하는 농민들에게 바로 현금을 줄 수 있는 것은 바로 이러한 은행 때문에 가능한 것이었다. 제2 연방 은행은 서부와 남부 지역에 특히 많은 도움이 되었다. 이유인 즉 이 지역에서 정착하기 위해서 토지와 노예를 구입해야 했는데, 이러한 경우에는 그 속성상 장기적인 투자라고 할 수 있다. 제2 연방 은행은 농부들이 토지와 노예를 살 수 있도록 융자를 하였다.[41] 서부와 남부 지역에서의 제2 연방 은행의 사업은 공공 토지 판매가 활발해짐에 따라 점차 증가되게 된다. 실례로 연방 정부가 판매한 토지의 수입이 1818, 1819, 1830- 1833년 기간 동안에는 연간 거의 2백만 달러에 이르게 된다. 제2 연방 은행의 사업은 이 기간 동안 크게 확장되었고, 그 이유는 바로 서부와 남부에서의 사업의 증가에서 찾아야 할 것이다.[42] 제 2 연방 은행의 활발한 사업의 증거의 하나는 이 은행이 서부와 남부에서 발행한 엄청난 양의 은행권(notes)에서 확인 할 수 있다.[43] 서부와 남부에 있었던 이 은행의 지점들은 뉴잉글랜드와 대서양 중부 지역에 있었던 지부들보다 훨씬 많은 은행권을 발행하였다.[44] 가장 극적인 보기를 들면, 1819년부터 1823년까지 미국을 휩쓸었던 소위 1819년 공황(The Panic of 1819)이 발생하기 직전인 1818년 9월에는 서부와 남부의 지점들은 동 북부의 지점들에 비해 4배나 많은 은행권을 발행하였다.45

몇몇 자료는 제1, 제2 연방 은행들이 국내 제조업의 성장에 기여했음을 잘 보여준다. 1786년 초, 필라델피아 사람들은 다음과 같이 주장하였다. "주택과 선박들이 만들어지고 있다. 모든 종류에 있어서 제조업의 개선이 일어나고 있다. 이것은 미국 최초의 은행이었던 북 아메리카 은행(Bank of North America)이 융자한 자금 덕택이다." 이 은행은 "선박, 목수, 대장장이, 못 제조업자, 화가, 돛과 같은 항해 기기 제조업자, 벽돌공, 석공"에게까지 융자를 확대하였다.46 19세기 초, 필라델피아에 있는 스테픈 지라드(Stephen Girard)와 같은 인물들에 의해 운영된 개인 은행들은 그들의 융자 총액의 10~15%를 장인들과 기계공들에게 빌려주었다.47 제1, 제2 연방 은행들이 당시 민간 은행들과 사업상의 이익을 놓고 필사적으로 경쟁하고 있는 상황에서, 그리고 민간 은행들이 제조업자들에게 융자를 해주는 상황에서 연방 은행만이 특별히 제조업자들에게 융자를 거절하지는 않았을 것이다. 또한 제조업자들과 제1 연방 은행이 사업상 여러 협조 관계가 있었다는 간접적인 증언이 있다. 1811년 만기에 이른 제1 은행의 갱신에 대한 재인가를 옹호하면서, 조지아 상원의원 윌리엄 크로퍼드(William H. Crawford)는 1811년 2월 11일 상원에서 다음과 같이 말하였다. "[필라델피아의] 기계공들의 대표 중의 몇몇 사람들은 약 12년 동안 [연방]은행과 거래를 하였다."48 또한 연방 은행으로부터 융자를 받은 상인들은 이를 제조업자에게 재 융자를 하기도 했기 때문에 전체적으로 연방 은행은 국내 제조업의 발전과 국토 개발 계획에 크게 기여했다 할 수 있다.49

연방 은행에 대한 논의에서와 마찬가지로, 보호 관세 문제와 국토 개발 계획에 대한 문제에서도 지역 간의 의견 차이가 분명하게 나타나고 있었다. 북서부 지역과 동부의 정치 지도자들은 보호 관세, 국토 개발 계획, 연방 은행에 대해서 지지하는 입장을 취했다. 반면에 남부에서는 그러한 정책에 대단히 거부감을 표현하고 있었다. 예를 들면, 연방 의회가 제2 연방 은행에 대한 재인가(rechartering)를 하는 법안에 대한 투표에서, 또 1832년 보호 관세 법(Protective Tariff Act of 1832)에 대한 법안 제정 문제에서 뉴잉글랜드(New England)와 대서양 중부 지역(Mid-Atlantic), 북서부 지역 (Northwestern)의 의원들은 이를 지지하거나 또는 표가 나누어졌다. 반면에 남부의 의원들은 은행 법안에 대해서 반대표를 던졌고, 관세법에 대해서는 지지하는 입장을 취했다. 물론 이러한 법칙이 꼭 맞아 떨어지는 것은 아니다. 남서부 지역의 의원들은 1832년의 관세법에 대해서 지지를 표시하 였다. 그리고 이것은 물론 전체적으로 보면 아주 예외적인 경우였다. 일반적으로 보면 남부인의 태도는 1824년 보호 관세 법(The Protective Tariff Act of 1824)에 잘 나타나고 있다. 이때 남동부 지역의 의원들이 1:50의 비율로 그 법안에 반대표를 던졌고, 남서부의 대표들은 그 법안에 대해서 2:14의 비율로 반대하였다.[50] 1832년 보호 관세 법안에 대한 남부의 반대가 아주 약했던 이유는 1828년 대통령 선거전에서 실패한 후 매사추세츠 주의 대표로서 연방 하원에 들어온 존 퀸시 아담스(John Quincy Adams)가 의회에서 새로 만들어진 제조업 위원회 위원장(Chairman of the Committee on Manufactures)의 힘을 이용해, 남부 노예들이 입는 값싼 양모 제품에 대한 관세를 세금을 평균 45%에서 5%로 낮추었기 때문이다.[51] 그러나 이러한 타협적인 조항이 있음에도 불과하고, 조지아, 사우스캐롤라이나, 루이지애나주의 대표들은 1832년의 보호 관세 법안에 반대표를 더 많이 던졌다.

|표 I-1| 보호 관세와 연방 은행 문제에 대한 의회 투표 경향의 비교
(Comparative Voting Records on Protective Tariff and National Bank)

	Bank Bill of 1832(1832년 은행법안)	Bank Bill of 1832(1832년 은행법안)	Taiff Bill of 1832(1832년 관세법안)	Tarriff Bill of 1832(1832년 관세법안)
	찬성	반대	찬성	반대
뉴잉글랜드 (New England)	24	12	17	17
코넷티컷	6	–	2	3
메인	1	6	6	1
메샤츄세츠	12	–	4	8
뉴햄프셔	–	6	5	–
로드아일랜드	2	–	–	2
버몬트	3	–	–	3
대서양중부 (Mid-Atlantic)	48	21	52	18
델라웨어	1	–	–	1
매릴랜드	5	3	8	–
뉴저지	6	–	3	3
뉴욕	12	17	27	2
펜실바니아	24	1	14	12
북서부 (Northwest)	18	10	27	3
일리노이	–	–	1	–
인디아나	1	2	3	–
켄터키	6	5	9	3
미주리	1	–	1	–
오하이오	10	3	13	–
남동부 (Southeast)	12	32	23	24
조지아	–	7	1	6
노스캐롤라이나	4	8	8	4
사우스캐롤	2	6	3	6

	Bank Bill of 1832(1832년 은행법안)	Bank Bill of 1832(1832년 은행법안)	Taiff Bill of 1832(1832년 관세법안)	Tarriff Bill of 1832(1832년 관세법안)
라이나				
버지니아	6	11	11	8
남서부 (Southwest)	5	11	13	3
테네시	2	7	9	–
알라바마	–	3	2	1
루이지애나	3	–	1	2
미시시피	–	1	1	–
전체투표수	107	86	132	65

출처: *House Journal*, 22nd Congress 1st Session, (3 July 1832), p.1074;
Ibid., (28 June 1832), pp.1032-4.

아메리칸 시스템과 공유지 정책

(The American System and Public Land Policies)

지난 30년 동안 역사가들은 아메리칸 시스템의 개념을 더욱 확대하여 왔다. 그 결과 역사가들은 연방 정부 소유 토지의 판매에 있어 그 가격을 급격히 낮추거나 또는 무상으로 제공하는 것을 반대하는 정책 역시 아메리칸 시스템에 포함시켰다. 그러한 모습을 가장 확실하게 볼 수 있는 경우가 바로 1832년 토지 분배 법안(The Distribution Bill of 1832)에 대한 논의에서였다. 이 법안의 목적은 공공 토지를 판매하여, 그 수입을 인구 비례에 따라 각 주 정부에 지급하는 것을 목적으로 한다. 역사가 메이저 윌슨(Major L. Wilson), 메릴 피터슨(Merrill D. Peterson), 다니엘 펠러(Daniel Feller),

마이클 홀트(Michael F, Holt), 존 밴 아타(John R. Van Atta), 파멜라 베이커(Pamela L. Baker) 등은 아메리칸 시스템의 범위를 확대하여 이러한 부분에서의 연구에 집중하고 있다.52

　이러한 연구에서는 토지 정책이 아메리칸 시스템의 한 부분으로 보는 것이 적절한 것인지에 대한 논의를 시도하고 있고, 그리고 아메리칸 시스템으로 그것을 포함하여 연구하는 것이 합당하다면 어떤 방식에서 합당하다고 할 수 있는지 논의가 전개되고 있고, 현재까지 의견의 일치를 보여주지 못하고 있다. 윌슨이나 피터슨의 경우는 아메리칸 시스템을 옹호하는 사람들은 토지 불하 정책에서 주로 문제가 되는 서부 토지를 이 신천지의 새로운 이민자들에게 빠른 시간에 정착시키려는 노력의 일부분이라고 보기 보다는 국내 개발 계획을 추진하기 위해 필요한 재정적인 수입의 확보 차원에서 접근하고 있다고 주장한다. 이들 역사가들이 이러한 접근과 함께 주장하는 것은 아메리칸 시스템의 옹호자들은 서부 정착 확대 운동을 그렇게 적극적이고 강력하게 주장하지 않았다는 점이다. 그 이유는 이 지역에 대한 급속한 정책은 결국 동부 지역의 제조업이나 국내 개발 계획을 추진할 수 있는 자금을, 그리고 노동력을 그 쪽으로 몰리게 할 것에 대한 두려움에서 기인하는 것이었다. 그러므로 아메리칸 시스템의 옹호자들이 서부에 대한 관심과 정책을 주장하기 이전에 그 무엇보다도 먼저 동부의 발전을 고려하였다고 이들 역사가들은 주장하고 있다.53

　이러한 주장에 반대하는 역사가들도 있다. 역사가 밴 아타는 특별히 헨리 클레이가 상정했던 아메리칸 시스템이 서부의 정착 문제를 국내 제조업의 보호 정책과 마찬가지로 매우 중요하게 간주하고 있었다고 주장하고 있다. 밴 아타는 클레이의 경우 미주리 주의 연방 상원 의원 토마스 하트 벤턴(Thomas Hart Benton)의 토지 정책과 그 계획에 반대하였다고 주장하고 있다. 벤턴의 주장의 핵심은 이른바 "점진적 토지 가격 인하 정책"(graduation)이라고 불리는 것이다. 그의 주장에 의하면 서부를 빠른 시일 내에 정착을 이루어내기 위해서는 공유지 가격을 실질적인 차원에서 많이 내린 가격으로 판매가 되어야 한다고 주장하는 것이다. 이것에 대해서 특별히 클레이가 반대하는 이유는 다른 측면에서 고려하는 점이 있다. 클레이가 이러한 주장을 하는 이유는 서부에 정착민으로 오는 부류들이 적어도 "평균적인 수준의 사람"(men of average means)이기를 기대하였기 때문이다. 그는 "동부의 하층 계급 출신의 가난한 이민자"(lower-class easterners and impoverished immigrants)들이 서부로 이민 오는 것을 원하지 않았던 것이다.[54]

역사적인 기록에서 보면 아메리칸 시스템을 주장하는 사람들은 서부의 급진적인 정착 정책에 대해서 사실 반대하였다. 이것은 그들이 생각하기에 세금과 인구가 서부로 빠져나가게 될 것이 불 보듯 확실한 것이기에 그러한 유출을 염려하였다. 가령 이들은 서부의 토지 판매에서 얻은 수익은 국내 개발 계획을 실시하는데 있어 사용되어야 한다고 주장하고 있다. 관세 또한 그러한 목적으로 사용되어야 함을 주장하는 것과 같은 이치에서였다. 1825년 12월 6일 연례 시정 연설(annual message)에서 대통령 존 퀸시 아담스(John Quincy Adams)는 다음과 같이 말하였다. (현재의) "판매 시스템 하에서는 …토지는 정부 재정의 가장 중요한 수단이 된 지 오래되었다. 그리고 (그러한 용도)는 계속되어야 한다."[55] 1832년 연방 상원에 제출된 토지 판매에 대한 보고서에서 클레이는 다음과 같이 말하였다. "(우리) 위원회의 다수의 (의견)은 [공공 토지를] 새로운 주로 이양하는 계획의 대안으로서, 더더욱 공공에 도움이 되기 위해서 [공공 토지의 판매를 통하여] 얻은 수입은 연방 정부 산하 24 개의 각 주에 비율에 따라서 분배되어야 하는 것이 보다 적절한 조치라고 본다." 그래서 그 자금은 '각 주 스스로의 판단에서 볼 때, 그 지역과 주민의 이익과 정책을 실행하는데 도움이 될 수 있을 것이라고 생각되는 교육, 국토 개발 계획, 흑인 이주 식민지의 건설, 또는 국토 개발을 시행하면서 짐을 지게 된 빚을 청산하는데 사용될 수 있을 것이다."[56]

아담스 행정부의 재무 장관이었던 리처드 러쉬(Richard Rush)는 다음과 같이 주장하였다. "토지 가격은 과도하게 낮추지 말아야 한다. (이유인 즉) 싼 토지 가격으로 인하여 서부로의 이주가 촉진될 수가 있기 때문이다."[57] 또한 클레이는 급속한 서부 지역의 팽창에 대해서 물론 "자유로운 이민의 정신은 결코 저지되거나 방해되어서는 안 될 것이다. (그렇다고 해서) 새로운 자극을 필요로 한다는 것은 아닐 것이다."라고 하였다.[58] "나일즈 위클리 레지스터"(Niles' Weekly Register)의 편집장이었고 아메리칸 시스템의 강력한 지지자인 헤즈카이아 나일즈(Hezekiah Niles) 또한 서부로의 급격한 이민 정책에 대해서 반대하였다. 1820년 2월 5일 그의 저널은 다음과 같은 그의 입장을 실었다. "더 이상의 무분별한 인구 확산은 그곳에 정착할 개인들에게도 도움이 되지 않을 뿐더러, 그러한 확산으로 국가의 인적 자원의 효과적인 운용을 약하게 할 것이다."[59]

위의 기록에서 보여주는 것과 같이, 아메리칸 시스템의 지지자들은 적어도 토지 정책에 대해서는 매우 보수적이었다. 19세기 초기 약 30년간은 토지 정책의 지도자들은 종종 서부의 이익을 대표하는 사람들이었다. 그러한 집단에 속하는 인물들을 보면, 앞에서 소개한 급격한 토지 정책에 반대하였던 리처드 러쉬나 아담스라기 보다는 오하이오 주의 윌리엄 해리슨(Williams H. Harrison), 미시시피 주의 상원 의원 토마스 윌리엄스(Thomas H. Williams), 미주리 주의 상원의원 토마스 하트 벤턴(Thomas Hart Benton)이 바로 그러한 사람들로 서부의 토지에 대해 값싸게 분할 판매하기를 강력하게 요구하였다.[60] 보호 관세 정책이나 국토 개발 계획, 그리고 연방 은행 설치 문제에서와는 달리, 아메리칸 시스템의 적극적인 옹호론자들은 공공 토지 정책에 대해서는 매우 신중함을 보여주었다. 그럼으로, 아메리칸 시스템의 옹호자들이 토지 정책에 대해 유일하게 체계적인 의견을 표현한 것이 바로 1832년 연방 상원의 클레이의 보고일 뿐이다.[61] 시간적인 조건도 매우 중요한 부분이다. 클레이가 보호 관세에 대한 중요한 연설을 한 때가 바로 1824년과 1832년이었다. 국토 개발 계획에 대한 그의 중요한 연설에서 종합 토지 측량법(The General survey Bill)을 강력하게 주장하였던 때가 또한 1824년이다. 1816년에 그는 제2 연방 은행 법안(2BUS)의 필요성에 대해서 옹호하는 연설을 하였다. 그리고 그 시간 이후에도 계속해서 은행 옹호론을 펼쳤다. 그러나 그의 토지법에 대한 중요한 연설은 그가 대통령 선거에 나섰던 1832년에야 나타난다.[62] 1828년 대통령 선거에서 앤드류 잭슨에게 패배하고 난 후, 클레이는 서부를 위해서 무엇인가를 해야 한다는 것을 알아차리게 된다. 즉 그들이 원하는 무엇인가를 해주어야 할 필요성을 느끼게 된다. 그것이 바로 값싼 토지에 대한 그들의 요구였다. 그러한 측면에서 그들의 요구는 바로 장차 선거를 위해서 준비해야 하는 일종의 유혹이었던 것이다. 그러므로 그가 이때까지는 전통적인 미국 정부의 토지 정책을 그대로 유지하고 있었다는 것을 확인 할 수 있다. 그의 정치적인 야망을 위하여 그는 방향 전환을 하였던 것이다. 그러한 조건에서 그가 제출한 토지 법안 즉 1832년 토지 분배 법안(The Distribution Bill of 1832)에도 불구하고, 토지 문제에 대한 여러 관심 중에서 그가 특별히 관심을 갖는 이유는 연방 정부의 수입과 수세에 대한 관심에 대한 절박함에서 그 중요성을 인정하고 있는 것이었다. 간단하게 정리 하면, 아메리칸 시스템을 추진하려는 인물들은 단지 정치적인 이용 가치에서 필요하다고 생각하기 전에는 토지 문제를 고려하는데 있어서 그렇게 적극이거나 심각하지 않았다.

아메리칸 시스템과 내수 시장
(The American System and Home Market)

아메리칸 시스템의 궁극적인 목적은 내수 시장을 창출하는 것이었다.
1824년 연설에서 클레이는 보호 관세를 제도화 할 필요와 목적은 전국적인
내수 시장을 창출하려는 것이라고 말하였다. 클레이에 따르면, 미국 경제는
이제는 존재하지 않는 "유럽에서 발생하고 있는 전쟁"(an extraordinary
war in Europe)과 "해외 시장"(foreign market)에 의지하여 왔다고 주장하고
있다.[63] 그가 말하고자 하는 것은 프랑스 혁명(The French Revolution)과
나폴레옹 전쟁(The Napoleon Wars)으로 유럽 대륙에 봉쇄된 여러 국가들의
미국 생산품에 대한 요청과 해양 운항 사업으로 미국의 경제적인 번영을
이룰 수 있었다는 점을 지적하고 있는 것이다. 그런데 유럽의 갈등과
전쟁이 끝나게 되자, 이러한 외국 시장의 요구들이 급격하게 감소하게
된 시점에서 클레이가 주장하는 것은 미국은 자체의 독자적인 시장에서
의존해서 살아 갈 수 있는 방법을 찾아야 한다는 점이다.[64]

본 저서는 앞에서 이야기한 여러 중요한 정책들, 예를 들면, 보호 관세,
국토 개발 계획, 연방 은행 설치, 공공 토지 정책과 같은 정책들을 개별적으로
분리해서 다루기보다는 이것들을 아메리칸 시스템의 중요하고 통일적인
요소로 인식하고 그것을 분석하려는 목적을 가지고 있다. 보호 관세나
국가 재정 확대를 목적으로 하는 토지 정책은 연방 정부 체제의 지원으로
이루어지는 국토 개발 계획을 실시하기 위해서는 필수 불가결한 전제
조건이다. 가령 연방 은행을 중심으로 안정적인 국가 통화의 수급과 통제가
국내 산업과 내수 시장 발전의 필수 불가결한 전제 조건인 것과 마찬가지다.

아메리칸 시스템과 문화 개선 정책
(The American System and Cultural Improvement)

앞에서 본 것과 같이, 아메리칸 시스템에 대한 정치 경제적인 측면에 대해서는 뛰어난 학술적 연구가 완성되었다. 바로 역사가 다니엘 워커 하우(Daniel Walker Howe)에 의한 헨리 클레이에 대한 지성사적 접근으로 뛰어난 전기가 바로 그것이다. 1979년 출판된 "미국 휘그당의 정치 문화"(The Political Culture of the American Whig, 1979)라는 저서에서 "헨리 클레이, 중도의 이데올로기"(Henry Clay, Ideologue of the Center)는 아메리칸 시스템 연구의 이정표가 된 글로서 특별히 이 시스템의 문화적인 측면을 탐구하고 있다. 하우가 주장하기를 "아메리칸 시스템은 여러 다양한 이익 세력과 집단을 조화하는데 그 기초를 두고 있다."[65] 하우에 따르면, 헨리 클레이의 아메리칸 시스템의 정책들은 미국의 다양한 지역 간의 공통의 이익을 조화롭게 추진하려는 목적을 가지고 있다고 주장한다.

하우의 연구에 자극되어 여타의 역사가들은 문화사, 사회사적 접근방식을 기존의 정치, 경제사와 결합하여 문제를 풀어보는 방향으로 나아가도록 하였다. 예를 들면 관세 문제와 관계해서 로렌스 퍼스킨(Lawrence A. Peskin)은 그의 저서 "제조업 혁명: 초기 미국 산업의 지적 기원"(Manufacturing Revolution: The Intellectual Origins of Early American Industry, 2003)에서 미국 보호 무역 주의의 지적 기원을 탐구하였다. 국토 개발 계획에 대해서는 캐롤 세리프(Carol Sheriff)가 "만들어진 강: 이리 운하와 진보의 패러독스 1817–1862(1996)"(The Artificial River: The Erie Canal and the Paradox of Progress 1817-862, 1996)에서 중산 계급이 이리 운하를 어떻게 진보의 상징으로 간주하게 되었는가를 조사하였다.

그들은 자신들의 진보의 규범에 따라 운하가 바로 낙후된 지역을 개선하는 방편이라고 생각하였던 것이다.[66] 역사가 앤드류 쇼켓트(Andrew M. Schocket)는 그의 저서 "미국 초기 필라델피아의 회사 제도의 성립" (*Founding Corporate Power in Early National Philadelphia*, 2007)에서 기업의 문화사를 집중적으로 탐구하게 된다. 여기에서 그는 초기 필라델피아 연방 정부시절 은행 설립을 다루고 있다. 그 과정에서 경제 발전과 민주주의와의 상관 관계를 확인해보고 있다.[67] 앞에서 설명한 것과 같이 밴 아타(Van Atta)의 논문들에서는 공유지 문제의 문화적인 면을 분석하고 있다. 이러한 연구 성과와 함께 본 저서가 목표로 하는 것은 아메리칸 시스템의 정치, 경제적 문제들의 문화적인 특징과 성격 등을 한층 더 깊게 연구해보려는 의도를 가지고 출발한다.

필자는 본 저서에서 아메리칸 시스템의 옹호자들은 개선(improvement)이라는 개념을 믿었던 사람이었다고 주장한다. 그들은 미국 연방의 각 부문이 조화롭게 발전해야 한다는 평형을 유지하려는 노력을 보여주었음을 확인할 수 있었다. 여기까지만 보면 어떤 측면에서 본 저서는 그렇게 새로운 주장을 가지고 있지 않은 것일 수도 있다. 존 퀸시 아담스(John Quincy Adams)에 대한 뛰어난 전기를 쓴 사뮤엘 플래그 비미스(Samuel Flagg Bemis)는 다음과 같이 지적하였다. "아담스의 정신에서, 특히 그의 의식을 형성하고 있는 정신에서 보면 바로 최종적인 개선의 목표로서 도덕적인 개선을 추구하고 있었다."[68] 하우는 그러한 주장에 동의한다. "아메리칸 시스템은 휘그당의 정치 문화의 최고 수준의 기획과 조직화의 논리이다. 그 문화를 대표하는 조화(harmony), 목적성(purposefulness), 개선과 같은 가치들은 경제 시행 프로그램의 형태로 나타나게 된다."[69] 특별히 클레이와 아담스는 개선에 대한 깊고 강력한 사고를 표명한 것은 분명한 사실이다. 아담스는 1825년 12월 6일의 최초 연례 시정 연설에서 도로와 운하의 개선을 요구하였다. 그는 다음과 같이 말하였다. "먼 거리와 지역을 여러 사람들과 연결하고 교류하기 위해서는 도로와 운하가 바로 개선의 가장 중요한 수단이라는 것이다." 동시에 그는 국토 개발 계획의 범주 내에 "도덕, 정치, 지적 개선"까지도 포함하였다. 그리고 계속해서 "도덕적, 정치적, 지적 개선은 우리들의 창조주(The Author of Our Existence)가 사회적으로 책임 있는 개인에게 부여한 의무이다."[70] 그러므로 그는 워싱턴에 국립대학(a national university), 천문 관측소(astronomical observatory) 건설과 미국의 동부 북서부 해안을 탐험하기 위한 선박 건조, 국토부(a new Department of the interior)의 설치를 주문하였다.[71]

　필자의 연구는 이러한 문화적 분야에 대한 접근이 될 것이다. 즉 국가 건설 초기에 미국 정치 경제의 발전과 함께 나타나는 문화 개선에 대한 이념의 역사를 보다 상세하게 살펴보려는 목적을 가지고 있는 것이다. 특별히 이 책에서는 세 가지 중요한 역사적인 논의를 해결해 보려는 의도를 가지고 있다. 그 첫째는 무엇보다도 1790년대에서 시작하여 1837년까지 아메리칸 시스템의 그 흥망성쇠를 살펴볼 것이다. 두 번째는 어떠한 방식과 과정을 통하여 복잡다단하고 이질적인 이 시대의 미국의 경제 정책들이 하나의 통일적인 시스템으로 자리 잡게 되었는가를 분석할 것이다. 마지막으로 세 번째는 아메리칸 시스템의 문화적인 차원의 노력들을 탐구해 보고자 한다. 이러한 과정을 통하여 필자가 주장하고자 하는 점은 아메리칸 시스템은 이 시대의 사회 개혁 운동(The Reform Movement)과 제2차 대각성 운동(The Second Great Awakening)의 종교적 그리고 철학적 틀과 그 이념들을 반영하고 있다는 주장을 하는 것이다. 필자는 클레이의 사고에서 개선의 개념이 얼마나 중요한가를 구체적으로 밝히고자 한다. 여기에 부과해서, 아메리칸 시스템에서 표현되어 있는 이러한 진흥과 개선의 사상이 가지고 있는 공격적인 측면들을 분석할 것이다. 최근에 역사가 존 브룩크(John L. Brooke)는 논문에서 다음과 같이 말하였다. "1800년의 대통령 선거와 의회 선거에서 연방주의자들이 패배함으로 그들의 원했던 강력한 연방 정부 주도의 국가 건설이 실패하고, 제퍼슨주의자(Jeffersonians)나 또는 잭슨주의자(Jacksonians)에 의한 근대식 느슨한 연방 체제가 부활하게 된다. 한편 정치적으로 패배한 연방주의자들은 여러 가지의 자선(benevolence) 행위를 통해 문화적 차원에서 통일된 국가 건설을 시도하였다."72 필자는 아메리칸 시스템이 미국의 문화적 국민주의(cultural nationalism)를 지향하는 중요한 한 부분이라고 본다. 그리고 최종적으로는 당 시대의 미국 사회, 정치, 경제에서 아메리칸 시스템의 실패가 가지고 온 결과들을 분석해 볼 것이다.

제1장 :
아메리칸 시스템의 출현
(1790–1815)

아메리칸 시스템의 사상적 기원은 초대 대통령 조지 워싱턴(George Washington)행정부에서부터 시작되었다. 미국 초창기 정치인들은 연방주의자들(Federalist)과 공화파(Republican)로 나누어져 있었는데 이들 모두 보호 관세를 통해 국내 산업 발전과, 도로, 운하 건설을 강력하게 주장하였으며, 제1 연방 은행(1BUS)의 건설을 추진하였다. 여기에 더하여 이들은 연방 국가적인 차원에서 여러 문화 시설을 건설하여 미국 문화를 보다 한 차원 높은 수준으로 높이는 것을 목표로 삼았다. 그 중의 하나가 바로 국립대학의 건설이다. 그러나 아메리칸 시스템이라는 야심찬 프로그램을 실행하려는 정치가들의 노력은 엄청난 액수의 정부 부채와 유럽 국가들 간의 국제 관계가 소용돌이치며 결국 어렵게 된다.

62

조지 워싱턴과 아메리칸 시스템의 기원

(George Washington and the Origin of the American System)

조지 워싱턴의 제1기 행정부 기간에 아메리칸 시스템의 논의가 최초로 나타나기 시작한다. 워싱턴은 의회에 보내는 최초의 연례 시정 연설(annual message to Congress)에서 "국내에서는 발명을 고취하며, 우리 국가의 오지까지 교통을 원활하기 위해 기술과 창의력을 활성화하여 … 강력한 자극을 주는 조치"가 필요함을 제의하고 있다. 그는 또한 "과학과 문학"을 촉진하기 위해서 연방 의회 차원에서의 후원을 강력하게 요구하고 있다. 그래서 의원들에게 "이미 존재하는 여러 신학교나 또는 국립대학의 설립에 적극적인 지원"을 요청하고 있다.1 워싱턴은 대통령으로서 그의 임기를 통틀어서 지속적으로 국내 산업의 보호, 국토 개발 계획의 추진, 과학과 문화의 증진을 통하여 보다 발전적이고 세련된 국가를 기획하려는 의도를 보여주었다.

1796년 9월 17일 미국 국민에게 보내는 "고별 연설"(Farewell Address)에서 워싱턴은 내수 시장의 창출을 요청하였다. 그래서 그는 전국 각 지역의 생산품을 원활하게 교환 할 수 있도록 해야 한다고 주장하였다. 그는 다음과 같이 말하였다. "북부는 남부와 어떤 제약 없이 상업적인 교류를 할 수 있고, …남부의 생산물을 이용하여 해운업과 상업, 제조업에 필요한 귀중한 자원을 더 더욱 확보 할 수 있을 것이다." 워싱턴은 계속해서 "남부의 풍부한 농업의 성장과 상업의 확장"은 오직 북부와의 교섭을 통하여 가능하다고 하였다. 동부는 서부와의 교섭을 통하여, "외국에서든 또는 국내에서 생산된 상품의 배출을 위한 귀중한 소비처"가 될 수 있을 것이라고 주장하였다. 반면 서부는 동부로부터 "자신의 영역에서 성장과 안락함을 유지하기에 필요한 제품”을 얻을 수 있을 것이다. 또한 “그들 지역에서 생산되는 상품의 확실한 소비처를 확보할 수 있다.”[2] 워싱턴은 연방에 속한 여러 지역이 단일 국가로서 추구하는 공통의 이익을 함께 추구해야 한다고 주장하면서 그의 말을 마쳤다. “공통의 이익이라는 점에서, 우리 국가의 모든 부분이 전체적으로 미국이라는 연방(union)을 신중하게 보전하고 유지하는데 있어서 가장 중요한 동기가 된다.”[3] 특별히 워싱턴은 연방의 “모든 부분이 하나로 뭉치게 될 경우에는 외부의 위험, 구체적으로 외국의 빈번한 위협(내란, 전쟁)과 같은 소요 상태에 대항해서 보다 강력한 힘을 모을 수 있고, 보다 막강한 자원을 보전할 수 있으며, …보다 튼튼한 안보를 확보할 수 있다.”고 주장하였다.[4] 그러한 내수 시장을 창출하기 위해서 특별히 동부와 서부의 상업을 염두에 두고 그가 말하려는 것은 “육로와 수로상의 내륙 교통의 점진적인 개선”이 요청된다고 그는 주장하였다.[5]

　나중에 아메리칸 시스템이라고 불리어지게 될 이러한 워싱턴의 이상은 사실 연방 정부의 권력에 대한 긍정적인 관점에서 출발하고 있다. 그는 고별 연설에서 다음과 같이 말하였다. “여러분의 연방은 여러분들의 자유를 보전하기 위해서 가장 중요한 지주라는 것을 받아들여야 합니다. 그러므로 연방에 대한 사랑이 여러분의 자유를 유지하고 보전하는 사랑으로 이어지도록 해야 할 것입니다.”[6] 여기서 주목해서 볼 것은 워싱턴은 연방 권력과 개개의 미국 시민들이 가져야 하는 자유와의 충돌을 결코 생각하지 않고 있다는 점이다. 강력한 중앙 정부에 대해 이러한 긍정적인 시각은 이후 아메리칸 시스템의 가장 핵심적인 구성 요인이 되었다. 워싱턴은 계속해서 국민들에게 “지식의 광범위한 확산을 위한 여러 조직들”의 설립을 요청하였는데 이는 “국민의 여론을 계몽하는 것이 필요하다는 것을 절감”하였기 때문이다.[7] 이를 통하여 그는 강력하고 자유로운 국가를 건설하고자 하였던 것이다.

　1796년 12월 7일 연방 의회에서 여덟 번 째 이자, 마지막 연례 시정 연설에서 워싱턴은 다음과 같이 말하였다. "(제조업을 발전시킨다는) 목적은 너무나 중요해서, 연방 의회 차원에서 전 방위적 측면으로 타당하고 지속적인 노력을 계속 할 필요가 있다."8 그는 또한 의회가 국립대학과 사관학교를 설치해주도록 요청하였다. 이유인 즉, "학문과 과학이 번영하는 국가만이 국가 번영과 평판을 강화하는데 기여할 수 있다." 그러한 계획을 효과적으로 활성화하기 위해서 워싱턴은 컬럼비아 특별구(The District of Columbia) 영역에 있는 공유지 20 에이커와 포토맥 회사(Potomac Company)의 주식 50주를 이용할 것을 주장하였다.9 연설에서 워싱턴은 연방 정부가 교육 제도와 시설들을 만들어야 하는 것에 대해서 중요한 이유들을 두 가지로 말하고 있다. 그 하나는 그러한 기구들을 설치하기 위해서는 많은 자금이 필요하고, 다른 한 이유는 모든 사람이 공유할 수 있는 공통의 관심사와 시각을 가진 미래 국가 인재 집단들의 양성을 그 이유로 들고 있다. 그는 비록 이미 우리 국가에는 많은 훌륭한 지역 대학이 존재함에도 불구하고 그들 "대학의 재정이 너무 약해서 자유롭고 다양한 학문적 영역을 포괄할 수 있는 최고의 유능한 교수들을 확보 할 수 없다."고 말한다. 그러나 국립대학이 만들어지면, "국가의 모든 지역에서 온 젊은이들에게 공통의 교육을 실시함으로서 그들이 신념, 의견, 생활 방식에서 하나로 통일" 할 수 있도록 이끌게 될 것이라고 보았다.10 워싱턴은 "우리의 시민들이 더더욱 하나의 국민으로 거듭나며 따라서, …우리 연방의 미래의 전망도 더더욱 확고하게 될 것이다."라고 말하고 있다.11

　하나의 국가 체제를 형성해가는 초기 단계 에서 워싱턴이 중요하다고 보았던 것은, 연방이 장기적으로 안정적 보전을 유지해가기 위해서는 연방 정부의 후원 하에서 국립대학과 같은 문화적 장치와 시설들을 만드는 것이 절실하게 요청된다고 보았던 것이다. 어떤 면에서 보면, 그가 누구보다도 국민주의적인 태도를 지향한 것은 너무도 당연하다고 할 수 있을 것이다. 비록 초기에 그의 정치와 군사적인 경력을 식민지 버지니아 주의 입법부와 식민지 민병대의 활동으로 시작하였지만, 워싱턴은 연방 정부 체제로 막 시작하는 시점에서 대륙군 총사령관(Commander-in-Chief of the Continental Army)으로 그 면모를 확실하게 보여주었다. 이어서 그는 1787년 제헌 헌법 의회 의장(The President of the Constitutional Convention of 1787)을 역임하였다. 더욱이 그는 미합중국의 초대 대통령을 역임하였다.[12] 그러므로 그는 항상 연방 정부의 탄생과 발전 과정의 중심에 있었기에 그 값진 경험을 통하여 정치적인 견해와 식견을 갖게 되었고, 결국 이러한 경험으로 정치 철학도 넓혀질 수 있었다. 이렇게 놀랍고 예외적인 경험을 통하여 얻어진 그의 정치 철학적 견해는 당시 주위에 있던 다른 정치가 모두가 가질 수 있던 것은 결코 아니었다.

존 아담스 대통령의 문화 개선 정책
(John Adams and Cultural Improvements)

워싱턴 대통령을 계승한 인물은 존 아담스(John Adams)이다. 그 또한 미국 문화 발전을 위해서 전력투구하였다. 그는 대통령 취임 연설에서 해야 할 정책들을 열거하고 있었다. 그는 "과학과 학문을 숭상하며, 학교, 대학, 모든 계급의 사람들이 종교를 향유할 수 있도록 합리적인 모든 노력과 후원을 아끼지 않을 것이라는 점을 천명"하였다.[13] 그러나 프랑스와 미국 간의 국제적인 문제가 아담스 행정부의 관심을 빼앗아가게 된다. 유럽의 문제가 아메리칸 시스템의 발목을 잡은 꼴이 되었던 것이다. 여기에다가,

연방 정부는 필요한 수세를 충분히 확보 할 수 없는 무능력함을 보여줌으로서, 아담스는 국토 개발 계획을 적극적으로 추진 할 수가 없었다. 확실한 것은 1800년 4월 24일 대통령은 이제 여러 연방 행정부의 기구들을 미국의 수도가 된 워싱턴 특별 구(Washington. D. C)로 영구적으로 이전하는 권한을 갖게 되는 법안에 서명을 하였는데, 이 법안에 5,000달러를 따로 책정하여 특별한 곳에 사용될 수 있도록 하였다. 바로 "연방 의회에서 필요한 것으로, 도서 구입 자금이었다. …그리고 이러한 장서를 보관 할 수 있는 적절한 시설을 만드는데 사용될 것"이라고 밝히고 있다. 그러나 연방 의회 도서관의 설립은 연방 정부 차원에서 실행된 교육 향상을 위한 유일한 업적이라고 할 수 있을 것이다.[14]

알렉산더 해밀턴의 제조업에 대한 보고서:
아메리칸 시스템의 선례
(Alexander Hamilton's Report on Manufactures,
a Precursor of the American System)

조지 워싱턴의 가장 확실한 지지자였고, 초대 재무부 장관(Treasury Secretary)을 역임했으며, 대통령과 함께 연방 중심주의 시각을 가지고 있었던 인물이 바로 알렉산더 해밀턴(Alexander Hamilton)이다. 그는 서인도 제도의 네비스(Nevis) 섬 출신이다. 1772년까지 그는 미국 땅에 발을 디뎌 본 적이 없었다. 그는 이후에 식민지 시대 뉴욕의 킹스 칼리지(King's College: 나중의 컬럼비아 대학Columbia University이 됨)에 다녔다. 그러므로 해밀턴은 탄생부터 미국의 특정 지역과 주와 연관을 갖고 있지 않았던 인물이었다.

대신에 그는 워싱턴과 밀접한 관계를 가지고 있었고, 특히 그와 정치적인 유대 관계를 유지하였다. 그래서 그는 워싱턴 장군의 미국 독립 혁명기 부관(aide-de-camp)으로 있었다. 해밀턴은 1787년 제헌 회의(Constitutional Convention)의 뉴욕주 대표로서 연방 헌법 초안의 작성을 도왔다. 이어서 그 헌법을 비준을 돕기 위해서, 소위 "연방주의자론"(*Federalist Papers*)이라는 논설을 발표하였고, 미국 연방 정부의 강화 운동을 주도하였다. 이러한 과정에서 그의 지칠 줄 모르는 정치적 야망을 성취하기 위해서 전력투구하였다.15 이러한 점을 고려해본다면, 1781년에서 1782년까지 그가 "대륙주의자"(The Continentalist)라고 불리는 일련의 정치, 경제적 논설들을 썼다는 점은 그렇게 놀랄만한 점은 아니다. 그는 이러한 글을 통하여 주보다는 연방 정부에 보다 많은 권한이 주어져야 한다고 주장하였다.16

해밀턴은 1791년 12월 5일 미국 연방 하원에 제출한 그의 저 유명한 "제조업에 대한 보고서"(*Report on Manufactures)* 에서 국토 개발 계획의 기본적인 청사진을 제출하였다. 이 보고서에서 국내 제조업의 보호와 발전의 필요성을 피력하였다.17 전형적인 해밀턴의 스타일로 기술된 이 보고서는 국내 산업의 보호와 함께 보호주의적 태도를 반대하는 입장에 대한 비판을 하고 있고, 연방 관세법의 헌법적인 타당성을 주장하면서, 수세를 확보하기 위해서 필요한 보호 관세를 장기적 차원에서 본 긍정적인 효과에서부터 시작하여, 당시 미국의 국내 제조업의 현황과 그것을 보다 발전 할 수 있는 방안까지 포괄하는 식견과 전망에서 자신의 확고한 신념에 대한 정당성과 논리를 보여주고 있다.18

해밀턴의 보고서는 국내 제조업의 융성이 미국의 완전한 독립의 전제 조건이라고 주장하고 있다. 특별히 군사적인 측면에서 그러한 고려가 필요하다고 보고 있다. 그는 국내 제조업의 중요성을 독자적인 무기 체제를 공급 할 수 있어야 하는 측면에서 이야기하고 있다. 그는 보고서의 처음부터 다음과 같이 쓰고 있다. "재무 장관은 …제조업에 대해서 깊은 관심을 가져야 한다. 특별히 군사적인 면과 그리고 국가의 자립과 생존에 필수적인 자원 문제를 외국으로부터 자유롭기 위해 그것을 촉진시키고 개발 정책을 고려해야만 할 것이다."[19] 해밀턴의 보호주의에 대한 의지는 연방 중심 주의적 속내를 품고 있는 것이다.

해밀턴이 이러한 선구적인 생각 특히 보호주의적 차원에서 관세를 고려해야 한다는 관점을 갖게 된 것은 내수 시장의 창출 문제에서였다. "이 땅의 초과 생산품에 대한 보다 안정적이고 지속적인 수요를 만들기 위해서 완전히 새롭고 확실한 …수요의 창출"이 요구됨을 그는 이야기하고 있다. 바로 내수 시장의 필요성을 언급하는 것이다. 그는 국내 농업 생산물에 대한 외국 (유럽)의 수요는 "너무 불확실"하다고 보고 있다. 여기서 "그것(외국시장)을 보다 확대된 내수 시장으로 대체하는 요구"에 대한 강력한 근거를 제시하고 있다.[20] 해밀턴은 그러한 "내수 시장"이 미국의 다양한 지역의 경제가 서로 공존 할 수 있는데 필요한 바탕이라고 주장하였다. 그는 남부 지역의 농업과 원자재가 북부와 중부 지방의 공장 지대에 풍부하게 제공해 줄 수 있을 것이라 믿고 있었다.[21] 그는 보고서에서 이러한 정책의 실현에서 부딪치게 되는 헌법적인 근거 문제에서도 크게 걱정하지 않는 듯하였다. 연방 헌법의 국방 조항(defence clause) 그리고 일반 복지 조항(general welfare clause)에서 보호주의의 합헌성을 보장 받을 수 있다고 보았다.[22] 그는 또한 장기적으로 보호 정책은 연방 정부의 수세를 감소시키기보다는 증가시키는데 기여 할 것이라고 주장하였다.[23] 해밀턴의 보고서는 이후에 전개될 보호 무역 주의 정책의 논쟁에서 중요한 준거 틀이 될 수 있는 핵심적인 바탕이 된다.

해밀턴의 경제 정책은 이후에 관련 역사학계에서 첨예한 논쟁을 불러일으키게 된다. 가장 최근에는 역사가 존 넬슨(John Nelson)이 1987년 그의 저서 "자유와 재산"(*Liberty and Property*)에서 해밀턴이 그렇게도 제조업에 관심을 갖게 된 이유를 그렇게 순수한 주장으로만 볼 수 없다고 주장한다. 그에 따르면, 해밀턴의 저 유명한 제조업에 대한 보고서(*Report on Manufactures*)는 소위 제조업 발전 위원회(Society for Establishing Useful Manufactures: SEUM)이라고 불리는 단체의 공식적인 입장에 불과한 것일 뿐이라고 주장 하고 있다. 해밀턴은 바로 이 단체에 아주 깊게 관여하고 있었다. 해밀턴은 악화 일로에 있는 증권 시장의 회복을 목표로 1791년 가을에 이 단체를 지원하고 촉진하려고 하였다. 이유인 즉 이 단체는 정부 차원에서, 또는 은행 주식을 통하여 지원을 받고 있었다.24 그러므로 주식 시장의 안정이 바로 재무부 장관으로서 해밀턴이 하는 "궁극적 조정자"(ultimate arbiter)의 역할이고 이것을 이용한 것이었다.25 이런 측면에서 역사가 넬슨은 해밀턴의 제조업에 대한 보고서는 사실 장사 속에 빠른 작가의 입바른 소리로서 덧칠된 "순수한 미학적인 노력"(a purely aesthetic endeavor)에 불과하다는 것이다.26 이유인 즉 해밀턴은 보호 관세를 결국 반대하였기 때문이다. 그 이유는 연방 정부의 수입의 9/10을 차지하는 것이 바로 관세에서의 수입이었기 때문이다.27

그러나 역사가 넬슨이 이런 방식으로 해밀턴의 속내를 이야기하는 동안에 결국 그 자신이 결정적인 실수를 하고 있다는 점을 망각하고 있다. 그는 정책의 기획과 구상가로서의 해밀턴과 정책의 작성자, 실행가로서 해밀턴을 구별 짓지 못하고 있다는 점이다. 해밀턴이 보호 관세를 실행하는데 적극성을 보여주지 못한 이유는 국내 제조업에 대한 관심 부족이라기보다는, 이 신생 국가가 직면하고 있는 실질적으로 가장 절박한 문제는 재정 문제라고 생각하였기 때문이다. 즉 독립 과정에서 미국이 빚진 엄청난 부채를 해결하기 위해서는 관세에 의존해야 했다. 해밀턴은 1782년 4월에 출판 한 "대륙주의자"(*Continentalist* No. V)에서 일찍이 주장한 것과 같이,

"적당한 관세가 고율의 관세보다는 [수세]의 확보에 훨씬 도움이 된다."고 하였다. 이유인 즉 고 관세 정책은 수입 그 자체를 금지할 것이기 때문이다. (그러므로 "보호 관세"(protective tariff)이라는 조건)은 결국 관세 수입의 감소로 나아갈 것이 명약관화 할 것이라고 보았다. 재무 장관으로서 그가 직면하고 있었던 가장 큰 짐은 무엇보다도 새로운 정부의 운영 자금과 다른 한편으로는 국가 채무를 청산해야 하는 일이었다. 해밀턴은 그러므로 앞에서 이야기한 제조업 발전 위원회(SEUM)를 통하여 국내 제조업을 증강하려고 하였던 것이다. 따라서 그가 제조업 발전 위원회에 관계를 맺고 있었던 것은 무엇보다도 이런 측면에서 충분히 이해 할 수 있는 것이다. 바로 국내 제조업 확대와 보호를 위한 그의 진정성과 순수함에서 나온 행동이라고 할 수 있는 것이다. 여기에 더하여, 해밀턴이 국내 제조업 융성을 강조하고 미국 초기 생존과 자립을 이루기 위해 힘든 노력을 경주하고 있는 다양한 산업군에 대한 상세한 정보들로 이루어진 제조업에 대한 보고서 출판은 단지 "광고자의 시나 말"(publicist's jingle) 이상의 의미를 가지고 있다. 그러므로 역사가 넬슨의 판단은 잘못된 것이다.

미약한 보호주의, 1789-1812
(Timid Protectionism in Tariff Acts from 1789 -1812)

보호 무역 주의에 대한 해밀턴의 입장을 이해하는데 실패하였지만, 그럼에도 불구하고 역사가 넬슨이 연방파 정부 시절(The Federalist era)동안 관세율이 보호주의적 수준까지 이르지 못했다고 한 지적은 정확하다고 할 수 있다. 사실 1789년부터 1812년 간 모든 관세법은 계속해서 국내 제조업자들을 보호하기보다는 수세 차원에서 접근한 결과라고 할 수 있다. 그럼에도 확실한 것은, 이러한 관세법의 법안 자체에서 보이는 특별한 어감은 보호주의가 미국 연방 의회의 관심이라는 점을 인정하고 있다는 사실이다. 예를 들면, 1789년 관세법 서문(The preamble of the Tariff Ac of 1789)에서는 그 법의 목적을 "미국의 빚을 청산하고, 제조업의 발전과 보호"에 있다고 적고 있다.[28] 독립 전쟁 이후, 미국 제조업과 기술자들은 값싼 영국산 제품의 침투로 인해서 엄청난 피해를 보고 있었다.[29] 이런 분위기에서 볼티모어, 뉴욕, 필라델피아, 보스턴의 제조업자들이나 기술자들이 연방 의회에 청원을 하게 된 것은 크게 놀랄 만한 일은 아니다. 이들은 미국산 상품의 사용 장려 운동과 함께 보호 조치를 요구하였다. 이들은 정치적인 동조자와 후원자들을 찾아 움직이고 있었고, 그러한 움직임은 막을 수 없는 지경에 이르게 된다.[30]

그럼에도 불구하고 실제 운영에서 보면 1789년 관세법(The Tariff Act of 1789)은 본질적으로 개념과 실행 차원에서 세수를 확보하는 차원에서 이루어진 것이었다. 그 관세법은 36개 품목에 대해서는 특별 관세를 징수하고 다른 상품에 대해서는 가격에 따라 종가세(ad valorem)를 부가하였다.[31] 17개 품목에 대해서는 관세가 면제되었다.[32] 평균 종가 세 비율은 단지 5%에 불과하였다.[33] 보통 20–25%의 종가세를 부가할 때, 그 법이 최소한의 보호주의적 목적을 가진 법이라고 부를 수 있다.[34]

사실 미국 역사에서 볼 때, 미국 연방 관세는 적어도 1816년까지는 보호 무역적인 취지의 경향을 가지고 있지 못했다. 1792년부터 1812년까지 관세에 관련한 25개의 법안이 있었다.[35] 그런데 그 모두가 재정적인 문제를 해결하기 위한 수세 확보를 위한 것이었다. 물론 평균 관세율은 점차 증가되어 간다. 1789년 관세법에서는 5%에서 시작하다가 계속 증가하여 1812년 관세법에 의하면 30%에 육박하게 된다. 그러나 이러한 증가는 국내 제조업을 보호할 목적이라기보다는 특별히 재정적인 필요에 인한 요구를 맞추기 위한 것이었다. 예를 들면 1804년 3월 26일 관세법은 평균 종가를 기준으로 하는 관세를 12½에서 15%로 증가하게 된다.[36] 그런데 이러한 증가는 지중해 지역의 해적(The Barbary powers of the Mediterranean Sea)을 제거하기 위한 비용 때문에 급하게 요구된 것이었다. 당시에 이들의 노략질 때문에 미국의 상선들의 피해가 심각하였다. 그래서 이렇게 증가된 관세를 사람들은 "지중해 기금"(Mediterranean Fund)라고 칭하였고 이러한 자금은 분리하여 독립된 회계로 다루었다.[37]

|표 1-1| 평균 종가 기준 관세율, 1789-1812
(Average ad valorem Tariff Rates, 1789-1812)

년도(year)	관세율(Tariff Rate)
1789	5%
1790	5%
1791	5%
1792	7%
1794	10%
1797	10%
1800	12%
1804	15%
1812	30%

출처: H. C. Adams, *Taxation in the United States, 1789–1816* (New York, Johns Hopkins University, 1884), p.36.

연방 의회는 1812년 7월 1일 관세법을 제정하여 모든 제품에 대한 관세를 두 배로 증가하였다. 그래서 종가세를 기준으로 하면 15%에서 30%로 증가된다. 이것은 1812년 6월 18일 영국과 선전 포고를 하게 된 1812년 전쟁(제2차 영미 전쟁, The War of 1812)에 필요한 자금을 확보하기 위한 조치였다.[38] 여기에 더하여, 이러한 확대된 세율은 평화 조약이 체결된 후 오직 1년간으로 한정해서 실행하도록 조건을 붙였다.

미국 정부의 운영 측면에서 보면, 이 시대 연방 정부의 재정을 확보하기 위한 수단으로 수세 우선 정책에서 관세 문제를 풀어가는 입장은 아주 합리적인 선택이라고 할 수 있을 것이다. 관세 장벽을 설치하는 것보다는 저 관세를 유지하면서 자유 무역 정책을 유지하는 것이 미국에 절대적인 이익을 보장하는 것이었다. 1792년에서 1815년까지 프랑스 혁명과 나폴레옹 전쟁(The French Revolution and Napoleonic Wars)으로 미국은 유럽과 그들의 영향 아래 있는 서인도 제도 식민지에서 미국 농산물에 대한 수요가 폭발하고 있었고, 그와 함께 해운업도 발전하고 있었다. 1792년부터 1807년까지 미국 농산물의 수출 가치는-주로 밀, 밀가루, 쌀, 담배, 면화-는 2,100만 달러에서 10,800만 달러로 증가하게 된다.[39]

미국의 수출품의 가치만 증가한 것이 아니라, 교역 조건(수입품 가격 대비 수출품의 가격 비율)도 크게 개선되었다. 1790년에서 1794년까지 교역 조건은 악화되었다. 그러나 그 이후에는 항상 100 이상을 유지하고 있었다. 그리고 1799년에 오면 162.6에 이르게 된다. 그러한 수치는 1808년까지 계속된다.[40] 유럽의 전쟁 국가들이 그들의 카리브 해 식민지와 이루어지는 무역은 주로 미국 소재 항구를 도중 하차지로 사용해서 이루어지는 것이었는데 이러한 소위 재수출 무역(re-export trade)도 이 기간에 엄청나게 증가하였다. 총체적으로 보면, 미국의 재수출 무역은 1792년 100만 달러에서 1807년 6,000만 달러로 증가하게 된다.[41] 네덜란드와 스페인은 나폴레옹 전쟁에 그들 국가가 관여하게 되자, 엄청난 해운업의 손실을 보게 된다. 그 결과로 해운업에서 미국의 순 수입은 1792년 740만 달러에서 1807년 4,200만 달러로 증가하게 된다.[42] 동 기간 동안 미국 해운업의 규모도 증가하게 된다. 우선 톤수(tonnage)로 계산하면, 1789년 127,000톤에서 1807년 848,000톤으로 증가하게 된다.[43]

제퍼슨주의자들과 보호 무역 주의
(Jeffersonians and Protectionism)

토마스 제퍼슨(Thomas Jefferson)은 1801년에 대통령이 되었다. 그는 지금까지 추진해온 미국 정부의 수세 중심의 관세 정책에서 특별히 변화를 시도할 생각이 없었다. 관세 문제에서 기본적인 입장은 아주 분명히 재정 확보라는 취지에서 접근하고 있었지만, 그러나 대통령은 관세 장벽을 이용한 국내 산업의 보호에도 어느 정도 관심이 있었다. 일반적으로 알려진 것과 같이 그의 저 유명한 "버지니아 주에 대하여"(*Notes on the State of Virginia*)에서 그는 제조업에 대해서 반감을 표현한 것은 사실이다. 그는 다음과 같이 말하였다.

일반적으로 우리에게 필요한 제조업에 대해서는, 그 작업장을 유럽에 남겨 두어야 할 것이다. 유럽의 노동자들을 우리 국가의 식량과 원자재 쪽으로 의존하게 하고 그럼으로 그들의 생활 방식과 원리들을 함께 수입하는 것보다는, 반대로 필요한 식량과 원자재를 그곳의 노동자들에게 이전하는 것이 국가를 위해서 도움이 될 것이다. 상품을 대서양 너머로 이전함으로 발생하는 손실은 우리 정부의 행복과 안정으로 보상될 수 있을 것이다. 대도시의 대중들이 오염되지 않은 정부에 하는 역할은 종기가 인간의 몸에 하는 역할과 마찬가지(로 일반적으로 부정적)이다.[44]

 그러나 일단 권력을 잡게 되자 제퍼슨은 국내 산업을 성장시키려는 그의 의지를 계속하여 표현하였다. 1801년 12월8일 연례 시정 연설에서 제퍼슨은 "농업, 제조업, 상업, 해운업"을 "우리의 번영을 위한 4대 근간"이라고 부르고, 이어서 "보호 무역은 …때때로 실행되어야 할 것"이라고 제안하였다.[45] 1802년 12월 5일 제2차 연례 시정 연설에서 그는 "우리의 현 상황에 적절하게 맞는 제조업의 보호가" 이 행정부가 추진하는 정책의 "대표적 상징들(landmarks)"중의 하나가 될 것이라고 밝혔다.[46] 그의 후임자였고, 친구였던 제임스 메디슨(James Madison)도 그와 동일한 입장을 취하고 있었다. 1809년 3월 4일 그의 제1기 취임 연설에서 메디슨은 대통령으로서 가져 갈 정책 중에 하나는 "허용된 권한 아래에서 농업과 산업, 그리고 국내 상업의 개선을" 도모하는 것이라고 말하였다.[47]

 대통령은 제조업자, 기술자, 기계공으로 부터 보호 관세를 요청하는 압력으로 인하여 그 문제에 대해서 관심을 가지게 된다. 제퍼슨에게 온 대부분의 청원서는 계속해서 관세가 국내 "유치"(infant)산업을 보호하기 위해서는 필수 불가결하다고 주장하였다. 적어도 이 분야에서의 산업의 경쟁력이 외국의 상품과 경쟁하기 위해서는 이러한 조치가 필요하다고 보았다. 예를 들면, 1804년 2월 4일 펜실바니아 주 랭카스트 구(Borough of Lancaster) 소재 총포 제조업자들은 다음과 같이 주장하였다. "외국산 총포가 쉽게 들어올 수 있도록 방만히 관리를 함으로서, 미합중국 정부(The Government of United States)는 이제 유치산업 단계에 있는 이 국가의 산업을 와해하는 역할을 수행하였다. … 연방 정부로부터 최소한 몇 년간의 보호 무역 조치가 필요하다. 그리고 이 국가의 제조업은 … 확고하게 그 기초를 갖게 될 때, 그래서 외국의 총포가 수입되어도 결코 몰락하지 않을 때까지 기다려야 할 것이다.[48] 1803년 12월 9일 필라델피아 장인들은 상원과 하원에 제출한 청원서에서 "유치산업은 기존의 산업과 경쟁할 수 있을 수 있게 될 때까지 *어느 정도(some)* 보호되어야 한다."라고 적고 있다.[49]

경제적인 독립을 주장하는 기업가들도 이러한 주장에 동참하였다. 이들 모두는 바로 미국 독립의 대의명분과 그 정당함은 바로 보호 관세에 그대로 녹아있고 그 밖에 다른 것은 없다고 주장하기 시작한다. 1802년 3월 30일 있었던 연방 하원에 제출한 청원에서 뉴저지의 모리스와 서섹스, 베르젠(Morris, Sussex and Bergen) 지역의 철광업자(iron manufactures)들은 제조업은 "이 국가의 부와 복지의 영원한 원천이다. 그리고 제조업 자체에도 매우 유익한 고용을 만들 수 있을 것이다."[50] 라고 하였다. 앞에서 인용하였던 펜실바니아 주 총포 생산업자들도 제조업은 "국가 안보와, 국가의 자주적 독립, 국가의 명성"을 위해서 필수 불가결한 것이라고 주장하였다.[51]

보호 무역을 옹호하는 집단들은 그들의 주장에서 경제적, 국민주의적 측면에서 자신들의 논리를 역설하고 있다. 1811년 1월 22일 켄터키 주의 파에트 카운티(Fayette county)의 거주자들은 연방 의회에 청원서를 제출하였다. 그 청원서에는 나폴레옹 전쟁이 끝난 이후 국가 경제의 방향을 국제 무역에서 국내 무역 중심으로 전환이 필요하다는 점을 요청하는 것이었다. 청원서를 작성한 사람들은 다음과 같이 주장하였다. "유럽에서 전쟁이 계속될 것 같지는 않다. …한 쪽에서 (전쟁을 수행할) 자원이 고갈되게 되면, 물러 날 수밖에 없다." 그렇게 될 경우에는 "우리는 지금까지 우리에게 가져다주었던 부를 계속해서 유지하기 위해서 다른 자원으로 방향을 바꾸어야 할 수밖에 없을 것이다." 이러한 청원을 하는 사람들은 그 글의 내용에서 현재의 문제를 직시해야 함을 지적하고 있다. "만일 우리의 현재 시스템을 변화하지 않는다면, 그리고 의회에서 이 국가 산업의 방향에 대해서 새로운 지침을 주지 않는다면, 우리의 (부)를 어떻게 유지할 수 있을 것인가? 우리는 이 땅에서 생산되는 제품에 대한 시장을 어디에서 찾아야 할 것인가?"[52] 궁극적으로 내수 시장의 확보라는 주장이 1812년 전쟁 후에 보호 무역주의를 정당화하는 가장 중요한 논리가 된다.

다양한 수사학과 논리를 통하여 자신들의 주장을 합리화하면서 관계 이익 단체들이 연방 의회에 청원서를 보내자, 의회에는 그들의 요구를 담은 청원서가 넘쳐 흘려들어오게 된다. 특히나 1812년 전쟁기간 동안 철광, 구리, 면화 제조업자들로부터 청원서가 봇물처럼 쏟아져 들어오고 있었다.[53] 이렇게 많은 청원서가 나타나는 것은 부분적으로는 1815년에 오면 미국 제조업의 국내 생산이 크게 증가하기 때문이다.[54] 예를 들면, 1808년에 미국에서는 15개의 면화 공장(cotton mills)이 있었을 뿐이었다. 1809년에 오면, 그 숫자는 102개로 증가하였다. 동 기간 동안, 생산 능력은 8,000에서 31,000축(spindles)으로 증가되었다.[55] 역사가 빅터 클라크 (Victor S. Clark)에 의하면 1800년에서부터 1823년까지 557개의 제조 회사가 설립되었고 이들의 총 자본금은 7,200만 달러 이상이었다. 그 회사 중에서 반 이상이 법인이었고, 그들의 총 자본 중에서 거의 반 이상이 1812년에서부터 1815년 기간에 시작되었다.[56] 그러나 산업 영역에서의 성장으로 보호 관세 운동이 가시적으로 나타내기에는 아직 시간이 필요하였다. 적어도 1816년 문제의 보호 관세 법이 제정될 때까지는 그렇다는 점이다.

78

제퍼슨주의자와 국토 개발 계획
(Jeffersonians and Internal Improvements)

1815년 이후 아메리칸 시스템의 그 적극성을 가장 잘 보여주고 그 성공을 가시적으로 보여주었던 분야가 국토 개발 계획에서였다. 1801년 공화파(The Republican Party)가 권력을 잡자, 이른바 당시 "삼두 정치(triumvate)"에 해당되는 인물로서 대통령 토마스 제퍼슨(President Thomas Jefferson), 국무 장관 제임스 메디슨(Secretary of State James Madison), 재무 장관 앨버트 갤러틴(Secretary of Treasury Albert Gallatin)은 이미 국토 개발 계획에 경험을 가지고 있던 인물들이었다. 1784년 초에 제퍼슨은 워싱턴에게 포토맥 강(Potomac River)과 오하이오 강(Ohio River)을 연결할 필요성을 주장하였었다. 제퍼슨은 오하이오 강과 포토맥 강이 하나의 시스템으로 통합되면, "우리 연방 국가(Confederacy)가 동부에서 서부까지 연결하는 가장 강력한 연결망이 될 것이다."라고 하였다. 제퍼슨은 "더불어서 이 수로가 완성되면 버지니아의 상업을 오하이오 강의 북부 지방까지 그리고 그 수계 전체를 아울러서 확대하는 것이 될 것이다."라고 언급하였다. 또한 엘리자베스 강(Elizabeth River)과 사운드 강(Sound River)의 운하 건설 계획을 설명하면서 제퍼슨은 "민간 자본으로 보다는 공공 자본으로 설치하는 것이 훨씬 적절할 것"이라고 주장하였다.57 미래의 대통령이 될 인물들 간에 이러한 서신 교환은 제퍼슨 행정부 동안 가시적으로 그 유효성을 보장 받게 되는 국토 개발 계획과 연관된 세 가지 핵심적 사고를 이미 예고하고 있던 것이었다. 그 첫째는 국토 개발 계획은 궁극적으로 국가의 정치적 단결을 더더욱 공고히 할 것이라는 확고한 믿음이다. 두 번째는 국토 개발 계획은 국내 상업 또는 다른 말로 하면 내수 시장의 증진에 필요할 것이라는 믿음이다. 세 번째는 이러한 사업은 주 단위 또는 민간이 하는 것보다는 연방 차원에서 정부 사업으로 진행하는 것이 적절하고 타당하다고 보는 점이다.

워싱턴의 지원 하에 1784년 버지니아 의회에서 포토맥 강(Potomac River)과 제임스 강(James River)을 정비하기 위한 두 개의 법안이 통과되도록 실질적으로 노력 한 사람은 바로 제임스 메디슨이라고 할 수 있다. 그는 제임스 강 회사(The James River Company)를 법인화 하는 법안의 초안을 작성하였다. 이것은 미국에서 공적 자금과 사적 자금이 혼합된 최초의 혼합법인(The first "mixed" corporation)을 만드는 사례였다.58 그런 측면에서 보면, 메디슨이야 말로 일반적으로 사적 영역에서 추진되어야 할 것으로 알고 있었던 국토 개발 계획 추진 사업을 공적 지원이 가능하도록 준비하고 그 시스템까지 기획한 선구자라고 할 수 있다.

고국 스위스로부터 온 이민자로서 미국에 온 앨버트 갤러틴은 앨리게니 산맥(Alleghenies) 서쪽의 서부 펜실바니아 지역에 정착하였다.59 펜실바니아 주 하원 의원(Pennsylvania House of Representatives)으로 그는 필라델피아에서 랭카스터까지 유료 도로 건설을 포함하여 국토 개발 프로젝트를 적극적으로 지지하였다.60 그가 자신이 살고 있는 곳에서 펜실베니아 주 의회에 참석하기 위해서 필라델피아로 가는 최초의 여행에서 경험한 고통은 결국 그로 하여금 이러한 프로젝트에 대해서 적극적으로 지원하는 입장을 표하게 했을 것이다. 그럼에도 불구하고 제퍼슨의 제1기 취임 연설에서는 국내 개발 계획의 지원에 대한 어떠한 언급도 없었다.61 그러한 정책에 대한 언급이 없는 것은 무엇보다도 재정적인 문제가 발목을 잡았을 것임에 틀림없다. 1791년 연방파(Federalist)가 정권을 잡았을 때 국가의 부채는 7천 5백만 달러였다. 이러한 빚은 이후 감소되기보다는 증가하여 제퍼슨 행정부가 시작되는 해인 1801년에는 8천 3백만 달러에 이르게 된다.62 지금까지 제퍼슨은 국토 개발 계획에 대해서 적극성을 보여 왔다. 그러나 국가적으로 엄청난 비용이 소모될 사업에 감히 끌려들어갈 수 없었던 것이다.

그러나 이러한 재정상의 위기에도 불구하고 공화파들은 곧 그들이 권력을 잡자마자 몇몇 분야에서 국토 개발 계획을 시작하게 된다. 그 첫 번째 가시적인 성과물이 나타났다. 바로 컴버랜드 도로(The Cumberland Road) 또는 국립 도로(The National Road)라고 부르는 사업이었다. 1802년 4월 30일 연방 의회는 오하이오 수권법(Ohio Enabling Act)을 통과시켰다. 그 법안의 7항(Section Seven)에 의하면 대통령이 오하이오 토지 판매 대금의 약 2%를 동부 지역에서 오하이오 준주 지역(The Ohio Territory)까지 연결하는 도로 건설에 사용할 수 있도록 허용하였다.63 이 도로는 메릴랜드 주 컴버랜드에서 건설이 시작되고 나중에 1818년에는 오하이오까지 이르게 되는 사업이었다.

|표 1-2| 국채의 규모(Amount of National Debt, 1801-8)

년도 (year)	채무액(Debt, million, $) 백만 달러	년도 (year)	채무액(Debt, million, $) 백만 달러
1801	83	1805	82
1802	81	1806	76
1803	77	1807	69
1804	86	1808	65

출처: Davis Rich Dewey, *Financial History of the United States* (New York: Longmans, 1903), p.125.

그러한 사업을 정당화하기 위해서, 연방 의회는 연방 정부와 주 정부 간의 계약(Compact)이라는 법률적 제도를 이용하였다. 이론상으로 연방 정부는 서부의 여러 주들을 동부와 연결하는 공공 도로 건설에 동의하였다. 이 대가로 여러 주 정부는 특정 기간 동안 주 경계 내에 있는 연방 정부 소유 토지의 구매자들에게 세금을 면제해 준다는 것이다. 미국의 각 주 정부는 연방 정부와 각각 다른 계약을 체결하였다. 오하이오 주의 경우 연방 정부는 그 주 내의 연방 토지 판매 수익의 5%를 오하이오 주에 주었다. 그 중에서 2%가 연방 도로 건설에 사용될 수 있었다. 이것은 5년간의 세금 면제 조건에 대한 보상이었다.64 갤러틴은 그러한 기획안을 짜는데 결정적인 기여를 하였다. 그런데 의회는 갤러틴의 처음 기획안에 대해서 조정을 하였다. 그 조정되기 전의 안에 따르면, 10년간 토지 구입자에게 세금 면제 조건으로 토지 판매액의 10%를 주 정부에 준다는 것이다.

분명한 것은 도로 건설에는 미국적 국민주의(Nationalism)가 일정 부분 역할을 하였다는 것이다. 1802년 2월 13일 북서부 준주(Northwest Territory)의 영토를 이후 주 정부를 구성하여 연방으로 소속토록 하는 업무의 총 감독을 맡은 위원회의 의장인 버지니아 출신 연방 하원 의원 윌리엄 자일스(William B. Giles)에게 보낸 서한에서 갤러틴은 그러한 프로젝트가 얻게 될 정치적인 측면을 설명하였다. 그는 다음과 같이 말하였다.

연방 의회의 권한 아래서 그러한 도로들이 건설되면, 그리고 도로가 통과하게 될 몇 몇 주들의 동의에 의해서 연방 의회의 의안이 통과된다면… 그 영역(또는 준주)이 위치하고 있다는 점과 또한 (그 준주 지역이) 바로 대서양 연변 각 주 소속의 서쪽 토지와 경계를 하고 있다는 지리적인 조건에 대한 정당한 고려가 이루어진다면, 그리고 지금까지 미국의 각 영역이 서로 간에 별 공통의 이익이 없는 지역을 하나로 모아 연방으로 굳건히 연결하는 데 기여하게 될 것을 고려할 수만

있다면, 그러한 법률이 정치적인 면에서 끼칠 중요성에 대해서 인식하는
데 있어서 그렇게 어렵지 않을 것이다.65

이 편지에서 갤러틴은 아주 조심스럽게 미국 국민주의 또는 연방 중심주
의 입장을 표현하였다. 갤러틴의 제안은 현재까지는 각 주들간 상이한
이해 관계의 충돌이 있음을 잘 알기에 갤러틴의 제안은 그러한 도로 건설의
전제 조건으로 각 주들 간의 "동의"(consent)가 필요하다고 말하였다. 그는
연방 의회가 각 주의 동의 없이 그러한 사업을 실행 할 수 있는 권한을
가지고 있다고 생각하지 않았다.

그 법안의 해석에 대한 토론을 보면 갤러틴이 심사 숙고한 이유가 하나도
틀리지 않음을 잘 보여준다. 자일스는 1802년 3월 30일 갤러틴의 편지의
제안에 따라서 준비된 일련의 결의안을 제출한다.66 다음 날 뉴잉글랜드
지역의 이익을 대변하는 (연방파)인 코네티컷 주 출신의 로저 그리스월드
(Roger Griswold of Connecticut)는 그 제안서가 연방 정부의 공공 토지를
판매하여 그 대금을 (도로가 지나가게 되는) 버지니아 주와 펜실바니아
주를 위해서 사용하는 것이라고 비난하였다. 1805년 12월 19일 (연방파)인
코네티컷 주의 유리아 트래시(Uriah Tracy of Connecticut)를 주축으로
하는 상원의 한 위원회에서는 컴버랜드로부터 시작하는 도로를 메릴랜드의
포토맥 강 북안에서 부터 오하이오 강까지 연결하라고 요청하였다. 펜실바
니아 주와 버지니아 주는 이러한 요청에 대해서 반대하였다. 그 이유인
즉 이 들 양 주는 서부 지역과의 통상에서 메릴랜드 주와 경쟁 상태에
있었기 때문이다. 그러므로 그 법안이 토론을 위해 하원에 부쳐졌을 때,
펜실바니아 주 출신 하원 의원 마이클 레이브(Representative Michael Leib
of Pennsylvania)는 그 법안을 무기한 연기할 것을 주장하였다. 반면 버지니
아 주의 크리스토퍼 클라크(Christopher H. Clark)는 펜실바니아, 메릴랜드,

버지니아 주에서 출발하는 세 개의 도로를 각각 건설하자는 주장을 들고 나온다. 클라크의 제의는 서부 의원들로 부터 비난을 받는다. 이들 서부 지역의 의원들은 그 출발지가 어디든 도로 건설을 줄기차게 주장하게 된다. 켄터키 주의 조지 베딩저(George M. Bedinger of Kentucky)나 오하이오 주의 제레미아 모로우(Jeremiah Morrow of Ohio), 메릴랜드 주의 로저 넬슨(Roger Nelson of Maryland)은 동부 출신 의원들의 다양한 입법안들을 거부하였다. 그들은 자신들이 주장하는 도로가 가장 짧은 거리라고 단언하였다. 그들이 주장하는 기획 안이 서부 지역과 연방 국가의 이익에 가장 가까운 것이라고 주장하고 펜실바니아, 버지니아 주를 포함한 모든 지역의 이익을 고려한 가장 편리한 노선이라고 주장하였다. 그러므로 지역 이기주의적 입장이 컴버랜드 도로(The Cumberland Road)건설에 대한 의회 토론을 장악하였고, 여기에서는 정치 철학적 고려는 저 멀리 사라져 버렸다. 결국 그 도로 건설 법안이 1806년 3월 24일 연방 하원을 통과하였을 때, 66대 50로 결정되었고, 펜실바니아 주의 경우에는 18명 중에서 오직 4명만 찬성하였고, 버지니아 주는 22명 중에서 오직 두 명만이 찬성하였다.

이러한 상황에서도 갤러틴은 1808년 국토 개발 계획에 대한 매우 세밀하게 정리한 보고서를 의회에 제출함으로서 그의 목적을 계속해서 밀고 나갔다. 그의 보고서에서 갤러틴은 연방(union)의 힘을 강화하기 위해서 도로와 운하를 건설할 필요성을 강력하게 주장하였다. 그러나 한편에서는 각 개별 주와 각 지역(section)의 이해 관계를 적절하게 수용하고 조정하면서 그러한 사업을 추진할 필요성을 개진하였다.

갤러틴이 그의 보고서를 써야겠다고 생각한 전제 조건 중에 하나는 무엇보다도 연방의 재정 문제가 현저하게 개선된 상황에서 출발하는 것이다. 제퍼슨 대통령이 두 번의 임기 동안 국가의 재정 구조가 건실해졌다. 그 이유는 나폴레옹 전쟁 기간 동안 국제 무역이 번성하였기 때문이다.

84

이러한 대내외적인 조건이 호전적으로 발전됨에 따라, 미국은 국가의 부채가 실질적으로 큰 수치로 줄어들게 된다. 갤러틴은 1809년 제퍼슨에게 다음과 같이 쓰게 된다.

> 공공 부채를 줄여야 하겠다는 생각에서 본인은 이 직책을 받아들이게 되었다. 그리고 지금까지 이 분야에서 우리는 성공적인 노력을 보여 왔다. (그러한 성공은) 우리의 연방 정부 기구들의 다양한 노력의 결과에서 나온 것이다. 다른 한편으로는 우리 국가가 풍요와 번영을 구가하게 된 조건에서 찾아야 할 것이다.[67]

연방 정부가 짊어지고 있는 부채는 1801년에는 8,300만 달러에 이르던 것이, 1806년에는 6,500만 달러로 감소하게 된다. 중요한 것은 바로 이 기간 동안에 소위 1803년 루이지애나 구입(Louisiana Purchase)이라는 국가적인 영토 구입으로 인하여 무려 1,100만 달러의 천문학적 비용이 소모되었음에도 이 정도의 대차 대조표를 낼 수 있었다는 것은 의미 심장한 것이었다. 제퍼슨은 취임 초기부터 재정상의 문제점이 해결되면 그 잉여 자금으로 국토 개발 계획을 위해서 사용할 수 있을 것이라고 보았다. 1805년 3월 4일 제퍼슨은 두 번째 취임 연설을 발표하였다.

> 한때 국가 재정에 영향을 주던 [연방 국가 부채의] 감소가 이루어져서 결국 완전히 소멸하게 되면 각 주에 보상으로 주어져야 하며, 또한 (그러기 위해서) 연방 헌법을 수정할 필요가 있을 것이며, (그 결과로) 평화 시에는 그 자금이 각 주(State) 내에서 운하, 도로, 기술, 제조업, 교육, 여타의 중요한 사업을 할 수 있는데 사용되어야 할 것이다.[68]

1808년 4월 6일 갤러틴은 연방 상원에 그의 보고서를 제출하였다.[69]

갤러틴은 이 보고서에서 처음으로 오로지 연방 정부만이 국토 개발 계획의 추진에서 장애가 되는 여러 가지 요소들을 제거 할 수 있을 것이라고 주장하였다. 그것은 서부 개척지 경계 지역에서의 자본 부족이 그 하나이고 다른 하나는 이 지역의 정착 인구 분포가 미진하다는 문제이다.70 그러나 갤러틴은 궁극적으로 국내 개발 계획은 필연적으로 정치적인 차원에서 그 의미를 가지고 있다고 보고, 구체적으로 국가의 단결력을 강화하는데 도움이 되는 일이라고 주장하였다. 그는 다음과 같이 주장하였다. "좋은 도로와 운하는 거리를 단축하게 될 것이다. 상업과 사람들의 교류를 그리고 단결을 가져 올 수 있을 것이다. 이것은 경제적 이해 당사자들을 보다 가깝게 연결할 것이며, 미국의 여러 낙후된 지역을 연결할 것이다." 그러므로 갤러틴은 다음과 같이 주장하였다. "연방 정부 권력 안에서 할 수 있는 어떤 다른 사업보다도 이 사업은 바로 자주 독립을, 국내 평화를, 내부적으로는 자유를 확보하고 추구하는 연방 정부에 도움이 되어서, (결국) 이 연방을 한층 더 효과적으로 강화하고 영원히 보존하게 하는데 도움이 될 것이다."71

갤러틴은 연방 국가 강화를 목적으로 국내 개발 계획을 추진하는데 있어서 다양한 측면에서 연방 정부의 지원을 제안하였다. 1) 약 780만 달러의 비용을 준비하여 동부 해안을 따라서 운하와 대규모 유료 도로(turnpikes)를 건설하는 사업; 2) 480만 달러를 투자하여 동부와 서부를 연결하기 위해서 운하와 유료 도로 건설; 3) 약400만 달러를 투자하여 북부와 북서부 지방 방면의 내지 수로 개선 작업의 실시; 4) 약 340만 달러를 지출하여 상기 대규모 사업에서 주차원에서 혜택을 받지 못하는 경우 보상을 해 주는 방안 등이다. 그가 마지막 안에서 특별 지출을 요구한 것은 이러한 기획안이 대체적으로 대서양 연안의 주들에게 도움이 되기 때문이다. 이들 영역을 통해서 서부와 북서부지역으로 도로와 운하가 통과하게 될 것이고, 그 어떤 이익도 보지 못하는 다른 동부의 주들 그리고 남부의 주들에 대한 고려에서 그 지출의 정당성을 찾고 있는 것이다. 마지막 제안은 지역 간의 균형을 유지하려는 조심스러운 갤러틴의 노력을 확인 할 수 있는 것이다.[72]

갤러틴의 제안에 따르면, 그러한 국내 개발 계획에서 소모되는 전체 비용은 2,000만 달러에 이르게 될 것이다. 또는 연 200만 달러에 이른다. 연방 정부의 평균 수입 액이 140만 달러에 이르며, 평화 시 지출은 850만 달러를 초과하지 않을 것이고, 결과적으로 550만 달러의 흑자를 남길 것이다. 이것을 적절하게 이용하자는 계산에서 출발한 것이다. 그러므로 갤러틴이 주장하기를 국내 개발 계획을 위해서 연방 정부는 재정적인 위험에 봉착하지 않으면서 일 년에 이백만 달러를 이 사업의 비용으로 지출할 수 있다고 보았다.[73] 갤러틴의 총 2,000만 달러의 지출 안은 엄청나게 큰 비용이다. 그 제안된 금액의 수치는 컴버랜드 도로 건설 사업에 배당된 소위 "2% 기금(2 per cent fund)"으로 얻는 총 수익과 비교해보면 그 크기를 인식 할 수 있다. 1802년에서 7월 1일부터 1808년 10월 31일까지 오하이오 지역의 토지 판매로 얻은 수익은 약 44,700달러에 불과하였다.[74]

이런 면을 고려해보면, 갤러틴의 보고서는 미국적 국민주의의 강력한 표현이라고 할 수 있다. 그는 국가 강화 운동이라는 정치적 목적의 일환으로 거대한 스케일의 연방주의적 시스템(a national system)의 청사진을 설계하였던 것이다. 가장 놀라운 것은 바로 그가 모든 주와 지역의 교통 사업을 연결하여 하나의 시스템(a system) 건설을 제안했다는 점이다. 그러나 갤러틴의 국민주의는 아주 조심스러운 접근 태도를 보여주고 있다. 그는 연방 정부에서 일방적으로 운하, 도로의 건설 문제를 처리해서는 안 된다는 점을 인정한다. 그는 다음과 같이 말하였다.

공적 기금을 그러한 사업에 투여하는 방식은 충분히 심사숙고해서 고려되어야 한다. 현 연방 헌법 체제에서 미합중국(The United States)은 그러한 사업의 결과 그 도로와 운하가 통과하게 될 각 주(The State)들의 동의 없이는 어떠한 도로, 운하도 건설할 수 없다는 것은 아주 명백하다.[75]

요약하면 미합중국을 위한 갤러틴의 비전은 어떤 면에서 보면 너무 웅장한 것이다. 그러나 그러한 목표를 이루기 위해서 제안된 방식은 매우 조심스럽고 사려 깊은 것이다.

국토 개발 계획에 대한 갤러틴의 아주 조심스러운 접근 태도에도 불구하고, 그의 제안서는 결코 실행되지 못했다. 이러한 보고서를 받은 의회가 어떠한 조치를 하였다는 기록은 의회 연보(*Annals of Congress*)에 나타나 있지 않다. 궁극적으로는 1812년 전쟁(The War of 1812)으로 향해 가고 있는 복잡한 국제 정치가 연방 의회와 메디슨 행정부의 발목을 잡았을 것으로 보인다. 갤러틴 그 자신도 그의 보고서에서 "오직 평화 시에 그리고 안정과 번영이 이루어진 조건에서 완전히" 실행될 수 있다고 보았다.[76] 그러나 연방 정부에 기금을 사용하여 국토 개발 계획을 실시하는 것이 과연 헌법상 타당성이 있는가에 대한 공화파의 염려가 또한 그의 기획안이 실행되는 것을 어렵게 하였다. 1805년 3월 4일 제2기 취임 연설에서 제퍼슨 대통령은 연방 자금을 "강, 운하, 도로, 기술, 제조업, 교육"분야에 투여하기를 희망 한다고 표현하였다. 그러나 한편으로 그러한 목적으로 사용될 경우에서 "상응한 연방 헌법의 수정"이 요구된다고 강조하고 있다.[77] 그의 전임자와 마찬가지로 대통령 제임스 메디슨(James Madison)은 국토 개발 계획의 효용성을 인정하지만, 연방 헌법상의 타당성을 가지고 있는지에 대한 염려를 표현하였다. 1809년 3월 4일 그의 취임 연설에서 메디슨은 "농업, 제조업, 그리고 국내외적 범위에서 상업의 우호적인 조건을 만들기

위한 개선은 (헌법적인)면에서 타당한 방법(*by authorized means*)에 의해
추진되기를" 바란다는 의사를 표현하였다.[78]

제퍼슨주의자들과 제1 연방 은행
(Jeffersonians and 1BUS)

연방 은행 문제도 그 은행의 설립에서 부터 연방 헌법 상 과연 타당한
조건을 가지고 있는지에 대한 논란이 계속되었다. 그러나 이 사업에 대한
헌법적인 타당성에 대한 논란에도 불구하고 제1 연방 은행은 제퍼슨 행정부
기간 초에는 잘 운영되고 있었다. 원래는 제퍼슨계 공화파 인물들(The
Jeffersonian-Republicans)은 이 은행이 헌법적인 적절성을 가지고 있지
않다고 주장하였다. 워싱턴 행정부에서 국무 장관으로 재직하였던 제퍼슨
은 대통령에게 그 은행의 합헌성에 대해서 반대하는 편지를 쓴 적이 있다.
1791년 2월 15일 제출된 "국립 은행 건설 법안에 대한 헌법적인 고
려"(Opinion on the constitutionality of the Bill for Establishing a National
bank)에서 제퍼슨은 워싱턴 대통령에게 헌법의 광의적 해석에 반대하는
의견을 제시하였다. 그는 다음과 같이 주장하였다. 헌법의 근간이 되는
정신은 수정 헌법 10조(The Tenth Amendment)에 기초하고 있다: "미국
연방 헌법에서 미합중국에 위임되지 않은 권한은 각각 주나 국민에게
유보되어있다." 제퍼슨은 계속해서 다음과 같이 말하였다. "그러므로 특별
히 연방 의회의 권한으로 허가된 그 경계를 넘어서 권력을 행사하는 어떤
조치를 할 경우에는 결국 권력의 무제한적 사용으로 발전하게 될 것이며
이것은 어떤 이유로도 받아들일 수 없는 것이다."[79]

은행이 줄 수 있는 이득, 가령 연방 정부의 자금을 쉽게 지불할 수 있는 것과 같은 것은 단지 *"편리한"(convenient)* 것일 뿐 그 이상은 아니다. (그러므로 편리할 뿐인) 이 은행을 (헌법상) 열거된 연방 정부의 권한 수행을 위해서 *"필요한"(necessity)* 것으로 볼 수는 없는 것이다.[80] 그러므로 제퍼슨은 연방 은행을 설치하는 것은 헌법에 위배되는 것이라고 보았다. 이어서 메디슨은 1791년 2월 2일 연방 하원의 연설에서 법인(회사)을 설치하는 권한(power of incorporation)은 (헌법 규정에는 없지만 의회가 행사 할 수 있는 권한)인 소위 암묵적 권한(an implied power)에 해당하는 것이 아니며, 그러한 권한은 "헌법에서 열거되지 않았을 뿐만 아니라 헌법에 포함하려고 의도하거나, 의도된 그런 권한도 아닌 아주 독립적인 그리고 실질적인 특권(a distinct, and independent, and substantive prerogative)에 해당되는 것임으로 결코 정당하게 실행 할 수 있는 그런 권한이라고 할 수 없다."고 하였다.[81]

그러나 제퍼슨주의자들이 권력을 장악하였을 때, 그들은 제1 연방 은행을 결코 적대적으로 보지 않았다. 반대로 그들은 은행을 확장하려는 노력을 보였다. 예를 들면, 1804년 3월 23일 민주 공화파(The Democratic-Republican) 인물들이 의회를 지배하고 있는 상황에서 당시 재무 장관 앨버트 갤러틴(Albert Gallatin)의 요청으로 뉴올리언즈(New Orleans)에 연방 은행의 지점을 설치하는 법안을 통과하였다.[82] 처음에는 그 은행의 이사진(Director)들은 뉴올리언즈에 지점을 설치하는 것에 대해서 적극적이지 않았다. 이러한 그들의 태도를 바꾸어놓기 위해서 갤러틴은 1804년 3월 23일 바로 그 법안을 준비한 것이다. 이 법안에 따르면, 미합중국의 영토가 준주, 또는 보호령이라도 어음 할인과 저축이 가능한 은행을 설치하는 것을 허용하는 법안이었다.[83]

제퍼슨은 개인적으로는 은행에 대해서 항상 적대적이었다. 1803년 12월 3일 갤러틴에게 보낸 편지에서 제퍼슨은 다음과 같이 적고 있다: "이 조직은 우리의 헌법 체제와 원리에서 벗어나는 가장 무시무시한 조직 중에 하나이다." 그러나 그는 자신의 은행에 대한 이러한 감정에도 불구하고, 갤러틴의 제안을 받아들일 정도로 실질적인 정치인이었다.[84] 1807년 2월 24일 의회는 연방 은행의 은행권을 위조하는 것은 연방 법상 범죄에 해당됨으로 구속, 강제 노동, 엄격한 벌금을 부과 할 수 있다는 법안을 통과한다.[85] 이러한 법안의 통과는 그 은행권의 신용과 보장을 더더욱 확고히 하는 것이었다. 사실 제퍼슨 행정부 기간 동안 연방 은행은 1800년 5개의 지점을 가지고 있었는데 1805년에 오면 그 수가 8개로 증가하게 된다.

|표 1-3| 제1 연방 은행의 지부의 확대
(Number of the Branches of the IBUS)

연도(year)	지부의 수(branches)
1792	4
1800	5
1802	7
1805	8

출처: B. Hammond, *Banks and Politics in America from the Revolution to the Civil War* (Princeton, NJ: Princeton University Press, 1957), p.127.

그러나 은행이 그 성공적인 활동을 한다고 해서 지속적으로 나타나고 있는 비판과 공격으로 부터 벗어난 것은 아니었다. 1811년 은행의 영업 허가(charter)가 만료된다. 이것을 인식한 주주들은 미국의 연방 하원과 상원에 각각 재인가를 허용하는 법안을 준비하였다. 당시 재무 장관 앨버트 갤러틴은 은행이 공공 재정과 국가 경제라는 전체적인 면에서 보면 아주 유익한 제도라는 점을 강조하였다. 그는 은행이 가지고 있는 여러 장점들을 "공적 자금을 안전하게 보유하고, …공적 자금의 원활한 이전…. 세입의 집산, 그리고 [정부에 대한] 대출"(*Safekeeping of the public moneys… Transmission of public moneys…Collecting of the revenue…*and *Loans* [to government]*.*에서 그 기능이 중요하다고 말하였다.[86] 1811년 2월 5일 상원에 보내는 또 다른 보고서에서 갤러틴은 앞으로 예상되는 점들을 보고하였다. 은행이 정지되면 지금 현재 시중에 유통되는 1,300만 달러의 은행권과 1,400만 달러의 대출(outstanding loans)을 갑자기 정지시키는 결과를 초래 할 것이며, 이것은 "상업상, 은행 업무, 국가의 신용도" 전체에 큰 악 영향을 줄 것이라고 경고하였다. 갤러틴은 또한 은행은 헌법적인 면에서 보아도 타당하고 적절한 기구라고 주장하였다. 그 이유는 은행 인가가 우선 "헌법의 (비준과 실행과 마찬지로 수 년간) 이 국가를 구성하는 모든 헌법적인 권한 당국에 의해서 정당한 절차와 동의하에" 이루어진 것일 뿐만 아니라, 또한 그가 생각하기에는 은행의 사용은 "연방 정부"(The General government)의 헌법에 보장된 권한을 사용하기 위해서 필요한"것 이라고 주장하였다.[87] 말할 것도 없이, 갤러틴의 마지막 주장은 제1 연방 은행(1BUS)문제에 대한 해밀턴의 논리에서 빌려온 것이 확실하다.

은행에 적대적인 사람들은 다음의 세 가지 측면에서 이러한 주장에 대해서 반격한다. 1) 은행은 연방 헌법의 규정에 위배되는 것이다.; 2) 영국의 국민(British subjects)들이 그 은행의 주주로서 강력한 영향력을 행사한다.; 3) 은행이 경제력의 독점적인 권한을 행사하고 있다. 은행에 반대 의견을 제시하였던 하원 의원과 상원 의원들은 바로 헌법의 합헌성에 대해서 의문시 하였다.[88] 후에 갤러틴은 제1 연방 은행(1BUS)의 후신인 제2 연방 은행(2BUS)의 총재인 니콜라스 비들(Nicholas Biddle)에게 보낸 편지에서 제1 연방 은행 문제로 발생하였던 그 엄청난 논란들을 회고하면서 다음과 같이 말하였다.

> 1800년에 행정부의 분위기는 (은행)의 재인가에 대해서 대체적으로 우호적이었다. 메디슨 대통령은 이미 선례에 따라서 (헌법 문제가) 해결된 것으로 생각하고, 이제 공개적이고 적극적으로 (은행 재인가에 대해서) 옹호한다고 표현하였다. 우리는 상원에서 크로퍼드(Crawford) 상원 의원의 강력한 지지를 받고 있었다. 그리고 하원에서 클레이 의원을 제외하고는 특별한 반대도 없었다. 그리고 상하원에서 대부분의 우리 당 사람들과 연방파(The Federalist Party) 의원들의 지지를 받고 있었다. 그런데 메디슨 대통령과 나 자신에 대한 개인적인(*personal*) 적대감을 가지고 있는, 클린턴 계열(The Clintons), 메릴랜드 출신의 스미스 의원 형제(Maryland Smiths), 그리고 립 의원(Leib), 자일스 의원(Giles)등으로 부터 반대를 받고 있었다; 은행의 시스템이 아직 전국 곳곳에 파고든 것은 아니었다. 따라서 경쟁 관계에 있는 기관들(은행)의 시기심이나 이기심에서 나타나는 반대도 아주 소수의 도시에 국한되어 있었다. 그런데 결국 (연방 은행의) 재인가는 (은행의 합헌성을 의심하는 이들 때문에) 실패하였다.89

소위 은행 문제에서 영국인의 영향력에 대한 논의는, 그리고 그 문제를 가지고 반대의 입장을 표하는 사람들로 인하여 이제 은행을 재 인가하는 문제에 심각한 걸림돌이 되었다. 예를 들어 버지니아의 자일스(William B. Giles of Virginia)는 다음과 같이 말하였다. "본인이 반대하는 것은 영국의 그 굉장한 영향력에 대한 염려에서 출발한 것이다. 지금 그 (위험이) 무시무시하게 우리 국가를 침투하고 있다. 그리고 본인의 생각에는 연방 정부의 정책 실행에 심각하게 영향을 주고 있다. 그러므로 그 은행이 독립적이라고 할 수 없는 것이다."90 그 은행의 주식이 많은 부분에서 영국인들이 소유하고 있었던 것은 분명한 사실이다. 1809년 3월 2일 상원에 제출된 갤러틴의 보고서에 따르면 외국인들이 그 은행 주식 소유가 거의 18,000 주에 이르고, 반면 미국인이 소유한 주식은 7,000 주 밖에 없다고 하였다.91 그러나 외국인 소유의 주식은 그 은행 인가 헌장(charter)에 따르면, 어떠한 투표권도 가지고 있지 않았다. 그럼에도 불구하고, 은행에 적대적인 인물들은 여전히 그 기구를 영국의 경제적인 이익을 위한 역할을 하고 있다고 주장하였다. 뉴욕 출신 하원 의원 에라스투스 루트(Erastus Root of New York)는 이러한 비난과 공격의 실질적인 효과를 잘 보여주고 있다. 그는 후에 다음과 같이 회고하였다.

영국이 [연방 은행의] 주식 소유자들을 이용하여 이 국가에 영향력을 행사할 수 있다는 가상의 공포를 제거하려고 노력하였다. …이유인 즉 영국의 주식 소유주들은 너무나 멀리 떨어져 은행 문제의 경영에 간섭할 정도로 어떤 기구들을 가지고 있지 많을 뿐만 아니라, 금전상의 특혜를 행사할 정도로 영향력을 행사 할 것으로 보이는 것은 없다. …이러한 추론을 하는 것에 대해서 오세고(Otsego)와 델라웨어 (Delaware)의 공화파에게서는 아무런 소용이 되지 않는다. 이들이 이러한 염려와 더불어서 특별히 연방 은행(a Federal Bank), 영국 은행(a British Bank) 모두가 우리를 연방과 영국의 영향력 아래 지배되도록 하는 것이 문제가 된다고 생각하는 사람들이었다. 특히나 그렇게 생각하고 염려하는 사람들은 모두는 특히 나의 선거구의 주민들이다. 그리고 본인은 그들의 대표로서 연방 하원 의원이다. 그러므로 본인은 지역 구민들의 의사를 거절하여 그들을 불쾌하게 만들 필요는 없다고 생각한다. 그러므로 문제의 연방 은행의 재인가를 받기 위해서 투표가 행사되었을 때, 한발 뒤로 물려나는 것이 좋다고 생각하였다.92

아메리칸 시스템의 출현

그 은행이 가지고 있는 경제적인 영향력에 대한 염려 때문에 공격을
하는 사람들은 단지 헌법적인 규정에 위배된다는 측면에 호소하는 것뿐만
아니라, 미국 국민의 원초적인 감정을 호소하고 있었다. 켄터키 출신의
하원 의원 리처드 존슨(Representative Richard M. Johnson of Kentucky)은
은행을 "독점"(monopolies) 운영하는 존재, 즉 "금융 귀족"(moneyed
aristocracy)에 불과하다고 공격하였다.[93] 버지니아의 토마스 뉴턴 주니어
(Thomas Newton Jr of Virginia)는 은행을 "악의 근원"(The root of evil)이라
고 불렀다.[94]

여기에 주 은행의 이익 또한 연방 은행의 운명을 결정하는데 중요한
요소로서 작용하였다. 1791년 최초의 연방 은행이 열렸을 때, 미국에는

|표 1-4| 주 은행과 사업 규모, 1809-18
(Number of State Bank and Business Volume, 1809-18)

년도 (date)	주은행수 (The Number of State Banks)	대부와 할인액 (Loans and Discounts)	주은행권 발행총액 (Total Bank Notes in Circulation)
1809	92	$12,630,000	$3,800,000
1810	102	$14,690,000	$5,580,000
1811	117	$16,220,000	$5,680,000
1812	143	$17,940,000	$6,320,000
1813	147	$21,650,000	$7,230,000
1814	202	$36,740,000	$13,690,000
1815	212	$44,070,000	$19,910,000
1816	232	$40,460,000	$17,220,000
1817	262	$32,760,000	$13,310,000
1818	338	$48,240,000	$18,070,000

출처: R. H. Timerlake, *The Origins of Central Banking in the United States*
(Cambridge, MA: Harvard University Press, 1987, p.15.

단지 3 개의 은행만이 있었다.⁹⁵ 그런데 1811년에 오면 은행의 숫자가 무려 117개에 이르게 된다.

몇몇 주 은행들은 연방 은행이 행사하고 있는 주(state) 은행에 대한 규제에 대해 분개하였다. 은행 업무 과정에서 연방 은행은 주 은행에 대해서 채권자가 되었다. 이유인즉 주 은행들이 발행한 지폐(state banks' notes)가 제1 연방 은행 소유로 흘러 들어가기 때문이다. 예를 들면, 한 상인이 주 은행권으로 연방 세금을 지불하게 되면, 그 은행권은 결국에 연방 은행 내 재무부 구좌 재고로 쌓이게 되는 것이다. 경우에 따라서는 연방 은행은 이러한 은행권을 주 은행에 제시하고 경화(species)로 전환하는 것을 요구함으로서, 결국 주 은행들이 과도한 신용 대출을 금하도록 하는 역할을 수행하는 경우도 있었다.[96]

몇몇 주 정부에서 허용한 은행들은 연방 은행이 수행하는 이러한 역할에 대해서 분통을 터트리고 있다. 예를 들어 필라델피아 상공 은행(The Farmers and Mechanics' Bank of Philadelphia)은 연방 은행의 인가를 갱신하는 것을 요청하는 청원서에 대해서 서명하기를 거부하였다.[97] 이러한 입장을 대표하는 인물로서 펜실바니아 주 출신의 상원 의원 마이클 레이브(Senator Michael Leib of Pennsylvania)를 들 수 있다. 그는 연방 은행이 행사하는 규제 권한은 '마치 상어 주위에 있는 물고기들을 규제 할 수 있는' 권한이라고 불렀다.[98] 이와는 반대의 견해를 가지고 있는 경우도 있었다. 상원 의원 윌리엄 크로퍼드(Senator William H. Crawford)는 주 은행들의 이기주의적 성격을 날카롭게 비판하고 있었다. 그는 다음과 같이 주장하였다. 각 주는 탐욕과 권력을 쟁취하려는 목적으로 연방 은행을 죽이려고 하고 있다. 크로퍼드는 각 주는 다음의 이유에서 연방은행을 "제거"(put down)하기를 요망하고 있다고 하였다.

그들은 여러 은행을 만들었다. 이들 주 은행에 그들은 상당한 주식을

96

소유하고 있다. 그리고 그들은 바로 이들 주 은행이 미합중국의 공공
자금을 예치 할 장소로 사용 될 수 있기를 강요하고 있다. 이러한 공공
자금의 (예치를 통하여) 그들은 결국 그들의 배당금이 증가하기를 기대하기
때문이다.99

　크로퍼드의 이러한 주장은 어느 정도에 있어서 사실이다. 1790년에서부
터 1860년까지 각 주는 그들이 인가한 은행들의 주식에 엄청난 투자를
하고 있었다. 매사추세츠 주만 하더라도 1793년 그 주가 허가를 내 주었던
은행인 유니언 뱅크(The Union Bank)와 1803년 설립된 보스턴 은행(The
Boston Bank)에 거의 1백만 달러를 투자하고 있었다. 이와 같은 투자로
매사추세츠 주 정부는 주 전체의 모든 은행 자본의 1/8 이상을 소유하고
있었다.100 펜실바니아 주 역시 유사한 내용을 보여주었다. 1794년 펜실바
니아 주는 펜실바니아 은행(Bank of Pennsylvania)의 주식에 거의 1백만
달러를 투자하고 있었다.101 그리고 20년 후 버지니아 주는 버지니아
은행(The Bank of Virginia)에 총 주식 중에서 1/5에 해당하는 약 150만
달러의 금액을 출자하게 된다.102 사실 몇몇 경우에는 특정 주가 직접적으로
지역 은행들을 소유하고 있었다. 사우스캐롤라이나 주는 1812년 사우스캐
롤라니아 은행(The Bank of South Carolina)을 설립하였는데, 이것은 철저하
게 주 정부가 소유하고 있었다.103 주 정부에서 투자한 자금에 대한 배당금과
각 은행에서 지불하는 세금에서 나오는 수입은 1820년대 전체 주 세입의
25%을 차지하고 있었다. 그리고 이러한 수치는 계속해서 증가하여 1830년
대에는 거의 50%에 이르게 된다. 1830년대 후반에 오면, 은행으로 부터
걷는 세금이 주 정부의 전체 수입의 50% 이상에 해당되게 된다.104 1811년
연방 은행의 설치에 대해서 가장 강력하게 반대하던 인물이었던 헨리
클레이는 켄터키의 프랑크포트(Frankfort, Kentucky)시에 위치한 주인가를
받은 한 은행과 켄터키 은행(The Bank of Kentucky)의 이사를 동시에

겸임하고 있었다.105 그가 연방 은행에 대한 반대 주장을 최초로 나타낸 것은 1811년 2월 15일 상원에서의 연설에서였다. 그는 여기서 연방 은행의 헌법적인 정당성에 대해서 의문을 표시하였다. 그는 특정 회사에다가 특허권을 주는 권한은 [연방 헌법의 권한]이 아니라고 주장하였다. 이어서 그는 "본질상 (연방 헌법에서) 함축된 의미로 유추할 수 있는 그런 것도 아니다."고 주장하였다.106

이렇게 다 방면에서 주 은행이 연방 은행의 기능을 대체할 수 있었기에 제1 연방 은행에 대한 헌법적인 논의가 강하게 그리고 지속적으로 나타날 수밖에 없는 것이었다. 은행에 반대하는 인물들은 주 은행에 연방 은행이 하는 역할 즉 구체적으로 연방 재정과 국가 경제에 필요한 역할을 충분히 할 수 있다고 보았다. 그런 측면에서 보면, 문제의 연방 은행은 연방 헌법에서 열거하고 있는 권한에서 소위 "필요한"(necessary)것이 아니라 단지 "유용한"(useful) 것일 뿐이었다.107 클레이는 앞에서 언급한 연설에서 "[재무부]의 운영은 [미합중국 연방] 은행과 함께 하는 것 보다는 그것 없이도 잘 수행 할 수 있을 것이다." 그는 이어서 재무장관 갤러틴의 1811년 1월 7일 보고서를 지적하였다. 그 보고서에 의하면 미국 정부는 국고의 1/3이상을 지역 은행에 보관하고 있다. 그 금액은 거의 2백만 달러를 능가하고 있다. 뉴욕의 맨하턴 은행(The Manhattan Bank In New York)이나 워싱턴의 컬럼비아 은행(The Bank of Columbia in Washington) 등을 포함하여 각 주의 은행들은 막대한 연방 자금을 예치하고 있었다.108 이러한 사실은 그렇게 놀라운 일이 아니다. 이유인즉 갤러틴은 1811년 1월 30일 상원에 보낸 보고서에서 다음과 같이 인정하였다. "재무부는 연방 은행이 재인가를 받지 못할 경우에는 주 은행을 이용할 것이다.…. 그리고 본인의 생각에는 보통의 업무는 이러한 주 은행을 통해서 할 수 있고, …그 과정에서 큰 무리는 없을 것으로 사려 된다."109

클레이는 자신의 주장을 갤러틴의 논리에서 가지고 왔다. 그 과정에서 그는 주 은행이 현재의 연방 은행보다 여러 가지 면에서 연방 헌법 상 법적 근거를 확실히 가지고 있을 뿐만 아니라, 연방 차원의 경제를 조절하는 면에서도 보다 유효하다고 주장하고 있다. 연방 은행의 파괴는 결국 미국의 경제 위기와 파국을 가져올 수 있다는 주장에 대해서도 클레이는 문제의 연방 은행이 운영 중단으로 발행한 지폐나 대부를 갑자기 끊거나 회수를 하게 될 경우에 바로 이 문제를 해결 할 수 있는 것도 바로 주 은행에서 찾을 수 있다고 보았다. 이유인즉 일단 연방 정부의 자금을 여러 주 은행에 예치하게 되면 갑자기 연방 은행의 운영 중단으로 발생하는 위기가 혹시라도 나타날 경우 주 은행권을 그 만큼 더 발행하기만 연방 은행의 소멸로 발생하는 여러 금융적인 문제를 해결 할 수 있다고 보았다.110 간단히 말해서 주 은행의 존재와 그 가치를 옹호하는 사람들에게 최대의 적인 연방 은행에 대한 가장 효과적인 공격 수단은 연방 은행의 비합헌성을 주장하는 것이었다. 연방 은행에 비판적인 이들은 이러한 주장을 기반으로 하여 미국 하원은 1811년 65대 64의 투표로 제1 연방 은행의 재인가 법안을 부결시켰다. 상원에서는 17대 17로 동수를 이루었지만,111 부통령 조지 클린턴(Vice President George Clinton)이 연방 은행이 연방 헌법의 규정에서 볼 때 문제가 있음을 지적하면서 그 법안을 부결시켰다.112

주 은행이 연방 은행을 대체해도 별 문제없이 잘 처리할 수 있을 것이라는 그들의 낙관적인 주장에도 불구하고 각 주의 은행들은 1812년 전쟁(The War of 1812)기간 동안 문제점을 심각하게 노출하였다. 1811년 3월 제1 연방 은행이 종말을 고한 시기부터 1816년 4월 제2 연방 은행이 설립될 때까지의 기간은 미국의 재정과 경제의 역사에서 가장 위기의 순간이라고 할 수 있을 것이다. 1812년 6월부터 1815년 1월까지 미국은 영국과 전쟁에 돌입하게 된다. 이 과정에서 미국 정부는 형용할 수 없는 고통을 감내해야 했다. 구체적으로 각 주 은행에서 경화(species)로 지불하는 것을 정지하였고, 전쟁을 수행하는데 있어서 필요한 자금 지원(대출)을 하지 않았다. 1814년 8월과 9월 뉴잉글랜드를 제외한 모든 미국의 은행은 그들이 발행한 은행권에 대하여, 또는 예금에 대해서 경화(금이나 은)로 지불을 거절하였다.[113] 문제와 위기의 본질은 지나치게 발행된 은행권에서 발생하는 것이었다.[114] 1811년 미국 역사상 최초의 연방 은행 역할을 하고 있었던 제1 연방 은행을 폐지하고 나자, 이후에 엄청난 수의 주 은행들이 설립되었다. 연방 자금을 유치하고 과거 연방 은행이 가지고 있던 규제와 통제권이 이제 사라지게 되자, 각 주들은, 그리고 금융 자본가들은 은행이 중요한 사업 수단이라는 확신 하에 이 사업에 뛰어들었다. 주립 은행의 숫자는 1811년에 117개로 증가하였다. 이 수치는 계속 증가하여 1812년 143개, 1813년 147개, 1814년 202개, 1815년 212개, 1816년 232개로 증가하게 된다.[115] 이러한 주 은행들의 증가에 상응하여 1811년 1월 총 약 2,270만 달러에 이르는 은행권을 발행하였다. 이것은 1816년 1월에 오면 6,800만 달러에 이르게 된다.[116] 그런데도 문제는 1817년 초까지 경화로 지불을 하지 않았다는 점이다. 이때는 이미 제2 연방 은행이 설립된 이후인데도 태환이 불가능했다는 점이다. 따라서 주 은행에서 발행한 다양하고 막대한 양의 지폐는 점차 그 가치를 잃게 된다. 예를 들면, 1816년 6월에 볼티모어 소재 은행권들은 약 20%의 가치가 하락된 상태에서 시중에서 거래되었다. 이것이 전반적인 추세였다. 예를 들어 필라델피아 소재 은행권들은 17%가 할인되어서 유통되었고, 뉴욕의 경우에는 12.5%가 할인되어 유통되었다.[117]

연방 정부가 직면한 가장 어려운 문제점 중의 하나는 급하게 자금이 필요할 때, 그러한 요구에 부응할 어떤 금융 수단을 갖고 있지 않다는 점이었다. 재무 장관 달라스(A. J. Dallas)가 1815년 12월 8일 상원에 제출한 "연방 정부 재정 보고서"(Report on the State of Finances)는 연방 정부가 직면한 재정적인 위기를 잘 보여주고 있다. 1813년과 이어서 1814년 42,269,776달러를 6%로 할인하여 발행한 국채는 실제는 15%로 할인되었고 그 결과 재무부가 가질 수 있는 현금은 35,987,762달러에 불과하게 된다. 이러한 심각한 상황은 전쟁이 끝나고도 개선이 되지 않았다. 1815년 4월 19일 국채 발행을 허락한 법에서는 18,452,800달러를 초과할 수 없다고 정하였다. 그러나 1815년 4월 19일까지 접수된 국채의 신청률은 액면 가격의 89%에 불과하였다. 어떤 경우에는 액면 가격의 75%에 불과한 경우도 있었다. 재무부는 너무나 심하게 평가 절하된 채권의 신청은 받아들이지 않았고, 여러 가지 노력을 하고 힘든 과정을 거쳐서 재무부는 결국 액면가의 95-98%에서 국채를 팔 수 있었다. 결국 재무부는 겨우 9,284,044.38달러의 채권을 발행할 수 있었다.[118] 달라스는 전쟁 기간 동안의 경제와 재정 상태가 전반적으로 나빴음을 그 이유로 지적하고 있다.

일련의 채권 발행으로 전쟁에 필요한 비용을 지불하려는 재정문제 해결안은 제대로 작동할 수 없다는 결론이 일찍 내려졌다. 연방 정부가 현재 거두어들인 수입을 가지고는 이전의 평화상태시 사용되었던 지출 수준을 유지하는 것이 불가능하다는 것이다. 여기에 전시에 발행된 채권에 대한 이자문제가 악화되었다. 더욱이 각 주에서 설립된 은행들이 갑자기 경화 지불을 하지 않게 되자, (개별적 상황을 고려하면 그러한 지불 중단이 아무리 인정되고 이해된다 하더라도) 연방 정부와 민간인들로 하여금 연방 정부의 권한이 받쳐주지 않고 전국적으로 통용되지 않는 다양한 종류의 통화가 얼마나 불편한지를 확인 할 수 있는 분명한 기회가 되었다. 이제 재무부는 연방 정부의 자금을 한 장소에서 다른 장소로 쉽게 옮길 수가 없었다. 또 하나 중요한 것은 (연방 정부의) 공공 업무에 대한 지불을 할 때 전처럼 시간을 맞추는 것이 불가능하여

진 것은 말할 필요도 없다.[119]

　1812년 전쟁 동안 발생한 재정적인 고통을 통하여 미국의 정치가들은 큰 교훈을 얻었고, 이제 평화가 도래하면 국립 은행의 재건을 바라는 목소리가 나타나게 될 것은 분명한 사실이었다.

연방파와 공화파 시기의 공유지 정책
(Public Land Policies in the Era of Federalists and Jeffersonians)

　전통적으로 미국의 서부 확장에 대해서 연구하는 역사학자들이 미국 공화국 초기 연방 정부가 토지 정책에서 가장 중요시 한 관심 두 가지는 바로 "재정 수입 정책"(revenue)과 서부로 이주하는 사람들을 배려한 "정착 정책"(settlement)에 있었음을 지적하고 있다.[120] 일찍이 1790년 알렉산더 해밀턴은 연방 정부의 공공 토지 정책은 두 가지 주도적인 목적에서 이루어져야 한다는 주장을 내놓았다. "하나는 토지 구매를 희망하는 사람들이 손쉽게 구매할 수 있는 판매 제도와 조치를 갖추는 것이며, 다른 하나는 현재 서부에 거주하는 인구와 장차 그곳으로 이주하려는 인구를 흡수할 수 있는 제반 시설과 조치를 하는 것이다"라고 주장하였다.[121] 앞에서 본 것과 같이 아메리칸 시스템의 주창자들은 미국의 국가적 설계의 중요한 요소로서 토지 정책을 고려하지 않고 있었다. 그들은 공공 토지 정책을 그들의 궁극적인 목적이라고 생각해왔던 국토 계발 계획을 추진하기 위한 필요한 재정적인 수단으로 간주하였다. 이러한 사실을 더 더욱 방증 하듯이 아메리칸 시스템의 중요한 인물이라고 할 수 있는 헨리 클레이나 존 퀸시 아담스는 편지나, 소책자 또는 연설과 같은 방식을 통하여 토지 정책에 대한 자신들의 견해와 관심을 특별히 보여주고 있지는 않고 있다. 비록 클레이의 경우에는 나중에 가면 토지 개혁 정책의 문제를 아메리칸 시스템의 연관 속에서 이야기하고 있지만, 적어도 1832년까지는 별 다른 관심을 보여주지 않았다.[122]

아메리칸 시스템의 주창자들은 연방 정부가 운영할 수 있는 수세를 걷는 수단으로서 공공 토지를 이용하려는 접근 태도에서, 워싱턴 행정부의 출발과 함께 전통적인 토지 개념을 끌어왔다. 1790년 8월 4일 연방 의회를 장악하고 있었던 연방주의자들은 미국의 채무를 해결하기 위해 만든 법령을 통과하게 된다. 그 법령의 마지막 조항에서는 서부 토지 판매로부터 얻은 모든 수입은 국가의 부채를 낮추거나 해결하는데 사용되어야 한다는 점을 명확하게 하였다.[123] 미국의 공공 부채가 여전히 엄청난 재정적인 압박으로 남아있는 상황에서, 연방 정부는 토지 판매로 얻은 수익을 가지고 공적 영역의 개선 사업 즉 구체적으로 국토 개발 계획과 같은 일에 투자 할 여유와 여건이 되지 못한다고 보았다. 그러나 제퍼슨 대통령 재임 기간에 오면 국가 부채가 실질적으로 어느 정도 해결되게 됨에 따라, 이제 정치 지도자들도 서부 토지 판매에서 얻은 수입이 그 지역의 정착에 도움을 줄 수 있는 방향으로 조정될 필요가 있다고 보았다.

1796년 연방 의회는 또 다른 토지 법안을 통과하게 된다. 이것은 주로 연방 수입을 확대하려는 의도에서 출발한 것이다. 이 법안의 성립 과정에서 막후에서 결정적으로 역할을 한 인물은 당시 하원에서 주도적인 역할을 한 공화파계 앨버트 갤러틴(Albert Gallatin)이었다. 이 법안은 갤러틴이 갖고 있는 정치적 신념이 그대로 잘 나타난 작품이라고 할 수 있다. 구체적으로 무엇보다도 토지 판매를 통하여 수입을 증가시키고, 부수적인 차원에서만 서부 정착인을 지원하는 의도로 자금 사용을 고려하였다. 이러한 법률이 장차 연방 토지의 판매를 위한 구체적인 청사진이 되었다. 특히 이 법률에서는 구체적으로 측량과 분할 방법이 나타난다. 토지를 직사각형으로 분할하고, 그 안에 36평방 마일의 타운 쉽(township)을 만들고 토지 판매에서는 경매 제도를 실시한다는 원칙들이다.124

1796년 토지법(The Land Act of 1796)에서 갤러틴이 기여한 가장 중요한 공헌은 무엇보다도 토지를 크고 적은 단위로 구획을 정해서 판매하는 구체적인 방식을 제시했다는 점이다.125 최종적인 법률에 의하면 측량된 타운 쉽(township)들의 반은 1/4 타운 쉽 크기로 대규모 토지 회사에 판매를 허용하였다. 남은 토지는 하나의 섹션(section) 단위로 일반인에게 판매한다는 것이다. 하나의 타운 쉽은 36평방 마일의 크기이며 36개 섹션(sections)으로 나누어진다. 한 섹션은 640에이커로 구성된다. 그러므로 1/4 타운 쉽은 5,760에이커의 넓이를 갖게 된다. 가장 적은 단위의 토지는 최소 구매를 640에이커로 정하고 에이커 당 최소 2달러의 가격에 경매로 판매한다는 것이다. 구매자는 구매 가격의 5%를 현금으로 지불해야 하고, 처음 구입한 후 30일 이내에 50%를 지불해야 하고 이어서 나머지는 일 년 안에 지불해야 한다. 갤러틴은 이러한 공공 토지의 판매에서 구획을 정하는 것은 바로 중소형 농부들이 적은 돈으로 작은 토지를 쉽게 구매하면서, 다른 한편으로는 많은 돈을 가진 투자자들에게는 보다 많은 토지를 구입 할 수 있는 기회를 제공하기 위해서 필요한 절차라고 설명하였다.126

펜실바니아 주의 서부 지역을 대표하는 하원 의원으로서 그리고 주로 남부와 서부의 이익을 대변하고 있었던 정치 정당을 대표하는 인물로서 갤러틴이 토지 판매에서 중소 자영농에 유리하도록 하는 정책을 추진하게 된 것은 그렇게 놀라운 일은 아니다. 그러나 동시에 그는 돈을 많이 가지고 있는 사람들 즉 투자자나 투기자들이 대규모 구획을 살 수 있도록 하는 최선의 방책도 궁리하였다. 그리하여 그들의 구매를 통하여 궁극적으로는 가장 짧은 시간 안에 재무부의 금고를 채울 수 있는 방법을 찾았던 것이다. 왜 그가 토지 판매를 위해서 구획을 두 가지 범주로 나누었는가를 변호하면서 그는 미합중국이 작금에 가장 중요한 일은 "이 국가의 저주인 공공의 빚"(The curse of the country, the Public Debt)을 해결해야 한다는 점을 지적하였다. 그는 계속해서 서부의 토지 판매를 통하여 단지 10년 안에 국가 부채를 해소할 수 있다고 주장한다.[127] 1796년 국가 부채의 크기는 거의 8,370만 달러에 이른다.[128] 그런데 연방 정부가 연 800만 달러 이상을 확보할 수 있다면 10년 안에 갤러틴의 목표대로 해결될 수가 있다는 것이다. 물론 그것은 토지 판매를 통해서 가능한 것이었다. 실제 1796년에서 1820년까지 평균 토지 판매 금액은 연 1,870,000달러에 이르고 있었다.[129] 비록 갤러틴은 1796년 시절에 자신의 예측을 확고하게 믿었지만, 그러나 그 자신뿐만 아니라 다른 정치가들에게 있어서 공공 토지를 재정적인 차원에서 이용 할 수 있다는 희망의 실험대를 제안한 것이다. 비록 갤러틴은 서부의 정착민들을 돕자는 하나의 의견과 국가의 수입 증대라는 다른 하나의 의견이라는 두 마리 토끼를 잡기 위해서 양자의 균형감을 유지하려고 하였지만, 적어도 1796년 토지법에서만 한정해서 본다면 분명 재정적인 수입에 무게 중심이 가있음을 그렇게 어렵지 않게 확인 할 수 있을 것이다. 심지어 중소 자영농을 배려하여 할당된 토지에서도 문제가 있었다. 농부가 (에이커 당 2달러로 최소 단위인 640에이커)를 구매하려면 적어도 일 년에 1,280달러 이상을 벌 수 있어야 했다. 이러한 금액은 당시로서는 상당히 큰 금액으로 대부분의 농부가 감당하게 어려운 금액이었다.

갤러틴의 낙관적인 기대와는 달리, 1796년 토지법(The Land Act of 1796)은 결국 실패하고 만다. 토지 판매를 통하여 얻은 수익은 1796년에 4,836.13달러에 불과하였고, 1797년에는 83,540,60달러였고, 1798년 11,936.11달러, 1800년에는 443.75달러에 불과하게 된다. 오 년간 총 수입은

100,783.59달러였다.[130] 이러한 액수는 원래 갤러틴이 기대한 예상 총액과는 너무나 다른 금액이었다. 그러므로 연방 의회는 이러한 예상 금액의 부족으로 인해 재정난을 해결하기 위해서 새로운 토지법의 제정을 절감하게 된다.

연방 의회가 경제적인 필요에 의해서 새로운 연방 토지 정책을 제정이 요구되자 이것은 당시 서부 자영농의 요구와 아주 잘 맞아 떨어지는 정책인 것으로 밝혀졌다. 이유인 즉 서부의 농부들은 현금보다는 신용을 통하여 또는 장기적인 융자와 보증과 같은 지원 정책을 통하여 적은 토지를 얻고자 기대하고 있었기에 이러한 새 법안이 그러한 의도를 맞추어 줄 것이라고 기대하고 있었다. 1799년 북서부 준주(The Northwest Territory)에 거주하는 시민들의 청원서가 연방 의회에 도착하였다. 그 편지에서는 토지 판매 단위가 너무나 크기 때문에 "그러한 조건에서[1796년 법령에 따라] 이러한 토지를 구매 할 수 있는 형편이 되는 경우는 …[줄임] 거의 구경할 수 없다." 라고 주장하고 있었다. 더욱이 청원서를 작성한 사람들은 "다양한 지불 조건을 맞추기 위해서 장기 상환 제도"를 요청하였다.[131] 그 결과가 바로 1800년 5월 10일 토지법(The Land Act of 10 May 1800)이다. 이것은 서부의 농민들의 요구를 들어주는 동시에 연방 정부의 수입을 실질적으로 확대하려는 목적의 법률이었다.[132]

1800년 토지법은 판매 단위를 훨씬 축소하였고 최소 구매 가격인 2달러에 대해서도 신용을 확대하였다. 구매할 수 있는 최소 구매 단위는 반 섹션에 해당하는 320에이커(a half section of 320 acres)로 줄어들었다.[133] 토지 구매에 대한 지불 기간은 1796년 토지법에서의 1년을 4년으로 하였다. 이제 서부의 자영농은 일단 160달러로 구매하여 농사를 시작 할 수 있게 되었다. 토지 가격의 나머지 금액은 토지가 판매된 이후 2년, 3년, 4년을 단위로 해서 할부로 갚을 수 있도록 하였다. 만일 구매자가 최종 할부 지불금을 내기로 한 날짜가 일 년을 지나도 해결하지 못할 경우에는 그 토지는 강제 수용되고 다시 구매자를 찾게 된다. 할부 이자는 토지를 구매한 날짜로 부터 단리 6%(6 per cent simple interest)로 규정하였다. 예상보다 일찍 토지 대금을 지불하는 경우에는 8 %를 할인 받을 수 있었다. 이러한 할인을 통해 현금으로 토지를 구매할 수 있는 최저 가격은 에이커 당 1.84달러에 불과하게 된다. 여기에 부과하여, 그 법령은 또한 남부 오하이오 준주 지역(southern Ohio Territory)에 네 개의 토지 사무소(Land Offices)를 신시네티(Cincinnati), 칠리코트(Chilicothe), 마리에타(marietta), 수토벤빌(Stenbenville)에 설치하도록 하였다.

이 법안에 대한 연방 하원에서의 토론 과정을 보면 이 법안이 주로 재정 수입 증가를 목표로 만들어졌다는 것을 확인 할 수 있다. 그 법안에 대한 토론은 주로 구획 단위(tract)의 크기와 선취권(preemption rights)에 대한 것이었다. 선취권이란 불법적으로 공공 토지에 정착한 사람들(공유자 무단 점거인, squatters)을 부르는 말인데, 그들이 기왕에 살고 있는 토지에 대해서 값싼 가격으로 소유권을 얻고자 하였다. 연방 하원의 북동 지역의 연방파들은 320에이커로 구획을 잡아서 판매를 할 수 있도록 규정한 조항을 문제 삼고 그것을 파기하기 위해서 노력하였다. 반면 서부를 대표하는 의원들은 그러한 조항을 아주 긍정적으로 받아들이고 그 조항을 지키려고 노력하였다. 뉴잉글랜드의 출신 의원들은 공공 토지를 적은 단위로 분할하기 위해서 측량사를 고용하는 비용이 너무 크다는 면을 지적하였다. 더욱이 작은 단위로 토지를 구획하여 파는 것은 결국 공유지 무단 점거자의 증가를 유도하게 될 것이라고 주장하였다. 다른 한편으로 그러한 법령의 가치를 인정하는 사람들은 320에이커로 구획을 정해서 판매하는 것은 토지가 실질 구매자들에게 갈 수 있는 좋은 기회를 제공하는 제도라고 지적하면서, 대규모 토지 회사들이 개인들에게 할당된 토지에 대해서 경쟁을 첨예하게 조장하는 상황으로 치닫는 것을 막을 수 있는데 아주 적절하다고 지적하였다. 다른 장점은 토지 가격을 유지하는데도 도움이 될 것이고, 이것은 또한 토지 판매 또한 증가로 이어져서 결국 막대한 토지 측량 비용을 보상받을 수 있는 기회를 제공해줄 것이라고 주장하였다. 여기에 부가해서 서부 출신의 의원들은 1796년 토지법은 실질적으로 연방 정부의 수입을 확대하는데 실패하였다고 주장하였다. 북동 지방의 하원 의원들은 이러한 주장에 대해서는 반박할 수 없었다. 그러므로 연방 하원은 작은 단위의 구획 조정 항목을 받아들이기로 했다.[134] 궁극적으로 이것이 의미하는 것은 연방 의회는 공유지 불하 정책을 기존 방식에서 벗어나서 일반 자영농을 끌어들이고자 토지의 판매 단위를 매우 적게 하였고, 그러한 조정은 궁극적으로 토지 판매를 더더욱 자극하고 그 결과로 연방 정부의 세수를 증가하려는 목적이었음을 확인 할 수 있다.

동일한 취지에서 연방 하원은 압도적으로 테네시 출신의 하원 의원이며 아주 충실한 민주 공화파(Democratic-Republican) 소속인 윌리엄 클라이본(C. C. Claiborne)의 의안을 거부하였다. 이 의안에 따르면 "이미 실질적으로 정착하고 있거나, 이번에 토지에 대한 개간과 같은 일을 추진한 적이 있는 곳에 거주하고 있는 가구주에게" 선취권을 인정하자는 것이다. 비록 서부의 정착 인들을 고무하고 그들을 선거에서 유리하게 이용하려는 목적으로 값싼 토지 방출을 추진하였지만, 그럼에도 불구하고 연방 의회는 연방 정부의 재산이라고 생각되는 토지에 대해서는 보호하려고 노력한다. 심지어 갤러틴 조차도 이러한 조치에 대해서 강력히 반대하게 된다. 오로지 17명의 하원 의원들이 이 의안에 찬성표를 던졌을 뿐이다.[135]

일면에서 보면, 1800년 토지법은 전체 토지 판매의 내용에서 보면, 성공적이라고 할 수 있을 것이다. 토지 판매량은 이후 20 년간 급격히 증가하였다.[136] 1796년 토지법은 1796년에서 1800년까지 동안 100,783.59

달러의 수입을 올릴 수 있었는데, 이것은 연 평균 약 20,000달러에 불과한 것이었다. 반면 1801년 이후 부터 평균 토지 판매 액은 연평균 2,325,199달러에 이른다. 토지 판매는 1801년에 그리고 1805년, 1806년 그리고 1811년도에는 1백만 달러 이상으로 증가되었고, 1813년에서 1820년까지는 지속적으로 항시 1백만 달러 이상의 판매를 이루어냈다. 그러한 토지 판매의 가장 놀라운 연도는 1818년이었다. 그 해에는 8,238,309.21달러의 수입을 얻을 수 있었다.

　토지 판매로 얻은 수입의 증가는 재무부나 연방 의회로서는 희소식이다. 그러나 나쁜 소식도 있었다. 바로 투기가 그것이었다. 농부들은 그들의 경제적 수준과 능력에 상관하지 않았고 이러한 투기에 합세하였다. 바로 연방 정부에서 정한 신용 할부 제도가 농부들에게 흑심을 갖게 되었다. 농부들은 단지 25센트의 초기 투자 여건이 준비될 수 있거나 그리고 그 돈을 어떻게 마련할 수 만 있다면, 나머지 토지 가격은 어떻게든 신용 제도를 이용해서 해결 할 수 있을 것이라는 헛된 희망을 갖게 되었다.[137] 최초에 지불해야하는 토지 가격을 지불하고 나서 그 다음 지불 기간이 2년 지나서 가능하게 했기 때문에 농민들은 충분한 여유가 있다고 생각하였다. 이 기간 동안 수확된 농산물을 판매하여 이러한 빚을 충분히 청산 할 수 있다고 생각하였다. 인디아나 준주 의회(The Indiana Territorial Legislature to Congress)가 연방 의회에 보낸 청원서에 따르면 이러한 문제가 심각함을 짐작 할 수 있다. 1814년 9월 21일자로 작성된 청원서에 따르면, 많은 서부의 농민들은 이러한 낙관론에 가득 차 있었다. 그 청원서에서 많은 서부의 정착인들은 그들이 가지고 있는 자산 전부를 투자하여 연방 정부의 공유지를 구매하려고 필사적이었음을 확인 할 수 있다. 그들은 이러한 구매 대금의 지불을 걱정하는 것 같지 않았다. 이유인 즉 이 비옥한 토지에서 수확되는 생산물을 가지고 얼마든지 빚을 청산 할 수 있다고 생각하였기에 과도한 빚은 그렇게 문제가 되지 않을 것이라고 기대하고 있었다.[138] 문제는 농민들에게만 이러한 문제가 한정된 것이 아니라는 점이다. 당시 서부 지역의 모든 정치인들이 이러한 토지 광풍에 매달리고 있었다. 대표적인 인물들을 보면 헨리 클레이, 앤드류 잭슨(Andrew Jackson), 미주리 출신의 상원 의원 토마스 하트 벤턴(Senator Thomas Hart Benton), 앨라바마 출신 상원 의원 존 워커(Senator John Walker of Alabama), 일리노이 출신 상원 의원 니니안 에드워즈(Senator Ninian Edwards) 등이 그러한 인물들이다.[139] 궁극적으로 신용 할부에 따른 토지 투기는 연방 정부 차원에서도 심각한 실질적인 문제를 만들어내게 된다. 다음에 오는 표 목차에서 확인 할 수 있듯이 이러한 토지 광풍으로 개인들이 연방 정부에 엄청난 빚을 지게 되면서 부담으로 남게 된다.

|표 1-5| 1796-1820 토지 판매
(Land Sale, 1796-1820)

연도(year)	기준(Acrea)	단위(dollars)	평균가
1796	−	4,836.13	−
1797	−	83,540.60	−
1798	−	11,936.11	−
1799	−	0.00	−
1800	67,750.93	133,501.86	1.97
1801	497,939.36	1,031,893.26	2.07
1802	271,080.77	532,160.74	1.96
1803	174,156.04	349,292.18	2.01
1804	398,155.99	817,270.50	2.05
1805	581,971.91	1,186,526.09	2.04
1806	506,018.67	1,053,792.34	2.08
1807	320,945.79	659,709.17	2.06
1808	209,167.34	490,080.35	2.34
1809	275,004.09	605,970.20	2.20
1810	285,795.55	607,867.77	2.13
1811	575,067.18	1,216,447.28	2.12
1812	386,077.36	829,404.10	2.15
1813	505,647.82	1,066,372.33	2.11
1814	1,176,141.67	2,462,914.88	2.09
1815	1,306,368.33	2,713,414.36	2.08
1816	1,742,523.63	3,692,738.39	2.12
1817	1,886,163.96	4,478,820.40	2.37
1818	3,491,014.79	13,122,836.41	3.76
1819	2,968,390.80	8,238,309.21	2.78
1820	491,916.46	1,348,119.84	2.74

출처: 1796년부터 1799년까지는 *American State Papers: Finance* 2:919. 1800부터 1820년까지는 *Senate Document*, No.246, 27th Cong., 3rd sess., p.6. 1820년도는 동년 6월 30일까지의 토지 판매에 대한 기록이다.

|그림 1-1| 1796-1820년까지 토지 판매
(Land sales from 1796 to 1820)

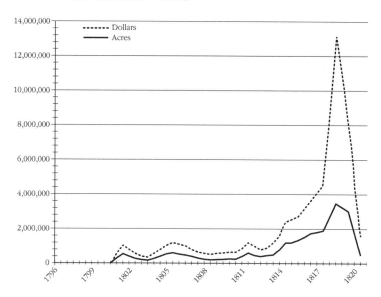

|그림 1-2| 1800-19년까지 토지 판매로 인한 채무액
(Balance of Debts from Land Sales, 1800-19)

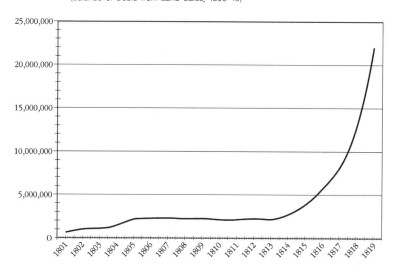

아메리칸 시스템의 출현

|표 1-6| 1800-1819년까지 토지 구매자의 정부에 대한 채무 총액
(The Amounts Owed by Purchasers to the Federal Government, in dollars, 1800-19)

연도 (year)	오하이오강의 북서부지역 (Northwest of the Ohio River)	앨라바마와 미시시피지역 (Alabama and Mississippi)	전체액수 (Total, 달러)
1800-01	586,426.02	-	586,426.02
1802	1,045,578.21	-	1,045,578.21
1803	1,092,390.17	-	1,092,390.17
1804	1,434,212.50	-	1,434,212.50
1805	2,094,305.85	-	2,094,305.85
1806	2,245,557.58	-	2,245,557.58
1807	2,153,306.42	111,913.50	2,265,219.92
1808	2,041,673.01	138,752.85	2,180,425.86
1809	1,192,703.86	273,482.85	2,186,186.17
1810	1,646,642.05	390,195.33	2,036,837.37
1811	1,496,371.67	474,541.23	1,970,912.90
1812	1,599,106.33	653,068.18	2,252,174.51
1813	1,483,861.10	630,274.63	2,114,135.73
1814	2,134,989.56	589,008.74	2,723,998.30
1815	3,163,936.55	531,732.79	3,695,669.34
1816	4,334,648.09	1,270,097.73	5,604,742.82
1817	5,627,797.02	2,526,410.36	8,154,207.38
1818	7,290,489.55	5,170,988.66	12,461,478.21
1819	9,868,295.48	12,132,362.16	22,000,657.64

출처: *American State Papers: public Lands* 3: 420

　　미국 국민들이 연방 정부의 토지를 구매한 금액 중 아직 지불하지 않은 잔금의 총액이 1820년에는 이천 이백만 달러에 이르렀다. 연방 의회는 이 문제를 적극적으로 해결하는 데 실패하였다. 적어도 1820년대 소위 1820년 토지법(The Land Act of 1820)이 만들어질 때까지는 그랬다는 것이다. 이러한 늦장 대응을 하는 데는 이유가 있었다. 왜냐하면 손쉬운 대출을 통하여 실질적으로 토지 판매를 증가 할 수 있었고, 그 결과로 연방 정부의 금고가 확실히 튼튼해 질 수 있었기에 그러했던 것이었다. 이어서 그러한 과정에서 결국 연방 정부의 토지 정책과 그 기본 목표와 목적을 충분히 성취 할 수 있었기 때문이다. 이러한 엄청난 국민들의 채무를 해결하려는 적극적인 노력의 일환으로 더 구체적으로 말하면 국민에게 빚 부담을 만들어내는 결정적인 정책이었던 소위 신용 판매 제도(The credit system)를 완전히 손보는 대신에, 연방 의회는 1800년 토지법(The Land Act of 1800)하에서 만들어진 토지 제도를 약간 조정을 시도하였다. 그러한 노력의 결과가 바로 바로 1804년 토지법(The Land Act of 1804)이다.

이 조정안은 과거의 토지 문제에 대한 처방과 같이, 주로 서부 지역의 강력한 요청과 필요성에서 이루어진 것이다. 서부에서의 청원의 핵심은 바로 선취권(preemption rights)을 인정해 달라는 것에 있었다. 서부에서 청원서를 통하여 요구하는 또 하나는 지금까지 시행되고 있는 토지 판매 구입 기준을 보다 완화해서 토지가격을 결정하고, 토지 판매 단위도 과거보다 훨씬 완화된 수준에서 판매 가능하도록 조치를 요구하는 것이었다. 여기서 중요한 것은 이들의 많은 청원서에서는 그 때까지의 신용 제도에서 대해서는 하등 불만이 없었다. 오히려 그들 청원서에서는 그러한 신용 제도를 포함하고 있는 1800년 토지법에 대해서 긍정적으로 보았으며, 칭찬을 아끼지 않았다. 1801년 2월 20일자로 된 청원서에서 서명자들은 연방 의회가 "이러한 준주 지역에서 일반인들이 …정착의 편의를 위해서 여러 방안들과 함께, 타운쉽(township)을 …1/2 섹션(320에이커)으로 나누고, 토지 가격을 지불함에 있어 충분한 시간을 주기로 하는 등 과거 법령을 보완하는 법안을 만들 것에 대해서" 감사를 표시하였다.140 서부 지역에서 거주하는 인물들은 이러한 신용 제도에서 만족감을 느끼고 있었다. 현금 지불 제도였다면 결코 얻을 수 없었던 엄청난 토지를 그들은 얻을 수 있었던 것이 바로 이러한 신용 제도 덕택이었음은 분명하다.

1803년 11월 22일 연방 하원은 이러한 청원서를 처리할 메릴랜드 주 출신의 공화파 의원 조셉 니콜슨(Joseph Nicholson of Maryland, Republican)을 위원장으로 한 위원회가 조직되었다.[141] 1803년 11월 22일 니콜슨이 주도하는 위원회는 재무장관 앨버트 갤러틴에게 이 문제에 대해서 질의서를 보내서 의견을 듣고자 하였다.[142] 그 질의서 내용은 다음과 같다.

> (아래의 조치가 실행될 경우에) 토지 판매 속도가 늦추어 질런지, 아니면 좀 더 속도를 낼 것인지: (그리고) 연방 재정 수입에 어떤 영향을 줄 수 있는지?
>
> 1. 지금보다 작은 단위로 토지를 판매할 경우
> 2. 토지 구매자가 지불 불능일 상태가 일어났을 경우에 토지 판매 대금에 대해서는 이자 지급을 중지할 경우
> 3. 현 법률 체제하에서 인정된 신용 지불 제도 대신에 현금으로 지불케 하는 경우
> 4. 토지 가격을 줄이는 경우
> 5. 현재 살고 있는 실질적인 정착자나 그 땅을 개발한 이들에게 작은 토지를 무상으로 기증하는 경우

가장 중요한 최초의 질문에서 분명히 확인 할 수 있듯이, 위원회가 가장 관심을 가진 것은 무엇보다도 제시된 질문을 실행할 경우 토지 판매와 수입에 관계된 어떤 영향을 나타낼 것인가에 대한 것이었다. 그러나 여기에서 주목해야 할 것은 무엇보다도 제3번의 질문일 것이다. 현금으로만

토지 판매를 할 경우에는 서부의 이익을 대변하는 것이 결코 아니라는 점이다. 이것이 의미하는 것은 적어도 위원회의 한명 아니면 어쩌면 여러 명이 신용 할부 제도의 폐지를 희망하고 있었다는 점이다.

갤러틴은 이러한 개혁가들의 요구에 동의한다. 그리고 신용 할부 제도를 통한 토지 판매 제도를 폐지 할 것을 제안하고 있다. 그는 토지 소유자가 미국 연방 정부에 지고 있는 빚을 받는 것이 매우 어렵다는 점을 주목하고 있다. 그러나 토지 빚에 관계된 갤러틴의 주된 관심은 그 본질상 정치적인 것이었다. 그는 토지 관계로 연방 정부가 가지고 있는 빚이 계속 증가하고 있고, 그것은 "궁극적으로는 연방의 일반적인 복지에 장애가 될 상황을 만들 것"이라고 주장하였다.[143] 그러므로 갤러틴은 토지 판매가 시작 된 이후 신용 기간을 40일로 한정하려고 하였다. 신용 제도를 폐지하게 되면, 가난한 사람들이 대규모 자금을 확보 할 수 없을 것이라는 점에 대해서는 갤러틴은 토지 판매 최소 가격을 더더욱 적당한 수준으로 내릴 필요가 있다고 보았고, 반면 유사한 방식으로는 토지 판매 단위도 줄여한 한다고 주장하였다.

그러나 갤러틴은 그러나 최소 토지 가격을 급격하게 감소하는 방안에 대해서는 매우 조심스러워 했다. 그러한 방안을 실행 할 경우에는 이주 추진 정책이 "자연스럽고 적절한 방식에서 진행되어야 할 정도를 벗어나는 것"이라고 경고하였다. 그리고 그는 서부의 토지를 결국 몇몇 비양심적인 토지 투기업자들의 손아귀에 집어넣는 것이라고 생각했다.[144] 갤러틴은 현재 실행되고 있는 1800년 토지 법(The Land Act of 1800)하에서 섹션(640에이커), 그리고 1/2 섹션(320에이커)대신에, 1/2 섹션(320에이커), 1/4 섹션(160에이커)로 조정할 것을 주장하였다.[145] 여기에 더하여 그는 토지 판매 가격을 각각 1/2, 1/4 섹션에 대해서 각각 에이커 당 1.25 그리고 1.50달러로 줄일 것을 제안하였다. 갤러틴은 이러한 적절한 수준으로 가격을 줄인다면,

연방 정부의 수입은 증가하게 될 것이라고 주장하였다. 그는 다음과 같이 말하였다. "3십만 에이커의 토지를 1달러에 판매하거나 또는 1/3달러로 판매하는 것이 2십만 에이커의 토지를 에이커 당 2달러로 판매하는 것보다 훨씬 손쉬운 것이다."

연방 정부의 수입 확대를 위해서 공유지 판매를 기획하였던 갤러틴은 공유지 무단점령자들(squatters)에게 선취권을 인정하는 것에 대해서 반대하였다. 그는 지금까지 자신의 주장은 오직 서부에 실질적인 정착자들이 토지를 구매할 수 있도록 허락할 것이라고 보았다. 그러나 선취권은 "남용될 여러 측면을 가지고 있기에, 이것은 토지 판매 수입으로부터 얻을 수 있는 수입에 대한 계획과 결코 조정될 수 없다."고 주장하고 있다.146

토지 판매 제도에 대한 조정안은 그가 추구하는 가장 중요한 목적을 실천하는 방향에서 준비된 것이었다. 즉 연방 정부의 수세를 확보하려는 목적이 바로 그것이었다. 그러므로 그가 선취권을 반대하는 것은 당연하다고 할 수 있다. 그러나 현재 실질적인 정착과 장차 도래할 정착자들의 요구를 만족하기 위해서 기꺼이 토지 가격을 낮추겠다는 그의 적극적인 태도 또한 확인할 수 있다. 그러므로 갤러틴의 토지 개혁은 토지 판매로부터 얻을 수 있는 잠재적인 수입을 감소하지 않는 한도에서 서부 정착을 복돋을 수 있는 장려 정책을 추진하였던 것이다.147

니콜슨이 주재하는 위원회는 갤러틴의 개혁안을 포함해서 1804년 1월 23일 하원에 일련의 결의안을 보고하였다.148 그러나 최종 단계에서 1804년 토지법(The Land Act of 1804)은 한 가지 중요한 사항에서 그 위원회의 결의안과 달랐다. 즉 1800년 토지법에서 있었던 신용 할부 제도를 가지고 왔다. 확실히 새로운 토지법은 이전의 법률보다 상당한 진척과 개선된 사항이 들어 있었다. 우선 이전과는 달리 모든 공공 토지를 160에이커를 단위로 해서 팔 수 있도록 하였다. 그것은 1800년 토지법에서 허락된 토지 판매 단위를 반으로 줄인 것이다. 이제 농부들은 서부에서 그들의 농장을 단지 80달러로 시작할 수 있었다. 이러한 법은 분할 지불금(instalments)에 대한 이자를 면제하였다. 그러한 조항과 함께, 공유지 토지 가격을 에이커 당 1.84달러에서 1.64달러 현금으로 하기로 결정하였다. 전체적으로 보면, 새 법안은 갤러틴의 의도한 목적을 따르고 있었다. 즉 최소 토지 가격을 적당한 수준에서 감소하였고, 토지 판매 단위에서도 축소되었다. 그러나 신용 제도의 지속을 유지한 사항과 비교해 볼 때 다른 여러 변화는 중요하다고 할 수 없을 것이다.

그러면 왜 연방 의회가 신용 제도를 폐지하자는 갤러틴의 충고를 무시하였는가? 많은 서부의 정착자들은 그리고 투기업자들은 신용 제도의 폐지에 대해서 반대하였다. 토지 판매를 통하여 증가되는 빚은 재무 장관 그리고 연방 하원의 몇몇 인사들을 분노케 하였다. 그러나 토지 획득에서 큰 희망을 가지고 있었던 농부들이나 투기업자들은 그러한 면에서는 하등 관심이 없었다. 신용 대부를 통하여 많은 토지를 얻을 수 있는 한, 이러한 막대한 빚의 증가라는 장기적인 폐해에 대해서 관심을 갖지 않았던 것이다. 서부인은 그들이 지고 있는 빚은 언젠가 시간이 지나면 갚아지거나 또는 아예 정부가 알아서 삭제해줄 것으로 기대하고 있었다. 이러한 재정적인 곤란을 오로지 농민들의 탓으로만 말할 수 있는 것도 또한 아니었다. 이유인 즉 의회는 여전히 서부의 토지를 수입과 재정의 원천으로 생각하였다. 1806년 3월 22일 세입 세출 위원회(The Ways and Means Committee)의 존 랜돌프(John Randolph)는 "공공 토지가 국가 재정의 가장 큰 부분이며 계속 증가되고 있다." 라고 언급한 적이 있다.[149] 이러한 태도는 1820년대까지 연방 의회를 지배하는 사고 방식이었고 그 이후에도 몇 년간은 계속되었다고 할 수 있다.[150]

이러한 태도는 1804년 토지법에서 최소 토지 가격을 아주 적은 범위에서 줄였다는 점에서도 확인할 수 있다. 토지 지불 최소 현금을 1800년 토지법에서 에이커 당 1.84달러에서 1.64달러로 줄어들었는데 이것은 불과 0.20달러가 감소된 것이다. 최소 가격은 이 수준으로 계속 유지되었고, 그것은 1820년 토지법이 성립될 때까지 계속되었다. 이것은 개별 주 정부가 설정한 최소 토지 가격과 비교해서 볼 때 상당히 높은 가격이었다. 예를 들어 켄터키, 매사추세츠, 코넷티컷트, 버지니아 주의 경우가 바로 그런 경우에 해당된다. 예를 들면, 1783년부터 1821년까지 매사추세츠 주는 거의 500만 에이커를 에이커 당 약 0.17달러에 팔았다.[151] 1809년 하원 공유지 위원회 (The House Committee on Public Lands)의장인 제레미아 모로우(Jeremiah Morrow)는 다음과 같이 말하였다. "미국의 토지 가격은 각 개별 주 정부에서 그들의 주 경계 안에 있는 빈 땅을 파는 가격에 비해서 지나치게 높다."[152]

제퍼슨주의자들과 문화 개선 정책
(Jeffersonians and Cultural Improvements)

　제퍼슨주의자들은 토지 정책과는 달리 문화 발전을 촉진하는 포괄적인 정책을 성공적으로 만들어내지는 못했다. 원래 제퍼슨과 메디슨은 이 국가를 문화적으로 한층 앙양하려는 의도를 아주 분명하게 역설 하였었다. 제퍼슨은 제2기 행정부의 취임 연설에서 다음과 같이 진술하였다. "[국가 부채가 해소되어 재정 문제에 영향을 주어, 그래서 그 문제로 부터 자유로울 단계에 이르면… 강, 운하, 도로, 기술, 제조업, 교육, 그밖에 중요한 목적을 위해서…사용될 수 있을 것이다."[153] 1806년 12월 2일 제6차 연례 시정 연설에서 그는 다음과 같이 말하였다. "[기대되는 재정 초과를 공공 교육,

도로, 강, 운하, 그 밖에 다른 공적 사업과 같은 중요한 과업을 성취할
목적으로 사용하는 것은 연방 헌법 상 연방 정부의 권한에 포함된 것이다."라
고 말하면서 한 발 더 나아가 보다 과감한 주장을 더 한다. "이러한 사업을
통하여, 새로운 통신 체계가 각각의 주들을 연결할 수 있어, 경계가 해체되고,
그들의 이해들이 하나로 통합 될 수 있을 때, 우리의 연방은 지금보다
새롭고, 지금보다 더 군건한 연결 고리를 갖게 될 것이다."154 그는 다음과
같이 설명하였다.

> 교육은 공적 관심의 영역에서 고려되어야 한다. 일반적인 과목은
> 사적 (교육) 기관들이 훨씬 더 잘 가르치지만, 어떤 과목은 오직 공적
> 교육 기관만이 가르칠 수 있다. 이러한 과목들은 그 수요가 많지는
> 않지만 국가의 발전에 기여할 수 있고, 어떤 것은 국가의 존립에 꼭
> 필요한 과목들이다.155

여기서 제퍼슨은 국립대학을 창설할 논리를 위해서 워싱턴 대통령이
했던 방식을 가지고 왔다. 더욱이 제퍼슨은 그러한 기구를 설치할 수
있는 구체적인 방식까지도 제안하였다. 즉 연방 의회에 요청하여 국립
교육 제도를 준비하는데 필요한 땅을 기증받을 수 있을 것이라고 말하였
다.156 제퍼슨의 문화 발전 계획은 윌리엄 소턴 박사(Dr. William Thornton),
벤자민 라토브(Benjamin Latrobe), 듀퐁 드네뮤르(Dupont de Nemours),
조엘 발로우(Joel Barlow)와 같은 다양한 지성인들과 기술자들의 후원에서
도 나타난다. 특별히 발로우는 제퍼슨의 요청에 의해서 국립대학을 건설할
구체적인 세부 계획을 작성하였다. 이것은 1806년 상원 의원 조지 로건
(George Logan)에 의해서 1806년 연방 상원에 제안되었다. 그럼에도 불구하
고, 연방 의회는 이 문제에 대해서 하등 관심을 기울이지 않았다. 토마스

제퍼슨은 일 년 후 발로우에게 보낸 편지에서 그러한 "소심하고, 무지한"(narrow and niggardly views of ignorance) 견해에 대해서 안타까워했다.157 다음 대통령이 된 메디슨 또한 문화 증진 사업에 관심을 가졌다. 그리하여 또한 국립대학 건설에 관심을 기울인다. 1810년 12월 5일 제2차 시정 연설에서 메디슨은 다음과 같이 진술하였다. "한 국가의 중심에 뛰어난 대학(seminary)을 갖는다는 것은 그 기구가 발생할 여러 부수적인 효과를 통하여 결국 우리 국가의 기초를 강화하는데 기여하는데 결코 적지 않은 기여를 할 것이며, 우리 정부의 자유 그리고 건강한 조직을 더더욱 강화하는데도 크게 기여하게 될 것이기 때문에 심사 숙고한 결과 특별히 필요성을 요청할 만하다."158

결론적으로, 대통령 제퍼슨과 메디슨은 그들의 임기 중에 이러한 정책이 실현되는 것을 보지 못했다. 그 이유는 출항 금지법(The Embargo)와 1812년 전쟁(The War of 1812)과 같은 복잡한 국제 정치의 문제가 장벽이 되었기 때문이다. 이러한 급변하는 국제 정치와 전쟁으로 미국의 자원과 국력 유출이 너무나 심했기에 다른 분야에 신경을 쓸 수 없을 정도가 되었다.159 그러므로, 1810년부터 1815년까지 메디슨의 연례 시정 연설에서는 더 이상 국가의 문화 발전에 대한 어떤 언급을 구체적으로 하지 않고 있다. 1815년 12월 5일 1812년 전쟁이 이제 거의 종결되는 지점에서 메디슨은 제7차 시정 연설에서 국립대학 건설 문제가 다시 등장하게 된다. 이번에는 과거와는 달리 더더욱 구체적인 계획을 발표하게 되는데 그 안에 따르면, 계획된 대학을 워싱턴에 위치한다는 내용이 들어있다.160 메디슨은 다음 해에도 시정 연설을 통하여 같은 주장을 하지만 결국 허사가 되고 만다.161 그러므로 워싱턴에서 부터 메디슨까지 미국의 대통령들은 지식 확장, 더더욱 중요하게 말하면, 그 동료 시민들에게 국민주의를 강조하기 위해서 국립대학의 건설을 줄기차게 주장하고 있다. 이러한 주장은 이후 아메리칸 시스템의 지지자들에게서도 구체적으로 잘 나타나고 있다는 점은 그렇게 놀랄 만한 일이 아니다. 그들은 1812년 전쟁 이후 이러한 다양한 여러 사고들을 이제 포괄적으로 하나의 정치적인 아젠다로 발전해가고 있었다.

제2장:
아메리칸 시스템의
성장과 시련
(1815-24)

1815년부터 1824년 기간 동안 미국은 정치적인 프로그램을 통하여,
또는 미국의 문화 국민주의 운동을 통하여 아메리칸 시스템의 놀라운
발전을 보게 된다. 그러나 동시에 아메리칸 시스템에 대한 심각한 시련이
지역주의 형태로 나타나게 되고, 특히 미주리 위기(The Missouri Crisis)의
결과를 정점으로 하는 기간인 1819년에서 1821년 동안 이러한 경향이
강하게 나타난다.

1812년 전쟁 이후 미국의 국민주의와 "메디슨 강령"
(Post-War Nationalism and the "Madisonian Platform")

1812년 전쟁 이후 미국 사회의 제반 사정에서 볼 때 이제 아메리칸
시스템 사상이 더더욱 발전할 수 있는 바탕이 형성되었다고 할 수 있을

124

것이다. 미국의 입장에서 볼 때 전쟁 종결의 유리한 결과와 조건으로
인하여 미국 국민들은 이제 국민주의, 다른 말로 하면 애국주의가 솟아
오르고, 새로운 공화국의 잠재력에 대한 확고한 신념과 자신감이 팽배하였
다. 갤러틴은 1816년 5월 7일 편지에서 다음과 같이 말하였다.

> 미국인은 전쟁을 통하여 독립 혁명에서 일찍이 그 기원을 가지고
> 있고, 그러나 점차 시간이 지남에 따라 약해졌던 국민주의 감정과
> 특징들이 부활하고 소생하고 있다. 국민들은 그들의 긍지와 그들의
> 정치적인 의견을 서로 연결하고 결합할 수 있는 보다 많은 공통적인
> 기구와 장치들을 가지게 되었다. 이제 그들은 이전에 비하여 보다
> 더 미국인이 되어 갔다. 이제 하나의 국민으로 느끼고 행동하게 된다.[1]

먼로 대통령은 1815년 12월 5일 연례 시정 연설에서 다음과 같이 말하였
다. "우리 국가(The United State)는 외국으로부터 점차 존경을 받고 있다는
것과 우리도 정당한 자부심을 가지고 있다는 것을 스스로 인식하기 시작하였
다."[2]

이러한 국민주의의 열기는 많은 미국인들로 하여금 그들이 이 전쟁으로
고통 받게 된 이유에 대해서 심각하게 반성하는 기회를 갖게 되었다.
그러한 것들 중에서 가장 심각한 것은 무엇보다도 단일 통화의 부족,
여기에 비상시 군대를 동원 할 수 있는 중요한 인프라에 해당되는 도로와
운하의 부족을 절감하게 된다. 이와 더불어서 전후 미국의 제조업은 엄청난
속도로 발전하게 된다. 이유 중에 하나는 외국에서 생산된 완성품이 출항
금지 법(Embargo)이나 영국의 해상 봉쇄(British blockades)로 미국에 발을
붙일 수 없게 되었기 때문이다. 그러므로 1815년 미국인들은 다시 국립
은행을 설치하는 문제, 연방 정부 기금으로 도로와 운하를 건설하는 문제,

보호 관세에 대해서 이전의 어느 시대와 비교해서 볼 때 아주 수용적인 분위기였다. 그러한 호의적인 대중들의 분위기에 부합하여, 이전에는 경제 문제에서 가장 대표적인 반 연방주의적인 인물 중에 하나였던 제임스 메디슨은 이제 보호주의 운동에 대해서 호의적인 태도를 나타내게 된다. 1815년 12월 5일 연방 의회에서 행한 제7차 연례 시정 연설이며 1812년 전쟁 이후 최초로 행한 연설에서 그는 "화폐 제도 통일"을 부활하기 위해서 국립 은행의 법인화(The incorporation of a national bank)를, 이어서 국가 안보와 미국의 농업을 위해서 필요한 이유를 대면서 미국 제조업 보호를 위한 공적 후원[보호 관세]을 제안하였다. 여기에 더하여 메디슨은 연방 정부의 권한을 이용하여 도로와 운하를 건설하는 사업에 적극적으로 지원 할 필요가 있다고 하였다. 그 결과로 그는 미국이 "여러 지역적인 이익과 경계를 벗어나서 하나의 국가로 단합될 수 있는" (binding more closely together the various parts) 정치적인 기회와 효과를 만들어 낼 수 있을 것이라고 주장하게 된다.3 부가해서 메디슨은 "컬럼비아 특별 지역" (The District of Columbia)내 "국립 대학"(national seminary of learning) 설치를 제안 하였다.4 이것을 후대의 역사가들이 "메디슨 강령" (Madisonian Platform)5이라고 부르는 것인데 장차 아메리칸 시스템이라고 부를 수 있는 정치적 강령의 목표와 수단이 여기에서 간결하게 표현되어 있다. 그러나 이러한 기획안을 실시하기 위해서는 무엇보다도 연방 헌법상 수정 조항이 우선 필요하다고 그는 강력하게 주장하고 있다. 그는 다음과 같이 말하였다. "(이러한 기획안을 실시하기 위해서) 아마 부딪치게 되는 헌법적인 차원에서 요구되는 권위와 근거의 부족함을 해결하기 위해서는 헌법에 이런 경우가 발생할 경우를 위해서 이미 준비되어 있는 (바로) 그 방식으로 준비할 수 있을 것이다."6

아메리칸 시스템의 성장과 시련

1812년 전쟁 이후 보호 무역 주의
(Post-War Protectionism)

　전후의 급격한 성장에도 불구하고, 미국의 제조업은 1815년 평화가 시작됨에 따라 다시 위기를 맞게 된다. 우선 전쟁 기간에는 출항 금지법(The Embargo)으로 인하여 미국 시장에 접근이 불가하였지만, 전후에는 영국으로부터 막대한 상품 수입으로 인하여 곤경을 겪게 된다. 이제 미국의 제조업자들은 가격을 내려야 할 수 밖에 없었다.7 1813년 이어서 1814년 미국의 상인들은 각각 2,200만 달러, 그리고 1,300만 달러의 외국 상품을 수입하였다.8 1815년과 1816년에는 수입이 8,500만 달러와 1억 5,100만 달러로 치솟았다. 여기에 부가하여, 전후의 번영은 각 주 은행과 제2 연방 은행에서 과도하게 신용 대출을 하게 된 것도 그러한 사태에 이르는 데 결정적으로 연관되어 있다. 이것이 결국 원자재, 임금, 임대 비용에 대한 인플레이션을 유발하게 되고, 그 결과로 국내 제조업자들이 경쟁 국가에 비해서 생산 단가를 심각하게 올릴 수밖에 없는 상황으로 이르게 하였다. 한 마디로 미국 기업의 채산성을 낮추게 하였다. 국내 제조업자들은 이 문제점을 해결하기 위해서 연방 의회를 통하여 보호 무역 관세의 실시와 통과를 강력하게 요청하게 된다. 로드 아일랜드의 프로빈스(Providence, Rhode Island) 지역의 면화 상인들은 1815년 12월 22일 연방 의회에 보호 무역을 요청하는 청원서를 보냈다.9

　이러한 청원서가 쏟아져 들어오자, 연방 의회는 1816년 4월 27일 보호 관세법(The Protective Tariff Act of 27 April 1816)으로 화답하였다. 여기에 이미 대통령이 연례 시정 연설을 통하여 법안의 필요성을 요청하게 되고, 이러한 요구를 반영하여 재무 장관 달라스(A. J. Dallas)는 1816년 2월

12일 부로 의회에 새 관세법과 관세율의 급격한 증가를 부가하는 조항을 요청하기에 이른 것이었다. 이 법안에 의하면 평균 관세율을 33%로 올린다는 것이다. 이것은 이전에 있었던 관세법과 비교해서 볼 때, 특히나 통상적으로 최소 보호 무역 수준의 관세율을 적어도 25%를 기준으로 하는 것을 볼 때, 관세율에서 아주 급진적인 증가라고 할 수 있을 것이다.[10]

그러나 자세하게 관찰하면 이 법률을 작성하였던 인물들의 의도가 과연 보호 무역 정책과 그 실행에 있었다고 확신할 수 있는 것은 아니다. 이 문제와 연관해서 우선 달라스 재무 장관의 솔직한 말을 들어 볼 필요가 있다. 그가 이러한 법안을 준비한 이유는 연방 정부의 수입을 증가하기 위한 것이라고 말하고 있는 것이다. 1815년 12월 8일 연방 의회에 보낸 최종 보고서에서 달라스는 장차 예상되는 재정 적자를 바로 잡기 위해서는 현재에 더 부가해서 5백만 달러 이상의 더 많은 재정 수입이 요청된다고 주장하였다.[11] 부가적인 수입을 얻기 위해서 달라스는 수입 상품에 대한 고정 관세 비율(permanent rates of the duties)의 상당한 증가가 필요하다고 주장하였다.[12] 그럼에도 국내 산업 보호의 필요성 또한 이 법률의 부수적인 측면에서 달라스에게는 중요한 관심이었다. 관세의 증가를 역설하면서, 달라스는 동시에 국내 생산 제조업 제품에 대해서 모든 국내 세금(all internal duties)의 제거를 요청하였다. 이유인 즉, 이러한 조치를 통하여 결국 "(국내 제조업)에 방해 또는 장애가 되는 모든 제약으로부터 해방"하는 데 도움이 될 수 있도록 하기 위한 조처라고 말하였다.[13] 다른 말로 하면, 달라스의 목적은 국내 제조업자들이 국내의 각종 세금으로부터 자유롭도록 하는 것이며, 그러한 정책으로 인한 부족분의 세금은 수입 상품에서 대체한다는 것이다.

관세 개정안에 대한 의회에서의 토론을 보면, 미국의 산업 보호뿐만 아니라 수세의 확대 문제가 당시 정치 지도자들의 중요한 관심이 되어가고 있음을 확인할 수 있다. 사우스캐롤라이나 주의 윌리엄 로운디스(William Lowndes of South Carolina)와 그의 세입 세출 위원회(Committee on Ways and Means)는 보호 무역 원리를 승인하지만, 그러나 달라스의 보고서에서 요청한 비율을 그대로 받아들이지는 않았다.[14] 로운디스 위원회는 필요한 수세의 증가를 허락하고, 그리고 보호 무역 측면에서는 온건한 방향에서 수정을 인정하였다. 그러한 이유는 그 자신의 출신 지역의 농업 이익에 방해가 되지 않기 위해서였다. 그러므로 그 위원회는 평균 관세를 25%로 정하자고 주장하였는데, 이것은 국내 제조업을 보호하는데 필요한 최소한의 수준이었다. 그렇게 되면 면화나 모직 상품 수입업자들은 25센트의 수입세를 지불해야 했다. 이어서 고갈된 국가의 재정 적자 문제가 해결되기에 충분한 시간인 3년 후에 오면 다시 20%로 감소한다는 것이다. 그러므로 1816년 관세 법(The Tariff Bill of 1816)은 보호 관세 주의와 재정 수입의 확대라는 두 마리 토끼를 잡으려는 목표에서 타협된 것이라고 할 수 있다.

정치가들은 전후의 국민주의를 이용해서 보호 무역 주의를 촉진하려고 하였다. 그래서 궁극적으로는 앞에서 언급한 것 같이 안정적인 내수 시장을 창출하여 경제 정치적으로 강한 국가를 유지할 수 있다고 보았다. 펜실바니아 주 출신 사무엘 잉햄(Samuel D. Ingham)은 1816년 3월 22일 연설에서 다음과 같이 선언하였다. "이러한 법안과 함께하는 위대한 원칙은 재정 문제에 대한 것과 관계된 것이 아니다." 차라리 그것보다는 "가장 주요한 목적은" 다른데 있다고 이야기하고 있다. "우리의 농업, 제조업, 상업에 필요하고도 적정한 보호를 하고 지원하기 위해서, 다양한 수입 상품에 대해서 적절한 세금을 부과하는 것"이라고 분명한 이유를 표명하고 있다. 그리고 재정 확대를 위한 것은 오로지 "부수적인 고려"에 불과하다고 주장하고 있다. 잉햄은 다음과 같이 되묻고 있다. "타 국가의 변화무쌍하고 즉흥적인 태도에 영향 받지 않는 우리 농업을 만들기 위해서는 무엇보다 내수 시장을 보호해야 하는 것이 행정부가 해야 할 가장 중요한 정책이 아닌가?"15

"내수 시장"(home market)을 보호한다는 주장은 보호 무역 주의자들에게서 아주 효과적인 전술이었음이 입증되었다. 우선 내수 시장이라는 논쟁은 제조업이나, 농업에 이해를 가지고 있는 전체를 아우를 수 있는 좋은 발상이었다. 특히 농업에 이해를 가지고 있는 집단과 세력들은 국내 제조업을 자신들을 위해 존재하는 내수 시장이라고 간주하고 있었다. 반면에 "유치 산업"(infant industry) 논쟁은 오로지 제조업자들에게만 흥미를 일으키는 논의에 불과한 것이다. 간단히 말해서 그러한 담론으로는 농업 세력을 끌어들일 수 없는 것이었다. 두 번째로 내수 시장 담론은 일시적인 것보다는 영구한 관세 체제를 정책 대안으로 만들어낼 수 있다는 장점이 있었다. 세 번째는 보호주의 주창자들이 내수 시장을 창출한다는 수사학을 사용함으로서 바로 국민주의 실천으로 이해되어서, 단지 경제적 계산에서 이러한 보호주의를 주장한다는 반발을 덮어내면서도, 다른 한편으로 전후 국민주의 분위기에 적절한 호소력을 얻을 수 있었다. 궁극적으로 "내수 시장"이라는 주장들은 미국이 가지고 있는 다양한 지역 이해 속에서도 하나로 뭉칠 수 있는 유일한 수사학이라고 할 수 있는 것이다. 다른 말로 하면, 보호 관세의 주창자들은 내수 시장이라는 담론으로 문제를 끌어가면서 결국 경제 수단을 통하여 연방의 결속을 정치적으로 강화할 수 있는 방법을 찾으려고 하였던 것이다. 일찍이 지금으로 부터 백 년 전에 헨리 카터 아담스(Henry Carter Adams)는 아메리칸 시스템의 한 부분으로서 보호 관세는 "식민지적 의존의 굴레"(The yoke of colonial dependence)를 완전히 벗어 던지려는 "놀랍고도 강력한 정치적 목적의 한 부분"(a subordinate part of a prominent and strong political purpose)이라고 주장하고 있다.16 이러한 사고는 보다 큰 지평에서 정치적 의도와 목적을 가지고 있는 것이었다. 내수 시장의 옹호자들은 이제 지역적인 차이가 해결될 수 있을 것이라는 신념을 가지고 있었다. 그들은 또한 경제 문제로 일어나는 지역 간의 갈등은 일시적인 것이며, 가까운 시간에 극복할 수 있다고 보았다. 그러나 점차 증가되어 가는 지역주의는 결국 이러한 판단이 위험스러운 것임을 증명하였다.

그러나 적어도 1816년에는 남부가 보호 무역 주의를 지지하는 분위기였다. 사우스캐롤라이나 주 출신의 윌리엄 로운디스(William Lowndes of South Carolina)는 세입 세출 위원회 의장으로서 1816년 관세 법(The Tariff Bill of 1816)을 지지하였다. 장차 남부 지역주의의 위대한 선동가인 존 칼훈(John C. Calhoun) 또한 그 법안에 찬성을 하였다. 칼훈은 장차 미국의 대권을 노리고 있는 상황에서 국내 제조업이 장차 국가의 전쟁과 같은 일이 일어났을 때를 대비해서 예방적인 차원에서 매우 중요하다고 보았다. 1816년 4월 4일 연방 하원에서의 토론에서 칼훈은 "그들 앞에 있는 주제는 한 국가의 안보와 관계가 있는 것이다."라고 말하였다.17 칼훈은 당시의 다른 많은 사람들과 같이, 외국과의 또 다른 전쟁을 예상하고 있었다. 특별히 그가 예상하고 있었던 국가는 바로 영국이었다. 그럴 경우에서, 그는 내수 시장의 원칙과 이론을 수용하고 있었다. 그는 다음과 같이 말하였다.

결코 각각의 분야로 분리 될 수 없는 것이 바로 농업, 제조업, 상업이라는 영역이고 그들은 총체적으로 국가의 부의 근본이다. 국가의 부는 이 세 가지가 하나로 결합되어 나타나게 된다. 그러므로 각각의 요소 중에서 하나만 없어져도 국가의 부는 존재할 수 없는 것이다. 한 국가의 부나, 개인의 경우의 부나 직접적으로는 이 세 가지에 의존하는 것만은 아니라는 점은 분명하다. 그러나 이 세 가지가 모든 다른 부분 보다 생존에 있어서 전제 조건이 된다. …상업이 없으면, 제조업과 같은 산업은 어떤 발전의 자극도 있을 수 없다. 반면 제조업이 없다면, 생산 수단을 가지지 못하는 상태로 국가를 끌어 넣는 지경에 이르게 될 것이다. 만일 농업이 없다면, 다른 두 경우는 생존이 불가능하다. 그러므로 그들 세 가지를 완전히 분리되거나 할 경우에는 그들 모두는 사라지게 될 것이다.18

결론적으로 말해서 그는 강력한 연방 국가를 이루어내기 위해서는 무엇보다도 보호 관세법이 가장 필요한 것이라고 주장하고 있다. 그는 다음과 같이 말하였다. "[국내 제조업의 보호]는 우리의 이 광범위하게 확대되고 있는 공화국을 보다 긴밀하게 하나로 묶을 수 있을 목적으로 기획된 것이다. 제조업의 보호를 통하여 우리 국가의 여러 이해가 상호 간에 의존하게 되고 활발하게 교류할 수 있도록 하는데 기여할 것이다'라고 주장하였다.19 이러한 글들에서 확인할 수 있는 것은 심지어 아메리칸 시스템을 대표하는 클레이보다도 칼훈이 바로 그 원리를 보다 잘 이야기하고 있는 듯하다.

그 법안은 1816년 4월 8일 88:54 라는 큰 차이로 하원을 통과하였다. 그 법안에 대한 상원에서의 지지는 더더욱 놀라운 것이었다. 1816년 4월 19일 25:7 이라는 압도적인 지지를 받고 통과되었다. 그 투표가 보여주는 것은 보호 무역 주의적 감정이 전국적으로 넘쳐흐르고 있었음을 알 수 있다.20 심지어 남부를 대표하는 위원들은 가까운 장래에 보호 관세 정책에 강력하게 반대할 집단이 될 것이지만, 지금 이 들은 그 법안을 통과하는데 있어서 기여하게 된다. 연방 하원에서 남부는 17:33 으로 그 법안에 반대하였지만, 상원에서는 남부는 7:3 으로 그 법안에 찬성표를 던졌다.

| 표 2-1| 1816년 관세법에 대한 투표 결과 분석
(Roll Call Analysis on the Tariff Act of 1816)

지역구분	상원		하원	
	찬성	반대	찬성	반대
뉴잉글랜드	6	2	17	10
대서양중부	8	2	44	10
북서부	4	–	10	1
남동부	3	3	14	30
남서부	4	–	3	3
전체	25	7	88	54

출처: *Senate Journal*, 14th Cong., 1st sess.(19 April 1816), p.505; *House Journal*, 14th Cong., 1st sess. 23 January 1816), pp.610-12.

역사가 노리스 프레이어(Norris W. Preyer)가 지적한 것과 같이, 몇몇 남부의 위원들이 그러한 입법안에 찬성한 이유는 당시 미국이 경제적으로 번영을 구가하고 있었고, 다른 한편으로는 영국과의 또 다른 전쟁을 할 수 있다는 가상의 위험, 궁극적으로는 전후의 국민주의에서 비롯되었다고 본다.[21] 이러한 역사가의 주장에는 많은 논리적인 근거를 찾아낼 수 있다. 우선 전후의 미국 경제는 전례 없는 번영을 구가하고 있었다. 미국의 수출은 전쟁 기간 동안 급격하게 떨어졌다. 1811년 6,100만 달러에서 1812년에는 3,900백만 달러로 떨어지게 된다. 1813년에는 2,800만 달러, 1814년에는 700만 달러로 추락하게 된다. 이러한 암담한 수치는 그러나 곧 달라진다. 1815년 전쟁이 끝나자 5,300만 달러로 증가되고, 1816년에는 8,200만 달러, 1817년에는 8,800만 달러, 그리고 1818년에는 9,300만 달러로 급속하게 증가하게 된다.[22]

칼훈의 연설이 밝히고 있듯이 정치 지도자들도, 1810년대를 관통해서 지속적으로 보호 관세법을 지지했다는 것을 알 수 있다. 그들이 그렇게 주장하는 주된 이유는 경제 활성화가 전후 가시적으로 나타나고 있었고, 다른 한편으로는 장차 있을 수도 있는 가상의 적 영국과의 전쟁을 기대하고, 그 준비를 하는 과정에서 경제적인 안전망을 구축하려는 태도에서였다. 1816년 1월 9일 벤저민 오스틴(Benjamin Austin)에게 보낸 편지에서 제퍼슨은 저 유명한 말을 남긴다. "우리는 지금 농업 종사자들과 나란히 제조업자들도 받아 들여야 한다"(we must now place the manufacturer by the side of the agriculturalist).23 그는 과거 "버지니아 주에 대하여" (Notes on the State of Virginia)에서 제조업자들을 폄하하는 발언에 대해서 해명하면서, "경험으로 배운 사실 중의 하나는 제조업은 우리의 독립 그리고 우리의 안락함을 위해서 필요하다"는 점이다.24 이런 면에서 제퍼슨은 1790년대에서부터 지금까지 주주권(state rights)과 농본주의 사고와 이익(agrarian interests)을 대변하였던 그가 이제 아메리칸 시스템의 사상에 합의되는 느낌을 강하게 풍기고 있음을 확인할 수 있을 것이다.

제2 연방 은행 설치와 아메리칸 시스템
(The Incorporation of the 2BUS)

1812년 전쟁 이후 미국의 국민주의적 감정은 여러 측면에서 미국적 국가 강화 운동에 영향을 주었지만, 경제적인 면에서 보면 그 무엇보다도 제2 연방 은행 설립에 끼친 영향이라고 할 수 있을 것이다. 대통령 메디슨의 언급에 따라, 의회는 자신들이 고수하고 있던 지금까지의 입장을 버리고, 1816년 제1 연방 은행의 원리와 세칙과 별반 차이 없는 조건에서 제2 연방 은행을 설치하게 된다.25 그래서 창설된 제2 연방 은행은 허가된 자본금은 과거 제1 연방 은행이 1,000만 달러였던 것에 비교해서 3,500만 달러로 증가하게 된다.[26] 여러 문제가 은행의 필요성의 근거가 되었겠지만, 무엇보다도 결정적인 것은 통화 문제에서 기인하는 것이었다. 대통령제임스 메디슨은 1815년 12월 5일 연례 시정 연설에서 국립 은행의 필요성을 지적하였다. "재정 문제와 연관된 모든 거래에서 통일적인 국가 통화 체제의 존재가 가지고 있는 장점은 형용할 수 없다. ··· 통일적인 통화 제도는 다시 부활해서 시민들에게 돌려주어야 한다. ··· 만일 주 은행(The State banks)이 그러한 결과를 이루어낼 수 없다면, 가능한 것은 국가 은행을 만들어서 문제를 해결하는 것을 고려해 볼 만 한 가치가 있다."[27] 재무 장관 달라스(A. J. Dallas)는 상원 연례 보고서에서 "지금까지 존재하고 있는 주 은행([state banks])은 지금의 상황에서 고려해 볼 때, 통일적 국가 통화를 제공할 수 있는 조치를 제대로 하지 못하고 있음은 ··· 바로 ··· 결코 논란이 될 가치가 없는 자명한 사실이다."[28] 달라스는 다음과 같이 주장하였다. "연방 은행은 ··· 교환 수단으로서 통화를 공급할 수단뿐만 아니라 개별 각 주와 그 경계 내 어느 곳에서도 그 통화의 유통과 가치를 유지할 수 있는 권한을 갖게 될 것이다."[29] 이러한 취지에서 그는 연방 은행의 창설을 제안하였던 것이다.

역사적인 증거를 볼 때, 달라스의 주장이 옳았다는 것을 확인할 수 있다. 제1 연방 은행이 운영되고 있었던 말기의 기록들을 보면 그 은행이 최고로 발행할 수 있는 은행 권 지폐의 양보다 훨씬 적은 액수가 발행되고 있었다. 반면 주 은행들은 그들이 가지고 있는 경화 보관량을 훨씬 뛰어넘어 거의 두 배에 이르는 금액의 은행 권 지폐를 발행하고 있었다.

|표 2-2| 제1 연방 은행과 주 은행의 지폐 대 경화 비율
(Percentage of Species to Notes for Fist BUS and State Banks)

〈1811년 1월 1일 경우〉

은행종류	경화보유고 (Specie, $)	은행발행지폐 (Notes, $)	경화대 지폐비율 (Specie to Notes)
제1연방은행 (1BUS)	5,800,000	5,400,000	107%
주 은행 (State Banks)	9,600,000	22,700,000	42%

출처: "Consideration on the Currency and Banking System of the United States," 1 January 1831, *The Writings of Albert Gallatin*, ed. H. Adams, 3 vols (New York: Antiquarian Press Ltd., 1960, original publication 1879), vol.3, p.286, p.291, p.296.

|표 2-3| 연방 은행과 주 은행이 발행한 지폐의 규모, 1811-29
(Notes Issued by BUS And State Banks, in Dollars, 1811-29)

은행종류	1811	1816	1820	1829
1,2 연방은행 (1and2 BUS)	5,400,000	–	4,221,770	13,048,984
주 은행 (State Banks)	22,700,000	68,000,000	40,641,574	48,274,914
총액 (Total)	28,100,000	68,000,000	44,863,344	61,323,898

출처: Gallatin, "Considerations on the Currency and Banking System of the United States," 1 January 1831, *The Writings of Albert Gallatin*, vol.3, pp.286, 291, 296. Data for 1811, 1816, and 1820 is from 1 January: data for 1829 is from the end of that year.

아메리칸 시스템의 성장과 시련

　그러므로 연방 은행은 보다 더 건전한 통화 체제의 근간이었음을 증명하고 있는 것이다. 더불어서, 제1 연방 은행이나 제2 연방 은행은 주 은행이 자신의 권한을 넘어서 활동하는 부분을 통제할 수 있는 역할을 수행하고 있었다.30 다음은 연방 은행이 주 은행들을 규제 할 수 있는 효과에 대한 좋은 예이다.

　자료에서도 알 수 있듯이 연방 은행에 의해서 통제와 규제받지 않을 경우였던, 특히 1811년에서 1816년 기간을 보면, 각 주 은행들은 그들의 지폐 공급량을 2,270만 달러에서 6,800만 달러로 증가하였다. 이것은 바로 1812년 전쟁 동안 주 은행들에 의해서 경화 지불 금지 상태까지 이르게 되었다. 1816년 이후 제2 연방 은행에 의한 통제가 다시 시작됨에 따라서 1820년 주 은행들에 의한 발행 지폐의 통제가 이루어짐에 따라 40,641,574달러로 급격히 감소하게 되고, 이것은 연방 은행의 통제 시스템이 분명하고도 제대로 작동됨을 보여주고 있는 것이었다. 1819년부터 1829년까지 주 은행들은 통화량을 8백만 달러 수준으로 증가되었을 뿐이다.

　엄격한 통화 통제 시스템이 작동하면서, 제2 연방 은행은 전국적으로 통용되는 건전하고 통일적인 통화 체제를 만들었다. 1816년과 1829년 몇몇 도시의 통화 가치 비교를 통해 제2 연방 은행이 건전하고 통일적인 통화를 창출하고 있음을 확인할 수 있다.

|표 2-4| 국내 은행권의 교환 비율, 1816-1829 (%) (Comparison of Domestic Bank Note Exchange Rates, 1816-29)

은행권종류	보스턴		뉴욕		필라델피아	
년도	1816	1829	1816	1829	1816	1829
보스턴	–		71/2-8 할인		17-18할인	
		–		1/4할인-동가		1/4할인-동가
뉴욕	7프리미엄		–		–	
		동가		–		–
필라델피아	17프리미엄		91/2프리미엄		–	
		동가		–		–

출처: 표의 첫 번째 칼럼은 1816년 7월 1일의 은행권의 가격을 나타내는 것이고, 두 번째 칼럼은 1829년 12월 5일 은행권의 가격을 나타내고 있다. 이 표는 두 개의 시점인 1816년도와 1829년도의 수많은 은행권에 대한 전체 교환 비율을 표시하고 있는 자료의 일부를 표시하고 있을 뿐이다. 전체의 교환 비율을 확인하기 위해서 다음 자료를 참조하라. "Report of Committee, 1830," 13 April 1830, *Legislative and Documentary History of the Bank of the United States Including the Original Bank of North America*, eds. M. St. C. Clark and D. A. Hall, (1852: 1st repr., New York: Augustus M. Kelley Publishers, 1967, original publication, 1832), pp.762-3.

1816년 보스턴 은행권은 액면가 보다 7-17% 이상의 프리미엄 상태에서 거래가 되었다. 이유인 즉 뉴잉글랜드 소재 은행들은 경화 지불을 계속하였기 때문이다. 다른 은행권은 장소와 장소에 따라서 여러 가지 변동을 보이며 유동적인 측면에서 할인된 상태로 거래되었다. 1829년 여러 은행권의 가격은 전국적인 측면에서 액면가 자체를 인정받거나 아니면 저평가되더라도 그 차이가 그렇게 크지는 않았다. 그러므로 당시에 통화의 흐름은 매우 안정적이고 통일적인 교환 수단으로서 그 역할을 톡톡히 하였음을 알 수 있다. 그리고 제2 연방 은행은 이러한 안정을 유지하는데 있어서 결정적인 기여를 하였던 것이다.

달라스(Dallas)는 1816년 1월 8일 연방 은행을 설치할 아주 상세한 계획을 곧 하원 연방 통화 위원회(The House Select Committee on National Currency)의 의장이 될 존 칼훈(John C. Calhoun)에게 편지로 제시하고 있다.[31] 칼훈 중심의 위원회는 노스캐롤라이나 주의 내셔니엘 메이콘(Nathaniel Macon of North Carolina), 버지니아 주의 제임스 플레전트(James Pleasants of Virginia), 헨리 조지 터커(Henry St. George Tucker), 루이지애나 주의 토마스 볼링 로버트선(Thomas Bolling Robertson), 펜실바니아 주의 조셉 홉킨슨(Joseph Hopkinson of Pennsylvania), 매사추세츠의 티모시 픽커링(Timothy Pickerings of Massachusetts)으로 구성되어 있었다. 그 위원회는 이미 "연방 은행은 이 국가가 통화의 흐름을 원만히 유지하기 위한 기구로서 가장 확실한 방법이라는 것이라는 결정"을 마친 상태였다. 남부 출신 인물들이 위원회의 중심을 장악하고 있었지만, 그럼에도 그 위원회는 연방 은행의 설치를 허락했다. 적어도 아직까지는 은행 문제가 지역주의와는 상관되어 있지 않은 것으로 보였다. 달라스는 은행은 3,500만 달러의 자본금으로 시작하고, 그 은행의 초기 활동을 보고서 5,000만 달러로 자본금을 확충할 수 있을 것이라고 생각하고 있었다. 그는 미합중국 대통령은 은행 이사를 구성하는 25명 중에서 5명을 임명할 수 있다고 하였다. 그러한 연방 정부의 권한 집중을 정당화하기 위해서 달라스는 연방 은행을 사적으로 소유되고, 운영되는 상업 은행으로 간주해서는 안 될 것임을 분명히 하였다. 이유인 즉 그 자본금이 비록 사적 재산이라고 할 수 있는 주식으로 운영되는 측면을 가지고 있지만, 다른 한편으로 연방 정부를 통한 공적 자금 또한 투입되기 때문임을 강조하였다. 그러므로 달라스는 다음과 같이 결론을 맺었다. 이 은행은 "단지 상업과 이익을 목적으로 만들어진 기관이 아니다. 오히려 이 조직은 연방 정부의 최고의 권능을 수행하는 보조적 수단으로서 국가 정책 수행을 목적으로 만들어진 것이다."

그는 또한 연방 정부의 사업 허가서를 얻는 대가로 그 은행 주주들이 (연방 정부에) 150만 달러를 기부하기를 요청하였다. 결국 이 기부액이 1817년 보너스법안(The Bonus Bill of 1817)의 기초가 되는데, 이것으로 국토 개발 계획을 추진하는 자금을 만들 수 있게 된 것이다.

칼훈은 1816년 1월 8일 달라스가 제안하였고, 여러 요구와 의견으로 가득 찬 은행법을 하원에 제출하였다.[32] 하원에서의 법안 확정 투표에서는 통화 문제가 논쟁의 중심이 되었다. 은행 설립에 찬성하는 인물들은 연방 은행의 설치를 정당화하기 위해서 통화 문제의 중요성을 끌고 갔다. 칼훈은 1816년 2월 26일 하원에서의 연설에서 다음과 같이 말하였다. "우리는 경화 대신에 은행권으로 된 교환 수단을 가지고 있다. 이것들의 가치가 전반적으로 절하되어 있다."[33] 이러한 지폐가 평가 절하된 이유는 과도한 지폐의 발행에서 기인하는 것이다. 그러므로 이것으로 다시 경화 지불을 어렵게 만들었다고 칼훈은 주장한다. 이 문제에 대한 해결은 연방 은행의 설치에서 해답을 찾을 수 있다. 그러므로 "그 영향력을 통해서, 또는 구체적으로 교환에 대한 기존 사례를 제시함으로서 경화 지급을 체계적으로 운영할 수 있을 것이다."[34]

지폐 통화와 연관해서 발생하고 있는 소위 평가 절하의 문제와 연관된 경제적인 문제를 잘 인식하고 있었기에 은행 법안에 반대하는 대중 여론이 거셌음에도 불구하고 무마될 수 있었다. 1811년 제1 연방 은행 문제에서 재인가를 거부하는 데 있어서 결정적인 역할을 했던 헨리 클레이 또한 은행과 연관해서 발생하는 헌법적인 견해를 완전히 바꾸게 된다. 그는 자신이 이 문제와 연관해서 변화한 것에 대해서 다음과 같이 말하였다. "연방 헌법은 … 결코 변화되지 않았다. … 그러나 상황이 바뀌고, 경험을 겪게 되면, 많은 인간은 실수와 오류를 범했다는 점을 알게 될 것이다. … 그래서 과거 시대에는 결코 알지 못했던 것이지만 지금에서 보면 적절하고

아메리칸 시스템의 성장과 시련

필요한 연방 헌법의 해석이 필요함을 인식하게 되는 것이다."35 존 랜돌프 (John Randolph)는 비탄한 감정을 다음과 같이 표현하였다. "그 주제에 대한 무관심한 [토론]이 [의원들을 중심으로] 계속되고 있다."36 하원은 그 법안을 80대 71로 1816년 3월 14일 통과하게 된다. 이 투표 결과는 공개적으로는 그 법안에 반대하지는 않지만, 그러나 여전히 많은 수의 의원들이 그 법안에 대해서 비밀스럽게는 반대를 하였다는 점을 확인할 수 있다. 그럼에도 불구하고 이들이 분명하게 인식하고 있었던 것은 무엇보다도 현재의 통화 문제와 연관된 난관을 해결하기 위해서 무엇인가 가시적인 해결점을 찾아내야 한다는 생각을 가지고 있었음을 확인할 수 있었다.

|표 2-5| 1816년 은행법에 대한 투표 성향 분석
(Vote Analysis on the 1816 Bank Bill)

지역구분	상원(Senate)		하원(House)	
	찬성(Yeas)	반대(Nays)	찬성(Yeas)	반대(Nays)
뉴잉글랜드 (New England)	5	4	13	21
중서부 (Mid-Atlantic)	5	5	26	27
북서부 (Northwest)	3	1	7	6
남동부 (Southeast)	5	2	30	16
서남부 (Southwest)	4	–	4	1
총투표수 (Total)	22	12	80	71

출처: *Senate Journal*, 14th Cong., 1st sess.(3 April 1816), pp.385-6;
House Journal, 14th Cong., 1st sess.(12 March 1816), pp.466-8.

그래서 다수의 의원들이 그 법안에 찬성표를 던져서 충분한 인원을 확보할 수 있었던 것이다. 상원에서의 토론에서는 하원보다도 더더욱 생동감이 없는 것이었다. 하원에서와 마찬가지로 통화 문제와 연관한 현재의 불능 상태를 위기로 언급함에 따라서 반대를 잠재울 수 있었다.[37] 상원은 그 법안을 22대 12로 거의 압도적으로 통과하였다.

은행 문제에서는 지역주의와 투표행태가 큰 상관관계가 없었다. 아주 분명하게 지역적 태도를 볼 수 있는 곳은 뉴잉글랜드 지역이라고 할 수 있다. 이 지역의 의원들은 반대 측에 투표한 경우가 타 지역 보다는 높다. 하원에서는 은행 법안에 대해서 13대 21로 반대한다. 상원에서는 그러나 그 법안에 대해서 5대4로 찬성이 한 표 높다. 이유인즉 뉴잉글랜드 은행들은 1812년의 전쟁 기간 동안 경화 지급을 중단하지 않았기 때문에 통화 문제는 그들 유권자들의 관심을 사로잡을 문제가 되지 않았기 때문이다. 모든 다른 지역의 경우에서는 그 법안 통과에 찬성하는 입장을 취하거나 아니면 찬반에서 거의 동수의 입장을 보여주고 있다.

흥미로운 점은 남부는 상원에서 9대 2로 그리고 하원에서는 34대 17로 투표 성향을 나타내고 있다. 그런 측면까지 고려한다면 은행 법안은 전국적인 지지를 확보하였던 것으로 알 수 있을 것이다. 그리고 현재까지는 남부에서도 이렇다 할 확연한 특징을 보여주는 것은 없다. 통화 안정을 위하여 무엇인가 해야 한다는 전반적인 합의가 은행 문제에 집중하는 여론으로 형성되었고, 따라서 이 문제와 관련된 여러 가지 갈등 문제를 벗어날 수 있었던 것이다.

1817년 보너스 법안의 패배

(The Defeat of the Bonus Bill of 1817)

비록 전후의 국민주의가 보호 관세적인 성격의 1816년 관세법(The Tariff Act of 1816), 그리고 제2 연방 은행(The 2BUS)을 설치하는데 결정적인 역할을 수행했다는 측면은 믿어 의심치 않는 것이지만, 그러한 감정만으로는 국토 개발 계획을 실천하기에는 역 부족이라는 점이 확인되었다. 메디슨 대통령에 의해서 국토 개발 계획을 위한 연방 정부 차원에서의 청사진이 필요함의 요청에 호응하여, 클레이는 1816년 1월 29일 연방 하원 연설에서 국토 개발 계획을 추진할 기본 청사진의 필요성을 강력하게 요청하였다. 그는 다음과 같이 말하였다. "파사마쿼오디(Passamaquoddy)에서 뉴잉글랜드, 그리고 여타 지역에서 여러 산맥들을 가로지르는 유료 도로와 운하 건설을 눈으로 볼 수 있는 희망"이라고 언급하였다.[38] 이러한 노력과 그 원대한 계획에 호응을 얻기 위해서 칼훈을 중심으로 대대적인 홍보와 설득 작업을 실시하였다. 그는 연방 의회에서 스페인과 영국과의 전쟁 가능성을 실례로 들면서 안보적 차원에서 이 문제를 바라볼 필요가 있다고 설득하였다.[39] 심지어 그는 한 발 더 나아갔다. "장차 영국과의 전쟁은 일어날 가능성이 높을 뿐만 아니라, …그러나 –아니 확실하게 일어날 것이다." 라고 확실한 예측을 내놓았을 뿐만 아니라, 계속해서 "그런 위기의 순간에 우리의 군사적인 수단에 해당하는 전체를 총괄적으로 확보 하고 수집하기 위해서는 가능한 한 훌륭한 군사 도로를 만드는 일에 총력을 기울여야 할 것이다." 라고 강조하였다.[40]

그러나 칼훈과 그의 지지자들이 그들의 정치적인 목적에 대해서 일반 미국인들의 반응을 잘못 읽어냈다는 것이 확인되었다. 국토 개발 계획에 대한 포괄적인 기획안에 대해서 지지를 보내기보다는 다양한 반대가 일어나고 있었다. 그런데 이러한 반대에서 분명하게 나타나고 있는 현상은 칼훈의 이러한 국토 개발 계획에 대한 청사진에 대한 헌법적인 타당성에 대한 논의가 나타나고 있고, 다른 한편에서는 그 정치적인 주장의 의도가 무엇인지에 대한 논의로 비난과 공격의 세례를 받고 있었다는 점이다. 우선 그러한 논의의 출발점이 된 사건이며, 최초의 정치적인 논쟁의 희생이 나타나게 되는 사건은 아무래도 보너스 법안(The Bonus Bill)의 실패에서 확인 할 수 있을 것이다. 1816년 새롭게 문을 연 제2 연방 은행은 150만 달러를 연방 정부에 제공하게 된다. 그 이유는 바로 이 은행의 특허장을 제공해 준 것에 대한 일종의 감사의 표시였다. 1816년 12월 16일 칼훈은 "그 보너스와 연방 은행으로부터의 연간 배당금(net annual proceeds)을 국토 개발 계획에 사용하기 위한" 위원회를 설립하기 위해서 하원을 움직였다.[41] 일주일 후 그 위원회는 연방 정부 차원에서 제2 연방 은행의 주식 출자금에서 발생하는 배당금과 150만 달러의 보너스를 가지고 도로와 운하를 건설할 수 있는 영구 자금으로 규정하는 법안을 제출하였다.[42]

그 때까지, 국토 개발 계획의 초점은 특정 개별 주나 지역에서 경제적인 혜택에 연방 정부 차원에서의 지원이 가능한 것인가에 주목 하였다. 예를 들면, 컴버랜드 도로 건설(The Cumberland Road)에 반대하는 이유는 그 도로의 건설로 경제적인 혜택을 받고 있는 지역이 주로 메릴랜드와 버지니아 주에 한정되었기 때문이다. 나중에 연방 차원에서 이러한 국토 개발 계획에 지원하는 것은 헌법적인 차원에서 보아도, 그리고 정치적인 면을 고려하여도 반대 할 수밖에 없다고 주장한 존 랜돌프(John Randolph)도 그러한 인물 중의 하나이다. 그는 1817년 1월 11일 연방 하원에서 테네시 강(Tennessee River), 쿠사 강(Coosa River), 톰빅비 강(Tombigbee River)에 대한 측량 사업을 지원하는 법안에 대해서 반대 연설을 한다. 랜돌프는 그러한 사업은 오로지 특정 지역, 구체적으로 서부 지역의 주들에게만 이익이 되는 것이라고 주장하였다. 다음은 연방 의회 연보(*Annals of Congress*)에 기록된 내용이다.

> [랜돌프는 … 지금까지 연방 정부가 추진해왔고 지금도 실시하고
> 있는 사업들에 대해서 … 놀랐고 유감으로 생각한다. 그럼에도 그는
> 구체적으로 (그러한 정책들이 가지고 있는) 헌법적 문제에 대해서는
> 아무 말도 하지 않았다. (동부에 있는) 역사가 오래된 미국(의 주들),
> 특히 미시시피 강의 동쪽과 오하이오 강 서쪽의 토지를 미국에 양도함으
> 로써 미국이라는 나라의 탄생에 결정적으로 기여한 [버지니아] 주는
> 운하나 도로의 건설을 통하여 어떤 혜택을 받을 수 없을 것이다. 다만
> 포트 컴버랜드(Fort Cumberland)에서 시작해서 버지니아 주의 일부를
> 통과하는 연방 도로(The Natioanll Road)만 버지니아 주에 약간의
> 도움이 될 수 있을 뿐이다…. 그는 이러한 측면에서 (국토 개발 계획의)
> 비용은 모든 주가 공평하게 부담하는 반면, 그 이익은 서부의 국가들이나
> 준주만 누리는 것에 대해서 이해하지 못하고 있다.[43]

그러나 보너스 법안의 시작과 함께, 국토 개발 계획과 연관하여 정치적인
담론이 헌법적인 문제로 발전하게 된다. 1817년 2월 4일 칼훈은 그의
정치적 동료들에게 보너스 법안의 통과를 적극적으로 노력하고 지지하라는
촉구를 하면서 경제 성장의 차원에서, 그리고 군사적인 필요성에서 통과되
어야 한다는 주장을 한다. 그러나 한 차원 깊게 보면, 칼훈이 그러한
주장을 하는 것은 바로 미국적 애국주의 또는 국민주의에 바탕을 두고
있었던 것이다. 즉 이 국가가 광대해짐에 따라 "연방 해체"(*disunion*)의
위험을 안고 있다는 주장이다. 그러한 파국을 막기 위해서는 이 국가는
"도로와 운하의 완전한 체계로서" 단단하게 묶어야 하고 그래서 "우리가
공간을 정복해야 한다(Let us conquer space)."[44]

본질적으로 말하면, 칼훈의 연설에서 주목해야 하는 것은 미국이라는 연방 국가가 형식에서 뿐만 아니라, 실체에서도 단일 정치 체제로 완성되어야 한다고 보았다. 그는 더하여 국토 개발 계획에 대한 연방 정부 차원에서 지원이 헌법적인 차원에서 문제가 있다고 생각하는 논리를 일축하였다. 칼훈은 다음과 같이 말하였다. "본인은 (우리의) 연방 헌법에 대한 세련된 주장들에 대해서 옹호하지 않는다. 그 문서는 논리학자가 그의 천재성을 훈련하는 논문을 만들기 위해 작성된 것이 아니다. 그 문서는 단순하게 이해해야 하며, 또한 좋은 뜻으로 이해하는 것이다."45 보너스 법안에 대한 칼훈의 국민주의적 태도는 남부 의원들로부터 강한 저항과 반대를 맞게 된다. 버지니아의 필립 바뷰어(Philip P. Barbour of Virginia)는 연방 하원에서 과연 그 법안이 헌법적인 타당성을 가지고 있는지에 대해서 강력하게 항의하였다. 그는 우선 국토 개발 계획이 필요함을 인정하면서도, 한편으로는 자신의 신념과 주장을 굽히지 않았다.46 그는 법안이 가지고 있는 논쟁의 핵심으로 돌진하면서 다음과 같이 선언하였다. "그는 그 법안에 반대표를 던질 수밖에 없는 마음을 결코 버릴 수 없다. 그 이유는 연방 의회가 가지고 있는 헌법적 권한 안에서 이루어지는 일이 아니기 때문이다."47

노스캐롤라이나 주의 상원 의원 내셔니엘 메이콘(Senator Nathaniel Macon of North Carolina)은 그러한 법안을 통과할 수 있는 권한 문제에 대해서 보다 구체적인 언급을 하였다. 그는 결국 문제의 법안이 헌법적 타당성에 기초하여 이루어진 것이라고 볼 수 없고, 정치, 법률적인 전례에서 그 근거를 찾을 수밖에 없다는 입장에 동의하였다. 그럼에도 불구하고, 그러한 선례가 일반화되어서, 이후에도 연방 헌법을 해석할 수 있는 법칙으로 되어서는 결코 안 될 것이라고 말했다. 만일 그러한 경우를 인정하게 될 경우에는, 결국 연방 헌법을 정당한 절차 과정인 수정 과정을 요하지 않고 자의적으로 조정될 수 있는 선례를 제공하게 될 것이라고 보았다.48 바뷰어와 메이콘의 주장은 점차 국민주의적 분위기가 쇠퇴하고 있고 다른 한편으로 이러한 문제가 이제 헌법적인 논쟁으로 불붙기 시작하고 있음을 확인할 수 있다. 이러한 특징은 장차 국토 개발 계획 논의에서 확연하게 나타나고 있다.

이러한 헌법적인 고려에서 결국 메디슨 대통령은 1817년 3월 3일 문제의 법안에 대해 거부권을 행사하게 된다. 그는 거부 메시지(veto message)에서 국가가 시행하여야 할 정책으로 국토 개발 계획의 필요성을 분명히 인정하고 있다. 그는 다음과 같이 말하였다. "본인은 도로, 운하 그리고 미국의 여러 수로를 보다 발전된 방식으로 향상시키는 일이 매우 중요한 일이라는 점을 무시하는 것은 결코 아니다. 더욱이 연방 의회(The National Legislature)가 가지고 있는 권한 안에서 그러한 정책의 실시가 이 국가 전체의 번영을 위한 것이라는 바로 상징적인 의미를 가지고 있음을 결코 모르는 것은 아니다." 그럼에도 불구하고 연방 헌법적인 면을 고려해서 볼 때, 국토 개발 계획에 연방 정부 차원에서의 지원에 그는 결코 승인할 수 없음을 이렇게 표현 할 수밖에 없음을 안타까워하고 있다. 그는 다음과 같이 쓰고 있다. "그러나 그러한 권한은 연방 헌법의 자구에서 결코 찾아볼 수 있는 것이 아니다. 그리고 본인이 보기에는 우리 헌법의 어디에서도 그러한 입법안을 허용 할 수 있는 적절한 근거를 찾을 수 없다. … 그러므로 본인은 그 입법안에 대해서 보류를 할 수 밖에 없는 것이다."49 메디슨의 거부권 행사로 이제 국토 개발 계획의 문제는 엄격한 경제적인 문제로 한정되기 보다는 한발 더 나가 헌법적인 문제로 발전 되어 가고 있음을 확인하게 되었다. 사실 국토 개발 계획에 대한 토론은 1817년에 오면, 아메리카 시스템에 대한 최초이면서, 이어서 장차 계속해서 헌법적인 차원에서의 논쟁과 반대를 낳는 그 원천이 되었다.50

국토 개발 계획에 대한 칼훈의 1819년 보고서

(Calhoun's 1819 Report on Internal Improvements)

제임스 매디슨(James Madison) 대통령 치세 동안 국민 공화파(National Republicans)는 하나하나씩 국토 개발 계획에 대한 연방 차원의 프로그램을 구축하기 위한 방안을 찾아 왔다. 1819년 존 칼훈(John C. Calhoun)에 대한 도로와 운하에 대한 보고서는 그러한 구체적인 노력의 대표적인 한 경우가 된다. 칼훈의 이 보고서는 연방 하원(The House)에서 전쟁부 장관(Secretary of War)과 재무부 장관(Secretary of Treasury)의 요청으로 만들어진 것이다. 당시 의회는 국토 개발 계획을 실천하기 위해서 연방 차원에서 미국 연방 헌법 차원에서 어떤 준비와 조치가 필요한 지를 두 장관에게 주문하였다. 이러한 주문에 대해서 재무 장관 윌리엄 크로퍼드(William H. Crawford)는 비록 보고서를 제출하는데 실패하였지만, 당시 전쟁부 장관이었던 칼훈은 그가 생각하기에 중요한 것이라고 보는 문제와 처방에 대해서 자신의 논리를 풀어 낼 절호의 기회를 결코 놓치고 싶지 않았다.[51] 칼훈의 보고서에서 중요한 논점은 연방 정부의 권한과 실천에 대한 헌법의 광의, 또는 확대 해석을 허용하자고 주장하는 것이었다. 그는 바로 공공 도로의 건설이라는 것이 공공 차원 또는 연방 차원에서 보아도 결코 해가 되지 않는 좋은 사업이라는 점을 부각하면서 이야기를 끌어내고 있다. 그는 상업과 체신, 군사 도로 간의 차이를 구분해 낸다는 것은 불가능하다고 보았다. 이 문제와 연관해서 그는 다음과 같이 주장하고 있다.

군사적 목적을 구체적으로 언급하지 않고, 상업의 편리를 위해서, 그리고 오로지 체신 업무를 위해서 건설한다고 할지라도 사려 깊고

현명한 국가 도로 체계의 건설 작업은 궁극적으로 미국의 보다 완벽한
국방을 위한 가장 효과적인 수단 중 하나가 될 것이다.

칼훈이 설명하기를 그러한 상업, 그리고 체신 차원에서 선택된 도로
건설이라고 할지라도 그 사업은 "우리의 연방을 보다 확고하게 할 수
있을 뿐만 아니라, 우리의 국부와 또는 재정상의 능력을 배양하여," 전시에
한 국가의 여러 자원을 동원할 수 있는 차원에서 큰 도움이 될 수 있다고
보았던 것이다.[52] 함축적인 언술을 통해서 그가 말하고자 하는 것은 군사,
체신, 상업적인 도로가 (그 목적이라는 것이) 서로 밀접하게 엮여있음을
지적하면서, 칼훈은 "다목적"용 도로 건설을 강력하게 요청하고 있다.
칼훈은 국토 개발 계획이 그 성격상 공공 차원에서든 또는 사적 차원에서
든 이해와 득실이 서로 섞여 있음을 지적하고 난 후, 그는 도로와 운하
건설에 대해서 조심스럽게 계획을 제시하고 있다. 이러한 사업은 미합중국
의 지리적 여건에서 직면하고 있는 3개의 변경 지대(The three frontiers
of the United States)를 적절히 방어하는데 사용 할 수 있을 것이라고
그는 조심스럽게 언급하고 있다. 그 하나는 동부와 대서양 지역이며 다른
하나는 북부 지역 또는 캐나다와 직면한 국경지대, 마지막으로 남부 지역으
로 멕시코 만(The Gulf of Mexico) 지역을 말하고 있다.[53] 칼훈은 운하와
도로를 즉각적으로 건설하는 것에 대해서 찬성하지 않고 있다. 반면에
그는 우선 그 사업을 실시하기 전에 정확한 비용을 산출하기 위해서,
그리고 어디에서 설치하는 것이 적절한 것인가를 평가하기 위해서 사전
작업을 통해 궁극적으로 국토 개발 계획의 기획안을 만들 수 있는 "기
초"(basis)로 사용 할 수 있을 전수 작업이 필요하다고 주장하였다.[54] 그는
이미 보너스 법안에서 패배를 감수하였기에 이번에는 이 문제를 아주
조심스럽게 접근하고 있었다. 여기서 그는 이 문제와 연관해서 일어날

수 있는 헌법적 차원에서 고려해야 할 타당성 문제는 넌지시 넘어가려는 신중함을 발휘하였다. 그런 방식으로 해서 그는 이 문제를 살짝 벗어나려는 심사였던 것이다. 그는 다음과 같이 말하고 있다.

> 본인은 하원이 요청한 바 이 보고서를 제출함에 있어 (국내 개발 계획의) 합헌성을 본인이 구체적으로 논의하는 것은 적절치 못하다고 생각 한다… 이 문제와 연관해서 이루어진 모든 주장과 그 방법은 결국 [국내 개발 계획의 합헌성] 문제에 대한 연방 의회의 결정에 달려있다.55

칼훈은 (국내 개발 계획의) 합헌성 문제에 관해 아주 조심스러운 태도를 취했는데, 이는 (그의 상관인) 먼로 대통령이 잘 알려진 바와 같이 국내 개발 계획의 합헌성에 의구심을 가지고 있었기 때문이고, 또한 주권(states' rights)을 강조하는 하원 의원들의 반감을 사지 않으려 하였기 때문이다.

헌법적인 차원에서 이 사업이 유효한가에 대한 문제에 대해서 이러한 조심스러운 태도로 문제를 접근한다고 해도 결국 그가 도로 건설 법안에 대해서 가지고 있는 적극적 추진력과 접근 태도를 결코 감출 수 없었다. 그가 이러한 국내 개발 계획이 경제, 정치, 군사적인 측면에서 도움이 될 것이라는 주장은 이전에 이러한 사업에 대해서 적극적으로 찬성을 하였다는 점에서 볼 때, 그가 현 행정부에서 자신의 상관인 대통령이나 이전의 하원의 동료들이 그렇게 심각하게 고려하고 있는 헌법상의 타당성에 대한 논란은 거의 신경을 쓰지 않고 있음은 분명한 사실이다. 더욱이 그가 이 문제와 관련해서 헌법적인 문제를 조심스러우면서도 교묘하게 피해 가려고 하고 있지만, 갤러틴이 이 문제를 처리하는 방식과는 완전한 차이를 보여주었다. 갤러틴은 1808년 국토 개발 계획에 대한 보고서에서 이 문제에 대한 입장을 표시하였다. 그 보고서에서 갤러틴은 다음과 같이 지적하고 있다. "현재의 연방 헌법 아래에서 미합중국 정부가 이러한 사업으로 도로 운하가 지나가게 될 바로 그 주(State)의 허락 없이는 그 사업을 실행 할 수 없다는 것은 명백한 사실이다."[56] 갤러틴에게 있어서 주의 허락은 국토 개발 계획에서 연방적인 지원을 시작 할 경우에 선행적으로 이루어야 할 필요 조건에 해당하는 것이었다. 다른 말로 하면, 칼훈은 그 사업이 야기하는 합헌성의 문제는 전적으로 연방 의회에 남겨두었다. 칼훈이 이것에 대해서 의미하는 것은 그러한 결정이 각 주의 허락이 없어도 이루어질 수 있다고 보는 것이다. 그러므로 칼훈의 보고서에서 아무리 조심스럽게 이 문제를 처리했다고 하더라도 그 보고서가 주는 전체적인 이미지는 바로 국토 개발 계획에 대한 연방 정부 차원의 기획에 대해서 강력한 옹호적 입장을 잘 보여주고 있을 뿐이다.

연방 하원은 칼훈의 보고서를 보고 어떤 가시적 행동으로 구체화하는데 실패하게 된다. 우선 1819년 경제 공황(The Panic of 1819)으로 인하여 의회가 이러한 문제에 관심을 모을 수 있는 여건이 아니었다.[57] 연방 정부의 금고는 거의 텅 비었다. 1820년 이어서 1821년 각각 40만 달러, 130만 달러의 기록적인 적자를 만들어냈다. 그러므로 연방 정부 차원에서 실질적으로 이러한 사업에 지원을 한다는 것은 불가능한 것이었다.[58] 그럼에도 칼훈의 보고서가 아무런 영향을 행사하지 않은 것은 아니다. 그 보고서에서 그 사업을 실행하기 전에 국토에 대한 측량 작업을 실시할 필요가 있다고 생각하는 의견은 장차 국토 개발 계획의 당위성과 그 의의를 한 단계 구체적으로 발전시키는 계기가 된다. 그래서 1824년 토지 측량 법안(The General Survey Act of 1824)이 통과하게 된다. 칼훈의 국토 개발 계획에 대한 1819년 보고서는 그가 마지막으로 국민주의의 노선에서 이야기한 경우가 된다. 이후에 오면 그는 점진적으로 그리고 결코 돌아올 수 없는 강을 건너서 주 중심주의 개별 국가 주권론(state's right)으로 방향 전환하게 된다. 이것은 사우스캐롤라이나인(South Carolinian)으로 그가 택할 수 있는 가장 유효하고도 인기 있는 결정이었다. 이유인 즉 1819년에서 1821년까지의 미주리 위기(The Missouri Crisis of 1819–1821)가 그 주에서 1812년 전쟁 이후에 팽배하던 국민주의의 물결을 완전히 가라앉게 하였기 때문이다.

1819-21년 미주리 위기와 전후 국민주의의 쇠퇴
(The Missouri Crisis, 1819-21 and the Decline of Post-War Consensus)

1819년 미주리가 연방의 한 주로 편입되는 문제로 나타나게 되는 여러 위기들은 결국 남북 전쟁까지의 위기의 연속으로 나아가는 과정을 설명해 줄 수 있는 가장 적절한 보기가 된다. 그 논쟁에 핵심에 있는 것은 과연 자유와 평등이라는 밀접하게 연관되어 있는 원리를 유지하면서도 다른 한편으로는 노예 제도를 유지하고 확장할 수 있는 것일까? 라는 양립할 수 없는 가치의 충돌이 이제 극점으로 끓어오르면서 발생하게 된다. 1819년 미주리 준주(The Missouri Territory)가 미국의 한 주로 편입될 때, 뉴욕의 하원 의원 제임스 탈마지 주니어(Representative James Tallmadge Jr. of New York)는 1819년 2월 23일 미주리 수권법(The Missouri Enabling Act)에 수정안을 제출하였다. 이 법안은 미주리에서 노예 제도의 점진적 폐지를 요청하는 것이었다. 즉 미주리가 미국의 합법적인 한 주로 편입되게 된다면 이 주에서 태어난 사람들은 20살에 이르게 되면 자유가 주어진다는 것이다.

아메리칸 시스템의 성장과 시련

1793년 엘라이 휘트니의 조면기(cotton gin)의 발명은 남서부지역 깊숙이
까지 단신 면화(short-staple cotton)의 경작을 가능하게 하였다. 영국
공장에서는 미국 면화에 대한 계속된 수요가 나타나고 있었다. 이로 인해서
미국에서는 면화 플랜테이션 농장이 서부로 확장되어 갔다. 이것은 다른
측면에서 보면 노예제가 극단적으로 확장되어가는 것을 의미하는 것이다.
1800년 남부의 여러 주들은 약 총 70만 명의 노예 인구를 가지고 있었다.
그런데 이러한 인구는 점차 증가되어 가고 있었다. 그 숫자는 1820년에는
125만 명에 이르게 되고, 1840년대에는 무려 2백만 명에 이르게 된다.
남서부의 주들은 남동부의 여러 주들과는 비교 할 수 없을 정도로 급속한
속도로 노예 인구가 증가하게 된다. 그 이유는 바로 이들 주가 노예 생산의
중심이 되었고, 그에 따라 많은 노예의 증가를 가져왔기 때문이다.

|표 2-6| 남부 지역의 노예 인구의 증가 추이
(Slave Population in Southern States, 1800-60)

〈단위 천명〉

지역구분	1800	1810	1820	1830	1840	1850	1860
남동부역 (Southeast)	684	863	1,038	1,249	1,303	1,534	1,686
남서부 (Southwest)	17	97	229	436	800	1,137	1,480
총인구 (Total)	701	960	1,267	1,685	2,103	2,671	3,166

출처: R. Sutch and S. B. Carter(eds), *Historical Statics of the United States:*
Earliest Times to the Present, Millennial Edition, 5 vols (New York:
Cambridge University Press, 2006), 2:375-7

|그림 2-1| 노예 인구의 변화, 1800-60
(slave Population Growth, 1800-60)

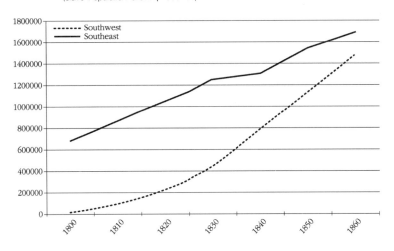

탈마지 법안(Tallmadge's Bill)이 이러한 노예 제도에 대한 외부의 간섭에 대해서 분노를 느낀 남부 백인 사회의 적대감을 불러온 것은 남부 지역의 면화 중심의 정치 경제학을 고려한다면 충분히 이해 할 수 있는 문제였다. 비옥한 서남부 지역이 부상함에 따라 점차 이 지역에서 면화 농장이 발전하게 되고, 기왕의 오래된 노예제 사회였던 남동부지역의 노예 소유주는 그들의 잉여 노예 인구를 서남부 지역의 수요에 맞추어서 노예 판매를 통하여 부를 확장하는 방식을 취하게 된다. 이러한 변화를 가져온 당시 남부의 경제, 지리적 조건을 이해하는 것은 매우 중요하다. 이유인 즉 노예 과잉을 노예 생산과 매매라는 잔인할지 모르는 방향으로 전환할 시점에서 남부는 특하나 대서양 주변의 남부 여러 주들은 사실 오랜 기간 동안의 담배 생산으로 토지의 비옥도가 고갈 상태에 이르게 되었기 때문이다. 그리하여 여기에다가 남부의 농장주들은 만약 남부 사회의 중요한 역할을 하는 많은 수의 노예를 해방하게 되면, 아마 인종적인 폭동을 야기할 수 있다는 두려움을 안고 있었다.[59] 더욱이 만일 연방 의회 차원에서 새로 연방에 편입되는 주나 준주 지역에서 노예 제도를 유지하는 것을 금할 경우에는 전 국가를 통하여 노예 제도는 완전히 사라지게 될 것이라고 생각하게 된다.

이러한 조건 하에서 남부 노예 소유주들은 자신이 살고 있는 주 경계 내에서 생존에 필수적인 노예제를 규제하는 법률을 통과하는 권한을 연방 정부에 위임하는 것을 가능케 할 수도 있는 연방 헌법상 "필요하고도 적절한"(necessary and proper) 조항에 대한 광의적 해석(a broad construction)의 위험성을 강조하기 시작하였다.[60] 그들이 염려하는 부분은 연방 의회에서의 정치 권력의 균형이다. 미국 연방 헌법 하에서는 노예 인구를 참정권 행사에서 부분적으로 인정하는 3/5조항(The three-fifths clause of the United States Constitution)에 의하면 남부 지역의 주들이 타 지역에 비해 의원 수에서 유리한 위치에 있었다. 예를 들어 1819년 노예 소유주들은 하원에서 17개의 의석을 더 가질 수 있었다.[61] 그러나 이것보다도 더 중요한 것은 의회 정치의 요소였다. 바로 상원에서의 남부의 입지가 위태롭게 될 수 있다는 점이다. 상원에서도 남부의 지배적인 위치가 바뀔 수도 있는 것은 그들에게서 가시적 충격이 될 수 있는 요소였다.[62] 이유인 즉 연방 하원의 통제가 빠른 속도로 증가되고 있는 북부의 인구 때문에 북부로 떨어진다면, 남부 출신의 상원 의원들은 노예주의 숫자가 북부주의 숫자와 최소한 같아야 반노예제적인 법안들을 막아낼 수 있기 때문이었다.

탈마지의 수정안은 여러 정치적 문제들이 돌출하고 있는 상황에서 현상을 유지하려는 남부의 의지가 과연 지탱할 수 있는 것인지 의문이 들게 하였고, 그리고 그것에 따라 위기가 점차 확대되어가고 있음을 보여주고 있는 사건이었다. 연방 하원은 결국 탈마지 수정안(The Tallmadge Amendment)

을 포함하고 있는 미주리 수권법(The Missouri Enabling Act)을 82대 78로 통과하게 된다. 이 법안에 대한 지역별 투표 성향을 보면, 북부 지역에서 80이라는 절대 다수의 찬성표가 나왔다. 64표의 반대가 남부 지역에서 나왔다. 그러나 그 법안은 상원에서 22대 16표로 통과하는데 실패하였다. 이유인 즉 5명의 북부 상원 의원들이 남부의 반대 진영으로 들어왔기 때문이다.[63]

이러한 난맥상은 결국 1820년 미주리 대타협(The Missouri Compromise of 1820)으로 해결을 보게 된다. 당시 연방에 가입을 요청한 북부 영역에 위치하고 있었던 메인이 이러한 위기의 해결책이 되었다. 1819년 매사추세츠 메인 지역(The Massachusetts district of Maine)은 연방 가입을 요청하게 된다. 메인의 연방 가입 문제는 미주리의 가입과 연관해서 해결을 보게 될 수 있었다. 동시에 두 요청을 들어줄 경우에는 상원에서 남북은 균형을 유지할 수 있게 되었다. 더불어서 또 다른 타협안(another compromise)이 제시되었다. 아직까지 유지되고 있는 루이지애나 구매 지역(The remaining Louisiana Purchase territories)에서의 노예 제도를 허용하는 북부 경계선(The northern boundary of slavery)을 제한한다는 것이다. 일리노이 상원 의원 제시 토마스(Illinois Senator Jessie Thomas)가 타협안을 제시하였다. 미주리의 남부 경계를 중심으로 그 북쪽의 모든 영토에서는 자유 주로 되며, 그 이하 지역에서는 노예 주로 한다는 제안이 바로 그것이었다.[64] 그러므로 이제 일시적으로는 노예 제도에 대한 정치적인 위기를 해결할 수 있게 되었다.

그러나 미주리 대타협에 대한 정치적인 갈등은 장차 남부 정치의 분위기를 결정하는데 큰 영향을 주었다. 바로 남부는 노예 제도를 방어하는데 있어서 보다 단호한 입장을 표하기 시작하였다. 예를 들면, 이전 토마스 단서 조항(Thomas Proviso)에 반대하였던 남동부지역(The Southeast states) 출신으로 선출된 의원들의 70%가 1822년 의원 선거에서 다시 선출되었다. 반면 그 단서 조항에 찬성하였던 이들의 39%가 재선되었을 뿐이다.65 그러므로 이제 노예 문제는 남부 정치의 전부이면서 또한 뇌관이 되었다. 그리고 결국은 연방 정치까지 좌지우지하게 된다. 그래서 아메리칸 시스템의 미래까지도 위험 속으로 몰아넣게 된다. 아메리칸 시스템의 정책 실현을 구체적으로 받쳐주던 미국 헌법의 광의적인 해석은 잠재적으로 노예 제도의 존재까지도 위협할 수 있는 경우로 사용될 수 있다는 위험성을 또한 내포하게 된 것이다. 그러므로 광의적 해석을 이제 조심스럽게 보게 되었다. 그러한 해석을 인정하는 것은 노예 제도의 존재까지도 완전히 해체 할 수 있을 위험이 팽배하게 되었기 때문이다. 그러므로 헌법적인 문제와 연계해서 아메리칸 시스템과 그 추진 안들을 확인하는 경우가 점차 확대되어가게 된다. 이러한 추세를 확인 할 수 있는 가장 좋은 경우가 바로 먼로 대통령의 1822년 유료 도로 법안 거부권(The Toll Gate Bill in 1822) 행사라고 할 수 있을 것이다.

1819년 경제 공황과 제2 연방 은행
(The Panic of 1819 and 2BUS)

미국 서부의 농부들은 1819년 경제 공황을 통해서 소위 미국 자체 내수 시장을 창출해야 한다는 주장에 대해서 다른 어떤 지역과 경제 이권 주체보다 호감을 갖게 되는 반면, 경제 공황을 통하여 은행에 대해서, 특히 제2 연방 은행에 대해서 아주 의심스러운 시선으로 보게 된다. 1816년에서 1819년까지 제2 연방 은행은 다른 은행과 함께 서부와 남서부지역에 과도하게 융자를 해주었고, 이것은 주로 투기 자본으로 사용되었다. 경제 공황이 국가를 휩쓸었을 때, 은행은 자신의 은행 자체를 방어하기 위해서 대출 총액을 급격히 감소하였다. 이것은 많은 대출자들을 파산으로 이르게 하였고 이들은 그 책임을 은행에게 떠넘겼다. 제2 연방 은행 또한 이러한 비판을 벗어날 수 없었다. 제퍼슨은 이러한 은행에 대한 국민의 적대감이 나타나게 된 원인들을 잘 설명하고 있다.

> 연방 은행이 주 은행들의 운영을 망쳐서, 개별 주 은행들은 자신들이
> 발행한 은행권의 반 이상을 갑자기 환수하여야 했을 뿐만 아니라,
> 모든 가공의 자본(fictitious capital)과 위험 자본(doubtful capital)이
> 사라졌고, 재산과 생산물의 가치가 이전의 1/3수준으로 떨어졌다.[66]

제2 연방 은행에 대한 비판은 주로 서부나 남부에서 가장 심했다.[67] 그 은행에 대한 비판의 특징을 이해하기 위해서는 당시 연방 은행 문제로 의회에서 채택된 결의안을 보면 잘 알 수 있을 것이다. 1819년 1월 19일 하원에 제출된 켄터키 주의 데이비드 트림블(David Trimble)에 의한 결의안, 1819년 2월 9일 버지니아의 제임스 존슨(James Johnson)에 의해서 제출된 결의안에서는 연방 은행의 인가 무효를 요구하는 것이었다.[68] 그러나 1819년 2월 25일 연방 하원은 양 결의안을 거부하였다. (트림블의 결의안에 대해서는) 39대 116으로 (존슨의 결의안에 대해서는) 30대 121의 압도적인 수치로 거부하였다.[69] 연방 하원에서 그러한 결의안에 대해서 압도적인 수치로 거부권을 행사한 것을 보면 아직도 많은 사람들이 연방 은행의 필요성을 느끼고 있었다는 점을 알 수 있다. 그럼에도 불구하고, 은행에 대한 사회의 저류에 흐르는 적대감은 결국 소위 "은행 전쟁"(The Bank War)이라고 불리는 기간 동안에 앤드류 잭슨(Andrew Jackson)이 제 2

연방은행(2BUS)을 공격할 수 있는 바탕이 되었다.

1820년 토지법
(The Land Act of 1820)

1816년 이후 제2 연방 은행과 주 은행을 중심으로 대출의 막대한 증가가 결국 토지 구매 시 강력한 신용 할부를 요구하게 하였다. 1812년 전쟁 이후의 번영때문에 많은 사람들은 공공 토지 구매에 몰입하였다. 연방 정부는 그러한 요구를 공공 토지 판매를 보다 손쉽게 할 수 있는 방안을 찾으면서 해결하였다. 1817년 2월 22일의 토지법(The Land Act of 22 February 1817)은 최소 토지 구매 단위를 쿼터 섹션(quater section, 160에이커acres)에서 하프 쿼터 섹션(half quarter section, 80 acres)로 낮추고 그러나 최소 판매 토지 가격은 더 이상 낮추지 않았다.[70] 1817년 토지법에 따르면, 농부는 단지 40달러를 선불로 지급하기만 하면 토지 한 구획(lot)을 살 수 있었다. 반면 같은 농부는 1800년에는 그러한 토지를 사기 위해서는 160달러가 필요했고, 1804년에는 80달러가 필요하였다. 새로운 토지법이 통과됨에 따라, 연방 정부는 두 가지 목적의 적절한 조화를 이루려고 하였다. 우선 그 하나는 토지 구매를 훨씬 쉽게 해서 서부 정착을 유도한다는 것이며, 연방 정부의 재정 수입을 확대하려는 중요한 목적을 성취하려는 것이었다. 서부의 정착에 대한 점차 증가되어가는 대중의 관심은 1820년 토지 법(The Land Act of 1820)에 그대로 반영되어 있다.[71]

1820년 토지법은 토지 판매 시 신용 할부 제도를 폐지함으로서 지금까지의 연방 토지 시스템을 개혁하려는 것이었다. 그러나 신용 제도의 중단

시도는 서부 지역의 이해 집단으로부터 심각한 반대를 일으키게 된다. 그들 서부인의 눈에서 볼 때 이러한 제도가 있기에 그들이 서부에 정착하는 데 용이할 수 있다고 믿고 있었다. 1817년 법안에 따르면, 서부의 농부가 일단 선불로 40달러만 지불하게 되면, 나머지 잔여금은 2년 안에 분할 (instalment)로 지불하면 되었다. 그러므로 이러한 신용 제도는 심지어 아주 가난한 농부도 자신의 토지를 구입할 수 있게 하는 제도였다. 그런데 구매자가 이러한 의무를 채울 수 없게 되자, 연방 의회에 요청하여 신용 기간을 연장할 수 있도록 청원을 통한 압력을 행사하고자 하였다.

"나일즈 위클리 레지스터"(Niles' Weekly Register)는 이러한 경우의 사례를 자세하게 보도하고 있다. 그 잡지에 따르면, 보통 사람들은 그들이 가진 자금보다 훨씬 많은 토지를 구입한다. 그런데 두 번째 지불해야 할 날짜에 과도하게 구입한 토지를 판매할 수 없을 경우가 되면, 정착인은 의회에 압력을 가하기 시작하여 계약 기간의 연장을 보장해주는 특별법의 제정과 통과를 요구하는 것이다. 앞에서 인용한 잡지는 이러한 사태에 대해서 노골적으로 비난하고 있다. 이러한 현상이 다반사로 일어나고 있기에 단지 신용 계약의 연장을 요청하고, 이어서 그것이 이루어지면 결국 이것은 사실 투기(speculation)를 조장하는 것이 될 뿐이다.[72] 1806년부터 1820년까지 13번의 구제법이 통과되었고, 1821년부터 1832년까지 11번 통과 되었다.[73] 이러한 법안은 결국 농부들에게 더더욱 투기를 조장하도록 유도하는 꼴이 되었고, 신용 할부 제도에 대해서 매우 고맙게 생각하게 된다.

연방 의회에서도 이러한 신용 할부 제도를 통한 토지 판매 시스템의 유지에 대해서 관심을 같이 하였다. 이러한 제도에서는 최소 토지 판매 가격을 보다 높은 수준(higher minimum prices)으로 책정할 수 있기 때문이다. 그리고 토지 판매 단위도 훨씬 큰 단위로 판매 할 수 있기 때문이다. 그러므로 1804년에서 1819년까지 토지 구매 신용 할부 제도를 폐지하는 것이 필요하다는 연방 의회 소속의 무려 여섯 개 위원회의 요청이 있음에도 불구하고, 연방 의회는 그러한 요청에 주의를 기울이려고도 하지 않았다.[74] 이것을 보다 더 정확하게 이야기하면, 연방 의회는 재정 수입을 확충하기 위해서, 그리고 일반 국민들은 투기를 목적으로 신용 할부 제도를 계속 유지하기를 바라고 있었던 것이다.

문제는 신용 할부 제도의 유지가 토지 투기를 더더욱 활성화시키는 역할을 하게 된다. 특히 1812년 전쟁 이후 이러한 현상은 급속도로 일어나게 된다. 이유인 즉 전쟁 후 미국산 면화에 대한 영국 공장에서의 수요가 급격하게 일어나고 이것을 시작으로 서부 토지에 대한 급증하는 욕구와 관심을 낳았기 때문이다.[75] 이러한 추세는 1818년과 1819년에 절정에 달하게 된다. 그리고 투기가 발생하는 주된 지역은 앨라바마(Alabama), 미시시피(Mississippi), 일리노이(Illinois)주가 그 중심이었다.[76] 1814년에는 토지 판매가 총 100 만 에이커를 능가하게 된다. 그리고 이러한 추세는 1819년까지도 계속되었다. 가장 놀라운 일은 공매(public auctions)에서 토지 가격의 급격한 증가가 나타난다는 것이다. 사람들은 토지에 대해서 엄청난 가격을 지불하는 것을 결코 두려워하지 않았다. 앨라바마 주 소재 헌츠빌(Huntsville, Alabama)에 있는 연방 정부 토지 사무국(Federal government's land office)은 1818년의 경우 에이커 당 30달러 이상으로 팔았다.[77] 1820년 앨라바마 주 상원 의원 존 워커(John W. Walker of Alabama)는 에이커 당 78달러로 팔았다는 이야기를 들은 적이 있다고 하였다.[78]

높은 토지 가격과 또한 큰 규모로 주로 판매됨에 따라 빚의 총액도 기하급수적으로 증가하게 된다. 1819년 12월 31일 기준으로 개인들의 채무 수준을 보면 놀라지 않을 수 없다. 바로 2,200만 달러라는 천문학적 수치가 이 위기의 규모를 정확하게 확인해주고 있다.[79] 이러한 빚의 반

이상이 1818년에서 1819년 기간 동안에 형성되었다. 재무 장관 윌리엄 크로퍼드(Secretary of Treasury William H. Crawford)는 다음과 같이 말하였다. "경화로 교환할 수 없는 은행권의 과도한 순환은 … 그리고 국내에서 생산되는 모든 제품의 가격이 높게 책정되고 있는 상황에서 엄청난 규모의 공공 토지가 그들의 실재 가격보다 훨씬 높게 공매되고 있었다."[80] 당시의 상황을 서부의 한 신문은 다음과 같이 표현하고 있다. "실제이든 허상이든 그들 자본을 가진 인물들이(capitalists) [토지 투기라는] 이러한 사업에 과도하게 몰두하고 있다. 은행은 정부를 움직여 이러한 추세를 부추기고 있다. 은행은 투기 세력들에게 돈을 빌려주고 그러면 정부는 소위 신용 할부 제도라는 아주 잘못되고 왜곡된 제도를 통하여 (이러한 일들을) 만들어 내고 있다."[81]

　1819년 경제 공황은 결국 의회로 하여금 신용 할부 제도의 문제점을 인식하게 되고, 그 폐지 작업을 실행하게 된다. 1819년 이전의 과도한 토지 투기는 1812년 전쟁 이후의 높은 농업 생산품 가격이 계속 유지될 것이라는 일반적인 기대에서 출발하는 것이었다. 그러나 1819년 경제 공황으로 이러한 장미 빛 분위기는 사그라진다. 당시 재무 장관이었던 크로퍼드에 따르면 1819년 초에, 서부에서 생산되는 농산물의 가격이 너무 낮게 형성되기 때문에 "현재로서는 가장 심각한 위기를 야기하고 있고, 아마 미래에 대한 두려움으로 가득 차 있다."[82] 이러한 "미래에 대한 놀라운 두려움에서" 서부 지역의 농부들은 토지 판매 제도에 대한 전반적인 변화를 요구하게 된다. "세인트 루이스 인쿼이어지"(St Louis Enquirer)는 다음과 같이 쓰고 있다. "정부에 빚진 채무자들의 수가 너무 많고, 그들의 힘 또한 강력해서 정부에 의해서 통제가 되지 않을 정도가 되었다."[83] 오하이오 북 서부 지역 토지 측량 사무　소장(The Surveyor General Northwest of the Ohio)인 에드워드 티핀(Edward Tiffin)은 토지

162

관리 국장(Commissioner of the General Land Office)인 조시아 메이그스 (Joshiah Meigs)에게 다음과 같은 편지를 보냈다. "본인은 미국의 연방 정부에 대한 …불평과 분노 그리고, 그리고, 그리고(&&&) 줄임[sic]이 서부에 서 지금까지 확고한 충성을 보여주었던 집단에서 나타나고 있다는 것과, 그러므로 현 시점에서는 우리들 속에 있는 이러한 (연방 정부)의 파괴자 (Offenders)에 대한 철저한 감시가 요청된다고 본다. 더불어서 지금까지 연방 정부 차원에서 더 이상 채무자(Debtors)를 만들지 말아야 한다는 경고는 이것으로 충분하다. 이제는 공공 토지를 처분하는 체제에 대해서 완전한 변화가 필요할 뿐이다."84

이러한 관심과 염려에서 연방 의회는 1820년 5월 24일 토지법(The Land Act of 24 May 1820)으로 신용 할부 제도를 폐지하게 된다. 재무장관 크로퍼드가 말한 바와 같이, 신용 할부 제도 폐지를 고려하면서 가장 현저하게 고려하였던 것은 바로 "당시 이미 2,200만 달러에 이르는 엄청난 숫자로 국민의 많은 부분의 이해와 감정에 영향을 끼치고 있는 부채의 증가를 더 이상 막는 것이었다."85 이러한 시스템을 완전히 일소하기 위한 방안으로 연방 정부는 최소 토지 가격을 에이커 당 2달러에서 1. 25달러로 낮춘다는 것이다.86 모든 연방 정부 산하 토지 판매 최소 단위(The size of minimum land tracts)를 과거 쿼터 섹션(quarter sections: 160acres)에 서 하프 쿼터 섹션(half quarter sections: 80 acres)로 낮추는 방안을 찾았다.87 이제 농부들은 80에이커의 땅을 얻기 위해서 오로지 100달러만을 모으면 되었다.

연방 의회는 이러한 신용 할부 제도의 제거를 통해서 궁극적으로 연방 정부의 재정 수입은 이제 문제없이 해결될 것으로 기대하고 있었다. 여기에 서부에서의 정착 문제도 쉽게 해결될 수 있을 것으로 보았다. 연방 의회의 토론에서는 이러한 의도와 목적이 분명하게 나타나고 있었다. 1820년 토지법을 제도화하려는 노력은 우선 상원에서 시작되었다. 1819년 12월 20일 미시시피주의 공화파 계열의 월터 리크(Walter Leake of Mississippi, Republican)는 공공 토지 위원회(The Committee on Public Lands)에 결의안을 제출하였다. 그 결의안은 토지 판매 구획 단위를 하프 쿼터 섹션으로 하는 것이 효과적인 방식인지, 그리고 신용 할부 제도를 중단하는 것이 과연 옳은 것인지에 대한 조사의 필요성을 요청하는 것이었다.[88] 상원 공공 토지 위원회 의장(The Chairman of the Senate Committee on Public lands)인 공화파 계열의 미시시피 주 출신의 토마스 윌리엄스(Thomas H. Williams of Mississippi, Republican)는 1820년 1월 11일 그 결의안에다가 위원회에서 심사숙고한 작업을 덧붙여서 법안으로 제출하였다.[89] 그 법안은 리크 상원 의원의 여러 권고안을 수용한 것이다. 이후에 이 법안의 확정을 놓고 벌어진 논쟁은 당을 중심으로 뭉치는 것이라기보다는 주로 북동부 지역을 한 편으로 하고, 다른 한편은 서부 출신의 상원 의원들을 중심으로 이루어졌다. 뉴욕 주 출신 연방파인 루퍼스 킹(Rufus King of New York, Federalist)에 의해서 주도된 북부 중심의 상원 의원들은 미국 연방 정부의 안정을 파괴하는 토지 신용 할부 제도를 이제 끝내야 한다고 주장하였다. 서부 출신의 상원 의원들은 할부 제도를 유지해야 한다는 입장을 옹호하는 세력과, 다른 한편에서는 그것을 폐지해야 한다는 주장을 옹호하는 세력으로 나누어지고 있었다. 그러나 주목할 만한 일들은 노스캐롤라이나 주의 내셔니엘 메이콘(Nathaniel Macon of North Carolina)은 뉴욕 주 출신의 킹과 매사추세츠 주의 해리슨 그레이 오티스(Harrison Gray Otis of Massachusetts)같은 아주 철저한 연방주의자(diehard Federalist)와 같은 입장을 표시하였다. 남동부지역(Southeast)을 포함하여 동부 지역은 자신의 지역에 있는 농부들을 서부로 이주할 수 있도록 자극할 수 있고, 서부 토지를 쉽게 구입하도록 하는 신용 할부 제도에 대해서

164

반대하였다.[90] 그 법안은 1820년 3월 9일 31:7로 연방 상원을 통과하였다.[91] 7명의 반대표를 던진 의원 중에서 6명이 북서부지역(The Northwest)이나 남서부지역(The Southwest)에서 왔다.

|표 2-7| 1820년 토지 법안에 대한 투표 성향 분석
(Vote Analysis on the Land Act of 1820)

지역구분	상원(Senate)		하원(House)	
뉴잉글랜드 (New England)	10	–	33	1
대서양중부 (Mid-Atlantic)	7	–	56	3
북서부 (Northwest)	3	4	9	7
남동부 (Southeast)	5	1	33	6
남서부 (Southwest)	6	2	2	6
총계 (Total)	31	7	133	23

출처: *Senate Journal*, 16th Cong., 1st sess. (9 March 1820), p.223; *House Journal*, 16th Cong., 1st sess. (20 April 1820), pp.436-7.

1820년 토지법(또는 공유지법)에 대한 연방 상원에서의 토론 전개 과정을 추적해 볼 때 확인할 수 있는 것은 우선 서부 정치가들은 서부에 대해서 특히 토지에 대해서 두 가지 입장을 가지고 있음을 구체적으로 보여주었다. 그들은 토지를 미합중국 정부의 토지라고 생각하지 않았다. 즉 연방 정부가 자의적인 의지를 행사하여 토지를 처분 판매할 수 있는 것으로 보지 않았다.

반면에 토지란 무엇보다도 공동체의 재산으로 간주하였고 그것은 언젠가는 "배분되어져야 할"(distributed) 공공재였다. 그러므로 서부 출신 의원들은 가급적 이 지역에 정착을 유인할 수 있는 방식으로 토지를 사용, 또는 허락해야 한다는 것이다. 토지 판매 과정에서 발생하는 부작용이라고 할 수 있는 과도한 빚 문제는 단지 기술적인 문제일 뿐이라고 보았다. 그들은 연방 정부가 시혜의 측면에서 중심이 되어 구제법안(relief acts)이나 또는 일시에 완전히 해소 방안을 준비하게 되면 이 문제를 자연스럽게 해결 할 수 있을 것으로 보았다. 다른 한편으로 북동 지역의 정치가들은 공공 토지를 조심스럽게 처리해야 하고, 경우에 따라서는 무엇보다도 보전을 심사숙고해서 고려해야 한다고 보았고, 그들이 그렇게 생각한 결정적인 이유는 바로 연방 정부의 재정 확보를 위해서만 사용되어야 한다는 기본적인 취지에서 출발한 것이다. 그들은 또한 지신들의 정치적인 고향인 북동쪽(The Northeast)에서 인구가 서부 지역으로 이주되는 것을 막으려는 의사를 가지고 있었다.

　이 법안을 놓고 미국 국가의 발전과 확장 과정에서 공공 토지의 역할에 대한 완전히 다른 견해가 날이 가면 갈수록 강력하게 나타나고 있었고, 더욱이 이러한 주장을 하는 인물들은 그 뛰어난 웅변술을 써서 하원의 분위기를 압도하였다. 북동 지역과 몇몇 서부 지역의 인물들이 주로 그 법안을 지지하는 입장이었고, 다른 한편으로 다른 서부의 의원들은 그 법안에 대해서 반대 입장을 표현하고 있었다. 남동부 출신의 하원 의원들은 이러한 토론에 대해서 그렇게 적극성을 보여주지 않아서 대체로 미지근한 분위기를 보여주었다. 이러한 행보는 연방 상원에서 이 지역 출신 의원들이 보여주었던 것과 완전히 대조적인 것이다. 그러나 여기서 주목할 점은 버지니아 주의 필립 바뷰어(Philp P. Barbour of Virginia)는 서부 공화파 (Western Republicans)에 반대하여 뉴욕 주의 연방주의자 헨리 스토스

아메리칸 시스템의 성장과 시련

(Henry R. Storrs of New York, a Federalist)의 편을 택했다. 상원에서와 마찬가지로, 연방 하원의 공화파들은 그들 지역구의 이해득실에 따라 신용 할부 제도에 찬성표를 던졌다.[92] 하원에서 그 법안은 133대 23으로 거의 압도적인 숫자의 차이로 통과된다.[93] 그 법안에 반대하는 숫자의 거의 반수 이상이 북동쪽으로 부터 왔다. 남서부를 포함해서 모든 지역에서 그 법안에 대해서 찬성표를 던졌다. 오로지 북동 지역만이 그 법안에 대해서 공평하게 반반으로 분리되었다. 총체적으로 보면 지금 미국이 필요한 것은 다름 아니라 새로운 토지법이라는 합의가 이루어진 것으로 보인다.

  1820년 토지법은 재정 문제와 원만한 서부 정착 문제라는 두 개의 완전히 독립적인 그리고 이질적인 목적에 대해서 타협해 보려는 끈질긴 노력이 이루어지고 있었음을 잘 보여주고 있다. 또한 1820년 토지법의 가장 중요한 목표는 무엇보다도 신용 할부 제도를 폐지하는 것이며, 그러므로 토지 구매 과정에서 겪게 되는 빚의 굴레에서 농민들을 해방시키고, 그래서 발생할 수 있는 정치적 위험성을 사전에 방지하려는 의도가 보이고 있다. 1820년 토지법을 통하여 이러한 목적을 실현하기 위해서, 연방 의회는 최소 토지 판매 가격(minimum land prices)을 낮추고 구제 방안을 약속함으로서 서부에 우호적인 양보를 하였다.[94] 이러한 양보는 서부를 진정시키는 역할을 하였다. 그들은 토지를 연방 정부 재정 수입의 수단이라기보다는 농민의 정착지로서 간주하였던 것이다. 그러므로 그렇게 높은 찬성으로 1820년 토지법이 최종적으로 통과될 수 있었던 이유가 되는 것이다.

제임스 먼로 행정부와 1820년 관세법안의 실패
(James Monroe's Administration and the Failure of the Tariff Bill of 1820)

1816년 관세법을 추진하던 사람들은 보호 무역주의 의사를 목표로 하였지만, 그 법안은 결국 국내 제조업자를 보호한다는 목적에서는 실패함으로서 성공과 실패가 섞여 있는 것이었다. 우선 국가의 재정 수입을 확보하려는 노력은 어느 정도에서 성공적이었다고 할 수 있을 것이다. 무엇보다도 전체적으로 그 법안은 분명히 보호 무역주의 만큼 다른 한편으로 연방 정부의 재정 수입을 충분히 고려한 것이기 때문이다. 그 법안은 원래 달라스가 제안한 것과는 다르게 평균 관세율을 33%에서 25%로 낮추었다. 25%는 재정 수입 관세율(revenue tariff)로서는 최고 수준에 해당되는 것이었다. 이제 사람들은 1816년 관세법(The Tariff Act of 1816)이 가진 그 역사적인 의의는 무엇인지를 알게 되었다. 바로 이 관세법은 미국 관세의 역사에서 볼 때, 보호 관세와 국가 재정 수입을 목적으로 하는 관세의 바로 그 경계 지점에 있었던 관세였다. 문제의 관세법은 대부분의 무역 품목에서 달라스가 제안한 요구보다 관세율 부과에서 볼 때 훨씬 낮추어졌을 뿐만 아니라, 보호주의 원리를 항시적이고 영구적인 것으로 못 박은 것은 결코 아니었다. 예를 들면 그 관세법에 따라 면과 양모 제품에 대한 25%의 강제 관세율은 오로지 2년간이라는 한시적 기간으로 존속한다는 것이었다. 이 기간이 지나면 비율을 다시 20%로 낮춘다는 내용을 포함하고 있었다.[95]

이런 면에서 보면, 그 법안은 보호 관세 법안이라기보다는 1812년 전쟁 기간 동안 축적된 거대한 채무 문제를 벗어나기 위한 재정 수입 확대를 위한 법안이라고 주장할 수 있을 것이다. 이런 사실 때문에 연방과 하원 의원이며 제조업 위원회의 의장인 헨리 볼드윈(Representative Henry Baldwin, Federalist, The Chairman of the House Committee on Manufactures)은 1820년 4월 21일 1816년 관세법에 대해서 하원에서 다음과 같이 말하였다. 이 법안은 "재정 수입을 목적으로 한 법안으로 … 우리 국가의 산업을 보호하려는 것을 목적으로 한 것이기보다는 연방 정부 내 (구체적으로) 재무부를 지원하기 위한 목적일 뿐이다."[96] 그러므로 1816년 관세법은 급격하게 들어오는 영국산 제조업 제품에 대응할 수 있는 측면에서 준비된 보호주의적 입장의 법률이라고 할 수는 없는 것이었다. 1816년 12월 3일 연방 의회에 보낸 제8차 연례 시정 연설에서 먼로 대통령은 "수입산 상품의 과도한 유입"으로 "경제 불황"(depression)의 상태에서 고통 받고 있는 국내 제조업 상태에 대해서 매우 유감을 표현하였다.[97] 펜실바니아 주 상원도 이러한 분위기와 입장에 대해서 동조하였다. 1817년 초 주 의회는 다음과 같이 말하였다. "우리나라 전국 방방곡곡에서 우리의 제조업은 외국의 담합된 제조업의 침투에 의해서 급격하게 쇠퇴하고 있고, 더불어서 좌초 위기에 이르고 있다. 여기에 국내 제조업을 보호하고 유지하려는 연방 정부 차원에서 그 적극성이 전혀 보이지 않는다."[98]

1817년 대통령이 된 이후, 제임스 먼로는 이러한 문제를 해결하려는 적극적인 의지를 표현하였다. 먼로는 정치적 노선에서 볼 때, "전통적 공화파"(Old Republican)에 속하는 사람이다. 이들은 연방 정부보다는 주의 주권(states' rights)을 강조하는 집단이다. 그러나 그의 전임 대통령과 마찬가지로 보호 무역과 그 조치가 필요함을 분명히 인식하고 있었다. 그는 최초 연례 시정 연설에서 다음과 같이 주장하였다. "우리의 제조업은 … 연방 정부 차원에서의 체계적인 지원 정책을 필요로 한다."[99] 그는 이러한 조치를 해야 되는 이유를 외침과 같은 국가 비상사태에서 국가의 안정을 위해 필요한 것이고, 다른 한편에서는 내수 시장의 보호에서도 그 필요성을 주장하고 있다.

> 그러므로 아주 갑자기 결코 기대하지 않았던 불상사, 즉 전쟁과
> 같은 일이 벌어지는 경우에는 우리는 실로 형용할 수 없는 심각한
> 어려움이 빠질 것은 확실하다. … 동일한 측면에서 중요한 것은 우리가
> 생산하는 원자재를 이용할 수 있는 내수 시장을 제공할 수 있어야
> 한다. 그것은 경쟁을 확대함으로서 결국 가격에서도 우위에 놓을 수
> 있을 것이며, 외국 시장에서 곧잘 발생하는 예상치 않은 사고와 위험에
> 대비해 농민들을 보호할 수도 있을 것이다.[100]

그러나 먼로의 보호주의적 의지는 1824년의 보호 관세 법(The Protective Tariff Act of 1824)이 나타날 때까지는 결코 실천되지 못했다.

비록 보호 관세 측면의 시도에서 볼 때, 1820년 관세안 또한 실패하였지만, 그럼에도 불구하고 1820년 관세안은 보호 관세를 실시해보려는 아주 적극적인 노력을 분명히 확인할 수 있었던 좋은 경우가 된다. 우선 1819년 미국의 경제 공황은 소위 보호 무역 정책의 필요성을 부각하는데 결정적으로 작용하였다. 그러한 위기라는 분위기는 제조업자들이나 농부들 모두에게 나타나는 공포가 되었다. 경제 공황이 미국 경제에 얼마나 심각하게 영향을 주었는지 알 수 있는 대목이다. 예를 들어 필라델피아에서 제조업 고용자들의 실직 비율은 실로 가공할 정도였다. 1816년 면직 공업(The cotton industry)은 2,325명을 고용하고 있었다. 그러나 1819년에 오면 그 숫자는 149명으로 떨어지게 된다. 양모 제조업자들은 1816년 1,226명에서 1819년 260명으로 급격하게 감소하게 된다. 철 주조 노동자(iron-casting jobs)도 급격하게 떨어져서 1816년 1,152명에서 1819년에는 52명으로 줄어들었다.[101] 피츠버그에서는 전체 고용 인구가 1815년 1,960명에서 1819년 672명으로 떨어지게 된다. 지역 제조업 상품도 그 가치 측면에서 급격한 하락을

보게 된다. 1815년 260만 달러의 가치를 생산하였던 지역 경제가 1819년에는 832,000달러로 떨어지게 된다. 여기에 부가하여 농부들은 농산물 가격의 하락으로 큰 고통을 받게 된다. 필라델피아의 밀 가격은 1817년 배럴 당(per barrel) 14.75달러였다. 1821년 3월에 오면, 가격은 3.62달러로 하락하게 된다.[102] 많은 농부들은 외국산 제조업 생산품에 너무 의존하거나, 그 유입과 농업 생산품에 대한 내수 시장의 부재를 이러한 경제 공황의 원인으로 확신하고 있었다. 그러한 주장이 옳든 그르든 그것은 문제가 되지 않았다. 그 결과로 보호 관세에 대한 대중의 분위기가 한껏 달아오르고 있었다. 특히 미국의 농부들은 이러한 정책의 필요성을 굳게 믿고 있었다. 그리고 그들이 주로 보호를 요청하는 작물은 바로 면과 양모 제품에 대한 요구였고, 여기에 연철 제품(wrought-iron goods)에 대한 보호를 요청하는 것이었다.[103]

　　보호 관세의 필요성과 당위성에 대한 여론이 점차 확대되자, 연방 의회에서는 친 보호주의적 세력이 중요한 영향력을 행사하기 시작하였다. 1819년 12월 제16차 연방 의회가 소집되었을 때, 헨리 클레이는 하원 의장(Speaker of the House)이었다. 당시 연방 의회는 궁극적으로 항구적인 보호 무역 취지의 관세법 지지와 그 구체적인 실천을 옹호하는 분위기였다. 그러한 조치를 준비하기 위해서 연방 하원은 결국 제조업 위원회(The Committee on Manufactures)라는 새로운 상임 위원회를 구성하였다. 그리고 그 위원장에 펜실바니아 주 출신의 연방파 헨리 볼드윈(Federalist Congressman Henry Baldwin of Pennsylvania)을 선출하였다.[104] 볼드윈은 보호 무역주의자로 잘 알려진 인물이다. 사실 그가 위원장으로 선출될 수 있도록 결정적으로 영향을 준 것도 그의 강력한 보호 무역주의 논리에서 찾을 수 있는 것이었다. 클레이는 위원회를 보호 무역주의 입장을 취하고 있는 자신의 정치적 동료들로 가득 채웠다.[105] 그 위원회는 실질적인 차원에서 모든 품목에 대해서 관세율의 증가를 가져왔다. 예를 들면 면과 모직 제품과 같이 가장 기본적인 품목에 대한 관세율은 25%에서 33%로 증가하게 된다. 피복, 테 있는 모자(hat), 테 없는 모자(cap), 기성 보닛 모자(ready-made bonnet: 끈 리본을 턱 밑에서 메게 된 여자, 어린이용 모자)는 30%에서 44%로 증가하였다. 철괴(iron in bar), 나사(bolt)는 백 파운드(hundreadweight: 헌드레드 웨이트)당 0.75달러에서 1.25달러로 증가하였다. 그리고 대마(hemp)도 백파운드 당 1.75달러에서 250달러로 증가하였다. 여타 다른 제품에 대한 관세 또한 증가하기로 하였다.[106]

1820년 관세안에 관한 토론회(The ensuring debates over the Tariff Bill of 1820)에서 확인할 수 있는 것은 지역주의 입장이 거세게 나타나고 있다는 점이다. 일반적으로 말하면, 북부 하원 의원들은 그 법안 통과에 찬성하는 쪽이었다. 반면 남부 의원들은 그 법안에 대해서 반대의 입장을 표시하였다. 뉴잉글랜드 연방주의자들은 투표에서 하나의 통일적인 의견을 내지 못하고 분리되었다. 이러한 경향과 매우 비교되는 것은 중부 대서양 지역 의원들의 입장에서 잘 나타나고 있다. 펜실바니아와 메릴랜드 주는 확고하게 그 법안에 찬성 쪽이었다.[107] 1820년 4월 21일 연방 의회는 그 법안에 관한 볼드윈의 보고서를 놓고 토론회를 전체 위원들의 참석 하에 개최하였다. 그 법안의 통과를 주장하는 사람들이 주로 논의를 전개하는 방식은 국방 문제와 국가 독립이라는 측면에서 문제를 풀어내고 있었다.[108]

그 법안에 반대하는 입장의 인물들은 논의는 주로 그 법안이 연방 정부 수입에 어떤 영향을 끼칠 것인가? 아니면 이 국가를 통하여 다양한 경제 이해 주체들에게 어떤 영향력을 행사할 것인가? 라는 관심에서 출발하는 것이었다. 예를 들어 버지니아 주 출신의 공화파의원 존 타일러(John Tyler)는 그 법안에 대해서 아주 적극적으로 반대 의사를 표현하였다. 그는 장시간의 연설을 통하여 그 법안이 농부들을 위해 내수 시장을 확보하는 것이라고 결코 볼 수 없다고 주장하였다. 그는 보호 관세 정책을 실시하게 되면 궁극적으로는 단지 "그들에게[농부들] 직접세"의 부담으로 환원될 수밖에 없는 것이라고 보았다. 그 이유는 결국 관세 정책을 실시하게 되면 일반 국민 특히나 농민들은 그들이 필요한 소비 제품들에 대한 가격 상승을 가져오게 될 것은 불 보듯 한 것이기 때문이다. 결론적으로 그 법안은 "우리 토지 가격의 감소로 이어질 것이다. 그 이유는 외국 시장에서 우리의 영향력을 막아버리는 결과를 가져오게 될 것이기 때문이다. 또한 내수 시장을 만들어 낼 수도 없을 것이다. 그리고 … 결국 그러한 법률은 우리 모두를 세금이라는 혹독한 굴레 속으로 우리를 빠트릴 것이다."109

|표 2-8| 1820년 관세법에 대한 의회 호명 투표 분석
(Roll Call Analysis on the Tariff Bill of 1820)

지역구분	상원(Senate*)		하원(House)	
	찬성(Yeas)	반대(Nays)	찬성(Yeas)	반대(Nays)
뉴잉글랜드 (New England)	4	6	18	17
대서양중부 (Mid-Atlantic)	1	8	58	8
북서부 (Northwest)	2	6	12	4
남동부 (Southeast)	8	–	3	42
남서부 (Southwest)	7	1	–	7
총계 (Total)	22	21	91	78

출처: *Senate Journal*, 16th Cong., 1st sess. (4 May 1820), p.376: *House Journal*, 16th Cong.1st sess,(2 April 1820), pp.466-8.
* 주: 상원 투표는 그 법안의 통과를 연기하는 목적으로 이루어졌다.
(The Senate vote was on the motion to postpone the bill)

그 법안은 1820년 4월 29일 91대 78로 하원을 통과하였다. 그러나 상원에서는 그 법안을 1820년 5월 4일 22대 21로 다음 회기까지 토론을 연기하기로 결의하였다. 이러한 논의에서 가장 주목할 만한 것은 보호 관세법에 대한 남부의 강한 반대였다. 하원에서 남서부지역과 남동부지역은 그 법안에 대해서 3대 51로 반대표를 던져서 그들의 의사를 확고하게 보여주었다는 점이다. 상원에서도 놀랍게도 그 지역 출신의 14명의 상원 의원 전부가 한 표를 제외하고 그 법안을 연기하는데 표를 던졌다는 점이다.

사우스캐롤라이나 출신의 하원의원 윌리엄 로운디스(Representative William Lowndes of South Carolina)는 과거 1816년 관세법을 준비하였고, 그 법안의 통과에 대해서 적극적으로 찬성하는 입장이었다. 그러나 이번에는 입장을 달리하여 반대표를 던졌다. 이러한 것을 통해서 알 수 있는 것은 남부는 지난 4년 동안 그들의 정치적 입장과 그 분위기가 완전히 변화되었다는 점을 확인할 수 있는 것이다. 버지니아 출신 하원 의원 필립 바뷰어(Representative Philip P. Barbour)와 윌리엄 맥코이(Representative William McCoy), 그리고 노스캐롤라이나의 펠릭스 워커(Felix Walker of North Carolina) 또한 과거 1816년 관세법에서의 입장과 이제 1820년에서의 입장이 완전히 바뀌게 된 경우이다. 루이지애나 주의 상원 의원 제임스 브라운(Senator James Brown of Louisiana) 또한 그런 경우였다. 이제 지역주의가 미국의 국민주의를 완전히 압도한 것을 확인 할 수 있다.

남부 출신 의원들이 1816년 관세법에 대해서 찬성한 이유는 바로 혹시나 발생할 수 있을 전쟁에 대한 공포와 그 대비 차원, 그리고 경제적 번영의 추구, 그리고 가장 중요한 것으로 전후 국민주의적 분위기에서 출발한 것이었다. 그러나 이러한 이유 중의 하나였던 영국과 전쟁의 가능성은 1820년대에 오면 완전히 사라졌다. 1820년 1월 당시 국무장관이었던 존 퀸시 아담스(John Quincy Adams, the Secretary of State)는 대통령 먼로에게 다음과 같은 사실을 알리게 된다. "우리의 외교 관계에서 볼 때 영국과의 관계는 더 이상 좋을 수 없을 정도로 우호적인 관계에 있다"고 알렸다.[110] 그리고 경제적인 번영은 1819년 경제 공황으로 완전히 사라지게 된다.[111] 마지막으로 바로 국민주의 문제인데 이것은 미주리 위기(The Missouri Crisis)가 발생하게 되자, 그리고 그 이후에는 남부는 남부인의 생명줄이라고 볼 수 있는 노예 제도에 대한 위기감을 느끼고 있었다. 그러므로 그들은 지역주의로 단합하였다.[112]

|표 2-9| 인구 분포에 따른 연방 하원 의원 할당 수

(Representatives under Each Apportionment)

지역구분	차인구조사 (2nd Census)		3차인구조사 (3nd Census)	
	1800	1810	1820	1830
뉴잉글랜드 (New England)	35	41	39	38
대서양중부 (Mid-Atlantic)	51	67	76	83
북서부 (Northwest)	7	18	31	45
남동부 (Southeast)	46	51	51	52
남서부 (Southwest)	3	9	16	24
총계 (Total)	142	186	213	242

출처: *biographical Directory of the American Congress 1774-1961* (Washington DC: United States Government Printing Office, 1961), p.45.

비록 보호 무역 주의에 반대하는 사람들은 1820년 관세안의 통과를 막아내는 데 성공하였지만, 아메리칸 시스템의 지지자들은 낙관주의적 전망을 가지고 여전히 사태와 마래를 전망하고 있었다. 보호 무역 주의를

선호하는 북부의 정치적인 권력은 1820년 하원을 장악하고 있었다. 1820년
관세안이 통과되지 않은 것은 상원에서 남부가 단지 한 표 차이로 이겼기
때문이었다. 1820년 총 인구 조사에 따라, 북부 지역의 각 주들은 연방
하원에서 20명이 증가(126명에서 146명으로) 되었다. 이것은 남부가 불과
7명의 증가(60명에서 67명)를 가져온 것과 비교되는 것이다.

1822년 유료 도로법

(Toll Gate Bill of 1822)

국토 개발 계획의 위대한 청사진을 실천하려는 운동은 또 다른 문제의
실패로 위기를 맞게 된다. 1822년 5월 4일 컴버랜드 도로(The Cumberland
Road)에 대해서 사용료를 징수하려는 법안은 의회에서 거부된다. 1818년
오면 컴버랜드 도로가 버지니아 주의 휠링(Wheeling, Virginia)에까지 이르
게 된다. 그러나 서부로 향하는 많은 이주민이 이 도로를 사용하게 됨에
따라 전체 도로 중에서 동부 지역에 위치하고 있는 부분에서 많은 파괴가
나타나게 된다.[113] 1822년 4월 29일 연방 하원은 87대 86으로 문제가
되는 컴버랜드 도로에 톨게이트(tollgates)를 설치하기로 결의하게 된다.
4일 후 상원은 하원의 이러한 결정을 29대 7로 추인하게 된다.[114]
다음날 대통령 먼로는 통과 안에 대해서 거부권을 행사하였다.[115] 그의
거부 메시지는 "국토 개발 계획 문제에 대한 미합중국 대통령의 견해"(Views
of the President of the United States on the Subject of Internal Improvements)
라는 제목의 장문의 의견서를 통하여 발표되었다. 대통령 먼로는 그 메시지
에서 거부권을 행사하게 된 결정적인 이유는 무엇보다도 "연방 헌법 하에서

연방 의회는 그러한 권력을 행사할 수 있는 권한을 가지고 있지 않다."고 주장하게 된다.[116] 그는 다음과 같이 자신의 주장을 설명하고 있다.

> 출입문과 요금 징수 시설을 갖춘 도로를 건설하는 권한, 위반 행위에 대해서 강제로 통행세를 거둘 수 있는 권한은 국토 개발 계획의 총체적 시스템 전체를 채택하고 실행할 수 있는 권한을 행사한다는 것을 함축하고 있다. … 이러한 (국토 개발과 관련된) 여러 목적 중의 하나를 입법화하는 권한 행사는 그것 하나에 만족하는 것이 아니라, 결국 차례로 다른 목적 역시 입법화하는 권한으로 발전하게 될 것이다. 이것은 결국 국토 개발 계획에 관한 완전한 사법권과 주권을 제공하는 것을 의미하는 것이며, 단순히 의회에 부여된 재정 지출의 권한으로 볼 수가 없다. 원래 이 연방 도로는 이러한 의회의 재정 지출의 권한에 기대어 (도로가 지나가는) 주들의 동의하에 건설 사업이 시작되었고 연장되었다. 본인의 생각에는 의회가 이러한 도로 건설의 권한을 가지고 있지 않을 뿐만 아니라, 주들(states)도 연방 정부에 이러한 권한을 개별적으로 부여할 수 없다. 이유인 즉 비록 개별 주들은 연방 도로 건설 사업에 대해서 그들의 토지 내에서는 이를 위한 연방 정부의 재정 지출에 동의할 수 있더라도, (이를 넘어서서) 연방 정부에게 사법권과 주권을 계약을 통해 줄 수는 없기 때문이다. 이러한 권한은 헌법에 정해진 절차에 따라 연방 헌법을 수정함으로써만 가능한 것이다.[117]

먼로의 거부권은 아주 복잡다단한 헌법적인 문제들을 다루고 있고 그러한 입장에서 문제를 풀어내고 있다. 먼로는 주장하기를 연방 의회가 가지고 있는 지출 권한(appropriation power), 가령 컴버랜드 도로(The Cumberland Road)와 같은 건설 사업에 돈을 지출할 수 있는 권한을 행사할 수 있는 권한도 포함되어 있다는 것인가에 대해서 의문을 제기하고 있다. 다른 한편으로 도로 징수 사업소(tollgates)를 설치하는 권한은 완전히 또 다른 권한이라고 보고 있다. 그러므로 이 권한은 연방 헌법상 연방 의회에 주어진 "지출"(appropriate) 권한에 포함되고 있는 것이 아니라고 말하였다. 특히 먼로는 장문의 의견서에서 이러한 두 가지의 권한이 가지고 있는 차이를 보다 철저하고 세부적으로 분석하고 있다. 바로 그의 거부권 행사와 함께 작성된 "국토 개발 계획 문제에 대한 미합중국 대통령의 견해"(Views of the President of the United States on the Subject of Internal Improvements)라는 것이 바로 그것이다.[118]

먼로의 거부권과 그의 "견해"(Views)는 그 도로 건설과 연관된 구체적 정책에 대한 문제보다 주로 국토 개발 계획과 연관한 헌법적인 주장에 몰두하고 있음을 볼 때, 지난 20년 동안 그러한 정책에 대해서 연방 정부의 지원에 대한 법률적인 토론이 얼마나 심각하고 중요한 문제가 되었는지를 잘 보여주고 있다.[119] 토마스 제퍼슨이 원래 컴버랜드 도로 법안에 대해 서명했을 때 그와 의회의 친 제퍼슨주의자들은 그러한 법안이 가지고 있는 헌법적인 문제, 즉 합헌성의 문제에 대해서 그렇게 깊은 관심을 갖고 있지는 않았다. 메디슨이 나중에 회고한 것과 같이 "[그 법안에 대한] 헌법적인 문제는 [연방 의회]에서 철저하게 고려되고 그리고 또한 신중하게 고려된다면 그렇게 문제가 될 것으로 보지 않았다." 그리고 제퍼슨의 "동의는 놀랍게도 급속하게 이루어졌다."[120] 1822년에 오면, 이제 그러한 사업을 추진하는데 있어서 헌법적인 문제와 논의가 중심에 서게 되고 심각한 장애가 되었다. 이유인 즉 전국적 국토 개발 개혁 프로그램에 반대하는 자들은 특별히 남부에서 그런 경향이 현저했는데- 이전보다 더욱 심각하게 노예 제도 문제에 대한 헌정적인 논의에 대해서 고민하게 된다.

1824년 국토 조사 사업: 토지 측량 법안

(Survey Bill of 1824)

국토 개발 계획에 대한 헌법적 논의는 1824년 국토 조사 사업 법안(The General Survey Bill of 1824)에 대한 연방 의회에서의 논의를 통하여 다시 표면으로 분출되어 나오게 된다. 이어서 이러한 과정을 통해서 아메리칸 시스템은 결국 철저하게 지역주의적인 논쟁의 주제가 되게 된다. 1824년 연방 의회가 통과하고 대통령 먼로가 승인한 법안은 도로와 운하의 건설을 위한 적절한 루트를 찾기 위한 목적으로 3만 달러 자금의 지출을 승인하는 법안 문제였다. 그 법안에 대한 토론은 국토 개발 계획에 대한 헌법적인 문제가 얼마나 중요한 지, 그리고 남부의 지역주의가 그러한 사업에 대해서 결코 수용할 수 없고 타협할 수 없는 점을 아주 분명하게 잘 보여주고 있다.

1823년 12월 2일 연방 의회는 미군 공병대(US Corps of Engineers)를 통하여 체사피크 만(The Chesapeake)에서 오하이오 강(Ohio River)까지 그리고 그곳에서 이리 호수(Lake Erie)까지 연결하는 충분히 실현 가능성이 있는 운하 건설 루트를 찾는 프로젝트를 허가하였다. 먼로는 또한 연방 의회에 요청하기를 행정 수반으로서 컴버랜드 도로(The Cumberland Road)의 정비와 수리에 필요한 비용을 해결하기 위해서 도로 요금 징수소(tolls)를 건설하기 위해서 그 도로가 통과하는 각 개별 주와 그 문제에 대해 협의할 수 있는 권한을 요청하였다.[121] 먼로의 제의에 따라서 당시 도로 운하 위원회 의장(Chair of the Committee on Roads and Canals)인 펜실바니아 주 출신 연방파 조셉 헴프필(Joseph Hemphill of Pennsylvania, Federalist)은 1823년 12월 15일 "도로와 운하 문제 해결을 위해 필요한 측량과 평가를 위한 법안"을 제출하였다.¹²² "준비 조치"(preparatory step)로 헴프필은 대통령이 공병대와 민간 기술자를 고용하여 가능한 운하 루트를 찾는 측량 작업을 실시해야 한다고 주장하였다.¹²³

이것은 지금까지와는 완전히 새로운 전략이다. 국토 개발 계획에 대한 헌법적인 반대가 강력함을 고려해서 햄프필은 단계적, 또는 각개 격파로 문제를 해결하려고 하였다. 과거 갤러틴이 주장했던 것과 같이 국토 개발 계획에 필요한 그 엄청난 자금을 요구하는 방식에서 탈피하여, 그러한 조사 작업을 실시하는 전략의 일환으로 개별적 사업을 우선으로 해서 문제를 축소하는 전략을 추구해 온 칼훈의 방법을 따르기로 하였던 것이다.

이러한 전략은 아메리칸 시스템을 실시하려는 노력을 계속하고 있는 인물들의 강한 열정과 그들이 문제를 해결하기 위해서 얼마나 다양한 방식에서 돌파구를 찾아내고 있는지를 확인할 수 있는 분명한 경우라고 할 수 있을 것이다. 1817년 보너스 법안이 실패한 이후에도 그들은 자신들의 프로그램을 결코 포기한 적이 없었다. 우선 문제를 해결하기 위한 실용적인 해결 방법으로 그들은 매우 작은 단위의 사업이라도 할 수 있는 측량 사업에 대해서 관심을 가지고 추진하려고 하였던 것이다. 그럼에도 불구하고 중요한 것은 지난번 대규모 작업인 보너스 법안이나 지금의 작은 규모의 측량 사업에 있어서도 사실 여전히 중요한 문제는 헌정적인 문제였다. 즉 과연 연방 정부가 이러한 국토 개발 계획을 지원할 만한 충분한 권한을 가지고 있는지에 대한 문제로 귀착되는 것이었다.

이러한 법안이 가지고 있는 문제점을 잘 이해하기에 일관적으로 국토 개발 계획에 반대를 해온 버지니아 출신의 하원의원 필립 바뷰어(Philip P. Barbour of Virginia)는 문제의 법률을 폐기하기 위한 노력을 경주하였다. 그는 다음과 같이 주장하였다. "연방 하원은 그러한 법안에 대한 세부적인 조사와 점검이 분명히 있기 전에, 가장 먼저 할 일은 우선 그러한 법안에

180

대한 일반 원리(The general principles)들을 고려해야 할 것이다."124 헨리 클레이 또한 바뷰어의 주장을 계속하였다. 그러나 그가 그런 주장을 하는 것은 바뷰어와 다른 또 다른 이유가 있었다.125 클레이는 1824년 국토 조사 사업(The General Survey Bill of 1824)을 통하여 국토 개발 계획의 상징적 인물로서 자신을 위치하려고 하였다. 그 이유는 분명하였다. 바로 1824년 대통령 선거가 목전에 다가오고 있었던 것이다.

1824년 1월 13일 바뷰어는 국토 조사 사업에 반대하는 비교적 짤막하지만 강력한 연설을 한다. 바뷰어는 우선 연방 헌법 규정에서 볼 때 "국토 개발 계획에 관련된 권력이 존재한다. 이것은 바로 모두 지방(자치) 권력(municipal power)이라고 부를 수 있는 것이다. 이러한 권한은 (그러므로) 모든 개별 주(The States)에 속하는 것이다."126 국토 개발 계획을 수행하는 권한은 모두 개별 주권 주에 속한다고 아주 분명한 언급을 하는 것이다.127 이것은 아주 뛰어난 추론이며 삼단 논법이라고 할 수 있을 것이다. 그러나 이러한 추론을 가능하게 하려면, "모든" 지방 권력은 각 개별 주의 고유한 경계에 속한다는 것을 기초로 하고 있어야 하는 것이다.

바뷰어는 헌정적인 이유에서만 남부가 반대하는 것만은 아니라고 말하였다. 그는 국토 개발 계획이 특정 지역, 주로 서부에 대해서만 우호적인 것이었다고 주장하고 있다.128 클레이는 이러한 주장들에 대해서 자신의 헌법 이론을 가지고 반박하였다. 그는 납세, 먼 오지에 우체국과 도로(post offices and post roads)를 설치하는 것은 여전히 지역에서 처리하고 있지만, 그러나 의심할 여지없이 이러한 권한은 연방 정부에 속하는 것이라고 주장하고 있다. 바뷰어의 헌정적인 해석에 대해서 클레이는 연방 의회가 국토 개발 계획에 대한 권한을 가지고 있다는 면을 연방 헌법을 통하여 반박하려고 하였다. 이러한 권한은 우체국과 도로를 "설치"(establish)하는 연방 의회의 권한에서 추론될 수 있는 것이다. 그는 "설치"를 "수리, 설립,

건설"(to fix, to make firm, to build) 할 수 있는 권한이라고 말하였다. 그러므로 의회는 도로를 "건설"(construct)할 수 있는 권한을 가지고 있다고 주장하고 있다. 운하에 대해서 클레이는 다음과 같이 주장하였다. 운하를 건설하는 권한은 연방 의회가 가지고 있는 외국과 개별 주권 주 간의 "상업 규제"(regulate commerce) 권한에서 추론할 수 있는 바로 그 권한이라고 그는 주장하고 있다. 만일 운하 건설이 헌법에 위배된다면, 연방 정부에서 자금 지원으로 이루어지는 부표(buoys), 횃불(beacons), 등대(lighthouse) 또한 헌법에 위배되는 지원 시설인 것이다. 클레이뿐만 아니라, 모든 연방 하원 의원들은 연방 의회가 주로 상업적인 목적으로 건설되어왔던 부표, 횃불, 등대를 건설하는 것에 대해서 결코 반대하지 않았다는 점을 잘 알고 있었다.

그러나 헨리 클레이의 연설에서 그가 진정으로 말하고자 하는 점은 바로 미국 국민주의적인 분위기에 호소하여 그러한 법률을 옹호하려는 취지였다. 그는 다음과 같이 말하였다. "존경하는 위원장님! 그러나 당신의 책상위에 있는 그 법안은 서부만을 위한 것이 아닙니다. 그것은 아주 분명하게도 연방 차원의 법안입니다. 그것은 모든 영역을 고려하였고, 전체의 이익을 고려한 것입니다." 클레이는 다음과 같이 경고하였다. "[만일 국토 개발 계획에 대한 연방 차원 프로그램]이 그러한 목적을 수행하지 못하고 연기한다면, 연방은 … 그 중심에서부터 … 아마 … 위험스러워 질 것이고 결국 해체될 것이다." 그는 국토 개발 계획이 그 시혜의 조건에서 볼 때, 지역적인 것이라고 주장하는 바뷰어의 주장을 반박하고 있다.[129] 무엇보다도 주요한 것은, 바뷰어와 클레이의 충돌은 연방 헌법에 대한 해석 문제에서 협의적 해석 대 광의적 해석 간의 충돌이었을 뿐만 아니라, 보다 더 구체적인 속내를 보면 경제 부분에서 지역 중심대 강력한 국민주의에 대한 호소에서 보이는 충돌과 갈등이라고 할 수 있다.

존 랜돌프(John Randolph)는 이러한 토론에서 또 다른 중요한 측면을 가지고 와서 시선을 모았다. 그는 국토 개발 계획과 노예 제도가 서로 밀접하게 연관될 수 있다는 암시를 보여주었다. 1824년 1월 30일 연설은 바로 그런 것이다. "만일 연방 의회가 이 법안에서 제안된 것을 수행할 수 있는 권한을 소유하고 있다면, … 연방 의회는 결국 미국의 모든 노예를 해방할 수 있을 것이다."130 그가 말하고자 하는 핵심은 연방 정부의 지원 하에 이러한 국토 개발 계획을 추진하게 됨에 따라, 결국 새로운 선례로 이어질 수 있다는 주장이다. 즉 연방 의회가 다음에는 민감한 노예제 문제에서도 직접적으로 간섭할 수 있는 위험스러운 지경까지 이를 수 있다는 점이다. 1818년 초 랜돌프의 절친한 친구였던 노스캐롤라이나 주 출신의 내셔니엘 메이콘(Nathaniel Macon of North Carolina)은 다음과 같이 쓰고 있다. "만일 연방 의회가 운하를 건설할 수 있는 권한을 가지고 있다면, 그들은 … 결국 [노예]와 같은 재산권과 같은 보다 직접적인 문제까지도 관여할 수 있을 것이고 … 이러한 (중요한) 문제에서 자신의 의지가 실패한다면, 결국 우리의 사랑하는 어머니 노스캐롤라이나는 파괴될 것이다. 그리고 다음에는 남부 지역까지도 그렇게 될 것이다."131 그러나 이러한 발언은 그가 개인적으로 아주 비밀스럽게 서한을 통해서 의견을 표시한 것일 뿐이었다. 그러나 랜돌프의 경우는 아주 달랐다. 그는 공개적으로 그것도 의회에서 미국의 아메리칸 시스템이 노예 제도에 끼칠 위험을 표시하였다. 그러나 랜돌프는 연방적인 지원 하에서 이루어지는 토지 개발 계획이 과연 합헌성에 있는가에 대해서는 한 마디도 언급하지 않았다. 또한 1824년 이전에 노예 제도와 국토 개발 계획의 상호 연관에 대해서도 어떤 언급을 한 적이 없다. 1819년에서 21년까지 미주리 위기(The Missouri Crisis of 1819–21) 이래로 지역주의 감정이 높아감에 따라, 랜돌프가 국토 개발 계획 문제를 노예제 문제와 연관해서 보도록 자극 촉진하게 된 것으로 보인다.

　여기에 대해서 클레이는 원래 헌법을 문자 그대로만 해석해야 한다는 그런 제약에서 연방 의회는 벗어나야 한다고 주장하면서 반박을 하고 있다.

> 　원래 현재의 (우리) 연방 헌법이 존재하게 된 바탕인 13개의 국가(The old thirteen States)에 기초하여 좁고 그리고 제한적 조건에서만 그 범위를 한정해서 해석해오던 것을 앞으로도 그렇게 계속 유지해야 하는 것인가? (현재) 우리 국가가 직면하고 있는 중요한 필요들을 과연 잊고 있다는 말인가? 앨리게니 산맥을 뛰어 넘어 지금까지 어떤 흔적도 없고 인적 없이 미개간 상태로 남아있는 거대한 황무지들을 아무런 돌봄과 구제 없는 상태로 계속 유지할 것인가? 존경하는 위원장님! 본인은 그렇게 생각하지 않습니다. 본인은 (우리 앞에 닥친) 이러한 일들에 대해서 보다 고귀한 방향으로 개선되기를 희망하고 있습니다.132

　클레이는 미국이 과거의 미국이 아니라는 것과 점차 영토가 확대되어가는 상황에서 헌법에서 지금까지 "모든 잠재적 권한"들을 찾아내는 것이 필요하다고 주장하고 있다. 본질적으로 클레이는 헌법이란 바로 "유기적 문서"(an organic document)로서 상황과 환경이 변화됨에 따라서 재해석되어야 한다고 주장하였다.133 그런데 이러한 차원에서 논리를 전개하게 되면 연방 권력이 무한정 확대될 것은 너무나 명약관화한 것이었다. 왜냐하면 새로운 환경과 조건에 적응하기 위해서는 새로운 권력이 요구된다는 주장으로 단순화 될 수 있을 소지가 높기 때문이다.

　사실 랜돌프와 클레이는 연방 권력에 대한 두 가지 다른 개념을 제시하면서 연방 국가 발전을 위한 각각의 다른 시각을 주장하고 있는 것이다.

아메리칸 시스템의 성장과 시련

클레이는 이 국가의 비전을 강력한 연방 정부의 도움으로 서부 정착을 순조롭게 이루어내려는 것이다. 다른 한편으로 랜돌프는 미국의 국가 탄생과 태생 과정을 충실하게 따르면서 전통을 준수할 것을 주장하고 있는 것이다. 그가 전통적인 미국 가치라고 주장하는 것은 바로 제헌 의회(The Constitutional Convention) 기간 동안 그리고 그 참석자들이 동의한 권력의 균형이라는 측면을 충실하게 따라야 한다고 주장하는 것이다. 그러므로 중앙 정부 또는 미국의 경우 연방 정부라고 해야 보다 구체적이고 정확한 표현이라고 할 수 있는 그 권력이 최소한으로 유지될 때, 좋은 사회와 좋은 국가 미국은 이루어질 수 있다고 보았던 것이다. 그 결과로 랜돌프로서는 중앙 정부의 강력함이 위험 그 자체라고 할 수 있다. 반면, 클레이에게서는 그것이 축복이라고 할 수 있다. 이런 면에서 장차 구체적으로 나타나게 될 미래의 두 가지 비전에서 출발하는 상호 충돌은 국토 개발 계획에서의 충돌로 구체적 모습을 띠게 된다. 한쪽에서는 이 국가의 결성 시 그 맹약을 충실하게 따르고 유지되어야 한다는 것이다. 다른 한쪽은 다양한 산업이 번성하고 존재하는 보다 확대되고 다이내믹한 국가를 구현하려고 노력했던 것이다. 랜돌프와 클레이의 이 위대한 웅변이 있은 후 여타 연방 하원의 인물들은 그들에 대해서 어떻게 감히 대응해야 할지 모를 지경에 이를 정도로 웅변은 대단한 것이었다. 그러나 대체적으로 서부 출신 멤버들은 적극적이고 열렬하게 문제의 그 법안에 대해서 찬성과 옹호적인 태도를 취하고 있다. 반면 남부는 특히 버지니아 주 대표들을 중심으로 반대에 한 목소리를 내는 것이었다.[134] 연방 하원은 결국 1824년 2월 11일 115대 86으로 최종적으로 그 법안을 통과하게 된다.[135] 상원에서의 토론에서도 반대표의 경우를 보면 하원에서와 같이 지역주의 색깔을 분명하게 보여 주었다.[136] 상원은 1824년 4월 24일 24대 18로 그 법안을 통과하게 된다.[137] 뉴잉글랜드 주 출신의 상원 의원들은 그 법안에 대해서 반대표를 던졌다. 반면 대서양중부지역 출신의 의원들은 오직 뉴욕 주을 제외하고는 전체적으로 그 법안에 대해서 찬성표를 던졌다. 뉴욕 주의 경우에 하원에서는 7:24로 반대하였고, 상원에서는 0:2로 반대하였다.[138] 뉴욕 주는 일찍이 이 문제로 소란이 일어나기 전에 이미 자체적으로 운하와 도로 시스템을 최고 수준으로 만든 상태였기에, 다른 주들을 위해서 중앙 정부의 자금을 사용한다는 것은 형평성에 맞지 않다고 보았다. 서부 지역의 입장은 아주 분명하였다. 단지 한명을 제외하고 북서부, 남서부지역의 하원, 상원 의원들은 모두 다 그 법안에 찬성표를 던졌다. 1817년 보너스 법안과 비교해서 볼 때, 대서양 연안 남부 주들은 1824년 국토 조사 사업(측량법)에 대해서 반대를 하는 방식이나 강도에서 볼 때 아주 조직적으로 움직이고 있다는 점이 눈에 띤다. 이것은 분명히 이 지역에서 지역주의가 강력하게 성장하고 있음을 확인할 수 있다는 점이다. 그럼에도 흥미로운 점은 사우스캐롤라이나이다. 이 주는 상원에서는 1:1로 그리고 하원에서는 5:4로 찬성을 던졌다. 무엇보다도 토지 측량에 대한 전반적인 기획을 만들어낸 인물이 바로 그 주의 토박이였던 바로 유명한 존 칼훈(John C. Calhoun)이라는 점을 기억할 필요가 있다. 다른 부분을 별개로 하고 적어도 국토 개발 계획에 대해서만 본다면, 전반적으로 사우스캐롤라이나는 그리고 특별히 그 주를 대표하는 칼훈의 경우에는, 1824년까지 우리가 나중에 그의 행보에서 보듯 철저할 정도로 지역주의적인 입장을 고수하고 있었다고 말할 수 있는 것은 결코 아니었다. 1824년 7월 3일 칼훈은 다음과 같이 쓰고 있다. "본인의 생각에는 … 연방 의회가 국토 개발 계획에 필요한 자금을 지출할 권한이 있다는 것에 대해서 결코 의심하지 않는다."[139] 아담스는 먼로 행정부 동안 칼훈의 헌법적 견해에 대해서 다음과 같이 말하였다. "칼훈은 헌법 해석과 주권(State Rights)에 대해 헌법 조항의 자구에 얽매이지 않고, (연방 정부의 권한에 대해 대범한 생각을 가지고 있었다.)"[140] 사우스캐롤라이나의 조지 맥듀피(George McDuffie of South Carolina)는 아담스가 평가하기를 "칼훈의 친구이자 후원자이며, 정치적 한 패"(Calhoun's friend, protege, and partisan)라고 아주 분명하게 정의하였던 인물이다.[141] 그는 이 측량법에 대해서 의회에서 지지하는 아주 뛰어난 해석을 하였다. 1824년까지 연방 정부적 차원의 경제 기획과 프로그램에 대해서 반대를 주도한 세력은 버지니아와 노스캐롤라이나였다. 더 더욱 흥미로운 사실은 당시 상원 의원이었던 테네시 출신의 앤드류 잭슨은 1824년 토지 측량 법안(The Survey Act of 1824)에 대해서 찬성표를 던졌다.

|표 2-10| 보너스 법안(Bonus Bill of 1817)과 토지 측량 법안(Survey Bill of 1824)에 대한 지역주의 투표 성향의 분석
(Votes on the Bonus Bill and Survey Bill by Religion)

법안	보너스 법안 (Bonus Bill of 1817)				토지 측량 법안 (Survey Bill of 1824)			
	상/하원		상원(Senate)		하원(House)		상원(Senate)	
뉴잉글랜드 (New England)	1	9	5	34	2	9	12	26
대서양중부 (Mid-Atlantic)	9	1	47	17	6	4	45	26
북서부 (Northwest)	6	–	10	5	9	–	28	–
남동부 (Southeast)	4	4	23	24	1	7	15	34
남서부 (Southwest)	2	2	1	4	7	1	15	–
총투표수 (Total)	22	16	86	84	25	21	115	86

출처: D. Feller, *The Public Lands in Jacksonian Politics* (Madison, WI: University of Wisconsin, 1984), pp.52, 61.

1824년 관세법
(Tariff Act of 1824)

1824년 토지 측량 법안(The Survey Bill of 1824)에 대한 통과 문제에 대한 지역 간의 갈등은 동년 관세법(The Tariff of 1824)을 두고 일어난 갈등과 비교하면 예사로운 것이라고 할 수 있을 것이다. 또한 동 법률은 1820년 패배를 경험한 후 서서히 영향력을 확장해온 보호 무역 옹호론자들의 주장이 확고한 자리매김을 하고 있다는 것을 분명히 하는 좋은 사례라고 할 수 있다. 1824년에 오면 보호 무역 주의는 연방 정부로부터 지지를 받았던 이론이었다. 구체적으로 행정부에서도 입법부에서도 상당하게 이러한 취지와 그 실천에 대해서 호응을 보여 왔다. 1822년 그리고 1823년 대통령 먼로는 연례 시정 연설을 통하여 현재 상황에서 우리가 필요한 것은 관세율 증가라는 분명한 입장을 표하고 있다. 그는 또한 현재 입법부에서 계류 중인 관세 법안은 보다 더 강력한 보호 무역 주의적 의도로 재고될 수 있는 기회를 가져야 한다고 주장하였다.[142] 1823년 12월 제18차 연방 의회가 소집되었을 때, 헨리 클레이(Henry Clay)가 하원 의장(The Speaker of the House)으로 선출되었다. 펜실바니아 주 출신의 하원 의원이며 강력한 보호 무역 주의자인 존 토드(John Todd)는 제조업 위원회(The Committee on Manufactures) 의장을 맡았다.[143] 1824년 3월 19일 하원에 제출된 보고서에서 당시 하원 농업 위원회(The House Committee on Agriculture) 의장인 뉴욕 출신의 스테픈 밴 렌셀래어(Stephen Van Rensselaer of New York)는 다음과 같이 쓰고 있다. "당신의 위원회(제조업 위원회)는 현재 미국으로 수입되고 있는 수많은 외국산 상품에 대해서 관세를 증가하는 것이 이 국가의 농업적 번영을 촉진할 것이라는 것을 [줄임] 고려하고 있다."[144]

그는 계속해서 "내수 시장은 … 언제나 외국 시장으로부터 보호되어야 한다. … 우리의 입법부의 경계와 권한 안에서 모든 합리적인 수단들을 총 동원해서 [내수 시장]의 확대를 촉진하는 것이 현명하고 사려 깊은 행동이라 보인다."145 농업 위원회의 최고 수장이라는 사람의 이러한 강력한 보호주의에 대한 천명에서 알 수 있듯이, 당시 내수 시장의 보호 문제가 얼마나 강력한 호소력을 발휘하고 있는지 확인할 수 있다.

1824년 1월 9일 토드는 제조업 위원회에서 작성된 보고서를 제출하였다. 그 보고서에서 원모(raw wool), 철, 대마, 아마, 당밀(molasses) 뿐만 아니라 면과 양모 제품에 대한 관세 증가를 권고하였다.146 1822년 그리고 1823년 각각 연방 정부의 재정 상태는 아주 밝아서 거의 오백만 달러 이상의 재정 흑자를 기록하고 있었다. 그러므로 이러한 주장과 현재 처리중인 법안은 순전히 보호주의적 색채가 농후한 것이었다.147 토드는 솔직하게 인정하기를 그러한 입법안이 재정 수입에 방해가 되고 감소를 가져온다고 할지라도, "국내 산업을 보호함으로서 실질적인 측면에서 우리 국가의 부를 확대할 것이라는 점은 결코 의심할 필요가 없다."고 말하였다.148

뉴잉글랜드의 각 주들은 이러한 법안에 대해서 반대하였다. 비록 매사추세츠 주는 제조업 중심으로 나아가고 있었지만 보스턴을 중심으로 하는 금융가들, 해운업자, 상인들은 아직까지는 이러한 보호 무역 주의에 대해서 마음을 열고 수용할 준비가 되어있지 않았다. 그들은 특히 철, 대마, 아마에 대한 세금 증가에 대해서 강력하게 반대하고 있었다. 이유인 즉 이러한 기초 상품에 대한 관세 증가는 결국 선박 제조 단가의 증가를 가져오고, 당밀에 대한 경우도 마찬가지로 영향을 줄 것이기 때문이다. 당밀의 경우는 이 지역의 경제 활동에 매우 중요한 한 부분이다. 뉴잉글랜드에서 당밀을 재료로 하여 럼주를 만들어서 서인도 제도에 판매하는 것이 중요한 경제 활동의 한 부분이었고, 그들에게는 양보하고 싶지 않은 것이었다.149

보스턴 출신 연방파 다니엘 웹스터(Daniel Webster)는 그 법안에 강력하게 반대하였다. 그는 이 법안에 대해 적절한 관세는 옹호하지만, 터무니없는 관세에 대해서는 반대함을 분명히 하였다.150

그러나 그러한 법률안에 대한 가장 강력한 반대는 주로 남부에서 왔다. 특히나 놀라운 것은 보호 관세 문제와 함께 헌정적인 차원에서 논의가 전개되고 있는 그 속도와 그 스케일에서 놀라운 것이다. 1820년 관세법(The Tariff of 1820)이 나타날 때까지 미국의 연방 하원 의원들과 상원 의원들은 주로 관세가 가지고 있는 경제적, 그리고 재정적 효능성에 대한 관심에 집중하였다. 그러나 1824년 사우스캐롤라이나의 제임스 해밀턴 주니어(James Hamilton Jr.)와 조지 맥듀피(George McDuffie of South Carolina) 그리고 버지니아의 필립 바뷰어(Philip P. Barbour of Virginia)는 그러한 법률을 헌정적인 차원에서 다루고 있다.151 특별히 바뷰어는 연방 의회가 가지고 있는 징세권은 오직 재정 수입을 목적으로 사용해야만 합당하고 헌법에 위배되지 않는다고 하였다. 바뷰어는 계속해서 만약 의회가 제조업을 촉진하기 위해서 관세법을 통과한다면, 그것은 입법부의 합법적인 권한을 넘어서는 것이라고 주장하고 있다.152

이와 같이 논의가 진행됨에 따라 1824년 관세법을 옹호하는 인물들도 자신들의 방어와 무장을 헌정적인 차원에서 준비해야 했다. 간단하게 말해서 이 위기에서 특히나 남부를 중심으로 관세법에 대한 대살육전에 버금가는 공격에서 관세법을 구한 사람을 뽑으라면 단연코 헨리 클레이라고 할 수 있을 것이다. 클레이가 국내 제조업을 촉진하기 위해서 적극적으로 나선 이유는 몇 가지로 추론할 수 있다. 보호 무역 주의는 우선 서부에서는 누구나 선호하는 주장이었다. 특히 클레이의 정치적 터전인 켄터키에서 더 더욱 그러했다. 1810년까지 켄터키, 오하이오, 서부 테네시 주는 상당한 범위에서 경제가 발전하고 있었고, 특히나 면화, 양모, 철광, 양조장 등이 그 발전의 중심 역할을 하고 있었다. 오하이오만 하더라도 약 2백만 달러 이상 상품 가치를 생산하고 있었다. 그리고 서부 테네시 주 지역의 경우에는 150만 달러의 상품 생산이 이루어지고 있었다. 우선 제조업에서 볼 때 서부에서 가장 선도적인 곳이 바로 켄터키 주였다. 1810년 서부의 각 주 중에서 화약 공장의 숫자는 단연 선두에 위치하였고, 소금 생산량은 두 번째였고, 양조장의 숫자는 세 번째로 높았다. 면화와 양모 방직기는 네 번째를 유지하고 있었다.153

  여기에 부가하여 대마 산업의 중심지가 바로 켄터키였다. 대마는 로프나 선박용 범포(ship sailcloth)로 그리고 대마 따위로 짠 자루용 천(bagging cotton)으로 사용되는 재료였다.154 1810년 켄터키는 미국에서 생산되는 모든 대마 천 자루의 전부를 생산하고 있었다.155 바로 이러한 대마의 주 제조업자들의 중심지가 바로 렉싱턴(Lexington)이라는 곳이다. 그런데 바로 이곳을 출신구로 하여 정치적인 입지를 다지고 있는 인물이 바로 헨리 클레이이다. 클레이가 유지하고 있는 바로 연방 하원 직은 바로 이곳을 지역구로 하고 있었다. 1811년 그는 연방 의회에 청원서를 보냈다. 그 문서는 내수 시장의 필요성을 언급하고 다른 한편으로 보호 무역을 강력히 주장하고 있는 내용이었다.156 클레이 그 자신은 대마와 면방직 공업과 연관된 산업에 주식을 소유하고 있었다.157 그는 또한 1824년 백악관에 입성하겠다는 목표로 보호 무역 정책을 정치적 강령으로 선택하기를 바라고 있었다. 보호 관세 정책을 비롯하여 아메리칸 시스템은 그러한 야망을 위한 도약대로서 충분히 사용될 수 있을 것이라고 보았다.158 바뷰어 다음으로 발표하면서 클레이는 외국과의 상업을 규제할 수 있는 연방 의회의 권한을 보호 관세를 위한 헌정적인 기초로서 가져올 수 있다고 주장하고 있다.159 클레이에 따르면, 그러한 권력(의회의 상업 규제 조항)은 "절대적(plenary) 것으로 어떠한 이유에도 제한을 받지 말아야 할 권한이며,

규제에 관한 총제적인 것을 포함하고 있다. 즉 규제가 가능한 어떤 것이라도 그러한 규제에 포함될 수 있다. 그러므로 이것은 마치 전쟁 선포 권한과 같이 (의회에) 부여된 완벽하고 완전한 권한이라고 할 수 있다."160 그러나 클레이가 이러한 주장을 하는 가장 확고한 기대는 바로 그가 "아메리칸 시스템"이라는 용어를 사용함으로서 궁극적으로는 국민주의에 호소하는 것에 있는 것이다.

1824년까지, 아메리칸 시스템에 대한 초창기 옹호자들은 유럽의 영향력으로부터 미국의 독립을 확보하는 방편과 장치로 이러한 시스템을 준비하였다. 물론 여기에는 상업을 통하여 그러한 독립을 진정으로 구현할 수 있을 것으로 보았다. 그런 면에서 이들은 상업의 잠재력을 인식하고 있었던 것이다. 그러나 클레이는 달랐다. 그는 그 목적을 성취하기 위해서 가장 구체적인 그리고 효과적인 방법을 제안하였다. 간단하게 말하면, 1824년 클레이의 연설 이후, 아메리칸 시스템은 국내 제조업의 보호주의와 동일시된다. 그는 다음과 같이 말하였다.

우리는 점차 강력해지고 있는 경향 때문에 [규제를 강화하고 있는 유럽 시장 때문에] 우리의 산업이 쇠퇴하고 사라져가는 것을 보고만 있어야 할 것인가? (물론 그러한 추세를 바로 잡을) 구제 방법이 있다. 그것은 우리의 외교 방책을 조정하는데 있다. 또 다른 것은 순수한 아메리칸 시스템을 채택하는 것이다. 우리는 … 지금까지 외국인의 영향력 아래 좌우된 이러한 부분에서 적절한 보호 무역 정책을 실시함으로서 그런 정책들(외교 정책과 아메리칸 시스템)을 받아들여야 한다.161

만일 아메리칸 시스템의 정치적 목적이 유럽으로부터의 독립을 얻으려는 것이었다면, 아메리칸 시스템의 경제적 목적은 내수 시장의 창출에 있는 것이었다. 클레이는 내수 시장의 창출 주장을 국민주의의 수준으로 끌어올

아메리칸 시스템의 성장과 시련

리려는 전략을 사용하고 있다. 그래서 궁극적으로는 미국 국민을 전체적으로 끌어 안으려는 큰 뜻을 나타내고 있었다. 그는 다음과 같이 말하였다. "현재 고려중인 법안의 목적은 내수 시장을 창출하려는데 있다. 그리고 순수한 미국적 정책의 기초를 세우는데 있다."[162] 이러한 면에서 아메리칸 시스템의 사상은 정치 경제적인 면에서 국민주의에 기초하고 있는 것이다.

그 법안은 1824년 4월 16일 연방 하원에서는 107대 102로 거의 가까스로 통과되었다. 그리고 상원에서도 1824년 5월 13일 25대 21로 통과되었다. 남부 출신의 상, 하원 의원들은 그 법안에 대해서 5대 78로 거의 절대적 수준에서 반대하였다. 반면 대서양중부와 북서부지역의 대표들은 단단히 결속하여 그 법안에 찬성표를 던졌다. 앤드류 잭슨(Andrew Jackson)은 그 법안에 찬성표를 던졌다.

1824년 관세법은 그 최종 결과를 보면 보호 무역 주의적 성격이 아주 강했다는 것을 확인할 수 있다. 철, 납, 목재, 대마, 면 자루(cotton bagging), 면직물 등에 관계된 제조업들은 관세의 증가에 의해서 보호받았다. 그리고 관세를 매길 때 어느 정도 최소의 기준을 정하고 수입 물건의 가격을 반드시 그 이상으로 인정하는 원칙(The minimum value principle)은 면제품에서 양모 제품으로 까지 확대되었다. 그러나 양모 제조업자들의 조건은 별로 나아지지 않았다. 그 이유는 양모 제품에 대한 수입 관세가 25%에서 33.33%로 증가한 것은 사실이지만, 양모 원사에 대한 관세까지 15%에서 30%로 증가하였기 때문에 그 제품에 대한 시장 가격도 동반 상승하게 된 것이다. 총체적으로 보면, 1824년 관세법은 재정 확보와 보호 무역 주의라는 두 마리 토끼를 잡으려는 지금까지의 목적 추구의 균형추가 이제 완전히 해체된 것이다. 그 법안은 그 의도에서 볼 때, 완전히 보호 무역 주의적인 법안이었다.

|표 2-11| 1824년 관세법에 대한 호명 투표 분석
(Roll Call Analysis on the Tariff Act of 1824)

지역구분 (Sections)	상원(Senate)		하원(House)	
	찬성(Yeas)	반대(Nays)	찬성(Yeas)	반대(Nays)
뉴잉글랜드 (New England)	9	3	15	23
대서양중부 (Mid-Atlantic)	5	4	60	15
북서부 (Northwest)	9	–	29	–
남동부 (Southeast)	–	8	1	50
남서부 (Southwest)	2	6	2	14
총 투표수 (Total)	25	21	107	102

출처: *Senate Journal*, 18th Cong., 1st sess.(15 May 1824), p.401; *House Journal*, 18th., 1st sess (16 April 1824), pp.428-9.

전체적으로 보면, 1824년 국토 조사 사업법(토지측량법)과 관세법(The General Survey Act of 1824 and The Tariff Act of 1824)에 대한 토론과 그 통과 과정에서는 지금까지와는 완전히 다른 요소들이 나타나고 있음을 확인할 수 있다. 첫째는 이제 아메리칸 시스템의 옹호자들은 그들의 프로그램을 구체적으로 추구해야 할 제반 정책들을 만들었다. 즉 보호 관세 정책을 실시하기 위한 강력한 노력과 연방 정부 후원 하에 국토 개발 계획의 실시를 추진하는 것이다. 그들 생각에는 연방의 모든 섹션이 공통의 관심을 갖고 있는 영역이 바로 이러한 부분이라고 보았다. 또한 전국적 차원에서 내수 시장의 창출, 이러한 제반 정책을 추진하기 위해서 연방 헌법에 대한 광의적 해석을 강력하게 요구하게 된다. 두 번째는 아메리칸

시스템의 사상에 대한 강력한 지지는 결국 토지 측량법과 관세법의 통과를
가능하게 한 결정적인 힘이 되었다. 세 번째는 남부는 우선 미주리 위기에서
큰 충격을 받은 이후에는 지역주의 태도를 강력하게 나타내었고, 결국
남부 대표들은 두 개의 법안 즉 보호 관세와 연방 차원에서 이루어지는
국토 개발 계획 프로젝트가 연방 헌법에서 정의하고 있는 경계에서 벗어나고
있음을 지적하고 무효화하려고 하였다.

제임스 먼로와 문화 개선 정책

(James Monroe and Cultural Improvement)

전임 대통령들과 같이 먼로 대통령 또한 교육 육성을 위해서 전력하였다.
1801년 초 버지니아의 주지사 시절에 먼로는 주 입법부에 보낸 연례 시정
연설에서 민주적인 시민과 예절을 육성하기 위해서 가장 중요한 것은
바로 교육이라고 강조하고 있다.

주권 재민 국가의 원칙을 기초로 세워진 정부에서 그 무엇보다도
중요한 것은 바로 청소년들의 교육이다. 그러한 정부에서 지식은 전체
사회에 퍼져 나가야 할 것이며, 그 목적을 실현하기 위해서는 교육을
받을 수 있는 수단이 실질적인 차원에서 고려되어야 할 것이며, 모든
시민이 손쉽게 접근 가능한 방식을 통해서 이루어져야 할 것이다.163

먼로가 국가가 중심이 되는 지원 하에 교육 시스템을 건설하자는 제안을
한 것을 고려해 본다면,164 그는 교육에서 국가의 간섭에 대해서는 별로

신경을 쓴 것 같지는 않다. 그는 전임 대통령 제퍼슨이나 메디슨과 같이 1825년 봄 버지니아 대학(The University of Virginia)이 설립되었을 때, 이사진(The Board of Visitors) 중의 하나였다.[165] 1822년 메디슨은 다음과 같이 말하였다. 교육 기관을 설립하는 것이 "시민들의 자유를 위험스럽게 하는 음흉하고 위험스러운 시도를 막을 수 있는 가장 안전한 방법"이라고 말하였다. 그는 계속해서 다음과 같이 말하였다.

> 시민 정부란 만일 시민들에게 필요한 정보가 적절하게 전달되지 않는다면, 그리고 그 정보를 획득하기 위한 수단들이 준비되어 있지 않는다면, 광대 극이나 비극의 시작에 불과한 것이다. 아마 양쪽 다가 되기 쉽다. 지식은 무지를 제어할 수 있을 것이다. 그들을 통치하는 사람을 바로 그들 시민으로부터 얻고자 하는 사람들은 바로 지식이 그들에게 줄 수 있는 그 무한한 능력으로 그들 스스로를 무장해야 할 것이다.[166]

이것으로 분명히 할 수 있는 것은 바로 워싱턴에서부터 먼로 대통령까지 모든 대통령은 교육이 얼마나 중요한가를 너무나 잘 알고 있었다. 그들의 시각에서 볼 때, 바로 교육을 통해서만이 지식의 확산과 민주주의의 근본적인 토대가 이루어질 수 있을 것이라고 보았다.

그러므로 먼로가 대통령이 되자 국립대학을 건설을 필요로 한다고 강력하게 주장한 것을 이해하기 어렵지 않은 것이다. 1819년 12월 2일 그의 최초 연례 시정 연설에서 먼로는 연방 정부가 도로, 운하를 건설할 수 있는 권한을 허용해주는 수정 헌법을 제안하였다.[167] 그는 계속해서 다음과 같이 말하였다.

이와 같은 방식(연방 헌법 수정안, constitutional amendment)을 채택하는 경우에서는, 여기에다가 본인의 생각에서는 각 주가 연방 헌법 수정안을 통하여 연방 의회에 교육 기관을 설치할 수 있는 권한을 부여함으로 미합중국 전체 우리 동료 시민들에게 지식을 전파할 수 있을 그 중요한 목적으로 사용할 수 있도록 해야 할 것이다.168

그러나 전임 대통령의 메시지와 마찬가지로 이러한 권고에 대해서 연방 의회로부터 어떠한 반응도 받지 못했다. 여기서 의문이 드는 이유 중 하나는 그렇게 많은 권고에도 불구하고 국립대학 건설안이 효력을 발생하지 못했던 이유를 찾아보는 문제일 것이다. 초기에는 국가가 가지고 있는 엄청난 빚이 바로 직접적인 이유가 되었다. 다음으로 문제가 된 것은 아무래도 제퍼슨을 중심으로 한 여러 추종자들이 믿고 있었던 연방 헌법에 대한 엄격한 해석을 강조하는 분위기가 더 큰 영향을 주었을 것이다. 제퍼슨, 메디슨, 그리고 먼로를 위시한 일련의 제퍼슨주의적 정치, 헌법관을 가지 인물들은 만일 이러한 일을 시행하기 위해서는 무엇보다도 우선 수정 헌법을 채택하는 과정을 거쳐서 그러한 합법성을 확보한 후에 그 일을 시행하는 것이 마땅하다고 보았던 것이다.169 여기에 이러한 대학 설립 문제가 더더욱 어렵게 만든 것은 점차 증가해가는 1812년 전쟁 이후의 지역주의가 장애가 되었다. 대통령 제퍼슨과 메디슨은 여러 번 연방 의회에 촉구하여 수정 헌법의 제정을 요청하였다. 그런데 먼로 대통령은 1817년 오직 한 번만 그러한 요구를 연방 의회에 했다. 그리고 이 이후에는 그의 연례 시정 연설에서 그러한 요구를 언급하는 경우는 찾아 볼 수 없다. 이것은 점차 증가되어가는 지역주의의 물결 속에서 현실적으로 그러한 수정안을 이루어낸다는 것은 거의 불가능하다고 보았기 때문이다. 그럼에도 불구하고 이 신생 국가의 문화 함양과 육성을 위한 최후의 노력이 이제 가시적으로 나타나고 있었다.

제3장 :
개혁운동과
아메리칸 시스템의 실천
(1825-9)

초기 공화국의 사회 개혁 운동은 아메리칸 시스템(American System)의 바탕이 되는 철학적 전제에 의하여 더더욱 발전 확대되게 된다. 개혁주의적인 사상에 고무되어서, 아메리칸 시스템의 개념은 존 퀸시 아담스 행정부(The administration of President John Quincy Adams)에서의 보호 무역 관세(protective tariffs)와 국토 개발 계획(internal improvement)을 촉진하는 역할을 수행하게 된다. 또한 제2 연방 은행(2BUS)도 발전하게 된다. 그러나 아메리칸 시스템의 반대 또한 이 시기에 점차 거세지게 된다. 결국 1829년 이후 아메리칸 시스템은 종말을 고하게 된다.

헨리 클레이, 존 퀸시 아담스 그리고 "타락한 흥정"
(Henry Clay, John Quincy Adams and the "Corrupted Bargain")

존 퀸시 아담스(John Quincy adams)는 1824년 논란이 많은 대통령 선거에서 선거인단 투표에서 결정을 이루지 못하고, 결국 연방 하원(The House of Representatives)의 최종 투표를 통하여 미합중국의 제5대 대통령으로 선출되었다. 사실 그의 선출은 누가 보아도 문제가 있어 보였다. 이유인 즉 그는 일반 투표(The popular)와 선거인단 투표(Electoral College)에서 앤드류 잭슨(Andrew Jackson)에게 뒤졌다. 그런데 변수가 있었다. 당시 연방 하원(The House)에서 거중 조정을 할 수 있는 인물이 관여하게 된다. 그가 바로 당시 하원 의장(Speaker)인 헨리 클레이(Henry Clay)였다. 그는 아담스가 대통령으로 될 수 있도록 적절한 조정을 의회에서 했던 것이다. 이러한 처사에 대해서 정치적으로 적대적인 세력들은 이것을 "타락한 흥정"(corrupted bargain)이라고 불렀다. 이러한 오점은 결코 사라지지 않고 이들의 정치적인 진로에서 국민들로부터 항시 기억된다. 결국 아담스 행정부의 정당성에 큰 상처를 주어서 그의 순조로운 진로를 방해하게 된다. 클레이 또한 그의 정치 가도에서 항시 기억되는 장애물로서 작동한다.1

그러나 이러한 "타락한 흥정"을 다른 측면에서 고찰 할 수 있다. 왜냐하면, 클레이가 아담스를 적극적으로 지원하고 정치적인 동반자의 길을 추구하였던 것은 다분히 그들의 정치적인 포부와 목표가 일치하였기 때문이다. 1824년에 오면, 클레이는 미합중국의 전후 국민주의 분위기를 이용하고, 자신 또한 그것을 중요한 가치로서 믿고 같은 해 국토 조사 사업(토지 측량법)과 관세법(The General Survey Act and Tariff Act of 1824)을 통과하는 데 있어서 혁혁한 노력을 보여주었다. 아담스는 어떠했는가? 그는 외교관으로 국무장관으로서 당시 전 북아메리카 대륙을 자신의 시야에 넣고 정치적인 비전과 실험을 하였고 역동적인 활동을 보여주고 있었다. 아담스 외교술의 비범함으로 인하여 1819년 스페인과 범 대륙 협약(Transcontinental Treaty with Spain)을 이루어냈다. 이 조약으로 미국은 스페인으로 부터 플로리다(Florida)를 얻을 수 있었고, 미국의 서부에서 국경을 태평양까지 이르게 할 수 있었던 것이다. 한마디로 말해 그의 탁월한 능력이 없이는 불가능한 일이었다.[2] 아담스는 또한 1823년 소위 먼로 독트린(The Monroe Doctrine)으로 알려진 문서 작성에 큰 영향을 행사하였다. 이 선언은 누구나 알고 있듯이 중남미 지역에서 유럽의 간섭을 배제하고 사실상 미국의 영향 아래 둔다는 놀라운 선언이라고 할 수 있을 것이다.[3] 그러므로 아담스가 1825년 그의 행정부를 막 시작하려고 할 시점에 그와 클레이는 미국의 진로에 대해서 정치, 경제, 외교문제에서 동일한 관점을 가지고 있었다고 할 수 있을 것이다. 그들 양자는 미국의 위대한 국민주의를 선양하고 발전할 요령에서 바로 아메리칸 시스템을 제 정책으로 추진하는 것을 당면한 과제라고 보았던 것이다.

제2차 대각성 운동과 개혁주의, 아메리칸 시스템
(The Second Great Awakening, Reform and American System)

클레이와 아담스는 이 국가의 미래가 과연 어떠한 모습이 되어야 할 것인가에 대해서 공통의 비전만을 가지고 있는 것이 아니라, 인간의 노력을 통하여 사회는 개선 할 수 있다는 긍정성에서도 동일한 시각을 가지고 있었다. 그러므로 그들은 확실히 전통적인 방식을 추구하는 세계의 인물들과는 완전히 달랐다. 구체적으로 말하면 자급자족적 생계에 기초하든 또는 시장 지향적 가치든 농업주의 또는 농본주의 사고 틀에서 벗어나서 다른 세계를 지향했던 사람들이었다. 아메리칸 시스템의 주된 옹호자로서 아담스와 클레이는 우선 내수 시장 체제와 토대를 확고하게 만들어 내고 국내 산업에서도 단지 농업뿐만 아니라 보다 확대된 다양한 산업 육성에서 그 진로를 찾았던 것이다. 그리고 이러한 경제적인 수단을 통하여 궁극적으로는 미국의 팽창 과정에서 이제 서서히 고개를 들고 있는 소위 지역주의 분위기를 극복할 수 있는 단일 국가적 통일체와 국민주의를 수립 할 수 있는 그 정신적 기초를 만들어 낼 수 있다고 보았다. 그런 측면에서 보면 사실 그들의 운동의 기본 동기는 당시의 미국의 사회 개혁가들의 동기와 거의 차이를 찾을 수 없다. 당시의 사회 개혁가들은 그들의 시선에서 결코 이해 할 수 없는 여러 불평등과 사회의 문제점들을 해결하기 위해서 금주법의 제정, 선거권의 확대, 즉각적 노예제 폐지 등을 통하여 보다 나은 정치, 사회 전반에서 다양성이 존재하고 있는 미래의 좌표를 그리고 있었다.4

당시 개혁 운동의 근간에 된 운동은 바로 제2차 대각성 운동(The Second Great Awakening)이었다. 이 운동은 1800년대에서 1830년대까지 미국 전체를 뒤흔들었던 강력한 종교적 신앙 부흥 운동이라고 할 수 있을 것이다. 종교 부흥 운동의 최초의 물결은 당시에서 보면 미국의 프런티어라고 할 수 있는 남서부지역을 중심으로 나타나고 있다.5 이후 이 운동의 물결은 북쪽으로 퍼져나간다. 그리하여 뉴욕 서쪽 지역을 강타하게 된다. 그리하여 완전히 이 지역이 이러한 종교적 열정과 열의에 몰두하게 됨에 따라 소위 "성령부흥지역(burned-over district)"이라고 불리게 되는 것이다.6 전통적인 칼뱅주의 윤리인 예정설과는 달리 대각성 운동은 개인적인 완전성(individual perfectionism)과 도래할 천년 왕국에 대한 낙관주의를 강조하고 있다.7 천년 왕국을 믿는 사람들은 지상에 하나님의 왕국(The Kingdom of God)은 곧 도래할 것이며, 더욱이 인간들이 노력을 통해서 올 시간을 단축할 수 있다고 보았다. 그러므로 제2차 대각성 운동은 천년 왕국의 도래를 보다 앞당기기 위해 사회 개혁과 그 촉진을 요구하였다.8

성스러운 세계와 세속적인 세계의 경계를 완벽하게 와해하는 이러한 현상은 미국에서는 그렇게 놀라운 것이 아니다. 역사가 모니카 라자(Monica Raja)는 18세기 버지니아, 노스캐롤라이나, 켄터키, 테네시 주 지역의 침례교회들을 연구하였다. 그리고 그는 다음과 같은 주장을 하였다. 남부 고위도 지역(The Upper South)은 결혼, 노예제도, 상업을 포함하여 종교와 세속적인 문제에서 교회가 전반적으로 권한을 행사하고 있었음을 주장한다. 그러므로 교회는 그들 교구의 교회 문제에서와 마찬가지로 세속적인 문제에서도 구체적으로 "이웃 간의 문제, 거래와 사업 영역과 공간, 법원 문제, 가정사"까지도 관여하고 있었다고 그는 말하고 있다. 궁극적으로 침례교도들은 "구성원들이 신의 명령 하에 살 수 있고, 그리하여 아직도 믿음을 갖고 있지 않은 사람들에게 영원한 횃불이 될 수 있는 순수한 성스러운 서약 공동체들을 만들려고 하였다."9

찰스 피니(Charles G. Finney)의 경우가 바로 18세기 초 제2차 대각성 운동과 개혁운동 간의 긴밀한 연관 관계가 있음을 가장 확실하게 잘 보여주는 경우이다. 1792년 뉴욕 주 서부 지역에서 태어난 그는 법률 공부를 포기하고 장로교 목사(Presbyterian minister)가 되었다. 그는 이후에 유명한 노예 제도 폐지론자가 되었다. 또한 그는 유명한 교수였고, 오벌린 대학(Oberlin College)의 총장이 된다. 그는 인간은 신의 권위에 자발적으로 복종함으로써 신의 계획에 기여할 수 있음을 주장한다. 그러므로 그는 다음과 같이 주장한다. "모든 성스러운 것은 … 자발적인 것이야 한다."10 그는 인간 사회의 재앙으로 여긴 노예 제도에 대해서 비난하는 것에 많은

202

시간과 노력을 기울였다. 그의 사상은 "기독교인의 완전함(Christian perfection)"이라고 불리는데, 이는 기독교인들이 스스로의 행동을 개선하고 그 삶을 정화하기 위해 노력하는 것을 말하는 것이다.11 이러한 이성적 신학(rational theology)이 사회 개혁운동에 의미하는 바는 지대하였다. 즉 인간이 사회 환경을 적극적으로 개선 할 수 있는 힘을 가지고 있다는 것을 의미하는 것이었다. 1831년 7월 미시시피 정치가 존 키트만(John Quitman)이 뉴욕 주를 방문하여 다음과 같이 말하였다.

> 북부 지역의 일반인들 사이에서는 … 지금 이 국가를 휩쓸고 있는 종교적인 열정에 사무쳐서 여타 다른 어떤 감정도 집어 삼킬 태세이다. … 나는 성직자들이 무려 세 번, 네 번, 여섯 번, 여덟 번의 종교 집회를 갖는 것을 볼 수 있다. 이들 집회에서는 신앙 부흥 집회를 부르짖고, …흑인, 금주 단체, 경건한 젊은이들의 교육을 위해서, 종교 도서관 건립 등을 위해서 기부를 요청하는 연설들이 난무하고 있다.12

그러므로 개혁가들은 노예 제도를 종식하고 형무소, 구빈원, 결핵이나 정신병 환자를 위한 요양소를 개선하거나 또는 금주 운동을 촉진하고, 여성의 권리 신장을 요구하는 것이 바로 기독교적 거룩하고 신성한 의무라고 생각하였다.13 저술가 존 토마스(John L. Thomas)가 말하기를 모든 개인들의 죄악의 총합으로서 사회적인 잘못은 만일 충분한 사람들이 올바른 행동으로 개종하고 헌정할 때 사라지게 될 것이다. 그리고 그들은 "미국의 매 개인들이 충분한 숫자로 그러한 빛(정당한 행동)으로 충만하게 될 때, 자동적으로 이 국가의 사회적인 문제는 해결될 수 있을 것"이라고 확신하고 있었다.14

제2차 대각성 운동을 고무하였던 이러한 종교적인 정열은 또한 보통의 미국인들이 일단 목표한 것을 추구하기 위해 또는 이루어내기 위해서 육체, 정서, 그리고 재정적인 희생, 더욱이 심지어 그들의 생명과 목숨 그 자체까지도 기꺼이 희생할 수 있는 태도로 나갈 수 있는 것을 허락하는 심리적인 동인과 자극을 제공하게 된다. 가령 노예제 폐지론자인 윌리엄 로이드 개리슨(William Lloyd Garrison)과 리디아 차이드(Lydia Child)와 같은 즉각적 노예제 폐지론자(abolitionist)는 생명을 위협하는 적대적 무리 앞에서 거침없이 말하기를 두려워하지 않았다. 수전 앤소니(Susan B. Anthony) 같은 인물들은 실질적으로 그의 삶 전체를 여성의 권리를 위해서 투여하였다. 왜 그녀는 결혼을 하지 않는가? 라는 질문에 대해서 그녀는 다음과 같이 대답하였다. "본인은 한 시민으로서 모든 권리와 특권, 면책 (immunities)권을 가질 수 있다면, 그 때, 이러한 사회 제도에 대해서 한 번 고려해 볼 것이다. 그러나 그러한 때가 오기까지는 나는 나의 모든 힘을 나와 같은 성(sex)의 해방을 위해서 집중할 것이다."[15]

제2차 대각성 운동이 가지고 있는 특징은 무엇보다도 바로 완벽한 사회를 만들기 위한 강렬한 열정이었다. 그런데 이런 요구가 결국 많은 미국인들에 게 국민주의적 감정을 촉진하게 하는데도 기여하게 된다. 역사가 존 부르크 (John L. Brooke)는 다음과 같이 말하였다. "장로, 침례, 감리, 성공회에서 주체하는 전국적인 모임, 집회는 [미국]인들을 연결하는 몇몇 안 되는 소수의 순수한 구조와 조직 중에 하나일 것이다."[16] 비록 개혁가들은 주로 북부에 위치한 주들을 중심으로 보다 큰 영향력을 행사하였지만, 가령 성서회(Bible Society)와 같은 몇몇 개혁주의 운동은 특별히 남부의 여러 주들에서 강력하였다.[17]

아메리칸 시스템의 옹호자들은 사회 개혁가들의 신념과 많은 부분에서 공유하고 있다. 국토 개발 계획을 선호하는 사람들은 엄청난 반대에도 불구하고 그들의 정책을 밀고 나가려는 강력한 의지를 불태웠다. 그리고 그들은 그러한 국가적인 사업을 통하여 미국 사회와 미국 경제가 보다 더 함양하게 될 것이라고 믿고 있었다. 예를 들면, 남부의 개혁가들은 주로 유료 도로(turnpikes), 운하, 은행에 관심을 가진 개인들이었다. 더욱이 그들은 주로 온건한 국민 공화파(National Republicans)에 호감을 갖는 집단이었다. 이어서 그들은 확고하고 분명하게 휘그당(The Whigs) 이념에 빠져 있었던 사람들이었다. 그들은 남부 사회의 철저한 근대적 개혁을 요구하였다.[18] 아주 노련한 남부의 정치가인 내셔니엘 메이콘(Nathaniel Macon of North Carolina)은 제2차 대각성 운동의 종교적 열정과 개혁 운동을 하나로 해서 이 운동과 아메리칸 시스템이 부분적으로 연관되어 있음을 잘 이야기하고 있다.

노예제 폐지 운동 조직, 흑인들의 아프리카 이주(colonization)를 위한 조직, 성경을 나눠주거나 평화 운동을 벌이는 조직들이 있는데, 이 모든 단체는 인내심이 있고 열정적으로 활동한다. 이런 상황에서 미국의 연방 정부가 [경제 정책을 통하여] 그 힘을 계속 확대하면, 언젠가는 이러한 단체들이 노예 해방 문제를 논쟁거리로 끌어낼 것이다. … 아마 노예를 가지고 있지 않은 여러 주들은 노예를 소유하고 있는 주들과는 달리 연방 정부가 헌법상의 권력을 확대하는 것에 큰 위협을 느끼지 못할 수도 있다. 왜냐하면 연방 정부의 권력의 확대가 자기들의 중요한 이해 관계(노예제)를 건드리지 않기 때문이다. 그러나 노예제에 많은 이해 관계가 걸려 있는 주들은 연방 정부의 권력 확대를 경계하지 않으면 나중에 큰 낭패를 당할 수도 있다.[19]

제2차 대각성 운동에 대한 이러한 종교적인 열정이 아메리칸 시스템의 옹호자들이 그들의 목적을 성취하기 위한 사회, 문화, 지적 배경을 만들어 냈다고 할 수 있다.[20] 존 퀸시 아담스는 이러한 추세와 배경을 확인 할 수 있는 가장 대표적인 보기라고 할 수 있다. 그가 대통령이 되고서 추진하였던 국정 지표 그 모든 것은 하나의 근본적인 토대와 사고에서 출발하고 있다. 바로 "개선"(improvement)에 대한 사고와 연관되어 있다는 점이다. 1825년 12월 6의 대통령 연례 시정 연설에서 아담스는 미국의 사회 개선(The social improvement)을 위하여 정치 경제적 권한을 요청하였다. 그는 다음과 같이 말하였다. "시민 정부와 제도가 해야 할 가장 중요한 목표 중에 하나는 사회 계약을 통하여 구성된 모든 구성원 집단의 상태와 조건을 개선하는 것이다." 이러한 목적을 위해서 그는 도로와 운하와 같은 국토 개발 계획을 주장하였다. 그가 두 번째로 중요하게 생각하는 목표는 "도덕, 정치, 지적 개선"을 하는 것이 바로 "우리를 존재하도록 만든 창조주"(The Author of Our Existence)가 우리에게 부여한 가장 소중한 의무 중에 하나임을 말하고 있다.[21] 1828년 체사피크 오하이오 운하(The Chesapeake and Ohio Canal)의 개통식에서 아담스는 다음과 같이 말하였다. "인간의 현상태에 대한 혁신적 개선은 분명히 우리를 주재하시는 신의 섭리의 의도이다."[22]

역사가 사뮤엘 플래그 비미스(Samuel Flagg Bemis)가 그를 평하기를 "전통 종교 풍"(smack of orthodoxy)이라고 말할 정도로 존 퀸시 아담스에게 종교가 얼마나 중요한 역할을 하였는가를 확인 할 수 있다.[23] 그리고 그러한 종교적인 지향성과 사고에서 그는 대통령 재직 시 국토 개발 계획의 정책 범위를 결정하는 문제와 또한 그러한 프로그램에 반대를 직면했을 때, 그가 나아갈 수 있는 태도에서도 영향을 주었다고 할 수 있을 것이다. 1825년 11월 26일 아담스와 그의 내각 국무 위원들이 그 해의 연례 시정 연설의 초안 원고를 검토하고 있는 중이었다. 당시 국무장관 헨리 클레이가 국립대학 건설 계획은 현재로서는 "거의 희망이 없다."라고 예상을 이야기 했다.[24] 아담스는 다음과 같이 말하였다. 그러한 사업은 "결코 버릴 수 없는 일"이라고 일침을 놓았다. 아담스는 그의 비망록에서 다음과 같이 확신을 가지고 썼다. "위험스러울 것 같은 실험이라 할지라도 해야만 한다. 본인은 심사숙고해서 그것을 이루어 내도록 노력할 것이다. 그리고 그 결과를 이루어 낼 수 있도록 준비도 할 것이다."25 전체적으로 이야기하면, 아담스의 종교적인 신념은 그를 국토 개발 계획 문제에 있어서 초지일관 확고한 신념으로 추진토록 했던 배경이 되는 것이다.

그러나 이러한 종교, 다른 말로 하면 신앙 부흥 운동은 아담스에게서만 찾을 수 있는 것은 아닐 것이다. 그의 내각의 중요한 인물이자 보다 세속적인 헨리 클레이에게서도 그러한 측면을 확인 할 수 있는 것이다. 1829년 앤드류 잭슨 대통령이 취임하고 나서 얼마 있지 않아서, 클레이는 다음과 같이 쓰고 있다.

> 다양한 분야에서 변화와 참회를 갈구하는 이들과 교회에서 참회자석에 앉는 신앙이 깊은 이들이 상당히 많다. 정말로 또 실질적으로 개혁을 한다는 것은 지금 현재 워싱턴에서 행해지고 있는 위선에 가득 찬 개혁과는 다른 것이다. 이러한 진정한 개혁이 지금 전국에서 일어나고 있다. 아마 이러한 개혁은 당분간 느리게 나타 날 수밖에 없을 것이다. 그럼에도 본인은 언젠가는 이러한 개혁의 결과가 나타날 것으로 믿는다.26

클레이가 1832년 토지분배법안(The Distribution Bill of 1832)이라고 알려진 토지 개혁 법안을 제안했을 때, 그는 토지 분배를 통해서 얻은 수익은 국토 개발 계획을 위해서 뿐만 아니라, 미국 내 흑인의 교육과 아프리카 흑인 이주 식민지 건설을 위해서 사용되어야 한다고 주장하였다. 그는 다음과 같이 주장하였다. "연방 정부는 …그 돈의 지출을 통해서 우리 국민의 도덕적인 차원에서, 그리고 지적인 영역에서의 개선을 촉진하는데 돕고, 사회와 상업의 원활한 교류와 확대가 이루어지고, 우리 국가의 국민들을 정화하는데 이익이 되고 있다는 것을 느끼도록 하여야 한다."[27] 분명한 것은 클레이 또한 그가 아메리칸 시스템이라고 부르는 프로그램을 그가 생각하기를 "문화적 개선"(cultural improvement)이라고 부르는 영역까지를 포용하려고 했다는 사실이다.

덧붙여서 클레이는 그의 아메리칸 시스템에 대한 견해는 실로 그가 보여준 국민주의적 정치 경로를 통하여 일관성 있게 유지 실천하였던 것이다. 어떤 경우에는 그러한 기획을 이끌어 나가는데 있어서 정치적으로 엄청난 손실이 됨에도 불구하고, 구체적으로 그의 선거구에서 인기가 없는 경우에 해당함에도 구애받지 않고 고집스럽게 집착을 하고 있는 면을 볼 수 있다. 예를 들어 보자. 바로 공유지 가격 감소 안이 바로 그러한 경우에 해당된다. 그는 토지 가격을 줄여주는 주장에 적극적으로 반대한다. 이러한 주장에서 이미 클레이의 소신과 신념이 얼마나 숭고한지를 확인 할 수 있다. 이유인즉 당시 클레이의 지역구가 위치하고 있는 서부 지역에서는 매우 인기 있는 정책이 바로 토지 가격을 최대한 줄여주는 것이었다. 그런데도 자신의 지역구의 요구를 매우 잘 알면서도 국가적인 차원에서 기획을 생각하여, 그러한 정책안이 반대하였다. 그러므로 개인적 차원에서 정치적으로 큰 모험이며 야망이라고 할 수 있는 대통령이 될 수 있는 천 번에 한번 올 수 있는 그 기회를 놓칠 수밖에 없게 되었는데도 그는 기꺼이 그러한 판단을 하였던 것이다. 그렇다고 해서 클레이가 정치적인 속셈과 사적 욕심 전부를 버렸다고 이야기하는 것은 아니다. 그럼에도 불구하고 그는 어느 면에서는 아담스와 비교해 볼 때도 더 적극적인 신념을 가지고 있다는 점을 확인 할 수 있다. 특히 그가 사회를 개선하려는 정책 실천과 정치적 계산 그러한 기획을 이루어내기 위해서는 아주 길고 긴 장기적인 시간을 필요하다고 하는 생각을 보면, 뛰어난 정치적 명민함을 그에게서 찾을 수 있다.²⁸ 1828년 대통령 선거에서 아담스가 잭슨에게 결정적으로 패하고 난 후, 클레이는 결코 낙담하고 있지 않았다. 그리고 장차 미국인들이 언젠가는 그들의 진정성과 기획을 이해 할 수 있을 것이라고 보았다. 즉 그는 아담스와 그가 그토록 주장하고 강력하게 실천하고자 하는 국민주의적 제 정책을 이해하고 받아들일 것이라는 미래의 시간을 계산하고 있었다. 그는 다른 국민 공화파(National Republican)의 정치 지도자들과 같이, 선거 전략에서 아담스의 냉담함과 잭슨의 저돌성의 대결에서, 대통령의 신중을 기한 정책안들이 결국 패배할 수밖에 없을 것이라는 점을 잘 알고 있었다. 그는 아담스 대통령 시기 전쟁부 장관(The Secretary of War)이었던 버지니아 주의 제임스 바뷰어(James Barbour of Virginia)에 다음과 같이 쓰고 있다. "이성과 상식이 지배를 빠르게 다시 찾으려는 희망을 좌절케 하는 [연방 정치]에서의 어떤 변화도 현재로는 없다."²⁹ 1832년 대통령 선거에 대해서 클레이는 완고하게 펜실바니아와 뉴욕에서의 반 프리메이슨 정서를 정치적으로 이용할 수 있는 선거 전략을 사용하는 것을 거절하고 있다. 이유인즉 당시 선거에서 중요한 역할을 행사하고 있었던 이 두 주에서 가장 중요한 선거의 변수가 바로 반 프리메이슨 당(The Anti-Masonic Party)이었고, 그들의 이 지역에서의 막강한 힘은 선거 결과를 좌지우지 하는 무시 못 할 힘이었다. 그런데도 그는 그런 것을 이용할 수 있는 절호의 기회를 사용하지 않았다.³⁰ 비록 클레이가 아담스 보다 더 세속적이고 계산적이라고 할지라도, 아메리칸 시스템으로 이야기할 수 있는 이러한 기획에서 그가 진보에 대한 확신과 헌신에서 어느 누구보다도 뒤지지 않는 진정성을 보여 왔다.

공유지 정책

(Public Land Politics)

아메리칸 시스템의 옹호자들이 공유하는 가장 독특한 정치 문화는 바로 공공 토지 정책에 접근하는 그들의 태도방식에서 찾을 수 있다. 1824년부터 1828년까지 이 문제와 관련해서 가장 중요한 주장은 미주리 주 출신의 상원 의원 토마스 하트 벤턴(Thomas Hart Benton of Missouri)의 점진적 토지 가격 인하 정책(graduation)이다. 벤턴의 목적은 공공 토지를 가능한 한 가장 싼 값으로 판매하거나, 혹은 서부 정착민에게 무상으로 증여하는 것이다. 벤턴은 다음과 같이 주장하였다. "연방 정부가 시민들에게 토지를 판매하는 것은, 그것도 최고가를 지불하는 사람에게 판매한다는 것은 위선적인 정책이다. 실질적인 것은 서부에 정착 할 수 있는 사람들에게 무상으로 불하하는 것만이 진정한 정책이라고 할 수 있다. 이 땅을 경작하는 그들의 노동만이 이 국가의 진정한 부이며 진정한 힘이다."[31] 1824년부터 1828년까지 계속해서 벤턴은 연방 의회를 통하여 자신의 무상 토지 불하 정책을 밀어붙이고 있었다.

노스캐롤라이나(North Carolina) 출신으로 이후 테네시(Tennessee)에서 약 15년을 살았고, 1815년 미주리 주의 세인트 루이스(St Louis, Missouri)로 이주한 벤턴은 1820년에 미주리 주 의회(The Missouri Stare legislature)에서 미국 연방 상원 의원(The United States Senate)으로 선출되게 된다. 그가 토지 문제에 관심을 갖게 된 것에는 긴 역사와 이유가 있다. 그의 조부와 부친은 토지 투기 업자였다. 다른 저명한 서부의 인사들과 마찬가지로 그 또한 토지 투기에 관심을 가졌다. 세인트 루이스로 이주한 후에는 그의 법률 사무소가 주로 한 일이란 토지 소유권에 대한 소송이 주가 되었고, 이러한 일은 이곳 서부에서 가장 수익이 높은 일이었기에 하등 놀랄 일 만은 아니다.[32] 그는 회고록 "지나간 나의 30년"(*Thirty Years' Views*)을 통하여 토지 문제와 연관된 그의 사고의 형성에 영향을 준 것들에 대해서 자세하게 설명하고 있다.

> 어린 시절이라 생각이 든다. 성경을 읽을 때 마다, 나는 이스라엘 형제들에게 약속의 땅을 나누는 장면을 읽은 장면을 그린다. 그리고 시간은 흘러 나중에 일이라고 생각이 든다. 군사적 방어 역할을 한 사람들에게 토지를 분배하는 봉건 제도를 알게 되었다. 이후 테네시에 정착한 초기라고 생각이 든다. 당시 노스캐롤라이나(State of North Carolina) 주는 자신의 영역 안에 정착하는 이주민들에게 가구당 각 640에이커를 지급하는 정책으로 많은 가구들이 재산과 수준 향상을 유지하는 것을 볼 수 있었다.[33]

그는 종교에 대한 깊은 관심을 가지고 있었다. 여기에 서양 중세 역사에 대한 흥미. 특별히 프런티어 삶에 대한 경험으로, 토지란 일반 국민들에게 공평하게 분배해야 하지, 판매되어서는 안 된다고 생각하였다. 그러나 그 또한 그의 정치적 미래는 결국 값싼 토지 분배를 희망하고 있는 자신이 소속한 지역구의 요구를 어떻게 대변해 주는가에 달려 있다는 점을 잘 알고 있었다.

벤턴은 국민의 의지를 따르는 것이 매우 중요하다고 생각하였다. 비록 자신은 1824년 대통령 선거에서 헨리 클레이를 적극적으로 지원하였지만-이 선거에서는 선거인단 투표에서 과반수가 이루어지지 못해서 결정은 연방 하원으로 넘어간 바로 그 선거-존 퀸시 아담스를 지지하라는 클레이의 충고를 듣지 않았다. 반대로 그는 공공연하게 앤드류 잭슨의 지지를 천명하고 다녔다. 잭슨은 과거 그의 적수로서 결투까지 가게 되었던 인물인데도 말이다. 시간이 흘러 그는 당시 왜 잭슨을 지지하게 되었는가를 다음과 같이 회고하였다. "나는 잭슨을 지지했다. 이유는 당시 미주리 시민들이 십대 일의 비율로 잭슨을 좋아했기 때문이다."[34] 그래서 인지 그는 당시 유일한 미주리 하원 의원 존 스콧(John Scott)에게 소중한 한 표를 잭슨에게 던지라고 권하였다. 스콧이 그는 여전히 아담스를 지원한다고 하자, 벤턴은 그에게 다음과 같이 쓰고 있다. "당신이 이제 행사하려고 하는 그 투표권은 당신 자신의 것이 결코 아니다. 그것은 미주리 주의 시민들의 것이다. 그들 모두는 아담스에게 반대한다. 본인은 바로 그들 시민의 이름으로 아주 엄숙히 당신의 의도에 반대할 수밖에 없다. 여기에 바로 그들 시민들의 투표를 그렇게 사용하려는 당신의 도덕적인 판단에 대해서도 아주 엄숙하게 반대한다."[35] 여기서 벤턴의 민주주의에 대한 이상주의는 또한 서부 정착을 위한 값싼 토지 분배를 주장하는 잭슨의 매우 실용적인 측면에서의 주장과도 일치하고 서로 영향을 받은 것이 분명하다.

가능한 한 토지를 어렵지 않게 얻을 수 있는 정책은 서부 개척자들이 가장 원하는 것이었다. 예를 들면 1824년 1월에 인디아나 주 의회는 연방 의회에 공공 토지 구매자들을 위한 구제 정책을 요구하는 청원서를 보냈다. 주 입법부는 또한 연방 의회는 토지 가격을 에이커 당 1달러에서 50센트로 낮출 필요가 있음을 요청하였다. 얼마 있지 않아서 일리노이와 앨라바마는 동일한 청원서를 연방 의회에 제출한다.[36]

1824년 4월 28일 벤턴은 "미합중국 소유의 황무지의 판매와 처분에 대한 의안"(A bill to sell and dispose of the refuse lands belonging to the United States)이라는 긴 제목의 법률안을 상원에 제출한다. 그 법안은 두 가지 목적을 가지고 있었다. 첫 번째로 만일 공유지가 5년간 에이커 당 1.25달러 시장가로 판매 할 수 없다면, 그 토지 가격은 토지의 질적 수준이 떨어지는 것으로 판단하여 에이커 당 50센트 할인된 가격으로

서부 정착을 바라는 사람들에게 제공해야 한다는 것이다. 벤턴은 토지의 수준과 질에 따라서 토지 가격이 결정되어야 한다는 주장을 한다. 두 번째는 그러한 값싼 토지에 거주하여 온 가구주(Household Head)나, 21살 이상의 성인이나 미망인인 경우는 1/8섹션, 즉 80에이커의 토지를 더 받을 수 있도록 하자는 것이다.[37]

벤턴의 논리는 매우 합리적인 것으로 보인다. 그러나 심각한 문제가 있었다. 당시 실질적인 시장 상황을 분명하게 고려하지 못하고 있었다. 토지를 판매하는 사람은 토지 가격을 급격하게 줄인 상태에서 판매하겠다는 의사를 결코 표현하지 않았다. 단지 토지 판매가 잘 이루어지 않거나 미진할 때, 판매자는 가격을 낮출 수 있었다. 1796년부터 1820년까지 연방 정부가 일련의 토지 관계 법안은 이러한 방식을 취했다. 구체적으로 공공 토지의 최소 현금 판매 가격을 에이커 당 2달러에서 1.25달러로 점진적으로 줄이면서 말이다. 그런데 잠재적 토지 구매자가 자신이 구매하고자 하는 토지에 대한 실질적인 할인 가능한 가격에 대한 정확한 정보를 가지고 있을 경우에는 -여기에는 할인 율, 할인 기간-가능한 한 사고자 하는 토지 가격이 떨어질 때까지 기다릴 것이기 때문이다.

상원 공공 토지 위원회의 의장인 미주리 주 출신의 다비드 바턴(Senator David Barton of Missouri, the Chairman of Senate Committee on Public Lands)은 이러한 벤턴의 법안이 가지고 있는 근본적인 문제점을 지적하였다. 그는 벤턴의 법안은 토지 판매를 통해서 재정 수입을 증가하여 연방 정부의 빚을 해결하려는 목적과 "양립 불가능"(incompatible)이라고 주장하게 된다. 무엇보다도 토지 구매자들이 에이커 당 1.25달러에 토지를 구매할 사람은 매우 드물었다. 이유인 즉 그들은 단지 몇 년 더 기다리기만 하면, 에이커 당 50센트에 구입할 수 있기 때문이다.[38] 그러므로 그 법안은 "현재로서 시기상조이며 적절한 것도 아니라"고 보면서 그러므로 바턴은 현재 상원에서 심각하게 동의해준 그 법안에 대해서 무기한 연기를 주장하였다.[39] 오랜 기간 바턴은 벤턴의 토지 정책에 대한 반대자 진영의 중심이 되었다. 결국 그가 1830년 재선에서 실패하여 연방 정치 마당에서 은퇴를 하고서야 그러한 적대감이 사라지게 된다. 여러 가지 측면과 상황이 바턴의 토지 정책과 그 논리에 영향을 주었다. 무엇보다도 벤턴과 바턴은 미주리의 정치적 이해 공간에서 간극을 가지고 있었다. 간단하게 말해서 미주리 주 정치에서 정치적으로 적대적인 파벌에 속하고 있었다. 벤턴은 오구스트 초튜(Auguste Chouteau), 버나드 프래트(Bernard Pratte), 윌리엄 클락(William Clark), 에드워드 헴프스테드(Edward Hempstead), 존 스콧(John Scott)을 포함하는 "훈토"(junto)집단에 속한다. 그러나 바턴은 윌리엄 럿셀(William Russell), 루푸스 이스턴(Rufus Easton) 존 루카스 판사(Judge John B.C. Lucas)와 그의 아들 찰스 루카스(Charles Lucas)를 포함하는 반 훈토 파였다. 전자는 오랜 기간 프랑스 또는 스페인 법률 체제하에서 엄청난 토지를 소유하고 있었다. 반면 반 훈토 파는 나폴레옹으로부터 루이지애나 영토 구입(The Louisiana Purchase) 이후 세인트 루이스(St Louis)에 정착한 인물들을 중심으로 구성되어 있었다.[40]

두 번째는 바턴이 1820년 미주리 주 하원(Missouri general assembly)에서 개최된 선거에서 아주 손쉽게 연방 상원 자리를 차지 할 수 있었던 것이었다. 그럼에도 그는 벤턴이 출마한 선거에서는 그의 강력한 지역 정치적 영향력에도 불구하고, 어떤 지원과 역할도 하지 않았다. 당시 바턴을 적극적으로 따르고 있는 존 스콧이 벤턴을 지원하는데 힘을 실어주라는, 그렇게 적극적인 호소에도 불구하고 그는 침묵을 지켰던 것이다.[41] 그러한 상황에서 벤턴은 단지 한 표 차이로 승리를 이루어냈다.[42] 그러므로 바로 그의 라이벌의 지원이 될 수 있는 그 문제의 법안을 지원해 주지 않는 것은 충분히 이해 할 수 있을 것이다.

세 번째는 바턴과 벤턴은 정치적 이념에서 상당한 차이를 보이고 있었다. 벤턴의 정치적 모토는 공공의 의지 즉 일반 국민의 의지를 충실히 따라야 한다는 것이다. 물론 국민들의 의사 요구가 옳던 그러던 그렇다는 것이다. 반면에 바턴은 그 자신의 소신과 그 자신의 판단이 바로 가장 중요하다고 믿고 행동하였다. 1824년 대통령 선거에서 바턴은 아담스를 지원한다고 천명하였다. 그는 스콧에게 아담스를 지지하는 이유를 다음과 같이 쓰고 있다. "그는 정치가로서 이론과 실천 모든 면에서 뛰어나다. 그는 외교 분야에서 경험을 가지고 있다. 그리고 국내 정치(our domestic relations)에서 특히 연방 정치, 연방과 주와의 관계에서도 경험을 가지고 있다. 여기에 공인으로서 자질, 학식, 애국심, 성실도 어느 곳에서 보아도 충분한 능력을 가지고 있다."43 그는 지역적인 인기보다는 후보자의 자질을 더 중요한 가치로 보았다. 그러므로 바턴은 자신이 연방 상원 의원으로서 그리고 특별히 상원 공공 토지 위원회 의장으로서 연방 정부 산하의 재산을 망가트리고 훼손하려는 법안에 대해서 지지한다는 것은 결코 받아들일 수 없는 일이었다. 비록 법안이 자신의 지역구의 의지에 반한다고 할 지 라도 그렇다는 것이다. 궁극적으로 그러한 일반 국민과 지역구의 인기 있는 법안에 바턴이 반대한 것은 1831년 그가 연방 상원으로서의 그의 정치적 경력을 끝마치게 되는 중요한 이유라고 할 수 있다.44

벤턴은 그의 법안에 대한 상원에서의 반대에도 불구하고, 결코 포기하지 않았다. 1824년 12월과 1825년 1월에 일리노이와 미주리 주가 연방 하원에다가 토지 가격의 감소와 토지를 실질적인 정착인들에게 기부할 수 있도록 요청하는 청원서를 제출하였다.45 이러한 청원서가 통과 되자마자 벤턴은 잃어버린 기회를 다시 찾으려고 하였다. 그는 1825년 12월에 제출한 법안을 조정하여 다시 의회에다가 제출하였다. 그 조정안으로 "점진적 토지 가격 인하 정책"(graduation)조항을 상당히 축소 조정하였다. 이것은 최소 토지 판매 가격을 매년 25센트 식 감소한다는 것이다. 즉 현재의 1.25달러에서 4년 후 25센트가 되게 한다는 것이다. 그러나 벤턴은 곧 그 법안을 무기한 연기한다. 아마 그는 아직 상원은 그러한 의안을 받아들일 준비가 되지 못했다고 생각하였는지 모를 일이다.

1826년 5월 16일 회기(before the end of the legislative session) 마감일을 6일 남겨 놓은 상태에서 벤턴은 상원에서 긴 연설과 함께 다시 그 의안을 제출하게 된다. [46] 그는 기존의 의안에다가 토지 양도 조항(a cession)을 첨가하게 된다. 이것에 따르면 일 년이 지난 후에도 팔리지 않는 토지의 경우, 그 토지를 각 개별 주에게 양도한다는 것이다. [47] 그는 이 법안이 두 마리 토끼를 다 잡을 수 있다고 주장하였다. 즉 연방 정부의 재정 수입이라는 것과 다른 하나는 서부의 개척이라는 문제를 해결해 줄 수 있다고 그는 주장하는 것이다. 저가로 토지 가격을 결정하게 되면 당연히 토지 판매를 증가하게 될 것이고, 그 결과 연방 재정은 안정적으로 될 것이라고 보았다. 이를 통해 연방 정부는 빠른 시일에 공공 부채를 해결할 수 있다고 보았다. [48] 완고한 상원 위원들에게 자신의 주장을 확신시키기 위해서 벤턴은 다음과 같이 말하였다.

> 본인은, 이러한 위대한 법안을 채택을 통하여, 우리 자신들이 우리 공화국의 견고함과 번영에 더더욱 단단하게 연결되어 있음을 확인하게 된다. ―이것으로 소작농의 숫자는 감소하게 될 것이다. 반대로 자영농들의 숫자는 증가하게 될 것이다. 그리고 세금을 낼 수 있는 국민, 무기를 들 수 있는 국민, 국내외의 적으로 부터 우리 국가를 방어할 수 있는 국민, 우리 공화국의 정치가나 군인을 배출 할 수 있는 국민으로서 이 집단이 더더욱 증가하게 될 것이다. [49]

벤턴의 주장은 저 유명한 제퍼슨의 "버지니아 주에 대하여"(*Notes on the State of Virginia*)에서 나오는 자영농의 찬가와 매우 닮았다는 점이다.[50] 이 논리의 이면에 있는 전제는 독립적인 자영농이 공화국의 중추라는 것이다. 그러므로 그러한 계급을 만들어내기 위해서 경제 정책을 실시할 필요가 있다는 점이다. 이러한 논리의 이론적인 귀결은 다음과 같다. 연방 정부는 자영농의 수를 증가하기 위해서 토지 "분배"(distribute)정책을 실시해야 한다는 것이다. 이것은 과거의 정책 방안 즉 연방 재정을 확보하기 위한 수단으로 토지를 "판매"하는 우선 정책을 버리라는 것이다. 벤턴은 그의 동료들에게 강력하게 다음과 같이 호소하였다. "본인은 이 국가가 군주정이 아니라 공화정이 되어야 한다고 믿고, 공공 토지는 결코 연방 정부의 소유가 아니라, 일반 국민들의 것이라고 믿고, 토지란 소수의 이익을 위해서라기보다 모든 공동체의 선을 위해서 사용되어야 하며, 이를 믿고 있는 존경하는 동료 상원 의원들에게 말합니다." 그는 또한 "대지는 하나님이 지상의 인간들에게 준 선물이다."라는 알려진 저 유명한 명구를 언급하고 있다.[51]

연방 정부 소유 공유지를 "판매"하는 정책보다는 "분배"를 강조하는 벤턴의 주장을 조금 더 자세하게 살펴볼 필요가 있다. 우선 자신이 주장하는 법안을 실시하게 되면 국가 부채를 해결할 수 있을 것이라는 발언을 하였다. 이는 국가 채무 상환을 가장 우선 할 정책으로 보고 있는 동부 지역 상원 의원을 끌어들이기 위한 목적의 정치적 발상이라는 것을 알 수 있을 것이다. 그가 법안에서 연방 소속 공유지를 각 주에 제공해야 한다는 의견 또한 정치적인 의견으로 주로 남부 출신 의원들의 환심을 사기 위한 것이다. 많은 남부 출신의 연방 의회 지도자들은 각 주 경계 내에 있는 연방 소속 토지는 그들에게 돌려주어야 한다고 보았다. 이유인 즉 당시 주(State)라고 알려진 미국의 정치 단위를 사실 오늘날의 주권 국가처럼 주권(sovereign states)을 가지고 있다고 보았기 때문이다. 이러한 개념을 철저할 정도로 믿고 있는 지역이 바로 남부 지역이라고 할 수 있을 것이다. 이런 측면에서 1826년 점진적 토지 가격 인하 법안(Graduation Bill)은 이 국가의 소속된 모든 지역을 포용해서 그 해결을 찾는 아주 절묘하고도 고도의 정치적 고려가 녹아있는 전략이다. 그러나 바턴은 그러한 법안에 대해서 매우 냉소적인 반응을 보인다. 그는 그 법안을 불과 몇 개월도 남겨놓지 않은 1826년 연방 의회 의원 선거를 겨냥한 "선거 유세용"이라고 비하하였다. 바턴의 강력한 영향력에 의하여 벤턴의 법안은 한 번 더 연기되게 된다.[52]

1826년 12월 4일 제19차 연방 의회에서 제2차 회기(The Second Session of the 19th Congress)가 소집되고 나서 얼마 안 있어, 바턴은 그 법안에 반대하는 긴 연설을 하였다.[53] 그의 목적은 분명한 것이었다. 모든 사람의 안녕을 위해서 그 법안은 저지되어야 한다는 것이다. 그는 이러한 법안을 저지함으로서 그의 정치적 라이벌에 대한 타격을 가하려는 목적이 분명하였다.[54] 바턴은 현재의 토지 시스템은 결국 근면하고 부지런한 사람들이 서부에서 정착을 수월하게 돕는 목적을 잘 실천하고 있다고 주장한다. 반면에 소위 점진적 토지 가격 인하법(Graduation)이라고 제안된 그 법안은 토지를 궁극적으로는 몇몇 소수의 토지 투기업자들의 손으로 몰아넣는 것이 될 것이다. 바턴은 다음과 같이 예상하였다. 점진적 토지 가격 인하 법안은 단 5년 안에 수백만 에이커의 공유지를 에이커 당 단지 25센트라는 아주 값싼 가격으로 시장에 던져놓는 것이다. 그리고 그 결과는 뻔했다. 오직 아주 작은 부분의 토지가 판매 될 것이다. 그리고 최종적으로 예상할 수 있는 결과는 바로 5년이 지나면 모든 토지 가격을 에이커 당 25센트로 낮추는 결과 밖에 아닌 것이 될 것이라고 보았다. 바턴의 주장을 단정적으로 말하면 이러한 법안이 실시되었을 경우에 최악의 투기가 조장하는 계기가 될 것이라고 그는 보았다.[55]

개혁운동과 아메리칸 시스템의 실천

바턴의 주장에서 보이는 기본 전제는 만일 토지 가격이 감소하게 되면, 투기꾼들이 토지의 많은 부분을 차지하게 될 것이며, 그래서 자영농이나 소농들에게 다시 팔거나, 임차해 줄 것이라는 염려가 들어있었다. 그러므로 적절한 토지 가격을 유지하는 것이 실질적 정착의 보호를 위해서 필요하다고 그는 보았다. 바턴은 그래서 현재의 토지 제도가 이상적이라고 보았다. 그는 다음과 같이 말하였다. "현재의 토지 제도가 유지되는 기간, 미시시피 계곡이나 다른 어떤 지역에서도 대토지 소유자들이 임대, 리스, 재매매 같은 방식으로 정말로 그 토지의 진짜 경작자들에게 팔아 엄청난 재산을 얻는 경우는 없었다."[56]

바턴이 인식하고 있든 아니든, 공공 토지 문제와 연관한 역사를 보면 분명한 것은 그의 주장이 맞았다는 점이다. 단시일 내에 재정 수입의 확대를 야기할 목적으로, 1787년 연방 의회는 에이커 당 10센트와 같이 아주 저가로 오하이오 컴퍼니(The Ohio Company)에게 150에이커를 팔았다. 1788년 연방 의회는 100만 에이커를 비슷한 가격으로 존 클레브스 시메스(John Cleves Symmes)에게 팔았다. 오하이오 컴퍼니와 시메스는 그 토지를 소농들에게 팔았다. 이러한 투기자의 노략질이 있은 후 그 혼란을 해결하기 위해서 많은 법안이 필요했음을 과거의 경험이 말하고 있었다.[57] 바턴은 또한 주 정부에 토지 할양(cession)하는 것도 반대하였다. 즉 연방 정부의 토지에 대한 주주권(state sovereignty)에 대한 논의를 무시하였다. 그는 다음과 같이 주장하였다. "미합중국 토지 문제에 관여할 수 있는 권한은 신설 주, 또는 개별 주에게 주어진 주권에 속하는 것이 아니다. 신설 주 내에서 연방 소유의 토지가 분할 될 수는 있었지만, 그럼에도 불구하고 그 토지에 대한 권한은 오로지 미합중국에 속하는 것이다."[58]

전체적으로 보면 바턴은 공공 토지를 연방 정부의 재정 수입의 중요한 원천으로 보는 전통적인 견해를 나타내고 있다. 이와 반해 벤턴은 토지 문제에 대한 신 사고와 그 시각을 반영하고 있다. 그는 서부의 토지는 재정 수입의 중요한 원천일 뿐만 아니라, 다른 한편으로는 서부 정착 우선 정책을 이루어내기 위한 수단으로 보고 있다. 바턴은 값싼 토지 가격은 바로 투기와 연결될 것이라고 보았다. 반면 벤턴은 토지는 서부 정착을 촉진하기 위해서 사용되어야 한다고 보았다. 바턴의 생각에는 값싼 토지는 대규모 토지 소유자를 탄생시킬 것이며, 그래서 그들에 종속되는 임대 소작농을 탄생 할 것이라고 보았다. 반면, 벤턴은 독립적인 자영농을 더더욱 많이 만들어 낼 것이라고 보았다. 지금까지의 연방 의회와는 달리, 제19차 연방 의회는 이제 토지 무상 불하 법안을 받아들일 준비가 되어있는 것으로 보았다. 의회에서 많은 수의 의원들이 그 법안의 토론에 참여한다.[59] 그러나 이러한 토론 분위기는 곧바로 종식된다. 이유인 즉 뉴욕 출신의 마틴 벤 뷰렌(Martin Van Buren of New York)이 그 법안 연기를 요청하였다. 그는 상원에서 문제의 공공 토지 법안에서 토지의 범위, 판매, 비용에 대한 보다 완벽한 정보를 갖기 전에는 그 법안에 대한 통과를 일시 정지하는 것이 현재로서 필요하다고 생각하였다.[60]

연방 상원에서 벤 뷰렌의 의견에 쉽게 동의 하였다는 것을 볼 때, 그 법안은 또는 공공 토지 정책의 미래는 아직 확신 할 수 없음이 분명하였다. 상원은 그 문제를 더 이상 붙들고 있을 분위기가 아니다. 아니 그러한 문제를 피하려는 의도를 보였다. 그러한 분위기는 일찍이 여러 번 법안이 연기되었다는 사실에서 확인 할 수 있는 것이다. 이러한 상황에서 토지 문제에 대해서 가장 관심을 가지고 있고 민감한 반응을 보이고 있었던 서부는 계속적으로 자신의 주장을 밀고 가면서 그 목적을 성취 할 수밖에 없었다. 이것이 지금까지 서부를 대신해서 벤턴이 했던 바로 그 모습이었던 것이다.

그러나 서부와 벤턴은 존 퀸시 아담스 대통령으로부터 어떠한 지원도 기대할 수 없었다. 아담스는 문제의 그 법안이 아메리칸 시스템을 구축하는 데 결정적 장애가 될 수 있다고 보았다. 연방주의적 차원에서 적극적으로 후원하는 국토 개발 계획 바로 그것이 아메리칸 시스템의 핵심이라고 아담스는 보았던 것이다. 그런데 만일 국토 개발 계획이 성공하려면 무엇보다도 연방 정부 산하에 있는 공유지의 판매 자금 없이는 불가능하였다. 물론 그 사업을 위해 수입을 얻을 수 있는 다른 한 곳은 보호 관세 정책이었다. 예를 들어 연방 정부 차원에서 이루어진 가장 스케일이 큰 사업으로 잘 알려진 컴버랜드 도로는 소위 "2% 기금"(two per cent fund)에 의해서 이루어진 것이다. 이것은 오하이오 내 있는 연방 소유의 토지 판매를 통하여 얻어진 수입의 2%를 사용해서 건설된 것이다. 그러므로 아메리칸 시스템의 중요 옹호자들의 예를 들어 아담스와 클레이는 결코 벤턴의 법안을 지원 할 수 없다는 것을 이해 할 수 있을 것이다.

문제의 핵심은 1826년 말 미주리 하원 의원 존 스콧(Representative John Scott of Missouri)으로 부터 온 편지에 대한 그의 반응에서 알 수도 있다. 이 편지에서 스콧은 클레이를 통해서 아담스 대통령의 협조를 요청하는 것이었다. 즉 아담스를 움직여 벤턴의 법안 즉 점진적 토지 가격 인하 정책(a graduation of land prices)에 대해서 긍정적으로 접근할 수 있도록 하라는 것이다. 스콧은 클레이에게 벤턴의 법안은 "공유지에 대한 (투기) 광풍"을 만들어 낼 것이라고 하였다. 그러나 클레이의 그러한 제안은 정치적 재정적 차원에서도 아메리칸 시스템이 철학과 위배된다고 하였다.[61] 그는 아메리칸 시스템은 궁극적으로는 여러 경제 정책을 사용해서 연방의 단결을 도모하는 것이라고 주장한다. 그런데 벤턴의 법안은 특별히 그가 그 법안에서 중요하게 언급하고 있는 "1년이 지나도 팔리지 않은 연방 소유 토지의 경우에는 연방에서 각 주로 이양 한다"는 토지 양도 조항이다.

결국 이 조항으로 인해 연방 정부를 유지하는 중요한 토대 중에 하나인 공공 토지에 대한 연방 정부의 통제력이 약화 될 것이라고 클레이는 보고 있다. 그러므로 클레이는 스콧에게 벤턴의 법안은 "버(Burr)의 부활로 그 본질상 반역적인 것이다."라고 말하였다. 이것은 이전 토마스 제퍼슨 대통령 시기에 서부 지역의 여러 주들을 연방에서 분리하여 독자적인 국가를 건설하려는 악명 높은 반역자 아런 버(Aaron Burr)와 같은 인물로 보는 것이었다.[62]

클레이는 아담스 대통령에게 벤턴의 주장은 오로지 미주리에서만 인기를 끌고 있을 뿐이고, 반면 오하이오의 분위기는 아주 "건전"(sound)하다고 말하였다. 이러한 상황에서 더욱더 아담스는 벤턴의 법안을 단지 "장차 연방 상원 선거를 목적으로 한 전략의 하나"로 치부해 버렸다.[63] 그러나 이후에 전개되는 상황을 볼 때 그들은 상황 판단을 지극히 잘 못했다는 것이 확인된다. 아담스와 클레이는 서부인들의 현실을 이해하지 못했다. 그들은 당시 서부에서의 벤턴의 법안이 얼마나 인기 있는지 알지 못했던 것이다. 이러한 잘못된 판단으로 인하여 앞으로 아담스와 클레이는 비싼 정치적 대가를 치르게 된다.

클레이가 대수롭게 보지 못한 상황은 벤턴의 무상 토지 불하 법안이 사실 서부인 들에게서 그 인기가 폭발적이었다. 인디아나(Indiana), 일리노이(Illinois), 앨라바마(Alabama) 주는 이 법안 이전에 이미 연방 의회에다가 토지 가격을 낮추라는 요청을 한 상태였다. 미주리(Missouri), 아칸소(Arkansas), 루이지애나(Louisiana) 주 의회(legislatures)는 벤턴의 무상 토지 법안과 유사한 청원서를 통과한 상태였다.[64] 서부 지역 주 입법부에 더하여 서부의 정착 주민들 또한 벤턴의 법안을 지지하기 위해서 연방 의회에 직접 청원서를 올렸다. 벤턴 그 자신도 두개의 청원서를 올렸다. 이 청원서에서 각각 200명, 300명의 시민이 서명하였다.[65]

이러한 지지가 폭발적으로 증가하고 있는 것을 분명하게 인식하고 있었던 벤턴은 이번에는 통과를 확신하고 다시 연방 의회의 문을 두드렸다. 1827년 12월 3일 제20차 연방 의회가 개최되자마자, 그는 그의 법안을 상정하였다.[66] 벤턴은 재정 문제와 세금 문제를 지적하면서 법안의 필요성을 역설하였다. 자신이 제출한 법안이 통과되면 우선 5년 안에 국가의 부채는 완전히 해소될 것이며, 그러므로 미국 국민의 측면에서 보면 연 1,200에서 1,500만 달러의 세금이 감소하게 될 것이라고 그는 주장한다. 벤턴은 동부 지역의 상원 의원들이 바로 이러한 국가의 부채 문제에 깊은 관심을 가지고 있다고 보고, 그들의 시선을 끌기 위해서 이러한 주장을 한 것이다. 그렇게 함으로서 그는 이전 1826년 그가 한 전제와 주장을 뒤집었다. 그 때는 일반 국민들에게 "하나님이 주신 선물"(The Gift of God)로서 토지를 배분하는 것이 바로 그 법안의 목적이라고 하였었다.[67] 근본적으로 벤턴은 가능한 한 어떤 수단을 사용해서라도 값싼 토지를 정착자에게 선물해야 한다고 보았던 것이다. 그 목적을 위해서는 어떤 경우에는 그는 서로 양립 불가능한 논지의 주장을 할 때도 많았지만, 어쨌든 서부 토지 문제를 의회에서 국가의 재정상의 수입 문제를 해결하기 위한 방편으로, 다른 한편으로는 자영농의 정착을 돕는 수단으로 의원들을 설득할 수 있었던 것이다. 서부의 농민들이나 각 주 의회뿐만 아니라, 일리노이의 조셉 던컨 하원 의원(Representative)으로부터도 지원을 얻을 수 있었다. 그는 잭슨계 민주당 인물이었고, 연방 하원 공공 토지 문제 위원회(The House of Committee on Public Lands)위원장을 맡고 있었다.[68] 그러한 벤턴에 대한 지지에도 결코 굴하지 않고 연방 하원 무대에서 벤턴의 법안에 대한 반대의 수위를 높이고 있는 인물이 있었으니 그가 바로 벤턴의 불굴의 적수인 바턴이었다.[69] 그는 토지 무상 불하는 투기를 조장하고 결국 오직 5년간 토지 판매를 지체할 뿐이라고 말하였다. 바턴의 논리는 벤턴의 논리를 뛰어넘지는 못하지만, 그럼에도 그 타당성을 가지고 있었다. 그러나 누가 정치적으로 이익을 얻었는가 묻는다면 단연코 그는 벤턴이다. 그는 서부에서 확고한 명성을 얻을 수 있었다. 프런티어 거주자들은 그러한 논리가 어떠한지는 별로 관심이 없었다. 그들은 무엇보다도 그들 지역의 경제적인 이익이 무엇인지가 큰 관심이었을 뿐이었다. 역사가 다니엘 펠러(Daniel Feller)가 지적하였듯이 서부에서는 정착인과 투기자를 구별하기가 쉽지 않았다. 소규모 자영농에서부터 대규모 자금을 가진 인물 모두가 투기에 빠져들어 있었다. 그러한 투기 광풍이 경제적 파국으로 그리고 위기로 까지 나타나기 전에는 서부는 아직까지는 투기를 기쁘게 받아들이는 분위기였다.[70]

그러나 바턴은 벤턴의 무상 토지 조항을 결코 수용할 수 없었기에 신랄한 비판을 주저하지 않았다. 그는 "점진적 토지 가격 인하 정책(graduation)" 조항은 단지 속임수에 불과하다고 보았다. 바턴은 그 법안은 실시되게 된다면 공공 토지 가격은 급속하게 떨어지게 될 것이고, 또한 투기의 광풍이 급속도로 확대 될 것이라고 보았다. 이유인 즉 서부로의 이민이 요구하는 토지는 다가올 3년간을 볼 때, 약 2백만 에이커를 넘기기 어렵다고 그는 보았기 때문이다. 다른 토지는 결국 투기 자본가에게 돌아가게 될 것이라고 보았다. 다시 말해, 토지 무상 불하 시스템 하에서는 결국 토지 공급과 대응해서 적절한 수요가 나타나지 못할 것이라고 보았다.[71]

바턴은 토지 "기부"(donation)계획에 아주 긍정적으로 생각하고 있다. 그리고 계속해서 그는 주장하기를 자신만의 계획을 제시할 것이라고 말하였다. 즉 그가 "토지 기부에 대한 아주 사려 깊은 계획"이라고 부르는 것이다. 여기에 더하여 토지 "양도" 정책 또한 옹호하였다. 그러나 그는 그 문제에 대해서 자세하게 설명하지는 않았다.[72] 그러한 상대를 속이기 위한 전략적인 지연 전술을 통해서 우리가 분명히 확인 할 수 있는 점은 벤턴과 그의 무상 불하법이 연방 의회에서든 일반 여론에서도 분명히 인기 있는 정책이었음을 확인 할 수 있다.

그러나 바턴이 벤턴의 법안에 대항마로서 제출한 수정안에서 앞에서 약속한 양도 조항을 포함하고 있지 않았다. 대신 바턴의 수정안은 에이커 당 현재의 1.25달러에서 1달러로 전 토지에 대하여 가격을 낮춘다는 것을 포함하고 있었다. 여기에 바턴은 서부에 정착하는 인구 1인당 쿼터 섹션 (quarter section, 160에이커)을 제공한다는 것이다. 그리고 만일 정착인이 연속적으로 5년 간 그 땅에 거주하고 경작에 종사할 경우에는 그 토지 소유권을 준다는 것이다.[73] 총체적으로 말하면, 바턴의 수정안은 서부 지역에 대해 어느 정도 양보를 해줌으로서 그들을 안심시키고자 했다. 그러나 한편으로는 전통적인 토지 제도의 골격을 유지한다는데 그 의도가 있는 것이다.

바턴의 수정안에 비교해서 볼 때, 벤턴 법안이 급진적인 측면을 가지고 있는 것이 분명한 것 같다.[74] 투기자들이 계속 거주하면서 그 토지의 가치를 개선하기 위해서 노력할 것 같지는 않았다. 그들은 단지 거주 요구 기간이 끝나기만 하면 바로 그 토지를 판매할 것은 아주 분명한 일이었다. 이런 경우에서는 연방 정부는 소위 토지 기부를 통하여 어떤 이득과 혜택을 가시적으로 손에 쥘 수 있는 것은 거의 없었다. 더욱이 공공 토지를 각 주 정부에 양도하는 것은 연방 정부에 재정적인 큰 비용을 희생하는 것이 될 것이며, 다른 한편으로는 정치적으로도 큰 부담을 야기하는 것이 될 것이다. 이유인 즉 각 주 경계 내 연방 정부와 그 실체적 자산이 있다는 그 자체가 연방의 강한 권위를 확인하는 상징적 요소로 작용하였다. 전체적으로 보면, 벤턴의 법안은 서부에 보다 큰 혜택을 부여하는 것이었다. 그리고 또 하나 잠재적으로 투기를 일으킬 요소를 충분히 가지고 있음을 인식해야 한다.

계속되는 상원에서의 토론도 또한 벤턴과 바턴의 주장을 두고 일어나고 있다. 벤턴 법안의 지지자들은 다음과 같이 주장하고 있었다. 1. 토지는 신이 부여한 선물이다. 그것은 국민의 소유이며, 정부의 소유가 아니다. 2. 토지 가격을 낮춘 다음 빠른 시간에 판매하여 연방 정부의 빚을 청산토록 한다. 그리고 현재 토지 정책은 재정 수입 확보를 위한 정책으로 실패하였다.[75] 3. 현재 토지 시스템의 진정한 목적은 서부 이주를 막는 것이다.[76]

마지막 주장은 정치적 폭발력을 가지고 있는 것이었다. 서부 출신 의원들은 대통령 아담스와 재무장관 리처드 러쉬(Treasury secretary Richard Rush)가 1827년 연방 의회에 각각 제출한 연례 시정 연설이나 보고서를 바로 음모의 증거로서 지적하고 있었다. 연례 시정 연설에서 아담스는 다음과 같이 말하였다. "공공 토지는 미 국민 전체가 국가 재정 지출뿐만 아니라 목숨까지 바치며 획득한 것이므로 여기에 있는 재산권은 포괄적인 것이다." 아담스는 연방의 토지 소유권을 강조하기 위해서 "피"(blood)라는 단어를 사용했다. 그는 또한 현재의 토지 시스템은 "탁월한 성공을 거두었다."라고 말을 하였다.[77] 그는 직접적으로는 벤턴의 점진적 토지 가격 인하 법안을 언급하지는 않았다. 그러나 대통령의 분명한 입장은 공공 토지는 연방의 공통 재산이라는 것이다. 그리고 현재 벤턴에 의해서 주장되고 있는 점진적 토지 가격 인하 법안에 대한 옹호자들의 요구에 따라서 현재의 토지 제도를 전향적으로 바꿀 의도는 결코 없는 것으로 보였다.

아담스와 마찬가지로, 러시는 연방 의회에 보내는 보고서에서 벤턴의 토지 법안을 구체적으로 언급하지는 않았다. 대신에 그는 관세율을 증가시킴으로서 국내 제조업자들을 보호하는 주장을 하게 된다. 이러한 주장의 하나로서 러쉬는 토지 가격은 낮추지 말아야 한다는 것이다. 이유인 즉 토지 가격을 낮출 경우 결국 서부로 이주를 고무하게 될 것이며, 이것으로 동부 지역의 제조업에서 필요한 노동력은 감소될 것이다.[78] 아담스와 러쉬에 의한 이러한 두 가지 주장을 종합적으로 정리하면 현 정부에서는

226

어떤 변화를 할 생각이 없다는 것과 구체적으로 서부의 이익에 반하여 현재의 토지 제도를 확고하게 유지할 것이라는 점이다.

총체적으로 보면, 서부 출신 의원들은 그들 측면에서 유리하고도 확고한 사실들을 분명히 잘 인식하고 있었다. 우선 무려 2,000만 에이커의 연방 소유 토지가 아무런 이용 없이 방치되고 있는 상황에서 헐값에, 또 어떤 경우에는 무상으로 그 토지를 서부인에게 불하하는 계획이 무시할 수 없는 주장이라는 점을 잘 알고 있었다. 그리고 현재 토지 제도는 결국 실질적인 차원에서 연방 재정 수입을 확대하는데 실패하였다는 사실이다. 이러한 점들을 고려한다면, 토지를 서부인에게 판매하거나 또는 기부하는 경우에서 두 가지 다 확실한 가치로서 의미를 충분히 가지고 있는 것이라고 할 수 있을 것이다. 놀라울 것이 없는 사실은 궁극적으로 바턴의 수정안이 연방 상원 투표에서 14대 28로 통과되는데 실패하였다.[79] 상원에서 바턴의 대체 안에 대해서 거절했다는 것은 바로 연방 의원들이 현재의 토지 시스템의 사소한 수정보다는 전폭적인 변화를 요구하고 있다는 점을 분명히 하고 있음을 상징적으로 보여주고 있는 사실이다.

연방 상원에서 이러한 토지 정책의 변화 요구에 반응하고 있었다고 해서, 토지 양도에 대한 견해와 주장이 어떠한 반대도 받지 않았다는 것을 말하는 것은 결코 아니다. 사실 북동부 출신의 상원 의원들은 연방 토지를 각 주 정부에 양도하는 것에 대해서 반대하였고, 그것은 지역적인 특색 상 충분히 이해할 수 있는 반응이라고 할 수 있다. 뉴저지 주의 말혼 디커선(Maholn Dickerson of New Jersey)은 소위 각 주에 양도를 주장하는 이론적인 근거가 되는 주주권론(state sovereignty)은 이제 "약화된 권한"(modified one)에 불과하다고 주장하고 있다. 이유인 즉 "[주주권의](of state sovereignty) 권한 중에 일정 부분을 [각 주들이 연방 정부에 가입될 때](when states entered the Union) 이미 양도하였다"는 점을 지적하고 있다. 그러므로 디커션은 각 주는 그들의 국경 내 있는 토지에 대해서 완전하고도 독자적인 소유권을 주장 할 수 있는 것이 아니라고 보았다. 그는 계속해서 다음과 같이 말하였다. "우리가 국민 주권론(The sovereignty of the people)을 이야기할 때, 그때 그 의미는 미합중국 국민(The people of the United States)을 의미하는 것이며, 단지 뉴욕 국민(The people of New York), 펜실바니아 국민(The people of Pennsylvania)을 의미하는 것은 아니다."80 이러한 방식으로 말하면서 디커션은 당시까지 남부의 연방 헌법관의 핵심이라고 할 수 있는 연방 계약 이론(The compact theory of the union)을 부정한다.

흥미로운 사실은 비록 벤턴은 그의 무상 토지 불하 법에서 남부인을 끌어들이기 위해서 토지 양도 법을 포함하였지만, 남동부지역 출신의 상원 의원들은 그러한 양도 조항에 대해서 반대하였다는 점이다. 연방 의회에서의 토론에서 조지아의 토마스 콥(Thomas W. Cobb of Georgia)은 버지니아의 존 타일러(John Tyler of Virginia), 노스캐롤라이나의 내셔니엘 메이콘(Nathaniel Macon of North Carolina)이 토지를 주에 양도하는 조항에 대해서 아주 강력하게 반대하였다. 그들이 그렇게도 논리와 실천에서 괴리를 보여주었던 이유는 그들의 출신이 바로 농업 지역임으로 해서 지금 뿐만 아니라 장차 그들과 동남부 지역과 서부가 토지와 인구에서 경쟁적인 위치에 있을 것이라고 보았기 때문이다.81 남동부지역은 그들 지역의 인구가 서부로 유출되지 않도록 하는 노력해야 할 이유가 분명히 있는 것이다. 자신의 법안에 대한 반대를 결코 이해할 수 없는 것은 바로 벤턴도 마찬가지였다. 그리고 그는 이러한 반응에 흥분하고 있었다. 몇몇 정치가들은 토지 문제 법안에서 남부와 서부가 제휴로 나아가는 듯하였다. 1829년 5월 27일 쓴 편지에서, 클레이는 "최근에 강력한 정치적 영향력을 가지고 있는 남부 출신의 인물이 서부 출신의 나의 정치적 동료에게 (도움)

요청을 해 왔다. 만일 우리 남부가 공공 토지 건에 반대를 포기한다면, 서부도 관세 문제에 대한 지금까지의 입장을 즉 강화나 유지를 포기 할 수 있을 것인가?"[82]

|표 3-1| 1828년의 점진적 토지 가격 인하 법안에 대한 연방 상원의 지역적 투표 성향
(Vote Analysis on the Graduation Bill of 1828)

지역구분	상원(Senate)	
	찬성(Yeas)	반대(Nays)
뉴잉글랜드 (New England)	–	12
대서양중부 (Mid-Atlantic)	1	7
북서부 (Northwest)	9	1
남동부 (Southeast)	3	5
남서부 (Southwest)	8	–
총 투표 수 (Total)	21	25

출처: Senate Journal, 20th Cong.,1st sess. (22 April 1828), p.323.

이러한 지역적 구도는 바로 동부와 서부의 선명한 분리만큼 그렇게 분명하고 놀라운 곳은 없었다. 모든 서부 출신 의원들은 단지 미주리 주의 바턴을 제외하고는 그 법안에 찬성표를 던졌다. 바턴이 그 법안에 반대한 대가는 비싼 것이었다. 그는 1830년 선거에서 낙마하고 만다.[83] 이것은 충분히 예상했던 일이었다. 테네시, 앨라바마. 미시시피, 루이지애나 주 상원 의원들은 만장일치로 그 법안에 찬성표를 던졌다. 적어도 토지법에 대해서는 남서부의 주들은 북서부지역의 의원들과 하나가 되는 듯하였다. 즉 그들의 남동부지역 출신의 의원들보다는 북서부지역의 의원들과 같은 입장이었던 것이다. 다른 한편으로 뉴잉글랜드 출신 상원 의원들은 그 법안에 반대하였다. 중부 지역 출신의 의원들은 그 법안에 대해서 3대 5로 반대하였다.

역사가 레이노 웰링턴(Raynor G. Wellington)은 1828년 이후 지역 간의 갈등에서 "남동부지역 주들은 공공 토지 문제에서 그들이 원하는 것을 얻기 위해서 서부와 공조하는 입장을 취하고, 반면 북서부지역에서는 관세를 낮추고 싶어 하는 남동부지역의 정서를 돕고자 하는 노력을 보여주면서 그 법안에 찬성을 유도하려는 의도를 보였다"라고 주장한다.[84] 사실 이러한 방향으로 조정하려는 노력들이 없었던 것은 아니다. 벤턴은 1828년 점진적 토지 가격 인하 법안에서 토지 양도 조항을 삽입하였다. 그것은 다분히 북서부지역과 남부를 주주권론(States' rights)에 기초하여 연합하려는 목적이었다. 그러나 남동부지역 출신 상원 의원들이 그러한 제안을 거절하였다. 대신에 그들은 토지 양도 조항을 맹렬하게 비난하였다. 그 결과로 벤턴은 자신의 법안에서 그 조항을 삭제하였다. 여기에 더하여 남동부지역 출신 상원 의원 대다수는 벤턴의 법안에 반대하였다. 사실 이러한 사정들을 고려한다면, 남부와 북서부지역의 지역 간 합리적인 제휴가 가능할 기회가 있었던 것이다. 그러나 남부가 그러한 제안을 거절하였던 것이다.

미국의 초기 역사를 보면, 토지 개혁을 요구하는 목소리는 주로 서부로부터 왔다. 서부인은 토지란 신이 국민들에게 분배하라고 주어진 선물이라고 주장한다. 1828년 무상 토지 불하 법은 값싼 토지를 획득하려는 서부인의 노력을 상징하는 극적인 장면이라고 할 수 있을 것이다.[85] 다른 한편으로 아메리칸 시스템을 옹호하는 인물들 예를 들어 아담스, 클레이, 러시는 그러한 기획을 반대하여 싸우고 있었다. 그들은 공공 토지란 결국 국가 즉 연방 정부의 재산이라고 보았다. 그러므로 지금 가장 중요한 국가 부채를 상환하기 위해서, 또한 재정 수입의 확보를 목적으로 그 토지를 이용해야 한다고 보고 있다. 그리고 또 하나가 바로 국토 개발 계획을 수립하기 위한 자금을 확보하기 위해 사용되어야 한다는 것이다. 아담스는 특별히 적절한 토지 가격을 유지함으로서 서부로 이주민의 급격한 유출을 막을 수 있을 것이라고 보았고, 동부 지역에서 이루고 있는 산업 혁명의 시기에서 제조업에 필요한 인력을 안정적으로 유지 할 수 있을 것이라고 보았다. 그러므로 서부인이 가장 선호하고 있는 포괄적인 토지 정책을 실천하는데 실패하고 만다.

벤턴의 법안에 대한 아담스와 클레이의 태도를 추적해보면, 미국의 아메리칸 시스템을 옹호하고 있는 인물들이 공유하고 있는 정치 문화의 중요한 측면들을 확인할 수 있다. 그들은 자신들이 보기에 옳다고 생각하는 것, 특히 연방의 안녕을 위해서 필요하다고 보는 것에 대해서는 저돌적으로 밀고 나가는 기세를 보여주고 있다. 어떤 경우는 이러한 입장을 추진하는 과정에서 자신의 정치적 운명이 걸린 지역구에 대해서 위험스러운 그리고 반하는 결정을 할 경우에도 그들은 결코 망설임을 보여주지 않고 밀고 갔다는 점이다. 그들은 가능성의 확률을 계산하는 인물이 아니었다. 그들은 반대로 어떠한 상황에서도 불굴의 의지를 가지고 자기들이 옳다고 믿는 것들을 실천하는 인물들이었다. 그러므로 다시 서부 지역에서 그렇게도 인기가 있었던 벤턴의 무상 토지 불하 법안을 지지하는 것보다는 차라리 전통적인 토지 시스템을 유지하는 것이 더 낫다고 생각하였던 것이다.

아담스 행정부의 국토 개발 계획
(Internal Improvements under the Adams Administration)

국토 개발 계획의 기획과 그 실천을 보면 아담스 행정부 기간에는 절반의 성공이었다고 할 수 있다. 우선 아담스는 그가 대통령으로 선언을 한 순간부터 국토 개발 계획에 대한 적극성을 보여주었다. 취임 연설에서 아담스는 그러한 정책이 가져올 결과와 혜택에 대해 다음과 같이 말하였다. "국토 개발 계획은 …미래에 이 땅에 태어날 우리 후손들이 이 연방의 건설자에게 가장 진정으로 감사하게 될 그러한 사업이다"[86]

아담스는 그의 전임 대통령들에 비해 이러한 정책을 실시하는데 걸림돌이 되는 헌법적인 문제를 그렇게 심각하게 생각하지 않았다. 그는 그의 취임 연설문에서 그 문제에 대해 "의견의 다양성"이 있음을 인정하였다. 그러나 그는 다음과 같이 희망을 표현하였다. "우의와 인내의 과정을 통하여 … 그리고 모든 헌정적인 문제에서 발생하는 반대를 궁극적으로 제거될 수 있다는 확신에 찬 사려 깊은" 준비를 통하여 그 문제를 해결 할 수 있을 것이라고 믿어 의심치 않았다.[87] 아담스의 언급은 아주 의미심장한 이야기일지는 모르지만, 그러나 어떻게 보면 아주 순진한 이야기였다. 대통령은 전 국가의 모든 지역을 통하여 그리고 특별히 남부에서 헌정적인 차원에서 심각한 고려들을 결코 이해할 수 없었던 것이다.

1825년 12월 6일 최초의 대통령의 연례 시정 연설에서 그가 이 국토 개발 계획과 연방 권력의 경계를 어떻게 보고 있는지에 대한 자신의 기본적인 입장을 구체적으로 나타내었다. 아담스의 국토 개발 계획은 단지 도로나 운하를 건설하는 개발 계획 보다 훨씬 더 높은 차원의 기획을 보여주고 있었다. 여기에는 워싱턴에 국립대학을 건설할 뿐만 아니라, 천문대, 북서부 해안을 탐사할 선박 건조, 내무부(a new Department of the Interior)를 건설하는 것도 포함하였다.[88] 그가 가지고 있는 국토 개발 계획에 대한 청사진은 단지 가시적인 측면에서 국가 기간산업의 확충에만 한정된 것이 아니고, 미국 국민의 지성과 정신을 고양시키고 세련되게 할 수 있도록 하는 것에 중점적인 관심을 보였다. 아담스는 다음과 같이 말하였다. "먼 지역의 사람들과 물자의 이동을 원활하게 하는 도로와 운하 건설은 국토 개발 계획의 가장 중요한 보기라고 할 수 있다" 그러나 아담스는 계속하기를 도덕, 정치, 지적인 개선은 진정으로 이 세계를 이룩하신 창조주(The Author of Our Existence)가 이 사회와 그리고 마찬가지로 중요한 가치를 가지고 있는 각각의 개인에게 부여한 소명이다.[89] 아담스의 메시지에서 아주 독특하고 예외적인 면은 그가 이러한 일을 처리하기 위해서 필요한 헌법적인 근거와 권리에 대한 그의 입장에서 확인할 수 있다. 그는 국토 개발 계획에 대한 연방 정부 차원에서의 지원 사업은 "신성하고 필수 불가결한 일로서 이것은 마치 헌법에서 부여되지 않은 권력의 남용이란 범죄적인 행위이며, 혐오스러운 일이라고 볼 수 있는 것과 같이 명확한 것이다."라고 주장하였다.[90]

　아담스가 정치 권력(power)에 대해서 가지고 있는 긍정적인 생각은 그 자신이 "자유"란 개념을 어떻게 이해하고 있는지에 대한 것에서 출발하고 있다. 그는 다음과 같이 말하였다. "자유란 힘이다. 많은 부분에서 자유의 축복을 받은 국가는 그 국민이 자유를 수용하는 비율이 증가하면 할수록, 지상에서 가장 강력한 국가가 될 것임에 틀림없다."[91] 그러므로 연방 정부는 미합중국의 시민들의 물리적 그리고 문화적 측면들을 향상시킬 수 있는 어떠한 사업이라도 적극적으로 참여해야 한다. 그러므로 아담스의 후원 하에 국토 개발 계획은 경계 없이 그 문이 활짝 열려있는 것으로 보인다. 그리고 이론적으로는 이것에는 바로 미국의 현재와 미래의 고민인 노예 제도의 폐지까지도 포함될 가능성이 있는 것이다. 일찍이 조지 워싱턴 대통령은 이 문제와 관련해서 언급을 한 적이 있다. 그는 연방 권력과 자유와의 관계에 대해서 아담스와 비슷한 생각을 하고 있었던 것이다. 그는 다음과 같이 말하였다. "여러분의 연방은 우리가 소유하고 있는 자유의 가장 중요한 부분이라는 점을 준엄하게 받아들여야 한다. 자유를 사랑하는 것이 연방의 보존에 가장 중요하다는 것을 알아야 합니다."라고 그는 저 유명한 고별 연설(Farewell Address)에서 언급하였다.[92] 어쨌든 이러한 아담스의 웅장한 규모의 국토 개발 계획은 특히나 남부인의 그리고 더 구체적으로 남부 출신 의원들에게서는 불길한 징조로서 들려왔다. 그러나 아담스는 그의 연설에서 이러한 남부인들의 민감한 반응에 불을 지피고 있었다. 그는 이러한 기획을 실천할 경우에는 결국 연방 정부의 권한이 막강하게 확대될 것이라는 두려움의 목소리와 외침을 거의 무시하는 태도를 보여 주었다. 그는 웅변적으로 다음과 같이 되물었다.

> 지금까지 힘(강력한 국력)이 될 수 있는 바로 그 자유가 이제 문제가 되고 있다. 지금까지 우리보다 덜 축복받았던 외국 국가들이 엄청난 속도로 공공 부분의 개선 작업에 박차를 가하고 있는 동안 우리는 나태함에 빠져있거나 또는 모든 것을 포기하고, 우리의 선거구 주민의 의지에 의해서 어쩔 수 없다고 체념한다면, 그것은 신의 부여하신 소명을 버리고 우리 자신을 영원히 이등 국가로 떨어지게 하는 것과 무엇이 다른가?[93]

아담스는 그의 전임 대통령과 달리 이 문제에 한 발 더 나아가서 강력하며 단호한 입장을 표명하였다. 지금까지 미국의 대통령들은 이 문제에 대해서 매우 조심스러운 태도를 취하였다. 그들은 국토 개발 계획을 실천하기 위해서 절차상 적법한 권한을 확고하게 보장받아야 할 필요가 있고, 구체적으로 연방 헌법상 수정 조항을 만들어야 한다는 것이었다. 그런 조치가 이루어질 경우에 한해서 연방 의회가 합법적으로 그 기획에 대해서 자금을 지원할 수 있는 권한을 갖게 될 것이라는 전임 대통령들의 입장이었다. 그러나 아담스는 이런 선배들의 경고를 무시하고 나아갔다.

연방 정부 차원에서 적극적으로 지원하는 그 엄청난 아담스의 계획은 정치적인 면에서 보면 매우 어려운 제안이라고 할 수 있다. 과거의 경우를 보면 그것이 얼마나 어려운 일인가를 확인 할 수 있을 것이다. 제퍼슨, 메디슨, 먼로 대통령 모두 연방 정부의 후원 하에서 이루어지는 도로, 운하 건설 사업에서 단지 한 경우(컴버랜드 도로 건설 사업)를 제외하고 실패하였다. 물론 국립대학 건설 사업도 마찬가지의 운명을 맞았었다. 상황을 보다 구체적이고 실질적인 측면에서 보고 있는 정치가들은 그러한 저돌적인 추진 정책은 어떤 좋은 결과를 이루어 낼 수 없다는 점을 잘 파악하고 있었다. 1806년 제퍼슨의 연례 시정 연설에서는 대통령이 수입 관세로 부터 확보된 기금을 교육 사업에 투자한다는 내용이 들어있다. 그 원고 초안 작성 과정에서 충고를 아끼지 않았던 갤러틴은 도로와 강, 운하의 개선하려는 기획이 아마 확실히 "인기"가 있을 것이지만, 국립대학을 건설하려는 기획은 십중팔구 "인기 없는" 것이 될 것이라고 말한 적이 있다.[94] 아담스 대통령 통치하에서 국무장관을 역임하였고, 아메리칸 시스템의 진정한 창안자라고 할 수 있는 헨리 클레이는 그러한 포괄적인 범위에서 아메리칸 시스템을 기획하는 것에 결코 동의하지 않았다.[95]

왜 아담스 대통령은 그의 전임 대통령의 실패로부터 교훈을 얻지 못하고 그의 연설문을 제출하기를 고집하였는가? 아마 그는 연방 의회와 국민들이 순조롭게 자신의 기획안을 받아들일 것으로 낙관적으로 믿고 있었을지 모른다. 그는 그의 연설문의 말미를 희망적 전망으로 마무리하였다.

본인은 밝은 희망과 진심어린 협조 정신을 확고하게 믿고 있기에 여러분들의 심사숙고한 진심어린 결과를 끝까지 인내를 가지고 기다릴 것이다. … 이유인 즉 여러분들은 소속된 국가에 충실하게 수행할 의무에 대해 마땅한 지각을 가지고 있다는 것을 나 또한 잘 알고 있고, 그리고 각자 자신에 부과된 짐을 회피하지 않을 높은 책임감을 가지고 있다는 점을 확신하고 있기에, 일반 국민의 공통의 선을 위한 수단(사업)에 기꺼이 영향력을 행사할 것이라고 믿어 의심치 않는 것이다.[96]

여기서 이해 할 수 없는 것은 그렇게 외교적인 경력에서 많은 경험을 쌓고, 물론 정치가로서도 뒤지지 않는 경력을 가지고 있었던 바로 그가 연방 의회가 그리고 누구보다도 클레이까지도 찬성하지 않았던 그 아메리칸 시스템의 기획을 승인해 줄 것이라고 믿었다는 점은 지금에 생각해도 이해 할 수 없다. 아담스는 그의 기획안에 대해서 구체적으로 실현 가능하지 않았음을 알아차리고 있었는지 모를 일이다. 그럼에도 그러한 정책을 고수했던 것은 아마 장기적인 기획과 설계를 준비하고 있었는지도 모를 일이다. 지금은 비록 현실 가능한 기획안이 아닐지 라도 장기적인 측면에서 보면 구체화시킬 수 있는 가능한 일이라고 믿어 의심치 않았는지도 모를 일이다. 그러므로 현실적이고 즉각적인 난관을 아예 무시 했는지도 모를 일인 것이다. 아담스는 "단지 연방 의회의 한 회기에서 가능한 일에 만족하기 보다는 보다 장기적인 시간 속에서 실현 가능성이 있는" 고려된 기획안을 제출하는 것이라고 자신의 의견을 제시한 적이 있다. 그가 다음과 같이 비유적으로 이야기한 것은 바로 그런 차원의 고려에서 출발하는 것이다. "씨앗만 준비될 수 있다면, 언젠가는 나무가 될 것이다." 장기적인 계획에서 볼 때, 지금 제출한 기획안은 마땅히 "논쟁을 필요치 않는 의무"에 해당하는 것으로 보았던 것이다. 그러므로 아담스는 다음과 같이 주장할 수 있었다.

그 기획안을 지금 주장하든 나중에 주장하든 그것은 별로 "중요한 문제가 되지 않는 것"이라고 그는 말한다. 그가 중요시하는 것은 비록 그 기획안이 좋은 호응을 받지 않는다 할지라도 현재 제안하는 것이 그 자신이 해야 할 "의무"라고 그는 주장하고 있다.[97] 여기서 그가 가지고 있는 종교적인 성격이 바로 은연중에 베여 있음을 확인 할 수 있다. 바로 정치적인 결과와 영향력은 무엇이든 그것을 고려치 않고 믿음과 신념하에 밀고 가려는 그의 의지 말이다.[98]

그러한 불굴의 의지도 현실의 시련을 극복해 나가기가 만만치 않음을 확인 할 수 있는 것은 그리 오랜 시간이 요구되지 않았다. 간단하게 말해서 그러한 완고한 태도에서 그가 감당해야 할 정치적 고난은 너무나 컸다. 특히 남부인들이 그의 국토 개발 계획에 대해서 어떻게 반응 할 것인가에 대한 정치적인 계산에 대해서 그는 쉽게 생각하였음이 확인되었다. 남부 정치가들은 아담스의 제안을 연방 헌법에 위배되는 것으로 간주하였다. 그들은 또한 연방의 단결을 방해하는 그만의 무례하고 엉뚱한 행동으로 보았던 것이다. 조지아 주의 윌리엄 크로퍼드(William H. Crawford of Georgia)는 아담스의 주장을 "본인이 연방 헌법에 위배된다고 간주하는 그 주장과 하등 차이를 찾을 수 없는" 것이라고 주장하였다.[99] 노스캐롤라이나 주의 내셔니엘 메이콘은 다음과 같이 말하였다. "대통령의 메시지는 실제적으로 보면 각각의 연방 정부들의 여러 분산된 권한 모두를 달라고 요구하는 것과 마찬가지다."[100] 토마스 제퍼슨은 아담스의 메시지를 귀족제의 막강한 정부를 건설하려는 "연방주의자들의 시도"라고 일침을 놓았다.[101] 남부의 주장에 매우 동정적인 뉴욕 출신의 마틴 벤 뷰렌은 "전통적인 공화당의 노선을 따르는 이들은 누구나 [아담스의] 그 제안들이 (연방정부의 권한을) 극도로 광범위하게 해석한 것이라는 것을 알 수 있을 것이다."라고 평하였다."[102]

 남부 출신 의원들은 아담스의 메시지에 대해서 아주 비판적이었다. 1826년 3월 4일 버지니아 주 의회는 하나의 결의안을 통과하게 된다. 이 결의안은 연방 의회가 "연방적인 차원에서 이루어지는 국토 개발 계획과 마찬가지로 각 주 내에서 이루어지는 국토 개발 계획 전반에 대해서 간여할 수 있는 권한이 연방 의회에 소속되었다."는 주장을 거부하는 결의안이었다. 두 번째 결의안에서는 "각 주 경계 안에서 도로와 운하의 건설에 대해 연방 의회가 지출을 할당하는 것"은 연방 헌법의 권한을 위배하는 것이라고 말하였다.[103] 1827년 12월 24일 조지아 주 의회는 다음과 같이 결의하였다. "중앙 정부(연방 정부)의 한 부분에 해당하는 권한 주체가 국내 제조업의 촉진을 위해서 또는 국토 개발 계획을 촉진하기 위해 권한을 사용하는 것에 대해서 *반대(oppose)* 한다."라고 선언한다.[104]

 심지어 지난 1824년 토지 측량 법안(The Survey Bill of 1824)에 대해서 아주 적극적으로 지지했던 바로 그 주인 사우스캐롤라이나 주 의회는 아담스의 메시지에 대해서 강력하게 반대하였다. 1825년 12월 16일 아담스가 연방 의회에 메시지를 제출한 후 10일 사우스캐롤라이나 주 상하 입법부는 결의안을 채택하였다. 그 결의안에서는 현재의 연방 헌법 체제 하에서 연방 의회가 연방 정부 차원에서 전반적인 국토 개발 계획을 채택할 권한을 가지고 있지 않음을 구체적으로 선언하고 있다.[105] 이러한 변화는 남부에서 점차 증가되어가는 지역주의의 분위기를 반영하고 있는 것이다. 그리고 이러한 분위기를 한층 자극한 것은 바로 1815년 이후 이 지역에서 발생한 경제적인 위기였다. 사우스캐롤라이나 주는 점차 남부 지역의 다른 여러 주의 입장과 하나 되어 가고 있었던 것이다. 그리고 무엇보다도 그 결정적인 해인 무엇보다도 1825년을 기억해야 할 것이다.[106]

 남부 지역을 중심으로 하는 조직적인 저항을 받게 되자, 아담스의 "도덕과 지식의 함양"을 위한 의안은 의회의 지원을 받지 못했다.[107] 1826년에 오면, 아담스는 국립 대학 건설의 가능성이 거의 어렵다는 점을 인식하게 된다. 1826년 8월 26일 당시 저명한 여성 교육 옹호자인 에마 하트 윌라드(Emma Hart Willard)는 여성 교육 제도를 만들고자 연방 의회 차원의 후원을 요청하기 위해서 아담스를 방문하였다. 아담스는 그녀에게 의회는 "어떠한 일도 하지 않을 것"이라는데 대해서 "확신한다"고 말하였다. 그는 계속해서 연방 의회가 유일하게 관심을 갖는 것은 군인을 만드는 일이라는 점을 이야기하였다. 그러므로 여성 교육을 위한 연방 의회 차원에서의 지원을 요청하는 것은 "어떤 성과를 이루지 못할 것"이라고 확신하였다.108 그가 추진하던 국립 천문대나 해안 측량 사업도 같은 결과를 가져왔다.109

비록 아담스의 도덕과 지식 양성을 위한 프로젝트는 연방 의회로부터 어떠한 지원을 받지는 못했지만, 그것과는 달리 보다 실용적인 경우의 프로젝트에서는 입법부의 관심을 끌러내는데 성공하게 된다. 사실 아담스 행정부하에서 매년 이 분야에서 예산 지출은 전임 대통령의 임기 기간의 지출에 비해서 상대적으로 아주 높은 수준이었다.

|표 3-2| 국토 개발 계획을 위한 연방 정부 지출 비용
(Federal Government Expenditures for Internal Improvements)

역대 행정부 (Administration)	총 비용 (Totals)	연 평균 지출 비용 (Annual Average)
토마스 제퍼슨 (Thomas Jefferson)	$14,201.90	$17,775.24
제임스 메디슨 (James Madison)	$875,825.54	$109,478.19
제임스 먼로 (James Monroe)	$1,612,634.66	$201,579.33
존 퀸시 아담스 (John Quincy Adams)	$2,808,333.96	$702,083.49

출처: J. G. Van Deusen, *Economic Bases of Disunion in South Carolina* (New York: Columbia University Press, 1928), p.128, fn. 2.

이러한 지역주의가 광풍처럼 솟아나고 있었던 아담스 행정부 시기에 국토 개발 계획에서 타 행정부 보다 증가된 지출을 어떻게 이루어 낼 수 있었는가에 대해서 의아해 할 수 있을 것이다. 연방 의회가 국토 개발 계획의 여러 정책에서 막대한 지출을 이뤄낼 수 있었던 결정적인 이유는 무엇보다도 이 문제에 대한 접근 태도에서 찾을 수 있는 것이다. 이유인 즉 이러한 사업을 추진한 사람들은 각 주에서 특허장을 받고 국토 개발 계획을 추진하는 회사에 지원을 허락하는 방식을 취하고 있었던 것이다. 그러므로 이 문제와 연관해서 발생 할 수 있는 연방 헌법 내에서 정의한 주와 연방 권력 간의 갈등에 대한 논의와 소란 그리고 이와 함께 나타나고 있는 이데올로기 차원의 문제를 절묘하게 빠져 나갈 수 있었던 것이다.[110] 그리하여 아담스 행정부 동안 연방 정부는 다음의 중요한 사업 등에 지원을 아끼지 않았다.

표 3-3에서 볼 수 있듯이 아담스 대통령의 임기 동안 국토 개발 계획에 지원된 총 금액은 거의 1,585,000달러, 비율로는 56.4%에 이르게 된다.[111] 예를 들면, 연방 정부에서 상기의 회사 중 하나인 체사피크 오하이오 운하 회사(The Chesapeake and Ohio Canal Company)의 주식에 거의 백만 달러의 연방 정부 자금을 투자하였다. 이것은 당시 유례없는 사적 기업에 대한 연방 정부의 최고 수준의 투자라고 할 수 있을 것이다. 그런데 이러한 투자 안에 대해서 연방 상원에서는 29대 17로 승인되었고, 하원에서는 107대 71로 거의 압도적이라고 할 수 있는 숫자로 통과되었다. 이러한 의회에서의 법안들을 놓고 벌어진 여러 번의 대결 상태에서 남부 지역 출신들을 중심으로 통과 저지 시도나 또는 진정한 헌법적인 차원에서의 공격이 있었지만, 거의 인정받지 못했고, 그러므로 연방 자금 지원 프로젝트에 효과적으로 반대할 수 없었던 것이다.[112]

|표 3-3| 연방 정부에 의한 국토 개발 계획 지원
(Subscriptions to Internal Improvement Projects by the Federal Government)

지원 회사 명 (Subscription for Stocks Projects)	지원 법안 통과 날짜 (Dates of Act)	지원 금액 (Amount)
루이스빌 포틀랜드 운하 회사 (Louisville and Portland Canal Company)	1826. 5. 13	$100,000
디스말 습지 운하 회사 (Dismal Swamp Canal Company)	1826. 5. 18	$150,000
체사피크 오하이오 운하 회사 (Chesapeake and Ohio Canal Company)	1828. 5. 24	$1,000,000
체사피크 델라웨이 운하 회사와 디스말 습지 운하 회사 (Chesapeake and Delaware Canal Company and Dismal Swamp Company)	1829. 3. 2	$200,000
루이스빌 포틀랜드 운하 회사 (Louisville and Portland Canal Company)	1829. 3. 2	$135,000
총액(Total)		$1,585,000

출처: *States at Large* 4:162, 4:169, 4:293-4, 4:350, 4:353.

제2 연방 은행의 역할과 한계

(2BUS and its Business)

일시적이지만 그래도 아메리칸 시스템 차원에서 성공을 거두고 있었던 영역은 바로 제2 연방 은행(The Second Bank of the United States, 2BUS)이다. 1819년 경제 위기(The Panic of 1819) 이후 제2 연방 은행은 니콜라스 비들(Nicholas Biddle) 총재의 지도력 아래 잘 운영되고 있었다. 그는 1823년부터 이 조직의 총재를 맡아왔다. 그는 미국의 경제 주체들과 연방 정부에 충분한 자금과 신용을 제공하였다. 다른 한편으로 주 은행들이 그들의 수준과 능력에 비해서 대출을 할 경우에는 제약을 가하였다.

제2 연방 은행은 탁월할 정도로 경제 재정적인 차원에서 그 기구의 목적에 부합된 역할을 수행하였다. 구체적으로 국가 재정에 필요한 자금을 공급하였고, 여타 금융 기관에서 이루어진 대출을 통제함으로서 비록 완전한 것은 아니지만, 건전하면서도 전국가적인 통화 체제를 구축할 수 있었다. 제2 연방 은행이 발행한 은행권과 예금액의 평균은 다음과 같다.

|표 3-4| 제2 연방 은행 발행 지폐와 예금($)
(Notes and Deposits of the Second Bank of the United States)

연도	제2연방은행권	예금	전체 금액
1817	3,658,000	13,413,000	17,071,000.00
1818	8,461,000	11,173,000	19,634,000.00
1819	4,809,000	5,800,000	10,609,000.00
1820	4,491,000	6,693,000	11,184,000.00
1821	5,654,000	6,917,000	12,571,000.00
1822	5,306,000	7,491,000	12,797,000.00
1823	4,487,000	11,075,000	15,562,000.00
1824	5,791,000	12,779,000	18,570,000.00
1825	8,825,000	12,736,000	21,561,000.00
1826	9,635,000	13,385,000	23,020,000.00
1827	9,780,000	14,342,000	24,122,000.00
1828	11,067,000	15,427,000	26,494,000.00
1829	13,102,000	15,516,000	28,618,000.00
1830	15,067,000	16,059,000	31,126,000.00

출처: 제2 연방 은행 발행권과 예금액의 통계는 연 평균치임, C. H. Catterall, *The Second Bank of the United States* (Chicago, IL: The University of Chicago Press, 1903), p.512.

개혁운동과 아메리칸 시스템의 실천

|표 3-5| 주 은행 대 제2 연방 은행 발행권과 은행 보유 예금액의 비교표
(1820년 1월 1일)

(Notes and Deposits of State Banks and the Second Bank of the United States, 1, January 1820)

은행 구분 (주/제2은행)	발행권 (Notes, $)	보유고 (Deposits, $)	총액 (Total, $)
307개 주 은행 (307 State Banks)	40,641,574	31,244,959	71,886,533
제2 연방 은행 (Second BUS)	4,221,770	4,705,511	8,927,281
총액 (Total)	44,863,344	35,950,470	80,813,814
제2 연방 은행 총액대비비율 (Percentage Belonging to the Second BUS)	9.41%	13.09%	11.05%

출처: "Considerations on the Currency and Banking System of the United States," 1 January 1831, *The Writings of Albert Gallatin*, vol.3, p.291.

확실히 제2 연방 은행은 1817년과 1818년에 은행권과 보유고에서 볼 때, 엄청난 규모였음을 도표를 통해서 확인할 수 있다. 이것은 다분히 초대 제2 연방 은행의 총재이었던 윌리엄 존슨(William Jones) 시기의 무분별하고 지나친 할인(discounting)에 기인한 것이었다. 이러한 결과로 그 당시 제2 은행은 위험한 상태에 이르게 된다.[113] 그러나 은행은 1819년에서 1822년간에 그 통화량을 줄이면서 문제점을 어느 정도 조절할 수 있었다. 그 이후에는 제2 연방 은행권의 유통은 다시 증가되었다. 그러나 그 속도는 과거에 비해서 매우 느린 것이었다.

　제2 연방 은행에서 공급되는 통화의 중요성은 이해하는 것은 문제의 은행과 여타 주 은행의 사업과 비교해 보면 바로 확인할 수 있다. 각각의 주 은행의 연 단위별 자료를 완벽히 가지고 있지는 못하지만, 우리는 제2 연방 은행이 운영되는 기간 동안 두 시점의 정보를 가지고 있다. 바로 이 두 시점의 정보를 통하여 볼 때, 이 은행이 미국의 경제 부분에 공급하는 통화의 규모는 비교적 상당한 것이라는 것을 확인 할 수 있고, 그러므로 그 의의도 대단했음을 확인 할 수 있다.

|표 3-6| 주 은행 대 제2 연방 은행 발행권과 은행 보유 예금액의 비교표(1829년 말)
(Notes and Deposits of State Banks and the Second Bank of the United States, End of 1829)

은행 구분 (주/제2은행)	발행권 (Notes, $)	보유고 (Deposits, $)	총액 (Total, $)
329개 주 은행 (329 States Banks)	48,274,914	40,781,119	89,056,033
제2 연방 은행 (Second Bank)	13,048,984	14,778,809	27,827,793
총액(Total)	61,323,898	55,559,928	116,883,826
제2 연방 은행 총액대비비율 (Percentage Belonging to the Second BUS)	21.28%	26.60%	23.81%

출처: "Considerations on the Currency and Banking System of the United States," 1 January, 1831, *The Writing of Albert Gallatin*, vol.3, p.296.

개혁운동과 아메리칸 시스템의 실천

|표 3-7| 제2 연방 은행의 할인액과 미국 정부에 대한 대출액
(Discounts and Loans of the Second Bank of the United States)

연도(Year)	할인총액($)	신규 대출액($)
1816	–	500,000
1819	32,211,674	–
1820	28,808,267	2,000,000
1821	27,099,056	4,000,000
1822	28,574,893	–
1823	30,584,919	–
1824	29,478,255	5,000,000
1825	29,327,219	5,000,000
1826	29,592,103	–
1827	27,948,592	–
1828	30,820,944	–
1829	32,703,280	–

출처: 할인 액수에 대한 자료는 갤러틴(Gallatin)의 "Considerations on the Currency and Banking System of the United States," 1 January 1831, *The Writings of Albert Gallatin*, vol. 3, p.363. 제2 연방 은행의 신규 대출에 관한 자료는 Catterrall, *The Second Bank of the United States*, p.471.

1820년 제2 연방 은행은 미국 경제 전체 대출의 11.05%를 제공하고 있었다. 그러나 1829년에 오면 이러한 수치는 23.81%로 상승하게 된다. 이러한 수치는 제2 연방 은행의 기업 경영과 성장을 연구하고 있는 역사가들의 인정하는 경향과 거의 일치라는 것이다. 역사가 캐터랄(C. H. Catterall)은 1819년부터 1823년 제2 연방 은행의 총재였던 랭던 채베스(Langdon Cheves)가 은행의 사업을 축소하여 그의 전임 은행장 시절 과도한 사업 확장으로 야기된 유산과 문제점을 극복하려는 시도가 그 시기의 수치를 낮게 되었다고 적고 있다.[114] 다른 한편으로 채베스의 후임자인 니콜라스 비들(Nicholas Biddle)은 비록 제한적인 방식이긴 하지만, 다시 은행 사업의 확장 정책을 실시하게 된다.[115]

우리는 또 제2 연방 은행의 연평균 할인액과 미국 재무부에 제공한 신규 대출에 관한 자료를 가지고 있다.

이러한 자료를 통해서 두 가지 결론을 내릴 수 있다. 우선 그 첫 번째는 제2 연방 은행은 연방 정부의 재무부에 대출을 하였던 유일한 금융 기관으로서 중요한 역할을 하였다는 것이다. 은행은 영업 허가(charter)를 받은 기간 동안인 1816년에서부터 1836년 사이의 연방 정부에 대한 모든 대출을 담당하고 있었다.[116] 그러나 은행에서 제공한 자금 총액은 연방 정부에게는 필요 불가결한 것만은 아니라는 사실을 또한 알 수 있다. 제2 연방 은행에서 연방 정부에 제공한 대출 총액은 1,650만 달러에 불과하다. 이 수치는 연평균 연방 정부의 총지출에도 이르지 못하는 금액이었다. 당시 연방 정부의 연평균 지출액은 18,172,000달러에 이른다.[117] 1816년에서 1830년까지 기간 동안 은행이 제공한 대출액을 연평균으로 나누면, 110만 달러라는 수치를 얻을 수 있다. 이것은 당시 연방 정부가 연평균 지출하는 금액의 6%에 불과하다. 1791년부터 1801년까지의 연방 정부의 연간 지출 대비 연방 은행의 대출률(65%)과, 제퍼슨 행정부 기간인 1801년에서 1807년까지의 비율(15%)과 비교하면, 연방 정부가 재정 문제에서 제2 연방 은행에 의존하는 비율은 그렇게 높다고 할 수는 없는 것이다.[118]

제2 연방 은행은 그의 전임 제1 연방 은행에 비해 국가 재정 수입에 있어서는 큰 역할을 하지는 못했다. 그렇다면 이렇게 된 이유는 어디에서 찾아야 할 것인가? 그것은 1812년 전쟁(The War of 1812) 이후 미국의 경제가 호경기였고, 따라서 국가 재정 수입 역시 풍요로웠기 때문이다. 그래서 미국 정부는 돈을 빌리지 않고 오히려 기존의 빚을 빨리 갚을 수 있었던 것이다.[119] 제2 연방 은행은 오히려 민간 부문에서 더욱 중요한 역할을 하였다. 제2 연방 은행은 그 영향력이 가장 강하던 1830년에 미국 경제 전체의 대출과 할인 금액의 17%를 제공하였다. 1830년 제2 연방 은행의 대출과 할인 금액의 총 액수는 4,100만 달러이고, 연방 은행을 제외한 모든 다른 은행들의 대출과 할인 총액은 2억 달러에 이르렀다.[120] 이러한 비율은 제1 연방 은행의 경우와 비교해도 더 높을 것이다.[121] 총체적으로 보면 제2 은행은 연방 정부의 재정의 중요한 공급처로서의 그 중요성을 잃어가고 있었다.

그럼에도 불구하고, 연방 은행은 여전히 미국의 연방 경제 운영에서 자금 원천으로서 그 중요한 역할을 수행하고 있었다. 첫 번째로, 제2 연방 은행은 국가의 건전한 그리고 통일적 통화 체제를 유지하는데 결정적인 역할을 수행하고 있었다. 두 번째로 국가 경제 차원에서 중요한 것보다도, 훨씬 중요한 것으로 제1 연방 은행은 주 은행의 과도하고 방만한 운영을 통제하는 역할을 할 수 있고, 그 결과 특히나 이들 은행권을 보다 건전하게 하였다. 비록 오늘날과 같이 보다 체계적이고 일사불란한 중앙은행으로서 공적 역할을 하였다는 것은 아니지만, 당시의 상황과 경우에서 볼 때, 최대한 국가의 통일적인 통화 시스템을 유지하려는 노력을 보여주었다는 점이다.

여기서 기억해야 할 것은 당시 연방 은행의 통화, 특히 그 은행에서 발행하는 지폐의 가치는 연방 정부의 법률(Act of Incorporation)에 의하여 보호되었다는 것이다. 그런 법안에서는 모든 제2 연방 은행 발행 지폐는 "특별히 연방 의회에서 또 다른 관계 법령을 통과시키기 전에는, 연방 정부에 지불해야 하는 모든 경우에 이용할 수 있다"라는 점을 보장하고 있었다.[122] 주 은행에서 발행한 지폐들은 이러한 연방 정부 차원의 법률적인 보장을 받고 있지 못하고 있었다. 제2 연방 은행권을 보장하는 중요한 법률적인 조치로서 기억해야 할 것은 제2 연방 은행의 책임과 한계를

|표 3-8| 제2 연방 은행과 주 은행의 경화, 은행권과 경화, 예금액 비교
(Percentage of Specie to Notes and Specie to Deposits from 2BUS and Stare Bank)

시기 /은행종류	은행권 ($)	예금 ($)	경화 ($)	경화 대 은행권 (Specie to Notes)	경화 대 예금 (Specie to Deposits)
1820년 1월 (January 1820)					
제2 연방 은행 (Second Banks)	4,221,770	4,705,511	3,147,977	75%	67%
주 은행 (State Banks)	40,641,574	31,244,959	16,672,236	41%	53%
1829년 말 (End of 1829)					
제2 연방 은행 (Second BUS)	13,048,984	14,778,809	7,175,274	55%	49%
주 은행 (State Banks)	8,274,914	40,781,119	14,939,643	31%	37%

출처: 은행권, 은행 보유고, 경화의 총량에 대한 자료는 Gallatin의 "Considerations on the Currency and Banking System of the United States," 1 January 1831, *The Writings of Albert Gallatin*, vol 3, pp.286, 291, 296.

분명히 그 설립허가서에 기록하였다는 점이다. 연방 은행이 유통시킨 통화를 포함하여 은행이 빌릴 수 있는 빚의 총액은 은행의 자본을 넘을 수 없도록 규정되어 있었다.[123] 이러한 조항들을 통하여 궁극적으로는 은행이 지나칠 정도로 은행권을 발행하는 것을 막는 역할을 하였던 것이다. 여기에 부가하여 제2 연방 은행을 허가한 특허장에 의하면, 은행은 경화 지급(specie payments)을 중단 할 수 없다는 규정이다.[124] 이러한 조치를 왜 했겠는가 하는 점은 아주 분명하다. 1812년 전쟁 기간 동안 경화 지급이 거의 중단되어 문제를 야기하게 된 경험을 잊지 않고, 이와 같은 재정 위기와 사례가 발생하지 않겠다는 의지의 표현에서 이러한 조치를 취했던 것이다. 은행이 유지되었던 기간 동안 연방 은행은 경화/은행권과 경화/예금 보유고의 비율 모든 면에서 주 은행과는 비교할 수 없을 정도로 건전성을 유지하고 있었다. 우리는 제2 연방 은행과 주 은행의 발행 경화/은행권을 총체적으로 비교할 수 있는 연 단위의 자료를 비롯하여 그 외의 중요하면서도 완벽한 자료를 가지고 있지는 못하고 있다. 그럼에도 불구하고 대체적으로 전반적인 그림을 그릴 수는 있다. 바로 특정 시기의 기록, 구체적으로 1819년 그리고 1829년 두 해의 기록을 가지고 있으므로 해서, 그것을 분석하면 어느 정도의 윤곽을 그릴 수는 있는 것이다.

두 경우에서 제2 연방 은행은 주 은행과는 건전성에서 비교적 우월성을 확실하게 보여준다. 우선 제2 연방 은행은 항시 경화 대 은행권과 그리고 경화 대 보유고에서 일정 수준을 유지하고 있었다. 여기에 부가하여, 1818년에서 1841년까지의 매년 자료에서 특별히 당시 가장 강력한 두 개의 주 은행이었던 뉴욕 은행(New York bank)과 매사추세츠 은행(Massachusetts bank)과 제2 연방 은행의 (총 통화와) 경화 비율을 비교해볼 때, 제2 은행이 항상 두 은행에 비해서 높은 수준을 유지하고 있다.[125]

제2 연방 은행은 주 은행들이 건전성을 벗어나서 방만하게 운영하는 것을 제약할 수 있었다. 이유인즉 제2 연방 은행은 주 은행에 대해서 채권자(creditor)로서 위치를 가지고 있었기 때문이다. 1817년에서 1836년까지 기간 동안 50번의 사례에서 제2 연방 은행은 주 은행과 거래 관계에서 오직 여섯 번만 채무자의 위치에 있었을 뿐이었다.[126] 여기에 제2 연방 은행은 주 은행들이 자기들이 보유한 경화(specie)에 근거해서 지폐를 과다 발행하는 것을 막기 위해 자기가 소유한 주 은행권을 각각의 주 은행에 제출하고 이를 경화로 바꾸었다.[127] 이렇게 제2 은행이 가지고 있는 규제력 때문에 미국은 전국적으로 안정적인 통화 체제를 구축할 수 있었던 것이다. 1829년 미국에서 발행된 모든 은행 지폐들의 가치는 전국적으로 액면가를 유지하거나 또는 아주 조금만 할인된 상태에서 유통되고 있었다. 이것은 아주 건실한 통화 체제였는데, 연방 은행이 이러한 체제를 만들어 내는데 아주 중요한 역할을 하였다.

전체적으로 정리하면, 제2 연방 은행은 미국 경제를 원활하게 운영하기 위해서 필요한 통화 공급의 주체로서 신용 대부의 기능을 수행하였고, 특히나 연방 정부가 필요한 재정 금융상의 지원을 아끼지 않았던 기구로서 역할을 적절하게 수행하고 있었던 기구였던 것이다. 그러나 시간이 지나감에 따라서 연방 정부에 대한 자금 지원의 창구로서 그 중요한 역할이 점차 약화되는데, 그렇게 된 결정적인 이유는 연방 정부가 지고 있었던 부채가 거의 해결되었기 때문이다. 그럼에도 불구하고, 제2 연방 은행은 전체 미국 통화 공급과 유지에서 보면 여전히 그 중요한 역할을 담당하고 있었다. 사실 1830년대에 제2 연방 은행은 주 은행에 비교해서 볼 때, 통화 공급을 더더욱 늘리고 있었다. 이러한 통화 팽창 정책이 가능하게 된 이유는 무엇보다도 연방 은행이 주 은행의 금융 팽창 정책을 통제할 수 있는 권한을 가지고 있었기에 가능했던 일이었다.

1828년 관세법과 정치적 영향
(Tariff Act of 1828 and Its Political Repercussions)

아메리칸 시스템의 이념은 또 다른 부분에서 가시적인 성과를 이루어냈다. 바로 1828년 관세법이 통과됨으로서 아메리칸 시스템은 보다 더 구체적

개혁운동과 아메리칸 시스템의 실천

으로 실현되었다. 1828년 미국의 보호 무역주의자들은 보호 관세를 실천하기 위해서 만만의 준비를 하였다. 그들이 맹렬하게 나서는 이유는 과거 4년 전에 실행되었던 고 관세 법안이 결론적으로 말해, 국내 제조업을 보호하지 못하고 있음을 인식하게 된다. 그 법령에 따르면, 영국의 모직 제품을 생산하는 기업은 그들 제품을 미국 땅에서 보다 싸게 팔 수 있게 되었다. 그 결과 영국의 상품이 다시 미국 시장을 장악하는 상태가 발생하게 된다. 결국 이런 추세로 계속되다간 국내 제조업의 붕괴로 이어지게 될 것은 불 보듯 확실한 것이었다.[128] "필라델피아 가제트"(*Philadelphia Gazette*)지에 따르면 1825년부터 1826년 까지 약 4천기의 수직기(handlooms)중에서 3/4이 일을 할 수 없게 될 지경에 이르게 되었음을 보도하고 있다.[129] 뉴잉글랜드의 양모 제조업자들은 이미 심각하게 타격을 받고 있었고, 그들이 바로 강렬하게 보호 관세의 수위를 높이라고 주장하는 한 부류라고 할 수 있다.[130] 그러한 요구에 부응하여, 버몬트 주 출신 하원 의원으로 당시 하원 제조업 위원회 의장이었던 롤린 맬러리(Congressman Rollin Mallary of Vermont, The Chairman of the House Committee on Manufactures)는 1827년 1월에 양모 법안(a woolen bill)을 제출하게 된다. 이 법안은 양모 제품에 대해서 직접적으로 관세율을 조정하는 것 보다는, 양모나 양모 제품에 대해서 세 개의 각각 다른 최소 수입 가격대(Three Minimum Values)를 적용할 것을 제안하고 있다. 이 법안은 1827년 2월 19일 연방 하원에서 106대 95로 통과되었지만, 상원에서 당시 부통령이었던 존 칼훈이 찬반이 동수인 상황에서 반대표를 던져 부결되었다.[131] 칼훈이 양모 법안에 반대하였던 동기는 분명히 이해하기 어렵다. 칼훈은 1812년 전쟁 이후 지금까지 보호 관세법에 대해서 지지를 천명하였고, 그리고 국토 개발 계획에 대해서 같은 입장을 취했다. 그런데 분명한 것은 이러한 입장으로 해서 그가 속한 남부에서 특히나 사우스캐롤라이나 주에서 정치적 피해는 엄청난 것이었다. 그와 정치적 동료들은 일시적인 것이기는 하지만 사우스캐롤라이나 주 의회 선거에서 칼훈의 국민주의 운동에 반대하는 윌리엄 스미스(William Smith)파에 패배하게 된다. 1824년에 오면, 사우스캐롤라이나의 농장주들은 다른 노예 소유주의 동료들과 같이, 남부에서 그들 자체의 독립적인 경제 산업 체제를 구축하는 희망을 거의 포기하게 된다. 우선 남부는 뛰어난 공장 기술 노동자를 가지고 있지 못했고, 여기에 공장을 돌릴 수 있는 충분한 수력을 갖추고 있지 못했다. 그럼에도 불구하고 이 모든 장애보다 더 큰 이유가 있었다. 즉 남부가 산업의 부재라는 상태로 가게 되는 결정적인 장애는 바로 모든 다른 산업에 비해서 현재의 노예제의 수익성이 다른 모든 것보다 훨씬 높았기 때문이다. 노예제에 기초한 면화 농장 운영은 당시의 어떤 산업보다 이윤을 많이 만들어주는 것이었다.[132] 결국 칼훈이 1827년 관세 법안에 반대표를 던졌고, 그는 남부에서 다시 그의 정치적 영향력을 얻게 된다. 1828년 사우스캐롤라이나 연방 관세법 무효화 선언(*The South Carolina Exposition and Protest*)은 이러한 과정에서 작성되었던 것이다. 그는 이 선언에서 연방 보호 관세는 연방 헌법에 위배됨을 분명하게 선언하였다. 바로 연방 국가에 대항하는 주주권 또는 개별 국가 주권론을 주장하게 된다. 사우스캐롤라이나 주민들은 이러한 칼훈의 방향 전환에 대한 보은을 결코 잊지 않았다. 그와 그의 정치적인 동료들이 1828년 주 의회 선거에서 다시 주도권을 장악할 수 있도록 기회를 주었다.[133] 칼훈이 반보호주의적 태도로 전환을 기점으로 해서 남부의 지역주의는 보다 분명하게 나타나게 된다.

한편 보호무역주의자들도 남부에서의 이러한 분위기에 결코 실망하지 않았다. 그들은 1827년 7월 30일 펜실바니아의 해리스버그(Harrisburg, Pennsylvania)에서 전국 관세 회의(a national tariff convention)를 소집하였

252

다. 그 협의회는 양모나 양모 제품, 면제품, 대마, 아마(flax), 철, 유리 제품에 대해서 관세를 인상할 것을 요구하는 강령을 채택한다.134 당시의 정치적 상황은 보호 관세를 주장하는 사람들에게 유리하게 작동하고 있는 듯하였다. 존 퀸시 아담스 대통령과 그 내각에는 고관세 정책을 옹호하는 입장을 가진 몇몇 인물들이 포진하고 있었다. 무엇보다도 아담스 정부의 국무 장관인 헨리 클레이가 바로 아메리칸 시스템의 바로 기안자가 아닌가? 재무 장관 리처드 러쉬 또한 클레이 못지않게 강력한 보호 무역 정책의 옹호자였다.135 여기에 부가하여, 1828년에 오면, 뉴잉글랜드 경제는 해운업에서 제조업으로 급격하게 전환되어가고 있었다.136

    보호 관세 주의와 그 세력이 연방 정부의 안과 밖을 중심으로 점차 강해지자, 국토 개발 계획에 대한 남부의 반대도 또한 더더욱 강해지고 결속력을 갖게 된다.137 남부인들은 이러한 보호 무역 주의적 조치가 더더욱 강화됨에 따라서, 세금이 한층 더 부가됨으로서 그들이 필요로 해서 수입하는 제조업 제품의 가격 상승을 가져오는 것에서 분노하고 있었다. 여기에 이러한 강력한 미국의 보호 무역 정책으로 인하여 만일 유럽이 보복 정책을 수립할 수도 있을 것이라는 두려움을 안고 있었다. 즉 유럽이 미국의 고 관세에 대해서 남부의 사활이 걸린 면화 구매하는 것을 중단하게 될 가능성에 대해 남부가 가지고 있는 공포는 대단한 것이었다. 남부의 농장주들이 가장 두려하는 것은 또 다른 이유에서 찾을 수 있다. 이유인즉 보호 관세가 강화할 수 있는 법률안이 계속 통과될 수 있는 근거는 오직 연방 헌법을 광의적 해석 또는 확대 해석에서 가능한 것이었다. 그런데 이러한 확대 해석이 점차 확대되어 궁극적으로는 그들 남부 농장주들이 가장 두려하는 하는 노예제의 폐지까지 이르게 될 것이라고 그들은 염려하고 있었다. 1827년 출판된 저 유명한 선동적인 소책자 "위기 (The Crisis)"에서 남부 사우스캐롤라이나 주의 해안 지역 출신인 로버트 턴블(Robert J. Turnbull)은 연방 헌법의 광의적 해석이 가지고 있는 위험성을 다음과 같이 지적하였다. "문제는 …어떠한 뚜렷한 목적 없는 세금을 내고 안내고 하는 문제가 …아니라는 점이다." 진짜 중요한 문제는 "…무례한 개혁주의자, 광적 개량주의자들의 손아귀에서 자유롭기 위해서는, 또는 오직 자신들만의 이익 이외는 도대체 아무것도 아닌 것을 추구하기 위해서 입법권을 이용하거나 방해하는 행위로부터 자유롭게 하기 위해서는 …우리의 조상들이 만들어놓은 제도들은 …보전되어야 한다는 점이다."138 턴블은 보호 관세에 대해서 강력하게 거절하고 저항을 선동하고 있었다. 그리고 그가 보기에 이 문제는 필요시 연방 해체까지도 언급할 필요가 있고, 그러한 최후통첩을 통하여 그들에게 위협과 경고를 할 필요가 있다고 주장한다. 그는 남부의 각 주들이 "마을의 결의안으로 불만을 표현하는 것으로 만족하지 말고, 자신의 주 입법부(The Local Legislatures)의 법안과 결의안을 통하여 워싱턴의 권력 남용자들을 공격해야 할 뿐만 아니라, 워싱턴의 저들이 하는 저의와 행동에 대해서 경고해야 하며, 지금까지 아무런 문제없이 행복하고 하나의 동일체로 살아왔던 국민들을 불화와 분열 그리고 (연방) 해체로 이르기 전에 멈추도록 해야 한다."라고 요구하였다.139

사우스캐롤라이나 대학 총장(The President of South Carolina College)의 토마스 쿠퍼(Thomas Cooper) 또한 턴블의 주장에 대해서 동의하고 있다. 1827년 7월 2일 쿠퍼는 매우 인상적이고 호전적인 연설을 하였다. 그는 남부가 보호 관세 정책으로 인하여 계속적으로 고통 받고 있는 경제적 불평등을 지적하고 연방 탈퇴를 외쳤다. 그는 보호 관세 정책이 끼치는 영향력을 다음과 같이 예측하고 있다.

우리를 식민지로 만들고, 조공을 강요하면서 북부를 위해서 남부를 희생시킬 것이며, 그들 북부를 위해서 세금을 우리에게 강요하는 것이

며, 우리가 정직하게 땀으로 얻은 노력의 결과를 자기들 마음대로
가져가고, 우리의 생존과 관계있는 가장 소중한 고객들로 부터 상품을
사는 것을 막고, 외국에서 우리의 생산품에 대한 구매자들을 보복하는
정책으로 인하여 궁극적으로는 그들을 돌아서게 하여, 우리의 생산품인
원료 산업을 내수 시장에만 한정되게 하여, 결론적으로 말하면, 우리의
농장주들을 황폐하게 만들어서 단지 제조업만의 욕심을 더더욱 채우려
는 것이다.140

쿠퍼는 "문제는 …대안적, 그리고, 결정적으로 굴복이냐, 연방 이탈이냐
하는 결정적인 판단을 요구하는 방향으로 나아가고 있다"는 아주 상서롭지
않는 주장을 이미 하고 있다는 점이다.141 그러므로 1827년에 오면 관세
문제는 노예 제도와 주권을 옹호하는 지역적인 이익의 한 부분으로 밀접하게
연결되게 된다.

1827년에 오면, 관세 문제가 북부와 남부의 정치적인 논쟁의 중심에
있게 된다. 또한 다가올 1828년 대통령 선거에서 현직 대통령 아담스와
앤드류 잭슨의 지지자들을 중심으로 정치적인 갈등과 논쟁이 되는 중요한
주제가 되었다. 선거가 다가오자, 아주 분명하게 특징들이 나타나고 있었다.
뉴잉글랜드 지역의 각각의 주들은 아담스를 지지하는 입장을 취했고,
남부는 잭슨을 지지하는 입장을 보여주었다. 그러므로 사실 선거는 1824년
대통령 선거전에서 그들의 표를 헨리 클레이에 던졌던 북서부지역
(Northwestern)의 의지에 의해서 결정되는 운명이었다.142 이 중대한 시기
에서 잭슨의 지지자들은 관세 문제를 선거전의 전략적인 수단으로 사용하기
로 결정하였다. 그들은 터무니없이 높은 세율의 관세법을 제안하여 원래
고율의 관세에 반대하는 남부뿐만 아니라 어느 정도의 고율 관세를 받아들일
준비가 되어있는 뉴잉글랜드마저도 이 법안을 반대하도록 유도하려고

하였다. 그래서 일단 그 법안이 부결되면, 아담스를 지지하는 뉴잉글랜드 지역은 그 법안의 실패에 책임을 져야 할 것이고, 이것은 친 보호무역주의의 입장을 취하고 있는 서부의 유권자들이 아담스에게 등을 돌리게 할 것이라고 생각하였다.[143]

그러나 그 관세 법안은 어느 누구도 만족시킬 수 없었다. 그 관세법은 양모 제품에 대해서 관세를 증가하는 것을 요구하였다. 그러나 제안된 관세율은 펜실바니아 해리스버그에서 있었던 집회(The Harrisburg Convention)에서 요구하는 전면적인 수입 금지의 수준까지 이른 것은 아니었다. 또 그 관세 법안은 수입 원모에도 높은 관세를 부과했는데 이것은 미국의 양모 관련 제조업자들의 원자재 비용을 증가시키는 것이었다. 최종적으로 그 관세 법안은 뉴잉글랜드 해운업자, 상인, 주류 증류업(distillers)에 종사하는 사람들에게 피해를 주는 청, 대마, 당밀(molasses)에 대해서는 새로운 관세를 요구하고 있다. 매사추세츠의 하원 의원 존 베일리(Representative John Bailey)는 그 법안을 아담스 행정부를 당혹케 할 요령으로 만들어진 것이라고 비난하였다. 그는 그 관세법은 "관세법 그 자체를 패배하기 위해서 만들어진 구조"라고 지적하였다.[144] 이러한 비판에도 불구하고, 다니엘 웹스터를 비롯하여 뉴잉글랜드 출신 의원들은 통과를 하는데 표결에서 충분한 협조를 해주었다. 그 법안은 105대 94로 1828년 4월 22일 통과되었다. 그리고 상원에서는 26대 21로 1828년 5월 14일 통과되었다. 이번 투표에서도 분명하게 지역적인 투표 성향이 분명하게 나타나고 있었다. 남부 하원 의원 총수 62명 중에서 59명이 그 법안에 반대하였다. 그리고 상원에서도 16표 중에서 14표가 반대하였다. 대서양 연안 주와 북서부 지역의 주들도 확고하게 보호 무역 정책에 대해서 옹호하는 입장에서 하나로 단단히 결속되었다.

|표 3-9| 1828년 관세법에 대한 호명 투표 분석
(Roll Call Analysis on the Tariff Act of 1828)

상/하원	상원(Senate)		하원(House)	
	찬반 (Year/Nay)	찬성 (Years)	반대 (Nays)	찬성 (Years)
뉴잉글랜드 (New England)	6	5	16	23
대서양중부 (Mid-Atlantic)	8	2	57	11
북서부 (Northwest)	10	–	29	1
남동부 (Southeast)	–	8	3	43
남서부 (Southwest)	2	6	–	16
총 투표수(Total)	26	21	105	94

출처: *Senate Journal*, 20th Cong., 1st Sess.(14 May 1828), p.410; *House Journal*, 20th Cong.,1st Sess. (22 April 1828), pp.607-9.

1828년 관세 법안(The Tariff Bill of 1828)은 아메리칸 시스템이 가지고 있는 보호 무역 원리의 실천의 정점을 보여주고 있는 대표적인 경우이다. 동시에 미국의 정치가 이제 관세 문제로 극단적으로 분리되고 있음을 보여주는 한 보기이라고 할 수 있다. 보호 무역 정책을 옹호하는 사람들은 이러한 법률을 통과함으로서 내수 시장을 창출하고 국민주의를 확고히 해서 결국 지역 간의 균형과 발전을 도모한다고 주장하였다. 그러나 다양한 경제 이해 세력들 그리고 지역 간의 이해 관계를 조화롭게 하기 보다는 결국 관세 문제는 지역 간의 갈등을 더더욱 조장하게 된다. 바로 이 법안과 연관하여 의원들의 투표 성향을 보면 이러한 지역 간의 갈등이 더더욱 증폭되고 있음을 분명하게 확인할 수 있다. 관세 법안에 대한 토론에서 이제 경제적인 주장보다 헌법적인 문제가 첨예한 관심으로 나타나게 된다. 이 모든 것이 바로 앤드류 잭슨 대통령의 1829년 선거에서 그리고 승리 이후 분출하게 되는 상서롭지 않은 징조들이었다.

개혁운동과 아메리칸 시스템의 실천

제4장 :
아메리칸 시스템의 쇠퇴
(1829-37)

아메리칸 시스템의 그 위대한 기획은 앤드류 잭슨(Andrew Jackson)의 두 번의 임기 동안 거의 내리막길로 내닫게 된다. 1829년 3월 4일 제7대 미국 대통령으로 취임 선서를 하게 된 앤드류 잭슨이 아메리칸 시스템에 대해서 보고 있는 관점과 견해는 무엇인지 파악하기는 매우 어렵다. 1823년 부터 1825년까지 제18대 연방 의회에서 테네시 출신 상원 의원을 역임하면 서, 그는 국토 개발 계획 문제로 투표할 경우 여러 번 찬성 쪽으로 입장을 표시하였다. 여기에는 델라웨어 체사피크 운하 회사(The Delaware and Chesapeake Canal Company)로 잘 알려진 것과 같이, 연방 정부가 민간 기업의 주식을 구입하는 경우까지 포함된다.[1] 그러나 그는 전체적으로 보면, 그러한 문제에 직접적으로 관여하는 것을 회피하는 경우가 대부분이 었다.

잭슨 대통령은 또한 1824년 보호 관세법(The Protective Tariff Act of 1824)에 대해서 찬성표를 던졌다. 그러나 그는 그 법안의 통과를 목적으로 하는 상원 토론에서는 침묵으로 일관하였다. 그가 이 문제와 관련하여 쓴 편지를 보면 한편으로는 1824년 대통령 선거전에서 자신의 지역구가 관세를 좋게 보지 않는 다는 것을 잘 알고 있었기에 그런 분위기를 잘 의식하면서도, 다른 한편으로는 자신의 입장과 소신을 다음과 같이 표현하고 있다.² "그러므로 아주 사려 깊고 분별력을 가지고 제정된 관세(A Careful and Judicious Tariff)는 우리가 지고 있는 연방 정부의 빚을 탕감하는 데 도움이 될 것이며, 또한 우리나라의 안전과 자유의 보장을 위해서 필요한 국토 방위의 수단을 제공해줄 수 있을 것이다."³

앤드류 잭슨: 프런티어인, 군인, 대통령 후보
(Andrew Jackson: Frontiersman, Soldier, Presidential Contender)

비록 아메리칸 시스템에 대한 앤드류 잭슨의 입장이 정확하게 무엇인지는 논란이 많지만, 그가 성장했던 배경과 경험 그리고 대통령이 되기 전의 경력을 볼 때 그가 아메리칸 시스템에 대해서 결코 긍정적으로 볼 수 없는 충분한 이유를 찾을 수 있다.⁴ 그는 당시로서는 사우스캐롤라이나와 노스캐롤라이나의 경계 지역인 왁스호(Waxhaws)라는 지역에서 스코취-아이리쉬(Scots-Irish)계통의 이민자의 후손으로 탄생하였다. 그의 아버지는 잭슨이 탄생하기 3주 전에 돌아가셨다. 미국 독립 혁명 기간에 그의 어머니와 두 형마저 질병으로 사망까지 하는 어려운 상황에서, 불과 14살의 고아였던 잭슨이 감당해야 할 고통을 상상하는 것은 그렇게 어렵지 않을 것이다.⁵ 그는 사우스캐롤라이나 찰스턴(Charleston)의 친척 집에서 살아야만 했고, 이어서 노스캐롤라이나 살쯔베리(Salisbury)에서 법률을 공부하였다.⁶ 1787년 노스캐롤라이나에서 변호사 시험에 통과하고, 잭슨은 테네시의 내쉬빌(Nashville)로 이주하였고, 이어서 검찰관(public prosecutor)으로서 직장을 잡게 된다.[7] 잭슨은 프런티어 변호사로서, 토지 투기업자, 상인으로서, 궁극적으로는 헤르미테지(Hermitage)라는 내쉬빌 인근의 대 농장을 소유할 정도로 승승장구하게 된다.[8] 그가 프런티어 테네시에서 변호사 업무를 할 때, 주로 담당한 것은 토지 소유권 분쟁에 관한 것이었다. 잭슨은 자신이 위치하고 있는 이러한 환경적인 여건에서도 값싼 토지에 대한 서부인의 기대를 바로 이해하게 된다. 그리고 서부인들이 값싼 토지를 얻기 위해서는 그 절차가 너무 복잡하다는 것을 잘 알게 되었다. 잭슨은 또한 정착자인들에게 가장 논란이 되는 것 중의 하나는 무엇보다도 동일 토지가 이중으로 소유된 경우에서 발생하는 문제였다. 그는 이러한 논란과 그 갈등 문제가 심각하다는 것을 자신의 눈으로 확인하게 된다. 다른 한편으로 그는 인디언들과 변경의 백인간의 갈등이 심각하다는 것을 알게 된다. 특히나 구 남서부지역(The Old Southwest)에서 그러한 문제가 심각하다는 점을 인식하게 된다.

심지어 잭슨의 결혼 문제도 프런티어 문화가 가지고 있는 복잡성을 보여주는 중요한 한 보기가 된다. 내쉬빌에 도착 하자마자, 잭슨은 미망인 라첼 스트락클리 도넬슨(Rachel Strockley-Donelson)이 운영하는 당시 그 지역에서는 꽤 유명한 하숙집(boarding home)에 거주하게 된다. 얼마 후 젊은 변호사는 그 미망인의 딸과 사랑에 빠지게 된다. 그녀의 이름은 라첼 도넬슨 로바드(Rachel Donelson Robards)였다. 그런데 그녀는 루이스 로바드(Lewis Robards)라는 남자와 불화로 인해 별거 상태에 있었다. 잭슨과 라첼은 1791년부터 내쉬빌에서 동거 생활을 하고 있었다. 그런데 그 시점은 라첼의 공식적 이혼 허가장이 발급되기 전이었다. 그 허가장은 1793년 9월에야 공식적으로 이루어지게 된다.[9] 네 달 후 잭슨과 라첼은 공식적으로 결혼하게 된다. 이러한 사항을 볼 때도, 사실 법률이란 프런티어에서의 실생활에서의 험난한 삶과는 완전히 별개의 세계이며, 너무나 괴리가 있어서 프런티어에서는 쉽게 무시될 수 있는 것이 또한 법률이라고 할 수 있다.

잭슨은 은행과 연관해서도 복잡한 금융 거래의 위험을 뼈저리게 느끼게 된다. 1795년 3월 잭슨은 68,750에이커의 토지를 필라델피아의 데이비드 앨리슨(David Allison of Philadelphia)에게 판다. 앨리슨에서 받은 3장의 약속 어음(three promissory notes)을 사용하여, 컴버랜드 강(The Cumberland River)에서 장사를 할 목적으로 생활 필수품을 구입하였다. 그런데 그 문제의 어음은 잭슨이 자필 서명으로 보증한 것인데, 문제는 앨리슨이 지불을 하지 않을 경우 낭패가 발생 할 수 있다는 것이다. 간단하게 말해서 앨리슨이 부도를 낼 경우에는 잭슨이 그 모든 책임을 떠맡게 되는 것이다. 1795년 앨리슨은 파산하였다. 잭슨은 잡화점 가게를 팔아야하는 상태에 이르게 된다. 급기야는 자신의 소유의 막대한 토지까지도 팔아서 빚을 청산해야 했다.10 지리하고 길고 긴 법률, 금융상의 논란과 소송을 통해서 결국 잭슨은 채무자로서 감당해야 할 감옥행의 운명을 가까스로 벗어날 수 있었다. 그러나 이 과정에서 잭슨은 서류상의 절차와 지폐와 은행을 불신하게 된다. 비록 잭슨은 변호사 업무를 통해서 성공하였고, 그 결과로 또 토지 투기를 통하여 최종적으로는 농장주로서 대성공을 거두었던 것은 사실이다. 이어서 그는 정치에 관심도 보였고 이후에 상원 의원으로서 궁극적으로 대권을 잡는데 성공하게 된다. 그러나 그가 서부의 농부로서 자신의 정체성을 결코 포기하지는 않았던 것이다. 그는 동부 지역의 은행가, 정치가들에 대한 서부인의 분노를 제대로 이해할 수 있게 되었다. 이어서 서부에서는 인디언의 거주지와 그 영토에 대해서 백인들이 깊은 관심을 가지고 있다는 것을 잘 알게 된 것이다.

1829년 잭슨은 미국 대통령에 선출되었다. 그가 대권을 잡을 수 있었던 중요한 이유는 무엇보다도 군사적 명성에서 찾을 수 있을 것이다. 그는 테네시 민병대 사령관으로, 미국 역사에서는 1812년 전쟁(The War of

1812)이라고 알려진 전쟁에 참여하게 된다. 이 과정에서 1813년에서 14년까지 앨라바마에서 크리크 전쟁(The Creek War)이 발생한다. 잭슨은 동기간 동안 소위 레드스틱 크리크 인디언 전쟁(The Red Stick Creek Indians War)에서 군사적 지도자로서 그 혁혁한 명성을 획득하였다. 그는 인디언 크리크 족을 패배시킨 후, 무자비할 정도로 인디언의 땅을 빼앗았다. 현재 앨라바마와 조지아에 걸쳐 있는 무려 2,000만 에이커의 엄청난 땅을 그가 강제로 약탈했다고 할 수 있는 것이다.[11] 이것은 인디언에게는 비극적인 역사의 한 장이었다. 그러나 남부 백인들에게서는 큰 기쁨이 된다. 백인들에게 영웅적인 행동이 된 이 사건으로 인하여 그는 미국 변방의 위대한 영웅으로 자리매김 하게 된 것이다. 그의 군사적인 영웅담은 여기서 끝나지 않았다. 1815년 1월 뉴올린언즈 전투(New Orleans)에서 영국군을 참패시킨 사건은 그를 일약 전국적인 영웅으로 평판을 얻게 하였다. 1812년 전쟁 이후에도 그는 군사적인 명성을 계속 쌓았고, 특히나 1818년 3월 호전적 세미놀 부족을 추적하여, 스페인령 플로리다까지 들어가게 된다.[12] 그러한 무분별한 행동으로 미국은 국제적인 위기를 맞았고, 존 아담스 국무장관은 이 상황을 절묘한 외교적 수완과 민활함으로 위기 상황을 호전시킬 수 있었다. 결국 1819년 아담스-오니스 조약(The Adams-Onis Treaty 또는 범 대륙 조약Transcontinental Treaty)을 이루어낼 수 있었다. 그 결과는 미국으로서는 엄청난 결과를 가져오게 된다. 모든 스페인령의 플로리다는 미국 영토가 되었다. 이제 미국의 서쪽 방향 국경이 역사상 처음으로 태평양까지 이르게 된 것이다.[13] 동부 지역에서는 멀리 떨어진 변경 지대에서 일어난 한 인간에 의한 이러한 군사적 영웅담은 신선한 충격이었고 한편으로는 미국이라는 국가, 또는 국민 의식에 자극을 주는 중요한 역할을 하는 계기가 된다. 그런 촉매의 역할을 변방에서 실천하였던 인물이 바로 잭슨이었다. 간단히 말해서 그는 미국 국민주의를 부각하는 데 결정적으로

기여한 인간 영웅으로 자리매김하게 된다.

1822년 테네시 주 입법부는 차기 대통령 선거에서 잭슨을 대통령 후보로 지명하게 된다. 그들은 또한 그를 전국적인 차원에서 인기를 만들어내기 위해서 잭슨을 연방의회의 상원 의원으로 선택하였다. 그는 이제 연방 정부의 수도에 갈 수 있게 되었다. 그를 그렇게 만든 것은 바로 테네시 주 의회였다. 2년도 지나지 않아서 잭슨은 당시 중앙 정치 무대에서 쟁쟁한 존 퀸시 아담스, 윌리엄 크로퍼드, 헨리 클레이와 대통령직을 놓고 한판 대결을 벌리게 되는 거물로 이제 성장하게 된다. 잭슨은 일반 국민 투표와 선거인단 투표에서 최고의 득표율을 획득하게 된다. 그는 99명의 선거인단 투표를 획득하였는데 이는 당선에 필요한 과반수에 못 미치지 것이었다. 그 결과 최종 투표는 하원으로 넘어가게 된다. 여기서 후보군에 속하였던 크로퍼드는 뇌졸중으로 인하여 결국 경쟁에서 벗어나게 된다. 이러한 상황에서 하원 의장(Speaker of the House)출신인 클레이의 조정으로 아담스가 대통령이 되었다.[14] 잘 알려진 것과 같이 잭슨은 이러한 정치적 타협을 아담스와 클레이 간의 음모라고 보았다. 더불어서 국민에 대한 생각을 전혀 고려치 않는 사악한 워싱턴 세계의 엘리트와 권력자의 부패와 권력 남용의 상징적인 사건으로 그 사건을 이해하게 된다. 그는 이 사건을 기회로 전체 미국인들을 대변하는 길로 자신을 위치할 것이라고 굳게 다짐하게 된다.[15]

1828년 대통령 선거에서는 잭슨은 철저한 선거 전략을 수립하였다. 그는 호전적이고 선정적인 공격도 마다하지 않을 만큼 적극성을 보여주었다. 그는 또한 자신을 따르는 정치가들을 대규모로 동원하였다. 그리하여 결국 선거인단에서 178 표를 획득하였고, 이것은 아담스가 83 표를 얻은 것과 큰 격차를 보여주는 것이었다. 그는 자신을 진정으로 국민의 목소리를 대변하는 상징으로 믿었다. 비록 그는 특수하고 개별적인 정책 문제에 대해서는 매우 애매한 입장을 취했지만, 그는 공적 영역에서 미국 정부가 해야 할 역할 문제에서는 확고한 신념을 가지고 있었다. 그는 경제와 사회에 문제에 있어서 연방 권력이 직접적으로 간여하는 것에 대해서 강한 적대감을 나타내었다.[16] 그는 대통령으로 임명되고 나서 최초 연례 시정 연설에서 다음과 같이 말하였다. "국토 개발 계획은 그리고 지식의 확대는 만일 그 사업들이 연방 정부의 권한이 명시된 연방 헌법의 경계 내에서 이루어진다면, 매우 중요하게 고려해야 할 사업이라고 본다."[17] 이것이 그가 아메리칸 시스템의 여러 정책에 대해서 언급한 유일한 언급이라고 할 수 있을 것이다. 그리고 이러한 언급은 아주 형식적인 언급에 불과 한 것이라는 것을 알 수 있다. 단적으로 말해서 잭슨 대통령은 아메리칸 시스템에 대해서 별반 관심이 없었다고 할 수 있을 것이다. 그에게 있어서 서부란 미국의 백인 이주민을 위한 정착의 공간으로서만 이해되었을 뿐이었다.

인디언 강제 이주 정책

(Indian Removal)

1830년대, 잭슨은 연방 대통령으로서 구 남서부지역(The Old Southwest)에 있는 인디언을 현재의 오클라호마(Oklahoma) 주로 강제 이주하는 정책을 적극적으로 추진했다. 그리하여 인디언이 원래 정착하고 있었던 대규모 지역이 서부 정착민들과 농장주에게 돌아갈 수 있도록 하는 행운을 선물하려고 하는 방향으로 연방 정책을 집중하였다. 역사가 다니엘 워커 하우(Daniel Walker Howe)는 소위 잭슨 민주주의(Jacksonian Democracy)라고 부르는 것은 "전 북미 대륙의 백인의 지배력을 확장"하는 것에 불과하다고 일축하였다. 어쨌든 인디언 강제 이주 정책(The Indian Removal)은 잭슨 행정부의 가장 중요한 정책이었다. 잭슨은 이러한 정책을 진행함으로서 서부 지역 그리고 남부 지역에서 그들의 기호에 맞는 정책을 통하여 큰 인기를 얻는 데 성공하게 된다. 물론 오직 사우스캐롤라이나에서는 아주 예외적인 현상이 나타나고 있었다. 그곳에서는 예외적으로 그는 인기를 얻지 못하고 있었다. 그가 이 주에서 인기를 얻을 수 없었던 이유는 다른 측면에서 찾아야 할 것이다. 간단하게 말해서 그곳은 칼훈과 그 정치적 파벌의 공간이었기에 잭슨에게 큰 애정을 줄 수 없는 여건을 가지고 있었다.[18] 어쨌든 조상 때부터 지켜왔던 토지를 빼앗긴 인디언들은 잭슨의 반 인디언 정책으로 실로 형용 할 수 없는 고통을 감수해야 했다. 그들은 자신들의 살고 있는 옥토를 버리고 미시시피 강을 넘어 서부로 역사상 그 유례없는 강제 이주라는 고통을 감내해야 했다. 반면 이러한 정책으로 미국의 백인들은 최 남부(The Deep South) 전역에서 목화 왕국(Cotton Kingdom)을 건설할 수 있게 된다. 이것이 가능하게 한 것이 바로 잭슨의 인디언 강제 이주 정책의 결과라고 할 수 있을 것이다. 아메리칸 시스템의 측면에서 보면, 그러한 대규모의 농업적 문화와 경제에 의존하는 것에 대해서 큰 실망을 금치 못하는 일이었고 결국 잭슨의 정책에서 자신들과 같이 할 수 있는 정치 철학적 공통점을 전혀 찾을 수 없게 된다. 한편 남부의 백인들도 아메리칸 시스템을 주장하는 사람들을 결코 이해 할 수 없는 것이었다. 그들 남부 백인들은 보호 관세나 국토 개발 계획 등과 같이 다양한 차원의 사업에 대해서 왜 연방 정부가 적극적으로 지원을 해야 하는지에 대해서 그 타당한 이유를 찾을 수 없었다.

잭슨은 서부 지역에서 변호사, 정치가, 군사 지도자로서 근무할 때부터 계속해서 인디언 강제 이주 정책에 대한 연방 정부 차원에서의 결단과 그 지원이 필요함을 강력하게 주장하여 왔다.[19] 사실 남부 백인들은 1828년 대통령 선거에서 잭슨을 강력하게 후원하였다. 그들이 그렇게 지원을 아끼지 않는 이유는 무엇보다도 서부 지역에서 명성이 높았던 장군으로서 그가 인디언 강제 이주 정책을 적극적으로 주장하고 있는 것을 잘 알고 있었기 때문이다.[20] 그러므로 1828년 대통령 선거 전에서 그들이 지지하던 잭슨의 당선은 그런 면에서 하나의 큰 의미를 갖는 사건이었다. 이유인즉 여러 남부의 주와 지역 행정 관료들은 이제 연방 정부가 직접적인 간섭을 행사하지 않을 것이라는 자신감을 갖고 인디언 추방 정책을 실행 할 수 있을 것이라는 생각을 하게 되었던 것이다. 그들이 그렇게 생각한 것은 당연한 것이었다. 이유인즉 지금까지 인디언에 대한 잭슨의 생각과 실천에서 볼 때 그들이 그렇게 생각한 것은 어쩌면 당연한 것이라고 할 수 있을 것이다.[21] 이러한 인디언 제거 운동에 선두에 섰던 주가 바로 조지아이다. 조지아는 인디언을 그들의 주 경계 내에서 추방하는 데 필요하면 무력까지도 사용할 태세였다.[22] 그들이 그렇게 생각하게 된 결정적인 이유 중의 하나가 잭슨의 대통령 당선이다. 조지아 주민들은 체로키 부족이 위치하고 있는 그 비옥한 토지에 대해서 일찍부터 탐욕을 가지고 있었다. 그곳은 바로 면화 경작에 있어서 최상의 조건을 가지고 있는 지역이었다. 그러므로 조지아는 이미 1780년대부터 그 지역에 대한 관심을 가지고 있었다.[23] 여기에 부가하여, 체로키 지역 영토에서 황금이 발견되자, 1815년 이래로 체로키 지역은 더더욱 관심의 대상이 되었다.[24] 작가 제임스 문니(James Mooney)가 적절하게 지적한 것과 같이 금의 발견과 함께 "[체로키족]의 운명은 바람 앞에 등불이 되었다"라고 적고 있을 정도이다.[25]

당시까지 백인들은 인디언을 "야만인(savages)"으로 간주하였다. 물론 어떤 경우에는 고귀한 야만으로 보는 경우도 있고, 어떤 경우에는 위험스러운 야만으로 본다. 그러므로 대부분의 백인들은 인디언이 할 수 있는 유일한 선택권은 백인 문명을 받아들이는 것이며 다른 대안은 없다고 생각하였다.26 역설적으로 많은 백인들은 인디언들이 너무 문명화되었음에 두려움과 걱정을 표현하고 있었다. 백인들은 야생의 상태, 길들어지지 않는 야만 상태의 인디언들이 백인 거주지의 뒷문을 통해서 침범해 오는 것을 항시 두려워하고 있었다. 백인들의 눈에 인디언은 고귀한 야만이라기보다는 잔인하고 위험스러운 야만 일 뿐이었다. 그런데 *문명화된(civilized)* 인디언의 위협, 즉 비옥한 경작지를 차지하고, 경작과 목축을 성공적으로 운영하고 있으며, 백인들과 같이 노예를 거느리고 있으며, 여기에 더하여 백인들의 중요한 수입원이라고 할 수 있는 노예 거래를 하고 있을 뿐만 아니라, 잠재적으로는 그들 인디언의 거주지가 도망 노예들의 치외 법권 지역이 될 것이라는 공포 또한 야만 상태의 인디언관 함께 남부 백인 농장주들에게 있어서 심각한 두려움이 되었다.27

대통령이 되자마자 잭슨은 인디언 강제 이주 정책에 대한 연방 정부적 차원의 지원에서 근거와 당위성을 얻기 위해서 노력하였다. 그는 취임 연설에서 인디언에 대해서 적대적인 감정을 가지고 있지 않다는 점을 부각하고 있다. 그는 다음과 같이 말하였다. "우리 국가의 경계 내에 거주하고 있는 인디언 부족에 대해 공정하게 대우하며, 여기에 그들의 자유를 보장하는 정책을 실천하는 것이 본인의 진심이며 성실한 희망이다. 더불어서 그들의 권리와 그들이 현재 필요한 것들에 대해서 인간적이고도 성실한 관심을 주는 것도 그러한 희망의 한 부분이다."28 이어서 잭슨은 연방 의회에 요청하기를 인디언 강제 이주를 위해서 "미시시피 강 서안에 충분한 공간"을 마련할 준비를 하여야 한다고 주장하고 있다.29 잭슨 대통령의 이러한 메시지에 영향을 받아서 제21차 연방 의회는 1830년 5월 26일 소위 인디언 강제 이주 법(The Indian Removal Act)을 통과하였다. 의회는 대통령에게 인디언 이주에 필요한 제반 권한, 구체적으로 미시시피 강 서안 지역에 새로운 정착지를 마련 할 수 있는 권한을 대통령에게 주었던 것이다. 이것은 결코 자신의 고토를 버리기를 완강히 거부하는 인디언에 대한 보상 차원에서 미국 정부의 노력이라고 할 수 있을 것이다. 비록 그 법안의 제1조(Section I of the Act)는 이주 법안이 "자신들의 토지를 (미시시피 강 서쪽의 토지와) 교환하고 그곳으로 이주하기를 선택하는 인디언 부족이나 민족에게만 적용 된다"고 하였지만, 잭슨과 연방 의회 내 그의 지지자들은 모든 인디언들은 서부 변경 지대로 이주 되어야 한다고 생각하고 있었다.[30] 연방 상원에서 문제의 법안에 대한 투표 결과는 28대 19로 이주 정책에 찬성으로 나타났고, 연방 하원에서는 102대 97로 거의 간발의 차이로 통과되었다.[31] 남부 지역 대표들이 그 법안의 통과에 하나로 단결하였던 것이다.

|표 4-1| 1830년 인디언 강제 이주 법안에 대한 투표 성향
(Vote Analysis of The Indian Removal Bill in 1830)

상/하원 (Senate/House)	상원(Senate)		하원(House)	
	찬/반 지역 구분	찬성(Yeas)	반대(Nays)	찬성(Yeas)
뉴잉글랜드 (New England)	1	11	9	28
대서양중부 (Mid-Atlantic)	4	5	28	40
북서부 (Northwest)	7	3	13	17
남동부 (Southeast)	8	–	39	10
남서부 (Southwest)	8	–	13	2
총 투표 수 (Total)	28	19	102	97

출처: *Senate Journal*, 21st Cong., 1st, sess. (24 April 1830), p.268; *House Journal*, 21 st Cong., 1st sess. (26 May 1830), pp.729-30.

일단 문제의 법안이 통과 되자, 잭슨은 그 법안을 구체적으로 실천에 옮길 방안을 찾게 된다. 잭슨은 강제 이주 정책에 반대하는 여러 세력들을 주장과 항의를 철저히 무시하고 자신의 신념을 밀고 나가게 된다. 그의 머리속에는 되도록 빠른 시간 안에 동부 지역에 있는 인디언들을 미시시피 서안으로 이동시킬 방법에 혈안이 되어있었다.

잭슨은 자신의 정책을 신속하게 실천하기 위해서, 당시 국방부 장관이었던 존 이턴(Secretary of War John Eaton)을 파견하여 촉토 부족(Choctaw)의 지도자들과 협의하도록 하였다. 당시 인디언 지도자들은 보다 우호적이고 유리한 조건에서 타협을 기대하고 있었던 터라 기꺼이 땅을 양보하기로 작정하고 있었다. 이턴은 잭슨이 요구하였던 신속, 저 비용, 인간적인 절차에 따른 타협을 원만하게 잘 처리하였다. 더불어 인디언들의 반대를 무마하는 데도 큰 힘을 발휘하였다. 그는 이 지역에 거주하고 있는 여타 부족들에게서도 이주 정책에 협조하도록 무마하는데 성공을 이루었다. 그 결과 인디언 부족들과의 조약 체결을 가능하도록 하는 조건을 만들 수 있었다.[32] 최초의 인디언 이주는 1831~1832년의 겨울에 이루어 졌는데, 인디언의 피해는 상상을 초월하는 것이었다. 간단하게 말해서 이러한 이주 정책은 지금까지 인간이 했던 여러 실패한 정책 중에서 최악의 실패로 기억될 만한 것이었다.[33] 부패하고 타락한 공무원들은 살을 에는 추위로부터 인디언을 제대로 보살피지 못했다. 많은 수의 인디언들이 기아로 죽어갔다. 이러한 문제를 해결하기 위해서 잭슨은 이주 정책의 책임을 군 장교들에게 맡기게 된다. 그들의 지휘 아래에서 인디언에게 이전보다 훨씬 개선된 식량 배급이 실시되었다. 그럼에도 불구하고 이주 정책에 필요한 자금 지원은 원활하게 이루어지지 않았다. 연방 정부는 비용을 줄일 목적으로 인디언 중에서 자발적으로 서부로 이주를 희망하는 인디언들에게 아주 적은 액수의 보상금을 제의하였다. 그러나 이러한 정책은 실패임이 증명되었다. 당시 인디언들과 그들 주변에서 기생해서 먹고 살고 있는 백인 장사치들의 관계를 알고 있는 사람이라면 결국 보상금이 누구의 손으로 들어갈지 아주 잘 알 수 있는 것이었다. 이유인즉 보상금을 받은 인디언들은 이들을 노리는 백인 장사꾼들의 표적이 되었다. 특히나 보상금은 경화로 지급되었기에 이들 백인들의 탐욕을 더더욱 맹렬하게 불러 일으켰다.[34]

1835년 잭슨은 체로키 부족(The Cherokee nation)의 대표로 알려진 인물들과 조약을 체결하는데 적극적으로 지원을 하였다. 사실 그들은 부족 인구의 불과 1/17에 해당하는 사람들이었다. 이 조약에 의하면, 2년 안에 미시시피 강 동안에 있는 모든 체로키족의 토지에 대해서 미국 정부가 소유권을 갖는 다는 것이다. 이 조약에 대해서 심지어 백인들조차도 이해할 수 없는 잔인한 조약이라고 비난하였다. 이유인즉 연방 상원에서 단 한 표차로 통과되었다는 사실에서도 이미 그 조약의 타당성에 의문을 제기한 것이라고 할 수 있을 것이다. 이런 사태에 대해서 그렇게 놀랄 일이 아닌 것은, 단지 약 2,000명의 체로키 부족 인디언들만이 2년이라는 약정 기간 내 자발적으로 오클라호마(Oklahoma)를 향해서 출발하였다. 나머지 약 15,000명의 체로키 인들은 이후 강제로 체포되어 집단 보호소에 감금되고 강제로 이주가 이루어졌다. 이런 방식으로 이주가 이루어졌고 이것도 잭슨 대통령 임기 기간이 아니라, 마틴 벤 뷰렌 대통령(President Martin Van Buren) 임기에 와서야 가능하게 되었다. 체로키족의 강제 이주는 소위 "눈물의 여정"(The Trail of Tears)라고 불리어지는 고난의 이력이었다. 그 말에서 보듯 이주 과정에서 백인들이 강제 이주민들에게 했던 잔인함을 상징하는 말이며 다른 한편으로는 이주민들의 고난과 막대한 희생을 웅변적으로 대변하는 말이라고 할 수 있다.[35] 1840년대 말이 될 때 까지, 미국은 미시시피 강 동부 지역에 거주하는 거의 대부분의 인디언 부족들을 서부로 이주토록 하였다.[36]

남서부의 확장과 미국 경제에서 남부의 이탈

(Expansion into the Southwest and Isolation
of the South from National Economy)

인디언 강제 이주 정책은 남부에 있어서 아메리칸 시스템에 대한 생각을 접게 하는 데 결정적으로 영향을 주었다. 인디언 이주 정책의 중요한 영향 중에 하나는 남서부지역에 대한 백인들의 급격한 이주와 팽창으로 나타나게 된다는 점이다. 그들 이주민은 주로 백인들이었다. 그들은 면화 농장주들로서 면화 경작지를 찾는데 적극성을 보였던 사람들이었다. 이러한 팽창의 결과 이제 미국 사회와 경제가 보다 다양한 방식으로 발전할 수 있는 기회를 원천적으로 차단하는 방향으로 나아가게 되었다. 다음에 제시하는 표가 보여주듯이 서남부 지역에 위치하고 있는 주들 내 인구는 급격하게 불어나게 된다. 1800년 115,000명에서 1840년 210만 명으로 성장하였다. 이것은 남동부지역의 여러 주들의 인구보다도 그 성장 속도가 빠른 것이다. 특히나 앨라바마, 미시시피의 인구성장은 놀라운 것이다. 그것도 특별히 1830년대에 와서 급격하게 인구가 증가하게 된다. 앨라바마의 인구는 1830년부터 1840년까지 두 배로 증가하게 되고, 또 미시시피는 동일 기간에 거의 세배로 증가하게 된다.[37]

|표 4-2| 1800년대에서 1860년까지 남부 소속 주의 총 인구 변화 표
(General Population in Southern States from 1800 to 1860, in thousands)

〈단위 천명〉

지역 \ 년도	1800	1810	1820	1830	1840	1850	1860
남동부 (Southeast)	1,795	2,101	2,421	2,880	3,063	3,563	3,974
조지아 (Georgia)	163	252	341	517	691	906	1,057
노스캐롤라이나 (North Carolina)	478	556	639	738	753	869	993
사우스캐롤라이나 (South Carolina)	346	415	503	581	594	669	704
버지니아 (Virginia)	808	878	938	1,044	1,025	1,119	1,220
남서부 (Southwest)	115	379	779	1,345	2,148	2,900	3,573
테네시 (Tennessee)	106	262	423	682	829	1,003	1,110
앨라바마 (Alabama)	1	9	128	310	591	772	964
루이지애나 (Louisiana)	–	77	153	216	352	518	708
미시시피 (Mississippi)	8	31	75	137	376	607	791
총인구(Total)	1,910	2,480	3,200	4,225	5,211	6,463	7,547

출처: R. Sutch and S. B. Carter (eds), *Historical Statistics of the United States: Earliest Times to the Present, Millennial Edition*, 5 vols (New York: Cambridge University Press, 2006), 1:180-359.

아메리칸 시스템과 미국의 사회、 경제

|그림 4-1| 1800년도에서 1860년도까지 남부 지역의 총 인구 변화표
(General Population in Southern States from 1800 to 1860, in thousands)

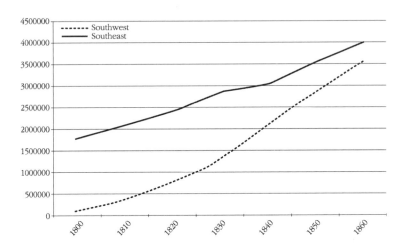

남서부에서의 노예 인구 또한 급격히 증가하였다. 예를 들어 1830년부터 1840년까지 앨라배마의 노예 인구는 215% 증가하게 되고, 미시시피는 300% 증가하게 된다. 반면 같은 기간에 노스캐롤라이나의 노예 인구는 이전과 별 차이를 보여주지 않고 현상을 유지하였고, 버지니아는 5% 떨어지게 된다. 미국 연방 헌법은 1808년부터 노예 수입을 금지하였다. 이렇게 되자, 이제 해외를 통해서 노예를 구입하기 보다는 국내에서 자체 생산으로 집중하게 된다. 미국 국내에서 거대한 노예무역이 성장하게 된다. 바로 남서부지역의 플랜테이션 농업 또는 대농장 경영에 필요한 노예를 공급하기 위해서 미국 자체 시장이 형성되었던 것이다. 연방 헌법 제정기에서 남북전쟁 발발까지 약 660,000명의 노예가 남부 고지 지역(The upper South)에서 남부 저지 지역(The lower South)으로 팔려온 경우에 해당한다. 이들 노예들의 많은 숫자가 앨라배마, 미시시피, 루이지애나의 새로운 면화 지역으로 이동하였다. 예를 들어 1830년대 288,000명이 1840년대는 189,000

명이, 1850년대는 250,000명이 남부 저지 지역으로 강제 이동하였다.38 그러므로 노예는 남동부지역의 여러 주들보다 남서부지역에서 보다 확고하게 그 자리를 잡게 된다.

남서부지역에서 면화 농장과 노예제의 확대는 미국이라는 하나의 통일적 경제 체제에서 완전히 벗어나는 남부만의 독특한 경제를 만들어냈다. 면화 생산량은 급격하게 증가하였다. 1790년 미국은 단지 3,000 베일(bales, 가마니)을 생산하였다. 남북 전쟁이 시작될 쯤에는 미국은 4백만 베일을 생산하게 된다. 그 면화 중 3/4은 유럽 시장으로 갔다. 특히 영국 시장, 더 구체적으로는 영국 공장으로 갔다. 그러므로 영국은 미국의 동부 지역이나 북서부지역보다도 남부와의 경제적인 관계가 더 중요하게 된다.39 수 십 년 동안 뉴올리언즈 항구는 남쪽으로 향하는 서부 지역 생산품을 받아서 처리하는데 집중 하여 왔다. 서부의 생산품들은 미시시피 강을 따라서 운반되었고, 배에서 내려져 남부에서 생산되는 면화, 설탕, 쌀과 함께 해외 시장으로 재수출되는 것이 일반적인 이 지역의 거래 루트였다.40 그러나 1850년대에 오면 이러한 전통적인 물류 이동 시스템은 이제 큰 의미를 갖는 것이 되지 못했다. 이유인즉 북서부지역에서 동부 지역으로 운하와 도로망이 확충됨에 따라, 이 노선을 통한 상품의 이동이 급격하게 증가하게 된다.41 1860년에 북동쪽의 주들은 북서부지역으로 부터 1억4천6백5십만 달러의 상품을 받게 된다. 반면 남부는 오로지 식량 중심의 농산물로 4천2백만 달러에 해당하는 상품을 받았을 뿐이었다.42 북동쪽과 북서부지역 주들은 이제 이러한 물류 차원에서도 강력한 이해관계를 갖게 되고, 반면 남부는 자신들만의 독자적인 경제를 추진하게 된다.

그러한 북서부와 북동부와의 경제적인 결합에 대해서 적대감과 고립감을 점차 느껴가는 남부는 자신들이 이제 하나의 국가 체제 또는 국민 경제로서의 미국이라는 단일 시스템에 속하고 있다는 생각을 그렇게 깊게 느끼지 못하게 된다.43 면화 생산은 수입 면에서 최고의 상품이었다. 그런데 일단 이 분야에서는 성공하기 위해서는 상당한 초기 투자를 요구하는 것이었다. 특히 노예와 땅은 막대한 투자 비용이 요구되는 부분이었다. 그러므로 그들이 다른 부분으로 투자할 경제적 동기를 가질 여유와 노력을 보여 줄 수 있는 형편이 되지 못했다. 가령, 남부 농장주들은 그들의 경제 다양화를 추구하거나, 제조업 촉진에 큰 흥미를 가질 여유나 인센티브가 부족하였다. 이로서 면화는 남부의 삶의 전체를 결정하는 것이 되었다. 농장 소유주들은 남부에서 정치 경제적인 권력을 독점하고 있었다. 도시의 삶은 면화 무역과 거래의 중심지로서의 역할에 국한되었다. 뉴올리언즈(New Orleans), 모빌(Mobile), 사바나(Savana), 찰스턴(Charleston)이 바로 그러한 기능의 대표적인 도시였다.44 남부는 특수하고, 그리고 아주 예외적인 방식으로 발전하고 있었다.

북서부지역의 경제 성장
(Economic Growth of the Northwest)

남부에서 일어나는 것과는 반대로, 북서부지역(The Northwest)은 점차로 북동 지역의 여러 주들과 밀접한 관계로 발전하게 된다. 우선 값싼 교통망을 이용할 수 있다는 장점이 서부 정착을 훨씬 손쉽게 할 수 있게 하였고, 북서부지역과 북동지역 간의 관계를 더더욱 증가시켰다.

|표 4-3| 북서부지역 주들의 연방 가입 년도
(Northwestern State Admissions into Union)

주(State)명칭	가입날짜
켄터키(Kentucky)	1792. 06. 01.
오하이오(Ohio)	1803. 03. 01.
인디애나(Indiana)	1816. 12. 11
일리노이(Illinois)	1818. 12. 03
미주리(Missouri)	1821. 08. 10
미시건(Michigan)	1837. 01. 26

출처: M Leepson, *Flag: An American Biography* (New York: St. Martin's Press, 2005), pp.268-9

|표 4-4| 1800-60년까지 북서부지역 주들의 인구 변화표
(Population in Northwestern States, 1800-60, in thousands)

〈단위: 천명〉

년도 / 북서부지역 주 명칭	1800	1810	1820	1830	1840	1850	1860
일리노이 (Illinois)	2	12	55	157	476	851	1,712
인디아나 (Indiana)	3	25	147	343	686	988	1,350
켄터키 (Kentucky)	221	407	564	688	780	982	1,156
미시건 (Michigan)	4	5	9	32	212	398	749
미주리 (Missouri)	–	20	67	140	384	682	1,182
오하이오 (Ohio)	42	231	581	938	1,519	1,980	2,340
총인구 (Total)	272	700	1,423	2,298	4,057	5,881	8,489

출처: R. Sutch and S. B. Carter (eds), *Historical Statistics of the United States: Earliest Times to the Present, Millennial Edition*, 5 vols (New York: Cambridge University Press, 2006), 1:180-359; census data unavailable in 1800 for Missouri.

아메리칸 시스템과 미국의 사회、경제

　　미국 독립 혁명 이후 애팔래치아 산맥을 넘어 서부 지역으로 이주가 본격적으로 이루어지면서 북서부지역의 여러 주들이 연방에 가입하게 된다. 1792년부터 1837년까지 북서부지역에 위치하고 있는 여섯 개의 새로운 주가 연방에 가입하게 된다.

　　북서부지역의 각 주의 인구는 급격하게 성장하게 된다. 바로 1800년에 272,000명에서 1840년 400만 명으로 증가하게 된다.

　　연방적인 차원에서 볼 때, 북서부지역에 위치하고 있는 주들의 힘은 시간이 흐를수록 점차 강해지고 있다. 1800년에 북서부지역은 미국 총 인구 비율에서 볼 때, 오로지 5.1%에 불과하였다. 이것은 1840년의 23.8%와 비교되고 이어서 1860년에는 27%로 증가하게 된다.

|표 4-5| 북서부지역의 인구 성장률
(Northwestern Population Growth Within the United States)

연도(Year)	미국총인구 (Total US Population)	북서부지역인구 (Northwestern Population)	백분율 (%)
1800	5,308,000	272,000	5.1%
1810	7,240,000	700,000	9.6%
1820	9,238,000	1,423,000	15.4%
1830	12,861,000	2,298,000	17.9%
1840	17,063,000	4,057,000	23.8%
1850	23,192,000	5,881,000	25.4%
1860	31,443,000	8,489,000	27.0%

출처: R. Sutch and S. B Carter (eds), Historical Statistics of the United States: Earliest Times to the Present, Millennial Edition, I: 180-359; 총 인구는 미국 인구 조사국(the United States Census Bureau)의 것으로 다음 주소 창에서 찾을 수 있다. http://www.census.gov/population/www/censusdata/files/table-2.pdf (accessed 27 March 2009)

　서부 이주가 쉽게 이렇게 된 결정적인 이유는 바로 교통 혁명에서 찾을 수 있을 것이다. 소위 교통 혁명으로 물류비의 감소가 나타나게 되고, 이동 속도도 확연히 증가되었다. 1800년에서 1819년까지 육로 서부 횡단 짐마차(overland wagon transportation)의 화물 우송 요금은 1톤당 30에서 70센트 정도였다.[45] 남북 전쟁이 일어나기 전, 시카고에서 뉴욕까지 밀 운임 철도 요금(all-rail freight of wheat)은 마일 당 1.2센트였고, 이것은 1800년에서 1819년까지의 그 비율과 비교하면 약 95% 정도 감소한 것이다.[46] 하물 수상 운송료 또한 급격하게 감소하였다. 예를 들면, 허드슨 강(Hudson River)의 운송 요금은 1814년 1톤을 1마일 운송하는데 6.2센트를 지불하여야 했다. 그런데 1854년 오면 0.7센트로 감소하게 된다. 거의 90%가 감소한 것이다.[47] 1817년 버펄로(Buffalo)에서 뉴욕까지의 화물 운송비는 마일 당 19.12센트였다. 이리 운하(Erie Canal)의 건설 이후 1857년에서 1860년까지 1톤의 화물을 1마일 운송하는데 드는 비용은 평균 0.8센트에 불과하였는데, 이것은 운하가 건설되기 전의 운송비용과 비교하면 95%이상 감소한 것이다.[48]

　운반 속도 또한 비약적으로 증가하고 있다. 1817년 신시내티(Cincinnati)에서 뉴욕까지 상품 운송에는 거의 50일이 소요되었다. 그런데 1850년대 초에 오면, 동일 거리를 상품을 이동 시킬 때, 증기선으로 28일이 소요되었고, 운하로는 18일이 소요되었다. 그런데 철도가 건설됨으로 해서 6일에서 8일 정도만에 가능하게 되었다.[49] 사람을 이동시키는 속도 또한 아주 놀랍도록 증가하게 된다. 특별히 증기선의 도입과 함께 그 속도는 급격히 증가하게 된다. 미시시피-오하이오 시스템(The Mississippi-Ohio system)을 보면, 소위 용골선(keelboat: Mississippi 강 따위를 중심으로 쓰였던 조잡하게 만든 화물선)이라 부르는 선박은 루이지애나 주 뉴올리언즈(New Orleans)에서 켄터키 주의 루이빌(Louisville)를 지나서 오하이오주까지

가는데 약 3개월이 소요되었다. 그런데 증기선을 이용하게 됨에 따라 1850년대에는 시간이 8일 정도로 줄어들게 된다.[50]

교통 혁명(transportation revolution)은 수많은 사람들이 애팔래치아 산맥(The Appalachian Mountains)을 넘어 서부로 이주하는 것을 가능하게 하였다.[51] 값싼 운송 비용 때문에 서부 변경에 있는 농부들도 그들의 밀, 옥수수, 가축을 시장으로 이동할 수 있게 되었고, 그 결과로 그들의 상품을 미국 내 타 지역으로 그리고 대서양을 건너서 팔 수 있는 것이 가능하게 되자, 생계 농업에서 매우 이익이 높은 환금 작물 농업 사업으로 전환하게 된다.[52] 또한 뉴잉글랜드지역에서 도시 인구가 증가하게 되자, 서부 식량에 대한 수요는 갈수록 증가하게 된다. 그 결과 생산품에 대한 시장 가격 또한 증가하게 되었고, 서부 정착도 한층 빠른 속도로 증가하게 된다. 이리 운하(The Erie Canal)를 통해 결국 5대호와 인구 집중도가 매우 높은 동부 지역을 연결하게 되자, 이 또한 서부 개척과 정착을 한층 발 빠르게 하는데 큰 역할을 수행하게 된다.[53]

북서부지역에서 많은 도시가 증가하게 됨에 따라 그 경제력도 점차 증가하게 된다. 예를 들어 데이톤(Dayton), 피츠버그(Pittsburgh), 루이빌(Louisville), 내쉬빌(Nashville), 시카고(Chicago), 디트로이트(Detroit), 세인트루이스(St. Louis)가 중심도시로, 또는 산업 중심지로 발돋움하게 된다. 피츠버그(Pittsburgh)는 중요한 식품 가공업의 중심지가 되었고, 신시내티(Cincinnati)는 "오하이오 계곡(The Ohio Valley)의 잉여 농산물의 수출을 위한 중요한 집결지"가 되었다.[54] 도로와 운하의 건설 등의 국토 개발 계획이 1830년대까지 확실히 이행됨에 따라, 서부의 도시화는 1840년 4%, 1850년에 오면 9.5%, 1860년에 오면 14%로 계속 증가하게 된다. 이러한 사실을 미국의 남부 지역 도시들의 발전과 비교해 볼 수 있다. 1860년 남부 도시의 인구 비율은 8.7%로 미약하기 짝이 없을 정도다.[55]

1830년 메이쉬빌 도로 건설 법안 거부

(Maysville Veto of 1830)

잭슨이 인디언 강제 이주 정책에 몰두하고 있을 때, 그는 사실 아메리칸 시스템을 구축하는 문제에 대해서 거의 관심을 기울이지 않았다는 것을 알 수 있다. 그가 대통령으로 있는 동안 아메리칸 시스템의 모든 근간들은 거의 파괴 수준으로 치닫고 있었다. 그가 아메리칸 시스템에 반대하고 있음을 공공연하게 보여주는 한 실례가 바로 바로 국토 개발 계획이라고 할 수 있다. 잭슨은 1830년 메이쉬빌 도로 건설 법안 거부권(The Maysville Road Veto of 1830)을 통해서 국토 개발 계획에 대한 포괄적인 연방 정부 차원에서의 지원에 대해서 공격의 화살을 퍼부었다. 메이쉬빌 도로 건설 법안에 따르면 연방 정부가 켄터키 주 메이쉬빌 도로 회사(Kentucky's Maysville Road Company)의 주식을 한 주당 10달러로 15,000주를 구입하도록 한다는 것이다.[56] 이 도로는 오하이오의 잔스빌(Zanesville, Ohio)을 거쳐 앨라바마의 플로렌스(Florence, Alabama)를 통과하고 이어서 뉴올리언즈(New Orlenas)까지 연결하는 연방 도로(a national road) 확장 계획이었다.[57] 대통령은 그가 이전에 상원 의원으로 근무할 당시에는 조심스럽게 찬성을 한 경력이 있음에도 불구하고, 1830년 5월 27일 메이쉬빌 도로 법안에 대해서 거부권을 행사하였다.[58]

1829년 잭슨이 권력을 장악하였을 때, 그는 국내 개발 계획에 대한 연방 정부 차원에서의 지원이 과연 합헌적인 것인가에 대해서 의문을 가지고 있었다. 1829년 12월 8일 그의 최초 연례 시정 연설에서 그는 다음과 같이 말하였다. "(미국을 구성하는) 모든 구성원은 평화나 또는 전시에, 몇몇 주에서 이루어지고 있는 내륙 수로와 항해의 개선과 그리고 간선 도로(highway)의 건설 덕택으로 혜택을 받고 있다." 그러나 그는 자신이 보기에 이러한 일을 시작하는데 있어서 절차상의 문제점을 지적하고 있다. 그는 "모든 사람들을 만족시키기 위한 방법으로 (국내 개발 계획)이 혜택을 주기 위해서는" 바로 이러한 권력을 실천하기 이전에 우선 전제 조건으로서 현재의 연방 헌법상의 문제를 해결하기 위해서 구체적으로 수정 헌법을 만들어서 합법성을 만들어내야 할 것이라고 권하고 있다.59 그런 면에서 잭슨은 그의 메이쉬빌 거부 메시지에서 아주 직선적이다. 그는 다음과 같이 말하였다. "연방 정부 차원에서 도로나 운하 건설이 행해져야 한다고 국민들이 희망한다면, 그것은 …우선 연방 헌법의 수정이 먼저 이루어져야 함이 (그 모든 것보다) 필요한 것이다."60

여기에 잭슨은 메이쉬빌 도로 건설에서 또 다른 문제점을 발견하게 된다. 그의 이전 행정부들이 국토 개발 계획을 적극적으로 지지한 것은 아주 분명하다. 그러나 그러한 사업에 대해서 연방 정부의 지원은 "전체 미국인을 위한 것이어야 하고 지역에 한정된 사업이 아니어야 한다는 것이고–(구체적으로) 연방적인 것이어야 하고 주(경계)내의 사업"의 성격을 가진 것이 아니어야 한다는 것이다.61 그런 면에서 보면 문제의 메이쉬빌 도로 건은 "철저하게 지역적인 성격의 사업"이라고 보았던 것이다.62 그는 거부 메시지를 통하여 잭슨은 남부 지지자들에게 인기를 끌기 위한 정치적 계획을 보여주었을 뿐만 아니라, 다른 한편으로는 오랜 동안 정치적 적수였던 헨리 클레이에 대한 개인적인 원한을 그대로 드러낸 것이다. 이유인 즉 켄터키 주 출신인 클레이는 그의 정치적 토대가 되는 고향 주를 통과하는 이 도로 건설에 특별히 애정을 가지고 강력하게 옹호하고 있다는 것을 잭슨 또한 잘 알고 있었던 것이다.

어쨌든 국토 개발 계획의 대의명분이 이제 심각하게 큰 타격을 받게 된다. 존 퀸시 아담스(John Quincy Adams)는 그의 일기장에 다음과 같이 적고 있다. "나의 생각에는 (현재의) 인디언들, 그리고 국내 개발 계획과 국내 산업의 희생이 현재 행정부의 인기를 약하게 하기 보다는 점차 강하게 할 것이다. …(국내 개발 계획)의 정당성과 그 대의 명분은 의심할 것 없이 앞으로도 지속적으로 나타날 것이다. …그러나 현재는 위기의 순간이다."63 잭슨이 거부권을 발표할 당시 국무장관이었던 마틴 벤 뷰렌(Secretary of State, Martin Van Buren)은 자서전에서 국토 개발 계획이라는 일반적인 주제는 메이쉬빌 거부권의 행사를 통하여 이제 영원히 "연방 의사당에서 사라지게" 된다고 적고 있다.64 어떤 면에서 보면 아담스와 벤 뷰렌은 잭슨의 거부권의 중요성을 너무 지나치게 과장하고 있다. 물론 잭슨의 거부권이 있었지만, 연방 의회는 잭슨의 제1기 대통령 재직 기간에 과거 존 퀸시 아담스 행정부의 전체 기간 동안보다 많이 아메리칸 시스템의 핵심인 국토 개발 계획에 연방 자금 지원을 해주었다. 이어서 재선 이후의 잭슨 행정부는 국내 개발 계획에 대해 더더욱 많은 범위에서 연방 정부의 자금 지출을 하게 된다. 그러나 다른 한편으로 이 문제를 보면, 아담스와 벤 뷰랜이 "이제 미래의 연방 의회가 개별 사항을 심사하고 그 혜택을 고려하여 지원하는 경우가 일반화 되어, 궁극적으로는 전국적인 시스템 하에서 체계적으로 국토 종합 개발을 이룰 수 있는 기회를 놓치게 되었다"고 염려하는 말은 적절하다고 할 수 있을 것이다. 다른 말로 하면, 저 유명한 1808년 갤러틴의 국토 개발 계획에 대한 보고서나 또는 1824년 전국 토지 측량법과 같은 경우의 그 웅장하고 체계적인 기획이 어렵게 되었다는 점을 아담스와 벤 뷰렌은 지적하는 것이다. 어쨌든 미국 전 지역을 망라하는 국토 개발 계획은 당분간 사라지게 된다. 이제 이 분야에서 그래도 유지되고 있는 것은 서로 유기적인 관계가 없는 개별적이고 일시적인 사업에 한해서 그 실천이 나타나고 있을 뿐이었다. 더욱이 잭슨의 거부권은 아담스 행정부 기간 동안 국내 개발 계획에 연방 차원에서 자금 지원을 할 수 있었던 여러 중요한 절차와 방법들을 제거하는 사례를 제공하게 된다. 구체적으로 합자회사(joint stock companies)에 대한 출자(subscription)를 할 수 있는 길을 막았다. 잭슨은 이 문제에 대해서 다음과 같이 말하고 있다. 그 정책 즉 연방적인 자금을 일반 사적 회사에 투자하여 지원하는 것에 대해서 말하면서 "연방 정부와 주 정부간의 (역할)을 하나로 통합하여 …연방 정부의 본질적 성격을 변화하게… 할 것이다." 그리고 "일반 정부(연방 정부)가 합자 회사의 중요한 주식 보유자가 되어서 각각의 주 정부 내의 권한을 침범하게 되면" 그것은 결국 "국민의 자유권을 심각하게 위험하게 하는 것"이 될 것이다.[65] 여기에 부과하여 잭슨은 사실 기업의 주식을 구입하는, 즉 출자를 하는 것은 "공공 자금을 낭비하는 것과 함께 공공 이익을 더더욱 위험하게" 할 것이라고 말하였다.[66] 그 결과로 이제 연방 의회는 운하, 도로를 건설하는 공공 정책을 수행하는 "대리자"(proxies)로서 개별 기업을 이용하는 관례를 더 이상 계속 할 수 없게 된다. 이제는 보다 많은 금액을 지역 단위의 국토 개발 계획과 그 사업에 할당하는 경우가 조용하고도 은연중에 일어나게 된다.[67] 또한 잭슨의 국내 개발 계획은 그를 더더욱 남부 비위를 맞추는 사례로서 각인시키게 된다. 그러므로 이제 잭슨이 남부와 서부의 정치적인 동맹 체재를 굳건하게 할 수 있었다.

|표 4-6| 존 퀸시 아담스와 앤드류 잭슨 재임 기간 국토 개발 계획 사업 지출액
(Federal Expenditure for Internal Improvements under John Q. Adams and Andrew Jackson)

사업명	강과항구 (Rivers & harbors)	도로운하 (Roads & Canals)	등대 (Lighthouses)	주식출자액 (Stock Subscription)	총액 (Totals)
아덤스 재임기 총액 (Adams's Presidency)	$928,700	$2,098,254	$1,025,861	$2,185,000	$6,237,815
잭슨의 1기 행정부 총액 (Jackson's First Term)	$2,468,012	$2,749,608	$1,124,284	$0	$6,341,904
잭슨의 2기 행정부 총액 (Jackson's Second Term)	$3,307,677	$4,261,704	$2,255,823	$0	$9,825,213
잭슨의 재임기 총액 (Jackson's Presidency Total)	$5,775,689	$7,011,312	$3,380,116	$0	$16,167,117

|그림 4-2| 아담스와 잭슨 행정부 하에서의 국토 개발 계획에 대한 연방 지출액과 비교 (Federal Expenditure for Internal Improvements under John Q. Adams and Andrew Jackson)

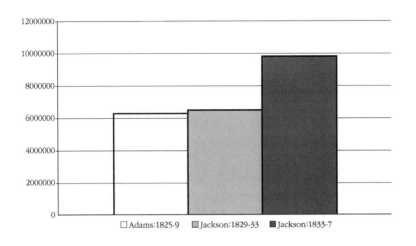

286

1832년과 1833년 공유지 분배 법안의 실패
(Failure the Distribution Bills of 1832 and 1833)

　국토 개발 계획에 대한 계속되는 토론 과정에서 또 다른 큰 전환점이
된 것은 공유지 분배에 관한 문제였다. 1832년과 1833년 분배 법안(The
Distribution Bills of 1832 and 1833)의 실패는 결국 아메리칸 시스템의
대의명분을 잃게 하는데 결정적으로 기여하게 된다. 여기서 말하는 분배란
공공 토지를 판매하여 생긴 연방 자금을 인구 비례에 따라서 각 주에
분배한다는 것을 말하는 것이다. 그런데 이러한 분배 안에서 바로 국토
개발 계획의 몇몇 이념과 의의들이 포함되어 있는 대표적인 사례가 나타난
다.68 헨리 클레이의 제안으로 이루어진 1832년과 1833년의 분배법은
여러 번의 곡절 속에서 성공을 이루지 못했던 법안이었다.69 이 법안은
토마스 하트 벤턴(Thomas Hart Benton)의 연방 토지 가격의 인하와 각
주로의 연방 토지 양도 계획(graduation and cession schemes)에 대한
대응 법안으로 탄생한 것이다.70 메이쉬빌 도로 건설 법안 거부권 행사(The
Maysville Road Veto)를 통하여 민간 기업에 연방 자금을 투여하여 국토
개발 계획을 실천할 수 있었던 지금까지의 경우들이 이제 불가능하게
되었다. 그래서 클레이는 연방 자금을 국내 개발 계획에 직접 투자하는
방법을 찾았다.71 이러한 계획이 실행된다면 두 가지 측면에서 아메리칸
시스템의 이념과 대의명분에 큰 기여를 할 수 있게 될 것이다. 우선 토지
판매를 통하여 얻은 수입은 국토 개발 계획을 실행하는데 필요한 잠재적
자금 확보를 하는데 기여하게 된다. 두 번째로 분배 계획에 따르면, 서부
지역에서 값싼 토지, 또는 무료 토지 판매와 같은 이론적인 근거를 일소할
수 있을 뿐만 아니라, 다른 한편으로 보호 무역 관세를 보장할 수 있는

논리를 제공해 줄 수 있을 것이었다. 아메리칸 시스템의 반대하는 사람들은 관세율은 연방 정부가 지고 있는 빚이 완전히 해결 되면 그 또한 줄여야 한다고 주장하고 있다. 예를 들면, 잭슨은 1831년 12월 6일 그의 제3차 연례 시정 연설에서 다음과 같이 말하였다. "그러므로 (현재 상황에서) 제한하는 것은 공공 부채가 소멸되고 나면 불필요한 세금으로부터 국민을 자유롭게 하는 것을 …채택해야 한다.'72 그들 아메리카 시스템을 반대하는 사람들이 찾고 있는 유일한 이유는 바로 연방 정부의 부채가 있기에 그런 것이었다. 이러한 분배 계획과 함께, 클레이는 보호 관세 법안을 정당화 할 수 있는 근거를 확보할 수 있고, 토지를 유상으로 그것도 높은 가격으로 판매할 수 있는 방안과 정당성을 얻을 수 있었다. 클레이는 1831년 10월 4일 편지에서 다음과 같이 쓰고 있다.

> 몇 년 내, 상업상의 변화에 힘입어, [재정의] 초과 수입이 발생하게 될 것이다. …때때로 발생 할 수 있는 그러한 잉여 수입은 국토 개발 계획에 투자하는 것이 (적절)하다고 본다. 그러나 본인이 생각하기에 일단 공공 부채를 해결한 후에는, 그러한 (사업)의 목적을 실행하는데 있어서 필요한 가장 중요한 자금 원천은 공공 토지를 지속적으로 판매하는 것에서 찾아야 할 것이다.73

아메리칸 시스템의 3개의 중요한 기둥들의 그 핵심적인 내용을 종합하면서, 분배법안은 정치적 기획으로 볼 때 타의 추종을 불허하는 작품이라고 할 수 있을 것이다. 클레이는 또한 이러한 기획을 통하여 궁극적으로 아메리칸 시스템을 장차 도래하는 1832년 대통령 선거전의 정치적 강령으로 사용하기를 기대하고 있었다. 클레이가 그의 분배 안의 지지를 얻어내기 위한 국민 공화파의 지지자를 계산해볼 때 그 수가 부족함을 느끼고, 자신의 법안이 통과되기 위해서는 타협을 해야 한다는 것을 알았다. 그래서 클레이는 미시시피, 루이지애나, 미주리, 앨라바마, 일리노이, 인디아나 출신의 연방 의회 의원들에게 약속하길, 분배법안이 통과되면 연방 정부는 국토 개발 계획의 비용으로 충당할 수 있도록 각 주 경계 내에 있는 연방 토지 판매금의 12.5%를 그 토지가 있는 주 정부에 주고, 또한 상당한 규모의 국유지를 주 정부에 증여하겠다고 하였다. 그러한 조정안은 클레이에게 두 가지 차원에서 장점이 있었다. 단지 아메리카 시스템을 실천하는 것뿐만 아니라, 그가 대통령이 되기 위해서는 이들 지역에서의 정치적인 지원이 절실하게 요구되었기 때문이다.[74]

클레이에게 불행하게도, 그 법안은 상원에서는 26대 20으로 통과되었지만, 하원에서는 통과가 무산되었다.[75] 클레이는 단지 분배법에서만 실패한 것이 아니었다. 그는 1832년 대통령선거 전에서도 패배하게 된다. 그는 단지 켄터키, 델라웨어, 코넷티컷, 로드아일랜드, 매사추세츠, 그리고 메릴랜드에서 다수 표를 획득하여 승리하였다.[76] 그는 선거인단 투표에서 49표를 얻었을 뿐이다. 반면에 잭슨은 219표를 얻었다. 분명한 것은 은행 전쟁(The Bank War)에서의 패착이 결국 클레이의 실패의 중요한 한 요인으로 작용하였다. 그는 제2 연방 은행이라는 인기 없는 제도의 유지를 지지하고 있었던 것이다. 클레이가 패배하는 데는 이러한 은행 전쟁과 함께 중요한 다른 요소가 있었다. 바로 분배 안에 대한 문제에서 발생하고 있다. 여기서 그는 다시 국민들이 매우 싫어하는 정책 방향을 지지하는 일을 저지른다. 간단하게 이 정책과 법안에 대해서 서부와 남부는 모두 다 싫어하고 있다는 것을 알고 있었지만, 그는 의연히 그 법안을 고수한 것이 그의 패배를 가져오게 된 것이다.

서부 지역 사람들에게 가장 인기 있는 정책은 값싼 토지를 구매할 수 있도록 연방 정책을 수립하는 것이다. 남부는 보호 관세와 국토 개발 계획에 대한 연방 차원의 지원 프로그램을 제거하는 것이 가장 인기 있는 정책이었다. 그런데 남부와 서부의 많은 사람들이 또한 싫어하는 것은 바로 제2 연방 은행이었다. 잭슨은 값싼 토지 판매, 반 연방 은행 정책, 반 보호 관세 주의, 국토 개발 계획에 대한 연방 차원의 지원 프로그램에 대해 반대하는 입장을 취하고 있다. 그의 입장은 매우 이해하기 쉽고 남부와 서부 사람들에게 그 호소력이 매우 높았던 것이다. 다른 한편으로 클레이의 아메리칸 시스템은 너무 복잡한 것이다. 그러므로 일반 대중에게서는 호소력이 별로 없었다. 특히 남부나 서부 지역의 주민들에게서는 인기가 없는 것이었다.[77] 클레이는 미국의 미래에 이익이 되는 방안을 제안하였다. 반면 잭슨은 즉각적으로 효과를 볼 수 있는 것을 원했다. 잭슨은 선거 결과를 그가 추진하고 있는 정책에 대한 국민들의 확고한 신임을 보여주는 것으로 믿었다. 1832년 12월 그의 연례 시정 연설에서 연방 의회에 자신의 확신과 신념을 언급하고 있다. "연방 정부의 부채는 곧 해결 될 것이다. 그러므로 토지 판매로부터 얻은 수익금 문제를 이번 기회에 처리하는 것이 좋을 것이다."라고 하고, 그는 토지 가격의 인하와 양도(The graduation and cession)정책이 이러한 과도한 연방 흑자 수입을 해결하는 가장 가시적인 방안이라고 할 수 있을 것임을 언급하고 있다.[78]

얼마 후 클레이는 1833년 초 두 번째로 분배 법안(Distribution Bill)을 연방 의회에 제출하면서 다시 반격을 시작한다. 그 결과 1833년 상원에서는 24대 21로 그 법안의 통과를 볼 수 있었다. 이어서 하원에서는 3월 1일 96대 40으로 통과된다.[79] 당시 연방 관세법 무효화 논쟁(The Nullification Crisis)을 두고 대단한 논쟁이 발생하고 있는 상황에서, 분배법안은 1833년 타협 관세법(The Compromise Tariff of 1833)과 같이 당시를 이해 할 수 있는 가장 상징적인 본보기라고 할 수 있을 것이다. 여기서도 두 가지 법안에서 지역주의가 투표 성향을 결정하는 요인이 되었다는 점은 크게 놀랄만한 일은 아닐 것이다.[80] 연방 의회에서의 분배법안이 통과될 수 있었던 결정적인 이유는 무엇보다도 뉴잉글랜드와 대서양 중부 지역에서 그 법안에 대해서 전폭적인 지지가 있었기에 가능한 것이었다. 동부 지역이 그 법안에 찬성표를 던진 이유는 이 법안에 통과되지 않고 그 대안으로 점진적 토지 가격 인하 정책(graduation)이 실행된다면, 서부의 값싼 토지 가격에 자극 받아 자신들의 지역에 있는 많은 인구가 서부로 이주할 것이 틀림없는 사실이라고 보았기 때문이다. 서부 출신 연방 의회 의원들은 그 법안에 대해서 의견이 엇갈렸다. 점진적 토지 가격 인하를 통한 값싼 토지는 토지 소유를 훨씬 쉽게 할 것이고, 그래서 이 지역으로의 이주를 촉진 할 것이라고 믿었다. 그러나 다른 한편으로 그러한 법안이 통과되면,

|표 4-7| 1833년 분배법에 대한 연방 의회 투표 성향 분석
(Congressional Votes on the Distribution Bill of 1833)

찬 / 반 지역 구분	상원(Senate)		하원(House)	
	찬성(Yeas)	반대(Nays)	찬성(Yeas)	반대(Nays)
뉴잉글랜드 (New England)	10	1	21	2
대서양중부 (Mid-Atlantic)	7	2	43	6
북서부 (Northwest)	4	5	19	7
남동부 (Southeast)	–	8	9	16
남서부 (Southwest)	3	5	4	9
총 투표 수 (Total)	24	21	96	40

출처: *Senate Journal*, 22nd Cong., 2nd sess. (25 January 1833), p.138; *House Journal*, 22nd Cong., 2nd sess. (1 March 1833), pp.460-1.

투기자들이 많은 양의 토지를 한꺼번에 구입하게 되어서 결국 가난한 서부 이민자들에게는 토지 구입 기회를 박탈하게 할 수도 있었다. 다른 한편 비록 분배법안에 따르면, 어느 정도 토지 가격을 높은 수준으로 유지할 수는 있겠지만, 서부의 주들은 연방 정부로부터 증여받은 토지를 시장에 내놓을 것이다. 그렇게 해서 수입이 발생하면, 서부의 주들은 이 자금을 국토 개발 계획에 사용하게 될 것이고, 결국 다시 서부 정착을 촉진해서 궁극적으로는 새롭게 성장하는 이 지역의 농업이 시장으로의 접근을 더욱 원활하게 할 수 있도록 하는 역할을 수행하게 될 것이다. 반면 남부 출신의 의원들은 그 법안에 대해서 반대하였는데, 이는 그 법안이 국토 개발 계획과 연관되어 있어서, 이는 결국 남부의 주들이 반대하는 고율의 관세를 정당화하기 때문이었다.[81]

분배 법안이 대통령 잭슨의 책상에 도착했을 때, 그는 문제의 법안을 제22회 연방 의회 회기가 끝날 때까지 그대로 남겨 놓았다. 그러므로 그 법안은 대통령이 의도적으로 묵살해서 거부하려는 의도를 분명히 보여주는 것이었다. 결국 그 법안은 남부와 대통령의 아메리카 시스템에 대한 적대감을 풀어낼 수는 없었던 것이다.

연방 관세법 무효화 위기
(The Nullification Crisis)

소위 연방 관세법 무효화 위기라고 부르는 사건은 1828년과 1832년 관세법에 대한 연방 정부와 사우스캐롤라이나 주 사이의 정치적인 끝장 대결을 말하는 것으로, 이것은 거의 군사적인 대결까지 갈 뻔 했던 사건이다.

무효화 위기는 남북 전쟁까지의 기간을 통해서 볼 때, 미국의 보호주의 관세 정책의 실효성을 기대 할 수 있는 그 가능성을 완전히 파괴하는 큰 사건이었다. 그 위기의 근본적인 이유는 사우스캐롤라이나 주의 경제의 핵심이며, 또한 주된 수출품인 면화 가격이 침체되어가는 상황에서 찾을 수 있을 것이다.[82] 1815년을 시작으로 국제적으로 면화에 대한 열광적인 광풍이 발생하였다. 이런 상황에서 남부 특히 사우스캐롤라이나는 단일 환금 작물로 면화 생산에 사활을 걸었다. 1800년에서부터 1811년까지 1파운드 당 면화 가격은 평균 17.8센트였다. 1812년 전쟁 기간에는 가격이 하락하여 평균적으로 10.9센트에서 유지되다가 다시 점차 상승하게 된다. 그리하여 1815년에서 1818년까지 기간에는 파운드 당 26.9센트로 급격하게 올라가게 된다.[83] 그런데 1819년 공황으로 이러한 번영의 종말을 고하게 된다. 1819년에서부터 1828년까지 면화 가격은 평균적으로 파운드 당 9.2센트 밖에 나가지 않았다.[84] 이러한 상황에서 경제적으로 심각한 타격을 받은 사우스캐롤라이나 주는 보호 관세에 모든 원망과 책임을 물으면서 그들의 공포와 분노를 풀어내려고 작정하였다.[85] 그들은 연방 정부의 고 관세 정책이 내수 시장에서 제조업 생산품의 가격의 상승을 도모하는 방향으로 정책을 결정하게 하였고, 그러므로 그들의 생사가 달려있는 농업적 이익은 송두리 채 무시되어 왔다고 주장하였다. 여기에 부가하여, 보호 관세는 영국 상인들의 구매력을 감소케 하여 다시 남부, 구체적으로 사우스캐롤라이나 주의 농장주들을 죽이는 일을 자행하고 있다고 보았다. 간단하게 말해서 미국 연방 정부의 고 관세 정책으로 그들의 생명선은 이제 끊어질 지경이 되었다고 주장하고 있다.[86]

1824년의 보호 관세 법은 면과 모직 상품에 대한 관세를 거의 33%로 증가시켰다. 이것은 미국 시장에 지속적으로 침투하고 있는 영국산 제조업 제품의 대량 수입을 통제하기 위한 것이었다. 여기에 1828년 관세법은 면과 모직 제품에 대해서 50% 관세를 부가하였다. 반면 사우스캐롤라이나 주는 다른 남부의 여러 주와 마찬가지로, 1812년 전쟁 이후 국민주의적 정서에서 탄생한 1816년의 비교적 온건적인 보호 관세법을 옹호하였던 주였지만, 이제 경제적인 위기 상황에서 보호주의를 옹호할 만큼 그렇게 마음의 여유를 갖고 있지 못했다. 여기에 부가하여, 사우스캐롤라이나 주 주민들은 아메리칸 시스템의 목적을 이해 할 수가 없었다. 이것은 결국 내수 시장을 창출한다는 것이지만, 그러나 그들이 생산하는 물품은 사실 미국보다는 외국과 무역을 통하여 이루어지는 것이고, 오로지 적은 부분만이 미국 자체에서 거래되는 처지였다.[87]

　사우스캐롤라이나 주가 가지고 있는 경제적 여건에서 볼 때, 그 주의 정치가들이 아메리칸 시스템의 가장 중요한 기둥이라고 할 수 있는 보호 무역 주의에 대해서 그렇게 강하게 반대하는 것은 충분히 이해 할 수 있을 것이다. 이와 함께 사우스캐롤라이나 주의 정치적 인물들은 점차 주주권론(states' rights ideology)으로 이전하고 있었다. 연방 의회가 전국적인 토지 측량 법과 보호 무역 법안을 1824년 북부의 전폭적인 지원으로 통과시키자, 남부 백인 사회에서는 이제 그들이 연방 정치에서 차지하는 권한과 위치가 점차 소수자의 지위로 이르게 된다는 우울한 사실을 직시하게 된다. 여기에 1828년과 1832년 보호 관세 법안에서 연이어 패배하게 되자, 그들의 연방 정치에서의 위치가 더더욱 약해지고 있음을 절감하게 된다. 1827년 출판된 아주 선동적인 소책자 "위기"(*The Crisis*)에서 사우스캐롤라이나 주의 해안 지역을 대표하는 농장주였던 로버트 턴블(Robert J. Turnbull)은 남부의 "불편한 심기"(uneasiness)는 남부의 이익을 무시하는 처사를 자행하는 연방 정치의 장에서 이루어지는 다수파에 전횡에 대한 두려움에서 나온 것이라고 주장하고 있다. 그는 다음과 같이 말하였다.

아메리칸 시스템과 미국의 사회、경제

294

원인은 분명하다. 연방 정부(The Government)가 국민 국가
(National)적 성격이 되면 될 수록 (우리의 고유한) 연방(*Federal*)의
성격은 약화 될 것이다. (더욱이) 각각의 개별 주들의(The States)여러
의견 중에서 다수 의견과 그 이익만을 중심으로 문제를 해결한다면,
(우리) 남부(The South)의 이익은 약화되고 무시될 것이다.88

1827년 보호 관세 법에 대한 그의 연설에서, 사우스캐롤라이나 대학
총장인 토마스 쿠퍼는 또한 다음과 같이 말하였다. "*아메리칸 시스템(The
American System, 원 사료의 강조)*은 남부의 이익을 북부로 이전 시키려는
시스템이다. 이렇게 하여 결국 다수가 소수에게 희생될 것이다. 이러한
방식으로 결코 우리가 동의하지 않았던 권력의 전횡이 발생하게 될 것이다.'89
연방의 중요 사안들에서 점차 남부의 영향력이 감소되고 있다는 것은
바로 1824년 대통령 선거에서 소위 "버지니아 왕조의 몰락"(End of the
Virginia Dynasty)에서 충분히 확인 할 수 있다.90 버지니아는 미국의
다섯 명의 대통령 중에서 네 명을 배출하였다. 그러나 1824년 대통령
선거에서, 버지니아 출신의 인물을 찾아볼 수 없었다. 더욱이 버지니아가
적극적으로 지지했던 윌리엄 크로퍼드(William H. Crawford)는 국민 투표
와 선거인단 투표에서 단지 3위에 그쳤다. 남부 지역의 여러 주 중에서
버지니아의 주도권이 이제 사라진 이후 중앙 정치와 남부 지역 정치 어디에
서도 정치적 지도력을 발휘할 수 있는 지도자들이 나타나고 있지 않은
것은 안타까운 일이었다.91 1832년 당시 연방 정치 차원에서 버지니아의
역할과 지위가 어느 정도인가를 평가하면서, 존 퀸시 아담스(John Quincy
Adams)는 다음과 같이 말하였다. "버지니아는 이제 굴종적인 정책을 추구하
는 주가 되었고, 내부적으로도 너무 혼란스러워서 이제는 타 주들의 시기를
받기보다는 차라리 동정의 대상이 되었다."92 이제 남부인은 남부의 정치,

경제, 사회의 근간이 되는 노예 제도의 미래에 대해서 걱정하게 되었다.

1832년 관세법이 통과된 후, 새롭게 구성된 사우스캐롤라이나 주 의회는 특별 협의회의 구성을 요구하였다. 이어서 이 협의회는 1832년 11월 24일 연방 관세법 무효화 조례(The Ordinance of Nullification)를 발표하게 된다. 이 조례에 따르면, 1828년 그리고 1832년 관세법(The Tariff Acts of 1828 and 1832)은 1833년 2월 1일 부로 사우스캐롤라이나 주 경계 내에서 무효(null and void)라고 선언하였다. 비록 그 자신이 지금까지 주주권적 입장(states'-rights leanings)을 취해 왔지만, 잭슨은 사우스캐롤라이나 주의 무효화 선언을 규탄하였다. 그리고 개인적으로 연방군을 이끌고 반란을 종식시키기 위해서 출정하겠다고 호언하였다. 잭슨은 정치가 이전에 군인 이었다. 그는 연방의 정체성을 훼손하는 일은 용서할 수 없는 것이었고, 이어서 미합중국 대통령의 권위에 맞대응하는 것에 대해서도 받아들일 수 있는 성격이 아니었다.[93] 결국 1833년 타협 관세법(The Compromise Tariff Act of 1833)으로 미합중국과 사우스캐롤라이나 주와의 전쟁 상태의 돌입은 막을 수 있게 된다. 이전에 연방 부통령이라는 직함을 버리고, 사우스캐롤라이나 주의 연방 상원 의원이 된 존 칼훈과 상원 의원 헨리 클레이는 그러한 타협을 이루어내는 데 결정적인 역할을 하였다. 그 타협 관세 안의 최종적인 내용에서는 이후 십년간 연차적으로 관세율을 감소하여 1842년에 오면, 평균 20% 수준에 이르도록 조정을 한다는 것을 포함하고 있었다.[94]

이러한 연방 관세법 무효화 위기는 거의 내란 또는 전쟁에 버금가는 상서롭지 않은 사건이었고, 실제로 약 30년이 지나면 그 징후가 끔직한 전쟁 즉 실제로 남북 전쟁으로 나타나게 된다. 그리고 1860년 그러한 연방 체제의 결별을 선언한 남부의 주 중에서 선도의 역할을 사우스캐롤라이나 주가 한 것은 그렇게 놀랄 만한 일이 아닐 것이다. 그런데 사우스캐롤라이나 주가 연방을 이탈하기 전, 1833년 타협 관세 법 그 자체가 바로 아메리칸 시스템의 가장 중요한 한 부분인 보호 무역 주의 원리를 죽이는 데에 결정적인 것이 되었다. 이후 여러 번의 부활을 시도하게 되지만, 보호 무역 주의는 남북 전쟁 전까지 큰 운동으로서의 자기 위치를 결코 찾은 적이 없게 된다.

은행 전쟁
(The Bank War)

아메리칸 시스템의 결정적인 와해는 또한 1832-4년간의 소위 은행 전쟁(The Bank War)이라는 것을 통하여 발생하였다. 거의 2년간 앤드류 잭슨은 제2 연방 은행장 니콜라스 비들(Nicholas Biddle, The President of the 2BUS)과 은행의 재인가 문제를 놓고 전쟁을 하고 있었다. 잭슨은 최종적으로 이 싸움에서 승자가 되었다. 그러나 아메리칸 시스템의 근간이 되는 요소 중의 하나를 부수게 됨으로서 미국 경제 안정의 기초를 해체하였고, 결국 1837년 경제 공황(The Panic of 1837)을 맞이하게 되었다.

은행 전쟁 기간 동안 은행장에 있었던 니콜라스 비들은 필라델피아의 부유한 집안 출신이었다. 젊었을 때, 비들은 유럽을 여행하였다. 그 후 변호사로 그리고 "포트폴리오"(*Port Folio*)라는 전국적 발행 부수를 가지고 있는 잡지 편집인으로 활동하였다. 이 잡지를 담당하고 있을 때 그는 그리스와 프랑스의 시를 번역해서 실었고, 마키아벨리(Machiavelli)의 "군주론"(*The Prince*)을 분석하는 글을 실었다. 그는 또한 루이스와 클라크의 탐험 일지(Lewis and Clark's Expedition)의 원본을 편집하였고, 한 때는

펜실바니아 주 의회 의원으로 봉사하였다.[95] 1819년 먼로 대통령은 비들을
제2 연방 은행 이사회(The Board of Direction)의 한 명으로 지명하였다.
당시 연방 정부는 다섯 명의 이사를 선출할 권한을 가지고 있었다. 랭던
채베스(Langdon Cheves)를 이어서 비들은 1823년 그 은행의 제3대 은행장
으로 선출되었다. 비들이 은행의 총 책임을 맡을 기간 동안, 제2 연방
은행은 중앙 은행으로서의 역할을 효과적으로 수행하였다. 즉 단지 회사의
이익 추구에서 벗어나서 주 은행들의 은행 업무들을 통제, 조정 정책을
통하여 감독 역할을 톡톡히 하고 있었던 것이다.[96] 비들의 지도력 아래
제2 연방 은행은 경화 대 주 은행권의 교환에서 공정하고 일관성을 유지함으
로서 주 은행이 발행 유통시키고 있는 통화량에 영향을 끼쳤다. 그러므로
주 은행이 은행권을 시장에 과도하게 유통하여 발생할 수 있는 문제를
조정할 수 있었던 것이다.[97] 이러한 조정과 통제의 방식은 일찍이 뉴잉글랜
드 지역에서는 이미 시행되어 오고 있었던 것이다. 그곳에서는 은행 업무는
타 지역에서 보다 선진적이었고 발전적인 모습을 일찍 있었기에 이런
준비와 조절이 가능했던 것이다. 그러나 제2 연방 은행은 무엇보다도
여러 다양한 은행들이 발행하는 은행권의 수취 은행으로서의 지위 때문에
사실 중앙 은행과 같은 역할을 충실하게 수행하고 있었다.[98]

1829년 앤드류 잭슨이 권력을 장악하였을 때, 제2 연방 은행에 대한
그의 생각은 분명하게 알려지지 않았다. 그러나 최초의 연례 시정 연설에서
잭슨은 은행이 연방 헌법적 차원에서 심각한 문제를 가지고 있다고 보았다.
이어서 그는 "통일적이고 건전한 통화 체제를 만들고 유지하는 중요한
목적에서 볼 때 실패하였다."라고 말하였다. 그러므로 그는 연방 의회가
다시 연방 은행을 만드는 일을 해야 한다고 주장하였다. 그는 현재 은행이
가지고 있는 "헌법적인 문제와 장애를 극복하고, 동시에 연방 정부와 이
국가가 현재의 은행 체제에서 얻을 수 있는 모든 장점들을 얻을 수 있는"

새로운 은행이 필요하다고 보았다.99 잭슨은 1830년 12월 그의 두 번째 연례 시정 연설을 통하여 이 문제를 다시 제기하였다.100 그가 세 번째 연례 시정 연설을 한 1831년에 오면, 잭슨은 제2 연방 은행에 대한 "현명한 국민들과 그들의 대표에 의한" 조사가 필요하다고 주장하고 있다.101

제2 연방 은행의 특허는 1836년 해제된다. 그러나 니콜라스 비들은 연방 의회에 재인가를 요구해 놓은 상태였다. 비들은 1832년 대통령 선거가 실시되기 전에 이 일을 처리하려고 생각하였다. 다른 점에서는 현명했던 비들이 은행 전쟁 기간 동안 정치적인 면에서 볼 때 두 가지 면에서 심각한 실수를 하였다. 당시 1832년 국민 공화파(The National Republican)의 대통령 선거 후보인 헨리 클레이가 비들 편을 들었던 것이다. 정치적인 계산이 뛰어나서 일찍이 "교활한"(cunning)이라는 수사를 달고 다니는 상원 의원 클레이는 이러한 상황을 조심스럽게 관찰하고 결정하였다. 만일 은행이 재인가를 받는다면, 그때는 미래의 연방 정부 차원에서의 프로그램인 바로 아메리카 시스템을 성공적으로 실현 할 수 있는 길이 열릴 수 있을 것이라고 믿었다. 한편 만일 은행에 대해서 대통령이 거부권을 행사하게 된다면, 이러한 처사에 대해서 국민의 분노가 폭발할 것이며, 그때는 미국 국민들이 현 대통령에게 등을 돌리게 될 것이라고 보았던 것이다.102 그런데 그러한 계산이 비들이나 클레이에게 값비싼 대가를 요구하게 된다.

1832년 2월 9일 펜실바니아 출신 민주당 상원 의원인 조지 달라스(George M. Dallas)는 제2 연방 은행을 재인가 하려는 비들의 의견서(memorial)를 연방 의회에 제출하였다.103 이어서 재인가 법안은 연방 상하원을 통과하게 된다. 상원에서는 28대 20으로 통과되게 되고, 하원에서는 7월 3일 107대 85로 통과된다.104 재인가 법안이 연방 의회를 통과하게 되자, 비들은 안도감을 표시하고, 다음과 같이 앞일을 예측하였다. "일반적으로 알려진 것이나 믿고 있는 것과는 달리, 본인이 예측하기는 대통령은 그 법안에 거부권을 행사할 것이다."105 비들의 예측은 맞아 떨어졌다. 잭슨의 거부 메시지는 대통령의 서명 하에서 연방 의회에 7월 10일부로 제출되었다.106 잭슨은 거부 메시지에서 연방 은행은 연방 헌법의 규정을 벗어난 기구라고 주장하였다. 그는 과거 미국 연방 대법원에서 맥클로프 대 메릴랜드 판정 (*McCulloch v.Marryland*)에서 은행의 합헌성에 동의하였다고 해도, 그가 보기에는 비 합헌적이라고 본다는 점을 언급하고 있다. 그는 또한 은행은 그 성격상 독점적인 지위를 유지하고 있고, 더욱이 외국의 영향력 하에 좌우되고 있다고 주장하였다. 이유인 즉, 은행 주식의 1/4이 외국 국적의 국민에 의해서 소유되고 있다는 점을 경고하였다. 그러나 잭슨은 외국인 주식 소유자들이 은행장의 선출 임용권과 같은 은행의 중요한 문제에 대해서 투표를 할 수 있는 권한을 가지고 있지 않다는 점을 의도적으로 간과하고 있었다. 잭슨은 또한 문제의 은행이 연방 의회에 영향력을 행사하고 그래서 의회를 부패시키는 장본인이라고 말하였다. 사실 그 은행은 헨리 클레이, 다니엘 웹스터를 포함하여 중요한 연방 의회의 인물들에게 융자를 알선해주고 있었다. 그리고 그들에게는 자동적으로 융자를 연장해 주는 것이 다반사였다. 대통령은 또한 거부권 메시지에서 문제의 은행이 소위 몇몇 귀족층과 같은 소수자들의 이익을 위해서만 봉사하고 그 대가로 국민 다수 대중을 희생케 하고 있다고 주장하고 있다.107 그러므로 잭슨은 타락한 정치가들로부터 평민을 보호하는 로마의 호민관과 같은 역할을 수행하게 되었다고 주장하였다. 비들은 이러한 거부 메시지가 잭슨 스스로 자신의 파국을 자처하는 것으로 보았다. 그래서 그는 그 메시지를 "무정부 선언"(a manifesto of anarchy)이라고 정의하였다. 그는 여기에서 만족하지 않았다. 그는 자신의 은행의 공급 5,000달러를 사용하여 대통령의 거부 메시지를 복사하여 뿌렸다. 여기에 더하여 비들은 제2 연방 은행의 장점과 효과에 대한 광고를 위해서 사이먼 시나이드(Simon Snyder)라는 필명을 사용해서 여러 편의 편지를 쓰고 보내는 일까지 하였다.108

    은행 거부권을 대통령이 선언한 후 몇 달 만에, 잭슨은 재선에 성공하게 된다. 그는 선거인단 286 명중에서 219 표를 얻었다. 잭슨은 불굴의 의지를 상징하는 올드 히코리(Old Hickory)라는 별명을 가지고 있다. 그는 은행 문제에도 그런 상징에 걸맞게 담대한 싸움을 전개하고 있었던 것이다. 그리고 그는 이 선거의 결과를 제2 연방 은행에 대한 그의 역사적인 거부권 사용에 대한 국민들의 지원과 신임에서 비롯된 것으로 이해하였다. 이러한 반 은행 정서는 주로 가난한 하층 농부들로부터 왔다. 그들은 "금융적인 서비스를 필요하고 있었지만, 다른 한편으로는 그러한 채권자들에 대해서 분개하고 있었다." 여기에 월스트리트의 은행가들은 미국의 금융 중심지로서 기왕의 지위를 장악하고 있는 필라델피아를 압도해야겠다는 노력에서도 그 원인을 찾을 수 있다. 또한 서부에서는 소위 통제를 받지 않는 우후죽순식의 "와일드 캣 뱅커"(wildcat bankers) 또한 반 은행 입장을 취하였다. 이들은 제2 연방 은행이 그들의 경영 문제에 간섭 통제하는 것을 참을 수 없었다. 마지막으로 쉬운 대출을 갈망하고 있는 "통화 확대 요구 기업가"(soft money entrepreneurs)가 바로 그런 사람들이었다.109

    이러한 광범위한 영역에서의 대중들의 지지가 잭슨 대통령을 더더욱 반 은행 차원의 조처를 강구하게 했던 것이다. 그는 확고한 국민의 지지를 믿고, 그 은행의 만기까지 기다리지 않았다. 그리고 빠른 기간에 은행과의 결전을 하기로 결심하였다. 그는 재무장관 루이스 맥클랜(Treasury Secretary Louis McClane)에게 제2 연방 은행 내 보관되어 있는 연방 정부 자금을 여러 주에 위치하고 있는 잭슨 소속의 친 민주당계 은행으로 이동할 것을 명령하였다. 맥클랜은 그러한 자금 이전을 할 수 있는 경우는 공식적으로 현재의 자금이 안전하지 않은 상황일 경우에만 가능하다고 보았다.

그런데 지금 상황에서는 그런 위험한 상황이 아니라고 대통령에게 보고하였다.[110] 그러나 잭슨은 이러한 주장이 대해서 강력하게 반발하였다. 그는 문제의 은행은 가장 빠른 시간 안에 해산되어야 한다고 하였다. 더욱이 그는 계속해서 "이러한 (부패의 무한정한 고리를 가진) 히드라의 수중에서, 이 국가는 계속해서 지배당하게 될 것이고, 이 기구의 부패와 타락의 속성에 의해서 우리 국가의 자유의 유지는 어렵게 될 것"이라고 존재 자체를 강력하게 부정하였다.[111] 비록 잭슨 대통령은 자신의 대 연방 은행 조치가 도덕적으로 정당하다고 확신을 가졌지만, 그가 임명한 재무부 장관인 맥클랜과 그의 후임인 윌리엄 듀안(William J. Duane) 모두 그의 정책에 반대하여서, 그는 그들을 연속적으로 해임하고, 법무장관(Attorney General)이었던 로저 테니(Roger B. Taney)를 새로운 재무장관으로 임명하였다. 테니 장관은 제2 연방 은행에 보관된 연방 정부의 자금을 소위 "(잭슨이 아끼는) 귀염둥이 은행(pet banks)"이라고 불리어지는 몇몇 선택된 주 은행에다가 점진적으로 분산하여 예치하였다.[112]

여기에 대응하여 비들은 대출을 축소하여 경제적인 위기를 조장하려고 하였다. 여기서 비들은 정치적인 측면에서 심각한 실수를 하게 된다. 이것은 잭슨이 은행 전쟁에서 한 잘못된 조처보다 훨씬 더 악영향을 준 것으로, 그가 주장하는 은행 지속의 당위성의 주장에 결정적으로 위해가 된 것이다. 비들은 여기에 더하여 그를 지지하는 사람들을 잃게 만드는 일을 하게 된다. 이유인 즉 제2 연방 은행이 가지고 있는 경화 준비금(Specie Reserve)이 1,000만 달러 수준에서 약 50% 상승하여 1,500만 달러로 증가되었지만, 그 은행은 대부를 하는 비율을 약 25% 줄였다는 사실에서 지지자들은 충격을 받았다. 비록 이러한 대출 감소는 급작스럽게 일시적으로 단행된 결정이라고 할지라도, 비들은 제2 연방 은행이 잭슨이 수사적으로 "괴물"(monster)이라고 묘사하는 실체가 어떠한 모습으로 나타날 수 있는지를

구체적으로 잘 보여주는 상징적인 사례를 아이러니하게도 그 자신이 했던 것이다.113

다른 한편 잭슨 또한 그가 주장한 것과 같이 미국 땅에서 영원히 지폐나 은행을 제거하거나 하는 일을 이루어내지 못했다. 미국 경제를 활성화하기 위해서 은행은 계속해서 증가, 확대되었던 것이다. 소위 귀염둥이 은행의 숫자는 1833년 말에 오면 22개로 늘어나기 된다.

1836년에 오면 90개의 은행이 추가된다.114 잭슨주의자들이 추구했던 것은 모든 정부의 경계 개입을 막고자 한 것이 아니라, 단지 "연방"정부의 경제 개입을 막아서, 주 정부에게 경제적 권한을 행사할 기회를 주고자 했던 것이다. 국토 개발 계획과 마찬가지로 잭슨주의자들은 연방 정부와 사적 기업의 관계를 철저하게 와해하였다. 그러므로 은행 전쟁은 아메리칸 시스템의 또 다른 축인 제2 연방 은행을 완전히 일소해 버린 결과를 낳은 것이다. 궁극적으로 제2 연방 은행은 1836년 연방 은행으로서의 사업을 접게 된다. 그 이후로는 1841년까지 주 은행으로 운영되게 된다. 이 은행을 다시 연방 은행의 역할을 대행하려는 특허 확보 운동이 여러 번 시도되었다. 그러나 한 번도 성공을 거두어내지 못하였다. 적어도 남북 전쟁이 일어날 때까지 그랬다. 1836년 제2 연방 은행의 종말과 함께 바로 문제가 발생하게 된다. 그것이 바로 1837년 경제 공황(The Panic of 1837)이다.

1837년 경제 공황
(The Panic of 1837)

은행 전쟁과 미국 경제의 불안정은 바로 1837년 경제 위기의 결정적 원인이라고 할 수 있을 것이다. 그러나 다른 차원에서도 원인을 찾아볼

|표 4-8| 1820-41년까지 공유지 판매

(Public Land Sales, 1820-41)

연도 (Year)	판매량 (에이커, Acres Sold)	판매 금액 (Dollars Paid)	연도 (Year)	판매 량 (에이커, Acres Sold)	판매 금액 (Dollars Paid)
1820	312,000	$435,000	1831	2,778,000	$3,557,000
1821	782,000	1,123,000	1832	2,462,000	3,115,000
1822	710,000	909,000	1833	3,856,000	4,972,000
1823	652,000	848,000	1834	4,658,000	6,100,000
1824	737,000	947,000	1835	12,564,000	16,000,000
1825	999,000	1,392,000	1836	20,075,000	25,168,000
1826	848,000	1,129,000	1837	5,601,000	7,008,000
1827	927,000	1,318,000	1838	3,415,000	4,306,000
1828	966,000	1,221,000	1839	4,976,000	6,465,000
1829	1,245,000	1,573,000	1840	2,237,000	2,790,000
1830	1,930,000	2,433,000	1841	1,165,000	1,463,000
총 판매량(Total Acres Sold): $73,895,000					
총 판매액(Total Dollars Paid): $94,272,000					

출처: B. H. Hibbard, *A History of the Public Land Policies* (New York: Peter Smith, 1939), table IX on page 103; 모든 숫자는 천단위에 서 반올림 하였다(all figures have rounded to the nearest thousand.)

|그림 4-3| 1820-41년간 공공 토지 판매 추이 그래프

(Public Land Sales, 1820-41)

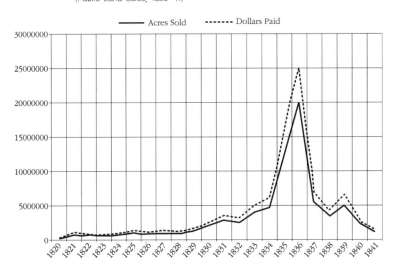

아
메
리
칸
시
스
템
과
미
국
의
사
회
、
경
제

304

수도 있다. 바로 거의 20 년간 계속된 토지 가격의 추락이 바로 그 한 이유가 되는 것이다. 1820년부터 1828년까지 토지 판매는 년 단위로 100만 에이커 이하였다. 그러나 그 이후에 오면 토지 판매는 급격하게 솟아오르게 된다. 서부 정착인, 또는 투기꾼들은 미시건, 인디애나, 일리노이, 미시시피, 미주리에서 대규모의 토지 구매를 하게 된다.

왜 이렇게 토지 판매가 급증하게 되었을까? 여러 이유가 있겠지만, 그 중에 몇몇을 뽑아 볼 수 있을 것이다. 주 은행에서 쉽게 대출을 해주었다는 것이 한 이유가 되고, 그 밖에 주 정부에서 국토 개발 계획 사업을 계속 추진한 것이 또 다른 이유가 될 것이다. 여기에 서부로 향하는 이주민의 증가, 농산물에 대한 가격 상승 또한 이러한 토지 구매를 자극하였다. 인디언의 강제 이주 정책도 한 이유가 될 것이다. 이제 백인들이 남서부지역 변경 지대에서 자유롭게 정착하는 것에 대한 장애물이 완전히 제거된 것이다.[115]

과도한 토기 투기를 막기 위해서, 앤드류 잭슨 대통령은 1836년 7월에 경화 유통 명령법(The Specie Circular)을 발표하게 된다. 이것은 금과 은만을 토지 구입에서 사용할 수 있게 한 것이다.[116] 이러한 법안의 목적은 시중에 유통되는 은행권의 양을 최대한 감소케 하여 결국 투기를 억제하기 위한 것이었다.[117] 그러나 경화 유통법은 신통한 결과를 만들어내지 못하였다. 1836년 공공 토지 판매액은 기록적인 2,500만 달러에 이르게 된다. 궁극적으로 토지 투기는 1837년 경제 위기를 가져오게 된다. 1812년의 전쟁 동안과 마찬가지로, 지금의 경제적인 위기는 주로 개별 주 은행들이 경화 지불을 하지 않았기에 발생하고 있다. 뉴욕 은행들은 1837년 5월 10일 경화 지불을 중지하였다. 이어서 위기는 다른 도시로 퍼져나갔다. 필라델피아, 볼티모어, 알바니, 하트포드, 뉴해븐, 프로비던스의 은행들은 다음날 경화 지급을 중단하였다. 모빌과 뉴올리언즈는 12일 경화 지불을 중단하였다. 수도 워싱턴의 경우는 14일, 찰스턴과 신시내티는 17일 중단을 선언하였다.[118] 다음 해까지 전국의 729개의 주 은행 중에서 194개가 문을 닫게 된다. 주식 시장에서 철도, 은행, 그리고 제조 기업들의 주식 가격이 급격하게 추락하였다.[119]

　1837년의 은행 위기에 이어, 전국적으로 미국의 기업과 경제 활동은 거의 중단되었다. 당 시대의 기록을 보자. "철저한 무관심이 우리 공동체를 휩쓸었다. 바지선과 예인선은 항구에 결박되었다. 건축 사업은 중단되었다. 수 천 명의 노동자들이 실직 상태에 빠졌다.[120] 노동 시장이 제일 먼저 직격탄을 맞았다. 뉴욕 시에서만, 약 오만 명이 실직 상태에 빠졌고, 또 다른 이십만 명이 자신과 가족의 생계를 유지 할 수 없게 되었다. 1837년 8월에 발간된 뉴욕의 한 잡지의 기사에 의하면, 약 오백 명이 하루 4달러의 임금과 식사와 숙식을 제공하는 20개의 일자리 광고에 몰려들었다. 이런 통계도 있다. 당시 은행이 문을 닫았다는 동부 지역의 공장 중에서 거의 9/10가 문을 닫았다는 놀라운 내용이 바로 그것이다.[121]

　여기에 부가하여 시중에서 유통되던 동전이 거의 전부 사라지게 된다. 이렇게 되자 경화는 프리미엄이 붙게 되고, 경화를 보유하고 있는 개인들은 이를 축적하기에 바빴다. 그리하여 시중에서는 소액권이 새로운 통화로서 자리 잡게 되었다.[122] 이어 다음 몇 달 동안 은행들은 그들의 경화를 축적하기 시작하였고, 동시에 대출과 어음 할인을 줄였다. 이러한 은행들의 긴축적인 금융 정책에 따라서, 은행들은 1838년 5월 경화 지급을 다시 재개할 수 있었다. 이리하여 일시적으로 경제가 살아나는 듯 하였다. 그러나 경제에 대한 대중의 불신은 그러한 성장을 곧 끝나게 하였다.[123] 1837년 경제 공황은 1839년 경제 공황으로 연결되었다. 그리하여 힘든 시절은 그 후에도 계속되어 마틴 벤 뷰렌 대통령 임기 동안에도 이러한 어려움으로 부터 결코 벗어나지 못했다.[124]

아메리칸 시스템의 몰락

(Fall of the American System)

1830년대 말에 오면, 아메리칸 시스템의 이름하에 이루어졌던 모든 정책들이 대통령, 연방 의회, 미국 국민의 다수의 의지에 의해서 전적으로 무시당한다. 이제 클레이는 자신의 정치적 신념으로 그렇게 일생을 투자하였던 아메리칸 시스템의 몰락을 쓰라린 심정으로 받아들일 수밖에 없게 된다. 그는 1838년 10월 9일 버지니아의 프란시스 브루크 판사(Judge Francis Brooke of Virginia)에게 보낸 편지에서 다음과 같이 말하였다. "현재로는 …어떤 방식의 조정을 통해서도 결코 미국 합중국 은행을 설치하려는 어떠한 노력도 소용없는 것으로 보인다."[125] 1839년 10월 10일 버지니아의 강력한 주주권(States' Rights) 이론가이며, 연방 탈퇴를 옹호하는 판사 비벌리 터커(Judge Beverly Tucker)에게 쓴 편지에서 아메리칸 시스템에 대해 남아있는 희망을 이제 버리게 되었다고 말하였다. 그는 다음과 같이 말하였다. "보호주의 정책을 시작할 때 나와 그 정책을 옹호하는 사람들은, … 그 정책이 영원할 것이라고는 생각하지 않았다." 그는 계속해서 말하길 "본인의 생각에는 연방 의회가 국토 개발 계획의 권한을 사용하여 새로운 사업을 시작하는 것은 적절한 것이 아니다. 지금 현재 연방 의회가 해야 할 일은 각각의 [주]들에게 국토 개발 계획을 맡기고 의회는 이 문제에서 손을 떼는 것이다." 라고 하였다. 클레이는 심지어 아메리칸 시스템의 가장 근본적인 바탕이 되는 원리들도 버리게 된다. "본인이 여러 번 이야기하였고, 확고하게 믿고 있는 것은 연방 정부가 국가의 사업들을 주도하면 국가의 제도와 자유에 위협을 끼칠 것이다."라고 말하였다.[126] 아메리칸 시스템은 이 정도로 가혹한 시련의 시기를 겪고 있었다.

잭슨과 문화 개선 정책
(Jackson and Cultural Improvement)

아메리칸 시스템의 경제 정책들이 잭슨 대통령 임기 동안 여러 번 공격을 받고, 그 존립이 어렵게 되어가는 것과 같이, 문화적인 개선 사업도 거의 망각 상태로 빠져 들어 갔다고 보는 것이 옳을 것이다. 잭슨은 대통령으로 있는 8년 동안 단지 두 번의 경우에서 교육에 대한 언급을 했다. 그 첫 번째가 1829년 3월 4일 제1차 취임 연설 때이고, 두 번째가 1829년 12월 8일 제1차 연례 시정 연설 때였다. 첫 번째의 경우에서는 그는 다음과 같이 말하였다. "국토 개발 계획과 지식의 확산은 그것이 연방 정부의 헌법적인 권한 안에서 촉진 될 수 만 있다면, 그 의의가 매우 깊은 것이다."127 그런데 이러한 서술은 매우 단순한 원천적인 수사에 불과한 것이다. 두 번째의 경우는 그는 다음과 같이 말하였다. "각 주의 재정이 [장차 몇 년 안에 국가의 빚이 청산되게 되면] 증가되게 될 것이고, 그렇게 될 때 교육과 다른 여타의 공공 사업 분야에 보다 적극적으로 투자할 수 있을 것이다."128 그는 교육이란 주 영역의 경계에서 해결해야 할 문제고, 연방 정부가 관여해야 할 문제가 아니라고 보았다. 그러므로 잭슨은 다음 7년 동안 앞에서 언급하였던 두 번의 경우를 제외하고는 교육이나 문화 증진에 대한 공식적인 언급도, 또는 지나가는 말이라도 한 적이 없고, 이것은 그의 신념 체계에서 보면 그렇게 이해 할 수 없는 것도 아니다. 잭슨은 인디언 강제 이주 정책이나, 제2 연방 은행의 파괴, 관세율 인하 등에는 깊은 관심을 가지고 노력하였다. 그러나 대학의 건설이나 도서관의 건설에 대해서는 큰 관심을 표시하지 않았다.

결론:
아메리칸 시스템과
미국의 사회, 경제
(1790–1837)

아메리칸 시스템과 미국 정치

(The American System and American Politics)

아메리칸 시스템은 미국을 하나의 국민 국가로 상정하고 그 발전 방향을 찾아보려는 운동이다. 이러한 운동은 최초로 국민 공화파(The National Republicans)의 정치적 강령의 핵심이 되었고, 이어서 나중에 오면 휘그당(The Whigs)에 의해서 계승되게 된다. 두 집단은 처음부터 영원히 미국 연방(The Union)이란 미국 국민에 의해서 만들어진 국가이지, 주에 의해서 만들어진 것이 아니고, 영속되어야 한다는 점을 강조하였다. 여기에 부가하여 연방 정부는 주 정부보다 강력한 권한을 가지고 있어야 한다고 보았다.[1] 구체적으로 연방 차원에서 지원하는 관세, 도로, 운하 체계의 건설이 바로 미국이라는 정치적 연방의 안전판으로 작동하게 될 것이라고 보고, 또한 미국 문화를 세련되게 발전시키는데 기여하게 할 것이라고 보았다. 가령 많은 아메리칸 시스템의 옹호자들은 정치적 야망뿐만 아니라, 국민주의적 열의와 도덕적 열정으로 가득찬 사람들이었다. 지금까지 많은 역사가들은 아메리칸 시스템의 도덕 종교적인 차원을 거의 고려하지 않았다. 반면 그들은 그 개념의 국민주의적 측면만을 너무 지나치게 강조하였다. 아메리칸 시스템의 도덕, 종교적인 측면이 있었기에, 그 운동이 결코 어떠한 상황에서도 굴하지 않고 지속적으로 목표를 추구할 수 있는 힘을 가질 수 있었던 것이다. 즉 도덕과 종교적인 측면이 있었기에 다양한 경제, 문화적 사업을 실천함으로서 강력한 연방(federal union)으로 나아갈 수 있었던 것이다.

잭슨과 남부 정치 지도자들이 아메리칸 시스템의 종말을 고하는데 결정적인 역할을 한 것은 사실이다. 그러나 다른 한편으로 그 기획이 실패한 것은 이 프로그램이 가지고 있는 내적 모순이 또 하나의 이유가 될 것이다. 모든 역사가들이 동의하는 점은, 아메리칸 시스템의 지지자들은 미국의 다양한 지역적인 이해는 정치 경제적인 대타협을 통해서 조정되고 화해의 길을 찾을 수 있을 것이라는 확신과 신념에서 앞으로 나아가고 있다는 점이다. 그러나 그러한 기대는 단지 희망 사항에 불과한 것으로 보였다. 적어도 남북 전쟁 이전 미국에서는 지속적이고 완강한 지역주의라는 악폐와 적대감이 하나의 단일 국가에 대한 지향성 보다 훨씬 높게 나타나고 있었다. 개별 주와 지역을 독립적인 정치, 문화 단위 또는 국가 단위로 간주하는 시기에서 새롭게 만들어지고 있는 국민주의적 정서를 가지고 국내 개발 계획의 통일적 시스템을 구축한다는 것은 매우 어려운 문제였다. 헨리 클레이(Henry Clay)는 친 보호 무역 주의적 입장과, 친 국토 개발 계획의 입장을 가진 켄터키 주 출신으로 아메리칸 시스템을 지지하였고, 이에 반해 존 칼훈(John C. Calhoun)은 남부 사우스캐롤라이나 주 출신으로서 결국 자신의 주의 이해와 특성에 맞게 주주권(states' rights)론을 지지하게 되었다는 사실에서 당시 정치인들에게 있어 그가 속한 주의 정치적 요구를 따르는 것이 무엇보다도 중요했다는 점을 잘 알 수 있다. 아주 변덕스러운 성격이었던 버지니아 출신의 하원 의원 존 랜돌프(John Randolph)가 하원에서 헨리 클레이를 모독하는 사건이 발생하였다. 이후 헨리 클레이는 결투를 신청하였고, 랜돌프는 이를 받아들였다. 그런데 랜돌프는 그 결투를 집행할 장소를 "버지니아 주의 땅에서"(within the State of Virginia)해야 한다는 것을 고수하였다. 토마스 하트 벤턴(Thomas Hart Benton)은 말하기를 랜돌프가 버지니아 영토를 고집한 이유는 그는 바로 버지니아를 대표하는 의원이고, 그리고 만일 결투에서 죽게 될 경우에는 "버지니아 땅이 …그의 피를 받아줄 땅"이라는 점에서 그런 주장을 한 것이라고 말하였다.2

궁극적으로 말해서 아메리칸 시스템의 장점이자 약점이었던 것은 이것이 미국의 여러 다양한 지역적인 이해를 충분히 하나로 묶을 수 있는 정책 조합이라는 믿음이었다. 그런데 아메리칸 시스템을 지지하는 인물들이 반대자들의 지역주의를 설득할 수 없었다는 점에서 그 한계를 지적할 수 있을 것이다.3 그 결과는 지역 간의 갈등을 해결하는 것이 아니라 오히려 갈등을 강화하게 되었다. 역사가 토마스 브라운(Thomas Brown)은 이 점을 적절하게 표현하였다. "원래는 국민 국가적 단결을 위해서 기획된 아메리칸 시스템 그 자체가 역설적으로 분열의 원인이 되었다."4 아메리칸 시스템의 옹호자들은 지역 간의 갈등과 경제적인 이해 관계를 과소 평가하였다. 특히 남부의 특수한 노예 제도의 문제, 그리고 서부의 사활이 걸린 문제라고 할 수 있는 토지 가격 인하 문제를 과소 평가 했다는 점이다. 근본적으로 말해서, 아메리칸 시스템은 미국 사회의 당시의 현실을 무시한 매우 이상적인 개혁을 추구한 것이었다. 그러므로 아메리칸 시스템은 하나의 이상적 비전이었다고 할 수 있다. 그러나 그 이상적인 비전과

312

그 잠재적인 가치들을 완전히 만개해보지도 못한 채 1830년대의 정치 갈등과 1837년 경제 공황(The Panic of 1837) 때문에 힘없이 쓰러졌다.

아메리칸 시스템과 미국 경제
(The American System and American Economy)

역사가 다니엘 워커 하우(Daniel Walker Howe)가 지적한 것과 같이, 아메리칸 시스템을 구현하려는 헨리 클레이와 존 퀸시 아담스의 계획들이 성공했다면, 미국의 경제를 훨씬 다양하게 하는데 큰 기여를 할 수 있었을 것이다. 특히 남부에서 노예제에 과도하게 의존하는 것과 같은 문제가 일어나지 않았을 것이다.[5] 그런데 그 기획이 실패함으로서 "목화 왕국"(Cotton Kingdom)의 지속적인 확장을 가져오게 된다. 아메리칸 시스템의 실패는 1840년대와 1850년대 관세율을 낮은 수준으로 유지하게 하였고, 이러한 경향은 적어도 남북 전쟁이 시작될 때까지 지속되었다. 아메리칸 시스템의 실패는 결과적으로 국토 개발 계획의 주도권을 연방 정부에서 주 정부로 넘겨주었고, 그리고 정부를 주체로 해서 이루어졌던 사업이 민간을 주체로 해서 이루어지게 되었다. 경제사가 월트 리히트(Walter Licht)에 따르면, 남북 전쟁 이전에 이루어진 운하 공사의 전체 비용 중 70%가 주 정부 또는 시 정부에서 지불된 것이며, 동기간의 철도 건설 비용 중 70% 이상이 민간 자본으로 이루어졌다고 한다.[6] 여기에 부가하여, 국립 은행을 재건하려는 여러 번의 계획은 남북 전쟁이 발생할 때까지 성공하지 못한다. 엄밀하게 말해서 국토 개발 계획의 국가적 프로그램이 실패함으로서 아메리칸 시스템의 궁극적인 목적이었던 전국적 차원의

단일 내수 시장을 만드는데 실패하게 된다.[7]

경제사가 앨버트 피쉬로우(Albert Fishlow)와 다이앤 린드스트롬(Diane Lindstrom)이 잘 예시한 것과 같이, 1850년 말까지 미국에서 전국적 규모의 내수 시장은 출현하지 않았다.[8] 특히 필라델피아 주의 경제 성장을 연구한 린드스토롬은 남북 전쟁 전에 미국 경제 발전을 유지케 해준 것은 지역 내 시장(intraregional market)이었지 지역 외 시장(interregional market)의 연결에서 유지되고 발전된 것이 아니었음을 지적하고 있다.[9] 경제사가 데이비드 메이어(David Meyer)에 따르면 1840년도를 기준으로 해서 남부는 기껏해야 동부 생산품의 8%를 수입했고, 중서부는 그보다 적은 양의 교역을 하였다. 다음 20년간 동부 지역에서 생산된 제조업 제품이 남부나 중서부에 유입되는 비율은 기껏해야 10-15%에 불과하였다.[10]

공공 토지는 궁극적으로 미국 정부의 공동 재산이라는 생각에 기초한 정책은 1862년 홈스테드 법(The Homestead Act of 1862)이 나타날 때까지는 계속되었다. 이 법안은 서부 준주 지역과 각 주에 새롭게 정착하는 장기 거주자들에게 무상으로 토지를 분배하는 법안이었다.

아메리칸 시스템과 미국 사회

(The American System and American Society)

1837년에 오면 아메리칸 시스템은 정치적 강령으로서 그 의미를 잃게 되지만, 사회 개혁을 촉진하는 프로그램으로 몇몇 부분에서는 유지, 존속되고 있었다. 1828년 대통령 선거전을 언급하면서, 한 언론인은 다음과 같이 쓰고 있다. 아덤스의 대통령 선거 운동은 "인간을 당위적인 존재(*as he should be*)"로 보고 있는 반면 잭슨의 선거 운동은 "인간을 현실적인 존재(*as he is*)"로 보고 있다고 하면서 그들의 차이를 묘사했다. 이러한 묘사를 아메리칸 시스템의 전체 사고와 연결하여 적용해볼 수 있을 것이다. 아메리칸 시스템의 지지자들은 미국이 장차 어떻게 되어야 하는가라는 기획과 청사진에 따라서 미국 사회를 보다 더 좋게 만들려고 하였던 이상주의자들이었다고 할 수 있을 것이다.

　재미있는 것은 정치 경제적인 면에서 아메리칸 시스템의 실패는 개혁 운동들을 성공케 하는데 기여하게 된다. 정치 경제적인 부분에서 연방 정부에 의한 중앙 통제가 없어 졌기에 문화, 교통, 통신, 기술적인 혁신을 통하여 사회 변화가 보다 자유로운 분위기 하에서 일어날 수 있었다. 여러 개혁 중심의 단체와 조직들이 사회 개혁과 변화를 위한 의제를 토론장으로 이끌었고, 여기서 공개적인 논의가 활발하게 이루어졌다. 보다 좋은 통신 체제와 교통망이 전국적으로 개혁의 소식과 내용을 확산시키는데 결정적인 기여를 하게 된다.[11]

　남북 전쟁 이전 미국의 경제와 사회는 잭슨 시대에 오면서 점차 자본주의적 그리고 자유주의적 성격을 갖게 되었지만, 그것은 잭슨과 그 추종자들이 그러한 목표를 추구하였기에 이루어진 것은 결코 아니었다.[12] 사실 잭슨주의자들은 때때로 철저하게 반자본주의적이었다. 벤턴의 연방 정부 소유 토지의 점진적 가격 인하 정책은 미국 정부의 재산권을 침해하는 면이 있다는 점에서 이러한 경향을 잘 보여주고 있다. 잭슨의 인디언 강제 이주 정책은 인디언의 재산권을 한 순간에 쓰레기 통에 쑤셔 넣었고, 인디언과 맺은 수많은 조약을 위반함으로서 자본주의의 근간이라고 할 수 있는 계약의 신성성(The sanctity of contracts)을 위배한 것이다. 잭슨 대통령이 제2 연방 은행을 파괴한 은행 전쟁(The Bank War)은 의도적으로 보면 좋은 정치적 행동이라 할 수 있을 것이다. 그러나 미국 경제의 자본주의적 발전을 향한 진전에는 큰 도움이 되었다고 볼 수 없다. 어떤 의미에서는 남북 전쟁 이전 미국의 자본주의는 그러한 근본적인 문제점에도 불구하고 성장하고 있었다.

아메리칸 시스템의 옹호자들은 미국에 대한 분명한 청사진을 가지고 있었다. 우선 정치적으로는 통일된 국가 체제의 완성, 경제적으로는 번성하는 경제, 국제적인 관계에서는 독립적, 문화적으로도 발전하는 국가를 꿈꿨다. 그들은 미래를 직시하고 발전을 기대하고 있었던 사람들이다. 반면에 잭슨주의자들은 아메리칸 시스템에서 주장하는 제반 정책들과 같은 변화를 두려워하고, 더불어 남북 전쟁 이전에 그러한 변화를 요구하는 사례와 경우를 너무나 철저하게 그리고 매우 성공적으로 막아버렸다. 아메리칸 시스템의 옹호자들이 주장하는 중요 기획안을 보면, 미국을 어떻게 하면 개선과 발전으로 나아가게 하는가에 대한 방안을 찾는 것이었다. 반면 잭슨주의자들은 연방 정부가 그들의 삶과 경제 활동에 간섭하는 것을 막고자 하였다. 잭슨주의자들이 남북 전쟁 이전에 대체적으로 국민들의 마음을 사로잡는데 보다 성공적이었다. 그렇다고 해서 아메리칸 시스템의 그 기획과 그 가치를 과소 평가하거나 무시할 수 있다고 말하는 것은 적절치 않을 것이다.

에필로그

아메리칸 시스템의 부활

(The Revival of the American System)

비록 잭슨 시기 동안 아메리칸 시스템이 그 종말을 고하지만, 남북전쟁 기에 오면 그 국가 발전 기획안은 다시 부활하게 된다. 미국 연방 의회로부터 남부 출신의 의원들이 대규모로 사퇴하자, 1861년 공화당(The Republican Party)이 연방 하원의 146개 의석 중에서 102개를 차지하게 된다. 상원에서도 36개 의석 중에서 29개를 차지하게 된다. 행정부의 요구에 의해서 연방 의회는 다양한 정책들을 입법화하게 된다. 그리고 그 내용을 보면 다분히 아메리칸 시스템의 유산을 확인할 수 있다. 우선 1861년의 모릴 관세법(The Morrill Tariff Act of 1861)이 바로 그 대표적인 경우라고 할 수 있다. 이것은 관세율을 5%나 10%정도 올리는 법안이었다. 이 관세법은 전시의 재정 수입을 증가시키기 위한 것일 뿐만 아니라 국내 제조업을 보호할 목적도 가지고 있었다. 1861년 그 관세법을 발의하였던 하원 의원 저스틴 스미스 모릴(Representative Justin Smith Morrill)은 연방 하원에서 새로운 관세법은 제조업자뿐만 아니라 농업, 상업, 광업 분야에도 이익을 줄 것이라고 주장하고 있다. 다른 공화당의 하원, 상원 의원들도 이 관세 법안은 내수 시장을 확대하는데 도움을 줄 뿐만 아니라, 미국의 번영과 자주 독립의 역량을 키우는데 큰 도움이 될 것이라고 보았다. 연방 의회는 재정 수입과 보호 무역이라는 두 가지 목적을 가지고 1862년 그리고 1864년에 관세율을 계속해서 올렸다.[1]

여기에 부가하여, 공화당이 주도하는 연방 의회에서 1863년 2월 25일 국립 은행법(National Bank Act)이 통과되었다. 그리하여 다양한 주 은행들을 하나의 국립 은행 체제로 묶었다. 이 체제하에서 발행되는 은행권은 전국적으로 유통되는 단일 통화가 되었다. 아브라함 링컨 대통령(President Abraham Lincoln)과 재무 장관 세몬 체이스(Treasury Secretary Salmon P. Chase)는 그 국립 은행법을 설립하는 법안을 적극적으로 지지하였다.[2] 연방 의회에서 그 법안을 발의한 사람은 바로 오하이오 주 출신의 상원 의원 존 셔먼(John Sherman)이었다. 그 법안의 통과를 촉구하면서, 그는 국립 은행 제도 하에서 발행되는 은행권을 통해서 연방 정부의 권위는 더더욱 확고하게 되고, 연방 체제 하에서 "국민주의적 의식"(a sentiment of nationality)도 향상될 것이라고 주장하였다.[3]

1862년 공화당 체제 하의 연방 의회는 퍼시픽 철도 법안(The Pacific Railroad Act)을 통과한다. 이것은 유니언 퍼시픽 철도 회사(The Union Pacific Railroad)와 센트럴 퍼시픽 철도 회사(The Central Pacific Railroad)를 하나로 통합하는 법안이었다. 연방 의회는 이들 두 기업에 무려 6,000만 에이커 이상의 토지를 기부하고, 현금으로 2천만 달러를 제공하여 네브라스카 주의 오마하에서 캘리포니아 주의 샌프란시스코까지 이르는 대륙 횡단 철도를 건설하도록 하였다. 이 철도는 1869년 완성되었다. 이리하여 이제 미국은 완전히 통일된 국민 경제라고 부를 수 있는 것이 가시화 되었고 더불어서 서부 지역에 투자와 이주가 더더욱 활성화 되게 된다. 아메리칸 시스템의 경제적인 측면은 이제 최종 완성을 보게 된 것이다.[4]

아메리칸 시스템 기획 중에 하나였던 국민주의적 문화 융성 또한 남북
전쟁 기간 동안 가시적으로 실천된다. 연방 의회는 1862년 모릴 토지
할양법(The Morrill Land Grant Act)을 통과하였다. 이것은 엄청난 크기의
토지를 각 주에 불하하는 것이다. 각 주 정부는 이 토지를 판매하여 재정
수입의 확대를 꾀하고 궁극적으로는 그 자금으로 농업과 공업 기술 대학을
육성하는데 중점적으로 사용토록 하는 법안이었다.[5] 조지 워싱턴, 존 아덤
스, 토마스 제퍼슨, 제임스 메디슨, 제임스 먼로, 헨리 클레이, 존 퀸시
아담스와 같이 아메리칸 시스템의 이상과 실천을 위해서 매진하였던 미국의
위대한 정치가들이 이 어려운 간난의 시간을 지나 이제 아메리칸 시스템의
청사진이 실천되는 것을, 특히 남북 전쟁이라는 위기 속에서도 국가 발전이
라는 그들이 꿈꾸었던 위대한 소망이 제 궤도를 향해 나아가고 있는 것을
알 수 만 있었다면 그들은 아마 매우 기뻐하였을 것이다.

참고문헌
WORKS CITED

정부문서 (Government Document)

10th Census Reports (Washington, 1884).

American State Papers : Indian Affairs, vol. 2; Finances, vol. 1-5; *Public Lands*, vol. 1-6; *Miscellaneous*, vol. 1-2

Annals of Congress : 4th Cong., 1st sess.; 6th Cong., 1st sess.; 7th Cong., 1st sess.; 8th Cong., 1st sess.; 13th Cong., 3rd sess.; 14th Cong., 1st and 2nd sess.; 15th Cong., 1st sess.; 16th Cong., 1st sess.; 17th Cong, 1st sess.; and 18th Cong., 1st sess.

Biographical Directory of the American Congress 1774-1961 (Washington DC : United States Government Printing Office, 1961).

Congressional Globe : 30th Cong., 1st sess.

A Digest of the Laws of the State of Georgia (Athens, GA : State of Georgia. 1837).

House Documents : No. 172, 26th Cong., 1st sess.; No. 33, 86th Cong., 1st sess.

House Journal : 11th Cong., 3rd sess.; 14th Cong., 1st sess.; 16th Cong., 1st sess.; 18th Cong., 1st sess.; 20th Cong., 1st and 2nd sess.; 21st Cong., 1st sess.; 22nd Cong., 1st and 2nd sess.

Register of Debates : 19th Cong., 1st and 2nd sess.; 20th Cong., 1st sess.; 21st Cong., 1st sess.; 22nd Cong., 1st sess.

Senate Documents, No.246, 27st Cong., 3rd sess.

Senate journal : 11th Cong., 3rd sess.; 14th Cong., 1st sess.; 16th Cong., 1st sess.; 18th Cong., 1st and 2nd sess.; 20th Cong., 1st and 2nd sess.; 21st Cong., 1st sess.; 22nd Cong., 2nd sess.

Statutes at Large : vol. 1–5, 12.

Booker, M. A. (ed.), *Members of Congress Since 1789*, 3rd edn (Washington : Congressional Quarterly, 1985).

The Territorial Papers of the United States, ed. C. E. Carter, 28vols (Washington : Government Printing Office, 1934).

Legislative and Documentary History of the Bank of the United States Including the Original Bank of North America, eds. M. St. C. Clarke and D. A. Hall, 1st repr. (1832; New York : Augustus M. Kelley Publishers, 1967).

A Compilation of the Messages and Papers of the Presidents, ed. J. D. Richardson, 11 vols (New York : Bureau of National Literature, 1911), vol. 1–2.

Sutch, R., and S. B. Carter (eds). *Historical Statistics of the United States : Earliest Times to the Present*, Millennial Edition, 5 vols (New York : Cambridge University Press, 2006). vol. 1–2.

신문, 계간지, 웹사이트 (Newspapers, Periodicals, and websites)

Daily National Intelligencer.

Niles' Weekly Register.

United States Census Bureau, http://www.census.gov/ (accessed 27 March 2009).

Harvard Business School, *Sunk In Lucre's Sordid Charms : South Sea Bubble Resources in the Kress Collection at Baker Library*, ed. Karen Bailey, September 2005, http://www.library.hbs.edu/hc/ssb/index.html (accessed 12 March 2009).

Published Correspondences, Diaries, Memoirs, and Autobiographies

Memoirs of John Quincy Adams (1874–7), ed. C. F. Adams, 12 vols (Freeport, NY : Books For Libraries Press, 1969).

The Papers of John C. Calhoun, ed. W. E. Hemphill, C. N Wilson, S. B. Cook and A. Moore, 28 vols (Columbia, SC : University of South Carolina Press, 1976).

The Papers of Henry Clay, ed. J. F. Hopkins, R. Seager II, and M. P. Hay, 11vols (Lexington, KY : University of Kentucky Press, 1963).

The Writings of Albert Gallatin, ed. H. Adams, 3 vols (New York : Antiquarian Press Ltd, 1960, original Publication 1879.

The Papers of Alexander Hamilton, eds. H. C. Syrett and J. E. Cooke, 27 vols (New York : Columbia University Press, 1965).

Messages and Letters of William Henry Harrison, ed. L. Esarey, 2 vols (Indianapolis, IN : Indiana Historical Commission, 1922).

The Writings of Thomas Jefferson, ed. P. L. Ford, 10vols (New York : G. P. Putnam's Sons, 1892–1899).

The Writings of Thomas Jefferson, ed. A. E. Bergh, G. H. Johnson and A. A. Lipscomb, 20vols (Washington DC : The Thomas Jefferson Memorial Association, 1903).

The Paper of Thomas Jefferson, eds. J. P. Boyd and B. B Oberg. 35 vols to dare (Princeton, NJ : Princeton University Press, 1974).

Robertson, G., *An Outline of the Life of George Robertson* (Lexington, KY, 1876).

Life and Letters of Joseph Story. ed. W. W. Story. 2vols (New York : Books for Libraries Press. 1971. original publication 1851).

The Letters and Times of the Tylers. ed. L. G. Tyler. 2vols (Richmond. Whitter & Shepperson. 1884).

Van Buren. M. *Autobiography of Martin Van Buren*. ed. J. C. Fitzpatrick. 2 vols (1920 : New York : A. M. Kelley. 1969).

The Papers of Daniel Webster : Correspondence 1798–1824, ed. C. M. Wiltse, 6 vols (hanover, NH : University Press of New England. 1974).

저서와 논문 (Books and Articles)

Adams, H. C., *The Life of Albert Gallatin* (Philadelphia, PA : J. B. Lippincott & Co., 1897).

_____, *Taxation in the United States 1789–1819* (Baltimore, MD : Johns Hopkins University Press, 1884).

Ames, H. V. (ed.), *State Documents on Federal Relations : The States and the United States* (Philadelphia, PA : Department of History, University of Pennsylvania, 1911).

Baker, P., 'The Washington National Road Bill and the Struggle to Adopt a Federal System of Internal Improvement', *Journal of the Early Republic* 22:3 (Autumn 2002), pp.437–64.

Ballagh, J. C., 'Southern Economic History : Tariff and Public Lands', *Annual Report of the American Historical Association for the Year 1898* (Washington DC : n.p., 1899).

Barry, K., Susan B. Anthony : *A Biography of a Singular Feminist* (New York : New York University Press, 1988).

Barry, S. J., 'Nathaniel Macon : The Prophet of Pure Republicanism, 1758–1837' (PhD dissertation, State University of New York at Buffalo, 1996).

Baxter, M. G., *Henry Clay and the American System* (Lexington, KY : The University Press of Kentucky, 1995).

Bayley, R. A., *History of the National Loans of the United States from July 4, 1776, to June 30, 1880*, 2nd edn (Washington, 1882).

Bemis, S. F., *John Quincy Adams and the Union* (New York : Knopf. 1956).

Benton, T. H., *Thirty Years' View : A History of the Working of the American Government for Thirty Years, Form 1820–850*, 2 vols (New York : D.

Appleton and Company, 1864).

Bodenhorn, H., *A History of Banking in Antebellum America* (New York : Cambridge University Press, 2000).

_____, *State Banking in Early America* (New York : Oxford University Press, 2003).

Brant, L, *James Madison : The Nationalist 1780–1787* (Indianapolis, IN : Bobbs–Merrill Company. 1948).

_____, *James Madison*, 6 vols (New York : The Bobbs–Merrill Company, inc., 1961).

Brooke, J. L., 'Cultures of Nationalism, Movements of Reform, and the Composite–Federal Polity from Revolutionary Settlement to Antebellum Crisis', *Journal of the early Republic* 29:1 (Spring 2009). pp.1–33.

Brown, R. H., 'The Missouri Crisis, slavery, and the Politics of Jacksonianism', *Southeast Quarterly* 65:1 (Winter 1966), pp.55–72.

Brown, T., *Politics and Statesmanship : Essays on the American Whig Party* (New York : Columbia University press. 1985).

Calhoun, J. C., 'Calhoun's Argument for Nullification : the Fort Hill Address', 26 July 1831. *Andrew Jackson. Nullification, and the state –Rights Tradition.* ed. C. Sellers (Chicago, II, Rand McNally & Company. 1963). pp.3–7.

Catterall, R. C. H., *The Second Bank of the United States* (Chicago, II, The University of Chicago Press, 1903).

Chambers. W. N., *Old Bullion: Senator from the New West* (Boston, MA: Little Brown, 1956).

Chernow. R., *Alexander Hamilton* (New York: Penguin Books, 2004).

Clark. Y. S., *History of Manufacturers in United States*, 3 vols (New York: McGraw–Hill,1929).

Cole. A. H., 'Cyclical and Sectional Variation in the Sale of Public Lands 1816–1860' in V. Carstensen (ed), *The Public Lands: Studies in the History of the public Domain* (Madison. WI: University of Wisconsin

Press. 1963), pp.229–52.

Conkin. P. K., *Prophets of Prosperity: America's First Political Economists* (Bloomington, IN: Indiana University Press, 1980).

Coxe, T., *A Statement of the Arts and Manufacturers of the United States, for the Year 1810* (Philadelphia, PA: A. Cornman, 1814).

Cremin, L. A., *American Education: The National Experience 1783 – 1876* (New York: Harper &Row, Publishers,1980).

Cunningham, N. E. Jr. *The Presidency of James Monroe* (Lawrence: university Press of Kansas, 1996)

Dangerfield. G., *The Awakening of American Nationalism 1815 – 1828* (New York: Harper &Row, Publishers, 1965).

Dewey. D. R., *Financial History of the United States* (New York: Longmans, Green and co, 1922).

Dobson. J. M., *Two Centuries of Tariffs: the Background and Emergence of the US. Internal Trade Commission* (Washington DC: US Government Printing Office, 1976).

Dodd. W. E., *The Life of Nathaniel Macon* (Raleigh, NC, Edwards & Broughton, printers and Binders, 1903).

Dunbar. C. F., 'Deposits as Currency': in *Economic Essays* (New York. Macmillan 1904).

Eblen. J. E., *The First and Second United States Empires: Governors and Territorial Government, 1784 – 1912* (Pittsburgh: University of Pittsburgh press, 1968).

Eiselen. M. R., *The Rise of Pennsylvania Protectionism* (New York: Garland Publishing Inc 1974).

Ellis. J. J., *His Excellency George Washington* (New York: Vintage Books, 2004).

Ellis. R. E., *The Union at Risk: Jacksonian Democracy, States' Rights, and the Nullification Crisis* (New York: Oxford University Press, 1987).

_____, *Aggressive Nationalism: McCullach v. Maryland and the Foundation of Federal Authority in the Young Republic* (New York: Oxford University

Press, 2007).

Emerick, C. F., The Credit System and the Public Domain(Nashville, TN: Cumberland presbyterian Publishing House, 1899).

Fellers. D., *The Public Lands in Jacksonian Politics* (Madison, WI: University of Wisconsin press, 1984)

_____, *The Jacksonian Promise: America, 1815–1840* (Baltimore, MD: The Johns Hopkins University Press, 1995).

Fishlow. A., 'Antebellum Interregional Reconsidered', *American Economic Review*, 54:3 (May, 1964). pp.352–64.

_____, 'Internal Transportation in the Nineteenth and Early Twentieth Centuries: in S. L. Engerman and R. E. Gallman (eds), *The Cambridge Economic History of the United States, Volume II: The Long Nineteenth century*(Cambridge and New York: Cambridge University Press, 2000). pp.543–642.

Forbes. R. P., *The Missouri Compromise and Its Aftermath: Slavery and the Meaning of America* (Chapel Hill, NC: The University of North Carolina Press. 2007).

Freehling. w. w.(ed), *The Nullification Era: A Documentary Record* (New York Harper & Row, Publishers, 1967).

_____, *Prelude to Civil War: The Nullification Controversy in South Carolina, 1816–1836* (New York: Harper Torch books, 1968).

_____, *The Road to Disunion: Secessionists at Bay, 1776–1854* (New York: Oxford University Press, 1990).

Gallatin. A., 'Memorial of the Committee of the Free Trade Convention, 1831: in F. W. Taussig(ed). *State Papers and Speeches on the Tariff* (New York: Burt Franklin 1895), pp.108–213.

Gates. P. W., *History of Public Land Law Development* (Washington: US Government Printing Office, 1968).

_____, 'The Role of the Land Speculator in Western Development, in *The Jeffersonian Dream: Studies in the History of American Land Policy and Development* (Albuquerque, NM: University of New Mexico Press,

1996). pp.6-22.

Giles. W. B. *Mr. Clay's Speech upon the tariff or The 'American System', so called, or The Anglican System, in Fact Introduced Here, And Perverted in its Most Material bearing upon society, by the Omission of a System of corn Laws, for the Protection of Agriculture: Mr. Giles' Speech upon the Resolutions of Inquiry in the House of Delegates of Virginia in Reply to Mr. Clay's Speech: also, his speech in Reply to Gen. Taylor's, Accompanied with Sundry Other Interesting Subjects and Original Documents: the Whole Containing a Mass of Highly Useful Information at the Present Interesting Crisis* (Richmond, VA: Thomas W. White, 1827).

Goodrich. C., *Government Promotion of American Canals and Railroads*, 1800-1890 (New York: Columbia University press, 1960).

Govan. T. P., *Nichols Biddle: Nationalist and Public Banker, 1786-1844* (Chicago, II: The university of Chicago Press, 1959).

Hammond. B., *Bank and politics in America from the Revolution to the Civil War* (Princeton. NJ: Princeton University press. 1957).

Hammond. J. D., *History of political Parties in the State of New York*, 3 vols (Albany, NY: C. Van Benthuysen, 1842-48).

Harden, E. J., *The Life of George M. Troup* (Savannah, GA: E. J. Press, 1859)

Hargreaves. M. W. W., *The presidency of John Quincy Adams* (Lawrence, KS: University press of Kansas 1985).

Heidler, D. S., and J. T. Heidler, *Indian Removal* (New York: W. W. Norton & Company, 2007).

Heiskell, S. G.(ed), *Andrew Jackson and Early Tennessee History*, Illustrated, 3 vols (Nashville, TN: Ambrose Printing Company, 1921).

Henkin. D. M., *The Postal Age: The Emergence of Modern Communications of Nineteenth-Century America* (Chicago, IL.: University of Chicago press, 2007).

Hibbard, B. H., *A History of the Public Land Policies* (Madison, WI: University of Wisconsin Press, 1965)

Holdsworth. J. T., and D. R. Dewey, *The First and Second Banks of the United States* (Washington D. C.: Government Printing Office, 1910).

Holt. M. E., *The Rise and Fall of the American Whig Party* (New York Oxford University Press 1999).

Howe. D. W., *The Political Culture of the American Whig* (Chicago, IL.: University of Chicago press, 1979).

_____, "The Evangelical Movement and Political Culture in the North During the Second Party System": *The Journal of American History*, 77.4 (March 1991), pp.1216-39.

_____, "Jacksonianism and the Promise of Improvement": *Review in American History*, 25(1997), pp.58-62.

_____, "Church, State, and Education in the Young American Republic": *Journal of the Early Republic* 22:1(Spring 2002), pp.1-24.

_____, *What Hath God Wrought: The Transformation of America, 1815-1848* (New York: Oxford University Press, 2007).

Hummel. J. R., "The Civil War and Reconstruction": in *Government and American Economy: A New History* (Chicago and London: The University of Chicago Press. 2007), pp.188-231.

Jackson. A., "Gen. Jackson on the Tariff", in *Andrew Jackson and Early Tennessee History*, Illustrated, ed. S, G. Heiskell, 3 vols (Nashville TN: Ambrose Printing Company, 1921), vol.3, pp.69-71.

_____, "Jackson's Denunciation of Nullification: the Nullification Proclamation": 10 December 1832. in *Andrew Jackson, Nullification, and the State-Rights Tradition*, ed. C. Sellers(Chicago, IL: Rand McNally & Company, 1963), pp.7-15.

Jefferson. T., *The Portable Thomas Jefferson*, ed. M. D. Peterson(New York: The viking Press, 1975).

Johnson. W., *Soul by Soul: Life Inside the Antebellum Slave Market* (Cambridge, MA: Harvard University Press, 1999).

Ketcham. R. (ed.), *Selected Writings of James Madison* (Indianapolis, IN: Hacker Publishing Company. inc., 2006).

330

Knupfer, P. (ed.), *The Union as It is: Constitutional Unionism and Sectional Compromise, 1787−1861* (Chapel Hill, NC: University of North Carolina Press, 1991).

Kolchin. P., *American Slavery, 1619−1877* (1993:New York: Hill & Wang, 2003).

Larson. J. L., *Internal Improvement: National Public Works and the Promise of Popular Government in the Early United State* (Chapter Hill, NC: The University of North Carolina Press, 2001).

Leepson. M., *Flag: An American Biography* (New York: St. Martin's Press, 2005).

Licht. W., *Industrializing America: The Nineteenth Century* (Baltimore, MD: The Johns Hopkins University Press, 1995).

Lindstrom. d., *Economic Development in the Philadelphia Region 1810−1850* (New York: Columbia University Press, 1978).

McCullough. D., *John Adams* (New York: Simon & Schuster, 2001).

McGrane, *The Panic of 1837: Some Financial Problems of the Jacksonian Era* (Chicago, IL.: University of Chicago press, 1924).

McLaughlin. A. C., *A Constitutional History of the United States* (New York: D. Appleton Century Company, 1935).

McLoughlin, W. G., *Revivals, Awakening and Reform* (Chicago, IL: University of Chicago press. 1980).

Markham, J. W., *Financial History of the United States: From Christopher Columbus to the Robber Barons 1492−1900*, 3 vols (New York: M. E. Sharpe 2001).

Masur, L., P., *1831: Year of the Eclipse* (New York: Hill and Wang, 2001).

Meacham. J., *American Lion: Andrew Jackson in the White House* (New York: Random house, 2008).

Meyer. D. R., *The Roots of American Industrialization* (Baltimore, MD: The Johns Hopkins University Press, 2003).

Mooney. J., History, *Myths and Sacred Formulas of the cherokee* (Fairview, NC: Bright Mountain Books. Inc. 1992).

Nelson. J. R. Jr, *Liberty and Property: Political Economic and Policy Making in the New Nation, 1789–1812* (Baltimore, MD: The John Hopkinson University Press, 1987).

North. D. C., *The Economic Growth of the United States, 1789 to 1860* (New York: W. W. Norton & Company Inc, 1966).

Onuf. P. S., *Statehood and Union: A History of the Northwest Ordinance* (Bloomington, IN: Indiana University Press, 1987).

Pease, J. H., and W. H. Pease, 'Economics and Politics and Charleston's Nullification Crisis', *The Journal of southern History.* 47:3 (August 1981). pp.335–62.

Peskin. L. A., *Manufacturing Revolution: The Intellectual Origins of Early American Industry* (Baltimore. MD: The John Hopkinson University Press, 2003).

Pectson. M. D., *Thomas Jefferson and the New Nation* (New York: Oxford University Press, 1970).

_____, Olive Brunch and Sword–the Compromise of 1833 (Baton Rouge, LA: Louisiana State University Press, 1982).

_____, *The Great Triumvirate: Webster, Clay, and Calhoun*(New York: Oxford University Press, 1987).

Preyer,N.W., 'Southern Support of the Tariff of 1816 – A Reappraisal', *Journal of America History* 25:3 (August 1959). pp.306~22.

Prucha,F.P.,'Andrew Jackson s Indian Policy: A Reassessment', *The Journal of America History*, 56:3 (December 1969), pp.527~539.

_____, (ed), *Document of United States Indian Policy* (Lincoln, NE: University of Nebraska Press, 1975).

Raja, M., *Evangelizing the South* (New York: Oxford University Press, 2008).

Ratner. S., *The Tariff in America History* (New York: D.Van Nostrand Company, 1972).

Raymond, D., *The American System* (Baltimore, MD: Lucas & Deaver, 1828).

_____, *The Southern Excitement, Against the American System* (Poughkeepsie: Platt & Parsons, 1829).

에
필
로
그

332

Remini, R. V., 'Martin Van Buren and the Tariff of Abominations', *American Historical Review*, 63:4 (July 1958), pp.903–17.

_____, *Andrew Jackson and the Bank War* (New York; W.W. Norton & Company, Inc., 1967).

_____, *The Life of Andrew Jackson* (New York: Harper& Row, 1988).

_____, *Henry Clay: Statesman for the Union* (New York: W.W. Norton & Company, 1991).

_____, *Andrew Jackson and His Indian Wars* (New York: Penguin Books, 2001).

Rezneck, S., 'The Social History of an American Depression, 1837–1843', *The American Historical Review* 40(July 1935), pp.662–87.

Richardson, H. C., *The greatest Nation of the Earth: Republican Economic Policies During the Civil War* (Cambridge, MA: Harvard University Press, 1997).

Resjord, N. K., *The Old Republicans: Southern Conservation in the Age of Jefferson* (New York: Columbia University Press, 1965).

Robbins, R.M., 'Preemption – A Frontier Triumph', *The Mississippi Valley Historical Review* 18: 3 (December 1931), pp.331–49.

Rohrbough, M. J., *The Land Office Business: The Settlement and Administration of American Public Lands, 1789–1837*(New York; Oxford University Press, 1968).

Rousseau, P. L., 'Jacksonian Monetary Policy, Specie Flows, and the Panic of 1837', *The Journal of Economic History* 62:2 (June 2002), pp.457–88.

Salmons, D., *The Monetary Difficulties of America and Their Probable Effects on British Commerce, Considered* (London: P. Richardson, 1837).

Sato, S., *History of the Land Question in the United States* (Baltimore, MD: The Johns Hopkins University, 1886).

Satz, R. N., *American Indian Policy in the Jacksonian Era* (Norman, OK: University of Oklahoma Press, 2002).

Sellers, C., 'Banking and Politics in Jackson's Tennessee, 1817–1827', *The*

Mississippi Valley Historical Review, 41:1(June, 1954), pp.61~84.

_____, *The Market Revolution: Jacksonian America 1815－1846* (New York: Oxford University Press, 1991).

Shade, W. G., *Banks or No Banks: The Money Issue in Western Politics* (Detroit, MI: Wayne State University Press, 1972).

Shankman, A., *Crucible of American Democracy: the Struggle to Fuse Egalitarianism the Capitalism in Jeffersonian Pennsylvania* (Lawrence, KY: University Press of Kansas, 2004).

Sheriff, C., *The Artificial River: The Eric Canal and the Paradox of Progress 1817－1862* (New York: Hill and Wang, 1996).

Schocket, A. M., *Founding Corporate Power in Earth National Philadelphia* (Dekalb, IL: Northern Illinois University Press, 2007).

Smith, W. B., *Economic Aspects of the Second Bank of the United States* (Westport, CT: Greenwood Press, 1969).

Stranwood, E., *American Tariff Controversies in the Nineteenth Century* (Boston, MA and New York: Houghton Mifflin Company, 1903).

Sydnor, C. S., *The Development of Southern Sectionalism 1819－1848* (Baton Rouge, LA: Louisiana State University Press, 1948).

Sylla,R., J. B. Legler and J. J. Wallis, "Banks and State Public Finance in the New Republic: The United States, 1790–1860", *The Journal of Economic History*, 47:2(June 1987), pp.391–403.

Taussig, F. W.(ed.), *State Papers and Speeches on the Tariff* (New York: Burt Franklin, 1895).

Taylor, G. R., *The Transportation Revolution, 1815－1860* (New York: Rinehart & Company, 1957).

Temin, P., *The Jacksonian Economy* (New York: W. W. Norton & Company Inc, 1969).

Timberlake, R. H., *The Origins of Central Banking in the United States* (Cambridge, MA: Harvard University Press, 1978).

Thomas, J. L., "Romance Reform in America, 1815–1865", *American Quarterly* 17:4 (Winter, 1965).

334

_____, *Monetary Policy in the United States: An Intellectual and Institutional History* (Chicago, IL: The University of Chicago Press,1993, original Publication 1978).

Treat, P. J., *The National land System, 1785 – 1820* (New York: E. B. Treat 1910).

Van Atta, J. R., "Western lands and the Political Economy of Henry Clay s American System, 1819–1932", *Journal of the Early Republic* 21:4 (Winter 2001), pp.633–65.

_____, "'A Lawless Rabble': Henry Clay and the Cultural Politics of Squatters 'Rights, 1832–1841'", *Journal of the Early Republic* 28:3 (Autumn 2008), pp.337–78.

Van Deusen, G. G., *The Life of Henry Clay* (Boston, MA: Little, Brown and Company, 1937).

Wallac, A. F. C., *The Long Bitter Trail: Andrew Jackson and the Indians* (New York: Hill and Wang, 1993).

Walters, R, Jr, *Albert Gallatin, Jeffersonian Financier and Diplomat* (New York: Macmillan, 1957).

Walters, R. G., *American Reformers 1815 – 1860*, revised edn (New York: Hill and Wang, 1997, origins publication 1978).

Weiner, A. S., "John Scott, Thomas Hart Benton, David Barton, and the Presidential Election of 1824", *Missouri Historical Review*, 60:4 (July 1966), pp.460–94.

Wellington, J. O., "The Branches of the First Bank of the United States", *Journal of Economic History*, 2, supp. The Tasks of Economic History(December 1942), pp.66–100.

Wilentz, S., *The Rise of American Democracy: Jefferson to Lincoln* (New York: W. W. Norton &Company, 2005).

Williams, D., *Georgia Gold Rush: Twenty – Niners, Cherokees and Gold Fever* (Columbia. SC: University of South Carolina Press, 1974).

Wilson, M. L., *Space Time and Freedom: The Quest for Nationality and the Irrepressible Conflict 1815 – 1861* (Westport, CT: Greenwood Press,

1974).

Wilson, C. M., *John C. Calhoun: Nationalist, 1782–1828* (Indianapolis, IN: Bobbs–Merrill Co., 1944).

_____, *John C. Calhoun: Nullifier,1829–1839* (New York: Russell & Russell, 1968).

Wright, B. F.(ed.). *The Federalist* (Cambridge, MA: The Belknap Press of Harvard University Press, 1966).

Wright, B. F., *The Wealth of Nations Rediscovered: Integration and Expansion in American Financial Market,1780–1850* (New York: Cambridge University Press, 2002).

Young, J. S., *A Political and Constitutional History of the Cumberland Road* (Chicago, IL: University of Chicago Press, 1904).

미출간 박사학위 논문 (Unpublished Dissertations)

Barry, S. J., "National Macon: The Prophet of Pure Republicanism, 1758–1837"(PhD dissertation, State University of New York at Buffalo, 1996).

Binkley, R. W. Jc., "The American System: An Example of American Nineteenth–Century Economic Thinking Its Definition by Its Author Henry Clay"(PhD dissertation, Columbia University, 1949).

Harrison, J. H., "The Internal Improvement Issue in the Politics of the Union, 1783–1825"(PhD dissertation, University of Virginia, 1954).

Schoene, S. W., "The Economics of U.S. Public Land Policy Prior to 1860" (Unpublished PhD Dissertation, The University of North Carolina, 1981).

Young, J. S., *A Political and Constitutional Study of the Cumberland Road* (PhD dissertation, University of Chicago, 1903).

미주
NOTES

서론: 아메리칸 시스템이란 무엇인가?

1 | C. Sellers, *The Market Revolution: Jacksonian America 1815－1846* (New York: Oxford University Press, 1991).

2 | S. Wilentz, *The Rise of American Democracy: Jefferson to Lincoln* (New York: W. W. Norton & Company, 2005).

3 | D. W. Howe, *What Hath God Wrought: The Transformation of America, 1815–1848* (New York: Oxford University Press, 2007).

4 | Ibid., p.62.

5 | Ibid.

6 | D. H. Howe, The Evangelical Movement and Political Culture in the North During the Second Party System, *The Journal of American History*, 77:4 (March 1991), pp.1216–39.

7 | M. G. Baxter, *Henry Clay and the American System* (Lexington, KY: The University Press of Kentucky, 1995), p.27.

8 | B. F. Wright (ed.), *The Federalist* (Cambridge, MA: The Belknap Press of Harvard University Press, 1966), p.141.

9 | "Mr. Jefferson and Tariff," *Niles' Weekly Register*, 38 (12 June 1830), p.294, 인용문 내 이탤릭체는 제퍼슨 자신에 의한 것.

10 | Annals of Congress, 16th Cong., 1st sess. (10 May 1820), p.2228.

11 | "Seventh Annual Message," 2 December 1823, *A Compilation of the Messages and Papers of the Presidents*, ed. J. D. Richardson, 11 vols (New York: Bureau of National Literature, 1911), vol. 2, p.787.

12 | 2 December 1823, *Memoirs of the John Quincy Adams* ed. C. F. Adams, 12 vols (Philadelphia, PA: J. B. Lippincott & Co., 1875), vol. 6, p.224; R. V.

338

Remini, *Henry Clay: Stateman for the Union* (New York: w. w. Norton & Company, 1991), p.221.

13 | *Annals of Congress*, 18th Cong., 1st sess. (1 March 1824), p.1978.

14 | Ibid., (31 March 1824), pp.1978, 1963.

15 | 아메리칸 시스템에 대한 최근의 연구 성과와 경향에 대해서는 다음 자료를 참조하라. D. Raymond, *The American System* (Baltimore, MD: Lucas & Deaver, 1823); *The Southern Excitement, Against the American System* (Poughkeepsie: Platt & Parsons, 1829); W. B. Giles, *Mr. Clay's Speech upon the tariff, or, 'American System', so called, or, The Anglican System, in Fact Introduced Here, and Perverted in its Most Material bearing upon Society, by the Omission of a System of Corn Laws, for the Protection of Agriculture: Mr. Giles' Speech upon the Resolutions of Inquiry in the House of Delegates of Virginia, in Reply to Mr. Clay's Speech: also, his Speech in Reply to Gen. Taylor's, Accompanied with Sundry Other Interesting Subjects and Original Documents: the Whole Containing a Mass of Highly Useful Information at the Present Interesting Crisis* (Richmond, VA: Thomas w. white, 1827). G. G. Van Deusen, *The Life of Henry Clay* (Boston, MA: Little, Brown and Company, 1937), p.215; R. W. Brinkley, Jr., "The American System: An Example of American Nineteenth-Century Economic Thinking Its Definition by Its Author Henry Clay' (PhD dissertation Columbia University, 1949); S. F. Bemis, *John Quincy Adams and the Union* (New York; Knopf, 1956), p.33; M. L. *Wilson, Space, Time and Freedom: The Quest of Nationality and the Irrepressible Conflict 1815–1861* (Westport, CT: Greenwood Press, 1974), pp.49–72; D. H. Howe, *The Political Culture of American Whigs* (Chicago, IL: University of Chicago Press, 1979); D. Feller, *The Public Lands of Jacksonian Politics* (Madison, WI: University of Wisconsin Press, 1984), p.59; *The Jacksonian Promise: America, 1815–1840* (Baltimore, MD: John Hopkins University Press, 1995), pp.66, 71; M. D. Peterson, *The Great Triumvirate: Webster, Clay and Calhoun* (New York: Oxford University Press, 1987), pp.68–84; Remini, *Henry Clay*, pp.210–33; Baxter, *Henry Clay and American System*; D. P. Currie, *The Constitution in Congress: The Jeffersonians 1801–1829* (Chicago, IL: University of Chicago Press, 2001), p.250; J. L. Larson, *Internal Improvement: National Public Works and Promise of Popular Government in the Early United States* (Chapter Hill, NC: The University of North Carolina Press, 2001); J. R. Van Atta, "Western Lands and the Political Economy of the Henry Clay's American System, 1819–1832", *Journal of the Early Republic* 21: 4 (Winter 2001), pp.633–65; P. Baker, "The Washington National Road Bill and Struggle to Adopt a Federal

System of Internal Improvement", *Journal of the Early Republic* 22:3 (Autumn 2002), pp.437−64; A. Shankman, *Crucible of American Democracy: the Struggle to Fuse Egalitarianism & Capitalism in Jeffersonian Pennsylvania* (Lawrence, KY: University Press of Kansas, 2004), pp.225−46; J. R. Van Atta, "'A Lawless Rabble": Henry Clay and the Cultural Politics of Squatters' Rights, 1832−1841", *Journal of the Early Republic* 28:3 (Autumn 2008), pp.337−78; Howe, *What Hath God Wrought*, pp.270−84.

16 | *Annals of Congress*, 18th Cong., 1st sess. (31 March 1824), pp.1962−2001; *Register of Debates*, 22nd Cong., 1st sess. (2 February 1832), pp.256−96.

17 | Raymond, *The American System*, 경제학자로서의 레이몬드의 업적에 대한 간단한 이해를 위해서는 다음 자료를 참고하시오. *Prophets of Prosperity: America's First Political Economist*(Bloomington, IN: Indiana University Press, 1980), pp.77−107

18 | "Southern Excitement", *Niles' Weekly Register*, 35 (20 September 1828), pp.58−68; Raymond, *The Southern Excitement*.

19 | Giles, *Mr. Clay's Speech Upon the Tariff*, p.93, pp.108−9.

20 | "Speech of Dr. Cooper", *Niles Weekly Register*, vol.33 (8 September 1827), p.32.

21 | Ibid., p.31.

22 | *Register of Debates*, 21st Cong., 1st sess. (23 March 1830), p.647.

23 | Bemis, *John Quincy Adams and the Union*, p.33; Van Deusen, *The Life of Henry Clay*, p.215; Feller, *The Public Lands in Jacksonian Politics*, p.59, *The Jacksonian Promise: America, 1815−1840*, pp, 66, 71; Remini, *Henry Clay*, pp.210−33.

24 | H. V. Ames (ed.), *State Documents on Federal Relations: The States and the United States* (Philadelphia, PA: Department of History, University of Pennsylvania, 1911), pp.140−1.

25 | Ibid., p.142, p.147.

26 | Giles, *Mr. Clay's Speech Upon the Tariff*, p.49.

27 | *Register of Debates*, 21st Cong., 1st sess. (23 March 1830), p.653.

28 | "Veto Messages", 27 May 1830, *Messages and Papers of the Presidents*, ed. Richardson, vol. 2, pp.1051−2.

29 | G. Dangerfield, *The Awakening of American Nationalism 1815−1828* (New York: Harper& Row, Publishers, 1965), p.221.

30 | Baxter, *Henry Clay and the American System*, pp.16−54; Currie, *The Constitution in Congress*, p.250.

31 | "National Bank", 13 December 1790, *American State Papers: Finance* 1:67−76.

340

32 | B. Hammond, *Banks and Politics in America from the Revolution to the Civil War* (Priceton, NJ: Princeton University Press, 1957), pp.116−17.

33 | Ibid., p.117.

34 | "Opinion on the Constitutionality of the Bill for Establishing a National Bank", 15 February 1791, *The Papers of Thomas Jefferson*, ed. J. P. Boyd and R. W. Lester, 35 vols to date (Princeton, NJ: Princeton University Press, 1974), vol. 19, p.276.

35 | "Opinion on the Constitutionality of an Act to Establish a Bank", 23 February 1791, *The Papers of Alexander Hamilton*, ed. H. C. Syrett and J. E. Cooker, 27 vols (New York: Columbia University Press, 1965), vol. 8, pp.63−134. 구체적으로 인용한 페이지는 p.100, p.102, p.107, p.121.

36 | *McCulloch v. Marryland* 판결에 대해서는 다음을 참고하라. R. E. Ellis, *Aggressive Nationalism: McCulloch v. Maryland and the Foundation of Federal Authority in the Young Republic* (New York: Oxford University Press, 2007).

37 | *Annals of Congress*, 18th Cong., 1st sess. (30 January 1824), p.1315.

38 | Raymond, *The American System*, p.42.

39 | "Bank of the United States", *Niles Weekly Register*, 35 (27 September 1828), p.73.

40 | R. C. H. Catterall, *The Second Bank of the United states* (Chicago, IL: The University of Chicago Press, 1903), p.112; W. B. Smith, *Economic Aspects of the Second Bank of the United States* (Westport, CT: Greenwood Press, 1969), p.44; Hammond, *Banks and Politics in America*, p.318.

41 | Catterall, *The Second Bank of the United States*, p.422.

42 | 이러한 현상은 당시 상황과 조건에 기인하는 것이었고 다른 하나를 더 든다면 선택의 문제에서 발생한 것이다. 당시 북동 지역에서는 효율적인 은행 체제를 유지하고 있었다. 그러나 서부와 남부는 그렇지 못했다. 그러므로 남부와 서부의 주 은행들은 신용 대출이나 통화권 발행에서 당시 그 지역의 요구를 충분히 대응할 수 없었다. 이유인 즉 이 지역은 여러 면에서 금융 거래가 폭발적으로 증가하고 있었다. 특히 앨라배마나 미시시피 주와 같이 이제 막 새롭게 주가 된 지역에서 그 폭발적 수요를 만족시킬 수 있는 은행이 부족하였다. 그러므로 연방 은행은 서부에서 그리고 남부에서 융자 부문에서 타의 추종을 불허하는 지배력을 행사하고 있었다. 바로 이 지역에서 연방 은행은 막대한 수입을 올릴 수 있었다. Catterll, *The Second Bank of the United States*, pp.412, 501: D. R. Dewey, *Financial History of the United States* (New York: Longmans, Green and Co., 1922), pp.168, 217; Hammond, *Banks and Politic in America*, p.317; C. S. Sydner, *The Development of Southern Sectionalism 1819−1848* (Baton Rouge, LA: Louisiana State University Press, 1948), pp.108−9.

43 | Catterall, *The Second Bank of the United States*, p.422.

44 | Ibid., pp.407−12.

45 | Ibid., p.412.

46 | *Pennsylvania Gazette* (29 March 1786), cited in R. E. Wright, *The Wealth of Nations Rediscovered: integration and Expansion in American Financial Market, 1780−1850* (New York: Cambridge University Press, 2002), p.205.

47 | H. Bodenhorn, *A History of Banking in Antebellum America* (New York: Cambridge University Press, 2000), pp.97−8.

48 | "On the Bill to Renew the Charter of 1791, In Senate", 11 February 1811, *Legislative and Documentary History of the Bank of the United States Including thr Original Bank of North America*, ed. M. St C. Clarke and D. A. Hall, 1st repr. (1832; New York: Augustus M. Kelley Publishers, 1967), p.314.

49 | Boden, *A History of Banking in Antebellum America*, pp.107−8.

50 | *House Journal*, 18th Cong., 1st sess. (16 April 1824), pp.428−9.

51 | Howe, *What Hath God Wrought*, pp.400−1.

52 | Wilson, *Space Time and Freedom*, pp.49−72; Feller, *The Public Lands in Jacksonian Politics*; Peterson, *The Great Triumvirate*, pp.68−84; M. F. Holt, *The Rise and Fall of the American Whig Party* (New York: Oxford University Press, 1999), p.2; Van Atta, "Western Lands and Henry Clay's"; Baker, "The Washington National Bill and the Struggle to Adopt a Federal System of Internal Improvement", *Journal of the Early Republic* 22: 3 (Autumn 2002); Van Atta, "'A lawless Rabble'".

53 | Wilson, *Space Time and Freedom*, pp.60−1; Peterson, *The Great Triumvirate*, pp.83−4; Bemis, *John Quincy Adams and the Union*, p.78.

54 | Van Atta, "Western Lands and the Political Economy of the Henry Clay's American System", p.656. 또한 이 문제에 관해서는 다음 자료를 참고하시오. Van Atta, "'A Lawless Rabble'". 필자가 보기에는 역사가 밴 아타가 서부 이주민을 두개의 계급으로 분류해서 보려고 했지만, 그들을 "평균적인 수단을 가지고 있는"(average means)사람들과 "하층 계급"(lower-class)으로 과연 어떻게 구별할 수 있을 것인가에 대한 문제를 거의 언급하고 있지 못하고 있다는 한계를 가지고 있다.

55 | "First Annual Message", 6 December 1825, *Messages and Papers of the President*, ed. Richardson, vol. 2, p.871. Also see Adams's "The Third Annual Message", 4 December 1827, in ibid., pp.956−7.

56 | "On Distributing the Proceeds of the Sales of the Public Lands Among the Several States", 16 April 1832, *American State Papers: Public Lands* 6:447.

57 | "State of the Finance", 10 December 1827, *American State Papers: Finance*, 5: 638.

58 | "On Distributing the Proceeds of the Sales of the Public Lands Among the Several States", 16 April 1832, *American State Papers: Public Lands* 6:442-3.

59 | "The Public Lands", *Niles' Weekly Register*, 17 (5 February 1820), p.387.

60 | 해리슨(Harrison)은 1800년 토지 법(The Land Act of 1800)의 통과에 있어서 결정적으로 기여한 인물이다. 이 토지 법에서는 토지 판매에서 신용 할부 제도(credit system)를 실시하는 것을 포함하고 있었다. 이러한 신용 할부 제도는 서부 지역의 농민들이 토지 구입을 용이하게 위한 조치였다. 윌리엄스(Williams)는 상원 공공 토지 위원회(Senate Committee on Public Lands)의 위원장이었다. 그는 나중에 1820년 토지법(The Land Act of 1820)이 되는 법안을 준비하였다. 1820년 토지법은 신용 할부 제도를 폐지하였다. 이유인즉 공공 토지를 구입한 사람들이 연방 정부에 너무나 막대한 부채를 지게 되었기 때문이다. 이러한 상황에서 벤턴(Benton)은 계속해서 점진적 토지 가격 인하 정책(graduation)을 요구하였다. 즉 그는 토지의 수준에 따라서 점차적으로 가격 할인을 해야 한다고 주장하였다.

61 | "On Distributing the Proceeds of the Sales of the Public Lands Among the Several States", 16 April 1832, *American State Papers: Public Lands* 6:441-51.

62 | Larson, *Internal Improvement*, p.187.

63 | Speech on Tariff; 30 and 31 March 1824, *The Papers of Henry Clay*, ed. J. E. Hopkins, 11 vols (Lexington, KY: University of Kentucky Press, 1963h, vol. 3 p.686.

64 | Ibid., p.688.

65 | Howe, *The Political Culture of the American Whig*, p.138.

66 | L A. Peskin, *Manufacturing Revolution: The Intellectual Origins of the Early American Industry* (Baltimore, MD: The Johns Hopkins University Press, 2003); C. Sheriff, *The Artificial River: The Erie Canal and the Paradox of Progress 1817 -1862* (New York: Hill and Wang, 1996), p.5.

67 | M. Schoket, *Founding Corporate Power in Early National Philadelphia* (DeKalb, IL: Northern Illinois University Press, 2007)

68 | Bemis, *John Quincy Adams and the Union*, p.63.

69 | Howe, *The Political Culture of the American Whig*, p.137; 또한 다음 자료를 참고하시오. D. W. Howe, "Church, State, and Education in the Young American Republic", *Journal of the Early Republic* 22:1 (Spring 2002), pp.1-24; *What Hath God Wrought*, pp.243-84.

70 | "First Annual Message", 6 December 1825, *Messages and Papers of the Presidents*, ed. Richardson, vol. 2, p.877.

71 | Ibid., vol. 2, pp.877-83.

72 | J. L. Brooke, "Cultures of Nationalism, Movements of Reform, and the

Composite–Federal Polity from Revolutionary Settlement to Antebellum Crisis",
Journal of the Early Republic, 29:1 (Spring 2009), p.3.

제1장: 아메리칸 시스템의 출현 (1790–1815)

1 | "First Annual Address," 8 January 1790, *Messages and Papers of the Presidents*,
ed. Richardson, vol. 1, p.58.

2 | "Farewell Address," 17 September 1796, ibid., pp.207–8.

3 | Ibid., p.207.

4 | Ibid., p.208.

5 | Ibid.

6 | Ibid.

7 | Ibid., p.212.

8 | "Eighth Annual Address", 7 December 1796, ibid., p.193.

9 | Ibid., p.194; Larson, *Internal Improvement*, p.49.

10 | "Eighth Annual Address", 7 December 1796, *Messages and Papers of the
Presidents*, ed. Richardson, vol. 1, p.194.

11 | Ibid.

12 | J. J. Ellis, *His Excellency George Washington* (New York: Vintage Books,
2004).

13 | "Inaugural Address", 4 March 1797, *Messages and Papers of the Presidents*, ed.
Richardson, vol. 1, p.221.

14 | "An Act to Make Further Provision for the Removal and Accommodation of the
Government of the United States", 24 April 1800, *Statutes at Large*, 2: 56; D.
McCullough, *John Adams* (New York: Simon & Schuster, 2001), p.536.

15 | R. Chernow, *Alexander Hamilton* (New York: Penguin Books, 2004), p.157.

16 | Ibid., pp.157–8, 170, 171, 257.

17 | "Manufactures", 5 December 1791, *American State Papers: Finance* 1:123–44. 그
보고서에 대한 반대되는 해석에 대해서는 J. R. Nelson, Jr, *Liberty and Property:
Political Economic and Policymaking in the New Nation, 1789–1812* (Baltimore,
MD: The Johns Hopkins University Press, 1987), pp.37–51. 특별히 p.37. p.48
참조하라. 역사가 넬슨은 해밀턴을 "의심할 것 없이 국내 제조업에 대해서 적대
감"(unquestionably hostiles to domestic manufactures)을 가지고 있었던 인물이
라는 아주 재미있는 해석을 시도하고 있다. 이어서 계속해서 말하기를 해밀턴이
제조업의 보고서에서 말하는 것은 뉴저지 지방의 제조업 발전 위원회(the
Society For Establishing Useful Manufactures in New Jersey)의 발전을 도모하기

위해서 한 목적에 불과하다고 보면서 그의 의의를 축소해서 보고 있다. 그는 당시 뉴저지에서 대규모 집단으로 이루어진 제조업 단체를 결성하려는 노력을 하고 있었다. 필자의 생각은 이렇다. 해밀턴은 장기적인 정책으로서 무엇보다도 우선한 것은 국내 제조업의 발전을 고려하였다. 특히 이 문제를 미국 독립 전쟁(The Revolutionary War) 이후 미국이 직면하고 있었던 재정적 고민이라는 단기적 문제보다도 더 심각하게 고려하고 있었다고 주장하는 것이 옳은 것이다. 필자는 또한 해밀턴이 작성한 제조업 보고서를 깊게 관찰해 볼 때, 그가 주장하려는 의견은 순수하게 국내 제조업의 육성에 대한 의도에서 출발하고 있음을 확인할 수 있다. 이후에 국내 제조업 육성을 옹호하는 사람들은 누구나 다 이러한 해밀턴의 보고서를 인용하고 있다. 여기에 부가하여, 이러한 보고서가 기대하는 가시적인 결과가 나오지 못했다고 해서 그 의도가 없었다고 무시할 수는 없다.

18 | 대부분의 역사가들이 동의하는 것은 이 제조업에 대한 보고서에서 인용한 대부분의 데이터는 제공한 사람은 바로 텐치 콕스(Tench Coxe)라고 보고 있다. 그런데 그 보고서에 나타난 명쾌하고 적극적이고 확신에 찬 서술 태도와 예리한 논리에서 볼 때, 해밀턴이 이 보고서를 최종 작성했다는 것은 확실하다.

19 | "Manufactures", 5 December 1791, *American State Papers: Finance* 1: 123, 1:133.

20 | Ibid., 1: 125, 1: 127.

21 | Ibid., 1: 134.

22 | Ibid., 1: 136.

23 | Ibid., 1: 144.

24 | Nelson, *Liberty and Property*, p.39.

25 | Ibid., p.41.

26 | Ibid., p.48.

27 | Ibid., p.60.

28 | "An Act for Laying a Duty on Goods, Wares, and Mechandises Imported into the United States", 4 July 1789, *Statutes at Large*, 1: 124.

29 | E. Stanwood, *American Tariff Controversies in the Nienteenh Century*, 2 vols (Boston, MA and New York: Houghton Mifflin Company, 1903), vol. I. pp.19-20.

30 | 연방 의회를 통한 여러 청원서에 대해서는 다음과 같다. "Manufactures", 11 April 1789, "Manufactures", 18 April 1789, "Ship-Builders", 25 May 1789, "Ship-Builders and Manufactures", 5 June 1789, *American State Papers: Finance* 1:5-11.

31 | 미국 역사에서 관세의 적용 과정에서 보이는 다양한 전문 용어 해설(glossary)에 대해서는 다음의 저서를 참조하라. J. M, Dobson, *Two Centuries of Tariffs: The Background and Emergence of the U. S. Internal Trade Commission*

(Washington D. C.: US Government Printing Office, 1976), pp.137-8. 돕슨의 저서에서 용어 정리 편(glossary)에 따르면 "*ad valorem* rate"라는 용어에 대해서는 "수입 상품 가치(가격)에 대한 관세 비율 규정의 하나로 여기에서 종가 비율(an *ad valorem* rate)이란 그 상품의 가치(가격)를 기준으로 해서 백분율로서 표현된 것이다."

32 | Stanwood, *American Tariff Controversies in the Nineteenth Century*, vol. I, pp.58-9.

33 | H. C. Adams, *Taxation in the United States 1789 – 1816* (Baltimore, MD: The Johns Hopkins University Press, 1884). p.36; 역사가 백스터는 저서 "헨리 클레이와 아메리칸 시스템"에서 1796년 관세법에서 평균 관세율은 8%라고 지적하고 있다. 8%라는 비율은 아직까지는 소위 보호 관세율이라고 부를 수 있는 높은 수준의 관세라고 할 수 없다. Baxter, in *Henry Clay and the American System*, p.18,

34 | 갤러틴(Gallatin)은 잉거솔(J. R. Ingersoll)에게 보낸 편지에서 다음과 같이 적고 있다. "그러나 미국 정부의 재정 수입을 확보하기 위한 목적으로 필요한 평균 관세율이 20에서 25퍼센트라고 한다면, 이 관세 율 하의 부수적인 보호 무역 주의 이상의 보호가 필요한 산업은 (국민들이 결코 그러한 높은 보호 관세를) 당연한 것으로 수용하지 않을 뿐만 아니라, 그것을 강압적인 것으로 이해 할 것이며, (국내 제조업을) 온실에서 재배하여 자체 경쟁력을 갖지 못하는 상품으로 이르게 할 수 있다." 라고 적고 있다. "Gallatin to Ingersoll", 25 March 1826, *The Writings of Albert Gallatin*, ed. H Adams, 3 vols (New York: Antiquarian Press Ltd., 1960, original Publication 1879), vol. 1, p.629; 아담스(H. C. Adams)는 25%의 관세는 통상 금지령(Embargo)이나 1812년 전쟁(The War of 1812)기간 동안 상당하게 성장하고 있는 국내 제조업을 육성 유지하기 위해서 필요하다고 주장하고 있다. Adams, *Taxation in the United States 1789 – 1816*, p.77. 관세를 20-25%로 유지하는 것이 합리적인 것이라는 논리는 바로 연방 정부의 재정 문제를 해결하고 유지하기 위해서는 적어도 20%의 관세율이 필요하다는 주장에서 출발하는 것이다. A Gallatin, "Memorial of the Committee of the Free Trade Convention", in F. W. Taussig, (ed), *State Papers and Speeches on the Tariff* (New York: Burt Franklin, 1895), p.117.

35 | S. Ratner, *The Tariff in American History* (New York: D. Van Norstrand Company, 1972), p.12.

36 | "An Act Further to Protect the Commerce and Seamen of the United States Against the Barbary Powers", 26 March 1804, *Studies at Large*, 2: 291-2.

37 | Adams, *Taxation in the United States 1789 – 816*, pp.37-8.

38 | "An Act for Imposing Additional Duties Upon All Goods, Wares, and Merchandise Imported from Any Foreign Port or Place, and for Other

Purposes", 1 July 1812, *Statutes at Large*, 2:768-9; 1812년의 전쟁과 연관한 미국의 선전 포고에 대해서는 "Proclamations", 19 June 1812, *Messages and Papers of the Presidents*, ed. Richardson, vol. 1, pp.497-8; Adams, *Taxation in the United States 1789-1816*, pp.37-8.

39 | D. C. North, *The Economic Growth of the United States, 1789-1860* (New York: W. W. Norton & Company Inc., 1966), p.221, Appendix 1, Table B-III.

40 | Ibid., p.229, Appendix 1, Table G-III.

41 | Ibid., p.221, Appendix 1, Table B-III.

42 | Ibid., p.249, Appendix II, Table A-III.

43 | Adams, *Taxation in the United States 1789-1816*, p.70.

44 | The Portable Thomas Jefferson, ed. M. D. Peterson (New York: The Viking Press, 1975), p.217.

45 | "First Annual Message", 8 December 1801, *Messages and Papers of the Presidents*, ed, Richardson, vol. 1, p.318.

46 | "Second Annual Message", 5 December 1802, ibid., p.346.

47 | "First Annual Message", 4 March 1809, ibid., p.468.

48 | "Encouragement to Manufactures", 4 February 1803, *American State Papers: Finance* 2:22.

49 | "Encouragement to Manufactures", 9 December 1803 ibid., 2:61. 이탤릭체는 원문에 있는 것이다.

50 | "Encouragement to Manufactures", 30 March 1802 ibid., 1:743.

51 | "Encouragement to Manufactures", 4 February 1803 ibid., 2:22.

52 | "Encouragement to Manufactures", 22 January 1803 ibid., 2:467.

53 | "Protection to Manufactures", 21 November 1808, 7 June 1809, 31 January 1811, 23 December 1811, 29 January 1812, 3 February 1812, 6 March 1812, 20 March 1812 and 6 February 1813, "Encouragement to Manufactures", 22 January 1811 and 23 March 1814, "Encouragement to the Culture of Hemp", 7 December 1811, "Revison of the Revenue Laws", 9 April 1814, Ibid., 2:306, 2:367-, 2:471, 2:511-12, 2:528, 2:553, 2:602-3: 465:7, 2:823. 2:510-11, 2:834.

54 | 제퍼슨 대통령은 1808년 11월 8일 그의 연례 시정 연설을 통하여 그가 실행하고 있는 금수법 정책(Embargo Policy)과 국내 제조업 성장과의 연관 관계에 대해서 다음과 같이 설명하고 있다. "우리 국가가 (유럽의) 호전적인 교전국 때문에 해외 상업 활동을 금지하게 된 것과 그 결과로 발생하게 된 우리 시민들의 재산상의 손실과 희생을 작금에 가장 심각하게 고려해야 할 문제가 되었다. 그러므로 우리가 이 상태까지 끌려오게 된 상황을 심각하게 고려해볼 때 무엇보다도 중요한 것은 (지금까지 외국에 의존적인 방식에서 벗어나서 자주 자립적 경제를 유지하기 위해서는) 우리의 산업과 자본의 일정 부분은 (어떤 일이 있다 할지라도)

국내 제조업을 키우고 국토 개발 계획을 이루어놓는데 할당해야 한다는 것이다. 그래서 각종 제도와 기구들이 설치되었고, 지금도 여러 기구들이 만들어지고 있다. 이것은 우리가 가지고 있는 아주 값싼 자원과 원료를 이용할 수 있는 특권의 덕택이며, 우리와 함께하고 있는 세금으로부터 벗어나서 자유롭게 노동을 할 수 있는 특혜, 외국 상품으로 오는 관세와 각종 통제 정책의 후원 속에서 가능했던 것이다. 그러므로 이제 이러한 방면에서 발전이 날로 이루어지고 있다. 더욱이 어느 누구도 이러한 주장과 접근에 대해서 의심을 하고 있지 않다는 점이다." 앨버트 갤러틴(Albert Gallatin) 또한 1810년 4월 17일 연방 하원에 제출된 "제조업에 대한 보고서(Report on Manufacture)"에서 다음과 같이 말하고 있다. "지난 2년간 미국 제조업이 엄청난 성장을 한 것은 (유럽의 전쟁에 대해) 중립적인 자세를 취한 미국의 교역이 (유럽의 교전국들에 의해) 위협받았기 때문이었다." 메디슨 대통령도 1813년 12월 7일 제5차 연례 시정 연설에서 다음과 같이 말하고 있다." 만약 그 전쟁(1812년 전쟁, The War of 1812)이 우리 상업을 중단시키고 방해했지만, 동시에 다른 한편으로는 우리의 제조업을 보존하고 더더욱 확대하는데 기여한 점도 있다. 그래서 우리가 안정적으로 타 국가에 의존할 수 없는 가장 중요한 핵심 산업에 대해서 진정으로 자주 독립을 하도록 하는 역할을 수행했다. 여기에 더하여 장차 외국 시장에서 상업 교류를 더더욱 확대할 수 있는 부가적 성장 산업과 생산품을 창출할 수 있는 범위까지도 빠르게 확대될 수 있는 여건을 만들어 주었다는 것이다. "Eighth Annual Message", 8 November 1808, *Messages and Papers of the Presidents*, ed. Richardson, vol. 1, p.443; "Manufactures", 19 April 1810, *American State Papers: Finance*, 2:430; "Fifth Annual Message", 7 December 1813, *Message and Papers of the Presidents*, vol. 1, pp.524-5.

55 | T. Coxe, *A Statement of the Arts and Manufactures of the United States, for the Year 1810* (Philadelphia, PA: A. Cornman, 1814); *Supplementary Observations* (September 1814), cited in North, *The Economic Growth of the United States*, p.56.

56 | V. S. Clark, *History of Manufactures in the United States*, 3 vols (New York: McGraw Hill, 1929), vol. 1, pp.266-7.

57 | "To George Washington", 10, May 1789, *The Papers of Thomas Jefferson*, ed. Boyd and Lester, vol.15, pp.117.

58 | I. Brant, *James Madison: The Nationalist 1780-1787* (Indianapolis, IN: Bobbs-Merrill Company, 1948), pp.365-8.

59 | R. Walters, Jr, *Albert Gallatin: Jeffersonian Financier and Diplomatic* (Pittsburgh, PA: University Press, 1969, original publication 1957), pp.1-86.

60 | 갤러틴의 비망록(Gallatin's memorandum)은 다음의 저서에서 재인용하였다. H. Adams, *The Life of Albert Gallatin* (Philadelphia, PA: J. B. Lippincott & Co.,

미
주

1879), p.85.

61 | "First Inaugural Address", 4 March 1801, *Messages and Papers of the Presidents*, ed. Richardson, vol. 1., pp.309-12.

62 | Dewey, *Financial History of the of the United States*, p.113.

63 | "An Act to Enable the People of the Eastern Division of the Territory Northwest of the River Ohio to Form a Constitution and State Government, and for the Admission of Such State into the Union, on an Equal Footing with the Original States, and for Other Purposes", 30 April 1802, *Statutes at Large* 2: 173-5.

64 | "Gallatin to William B. Giles", 13 February 1802, *The Writings of Albert Gallatin*, ed, Adams, vol. 1, pp.76-9.

65 | Ibid., p.77.

66 | *Annals of Congress*, 7th Cong., 1st sess. (30 March 1802), p.1100.

67 | "Gallatin to Jefferson", 8 November 1809, *The Writings of Albert Gallatin*, ed. Adams, ed. Adams, vol. 1, pp.76-9.

68 | "Second Inaugural Address", 4 March 1805, *Messages and Papers of the Presidents*, ed. Richardson, vol. 1, p.367.

69 | "Roads and Canals", 6 April 1808, American State Papers: *Miscellaneous* 1:724-921.

70 | Ibid., 1:724-5.

71 | Ibid., 1:725.

72 | 갤러틴(Gallatin)의 제안들은 궁극적으로는 그의 장문의 연설의 핵심인데 그것은 Ibid., 1:740에서 확인 할 수 있다.

73 | Ibid.

74 | "Cumberland Road", 16 February 1809, *American State Papers: Miscellaneous* 1: 974.

75 | "Roads and Canals", 6 April 1808, ibid., 1:741.

76 | Ibid.

77 | "Second Inaugural Address", 4 March 1805, *Messages and Papers of the Presidents*, ed. Richardson, vol. 1, p.367.

78 | "First Inaugural Address", 4 mRch 1809, Ibid., p.453. 이탤릭체는 이 책의 필자의 강조이다. 여기에서 또 참고해야 할 자료는 메디슨의 "Seventh Annual Message", 5 December 1815, Ibid., pp.552-3.

79 | "Opinion on the Constitutionality of the Bill for Establishing a National Bank", 15 February 1791, *The Papers of Thomas Jefferson*, ed. Boyd and Lester, vol. 19, p.276.

80 | Ibid., p.279. 이탤릭체는 제퍼슨이 강조한 것이다.

81 | "Debate on the Motion of Mr. Smith, of South Carolina, to Recommit the Bill",

2 February 1791, *Legislative and Documentary History of the Bank of the United States*, p.43.

82 | "An Act Supplementary to the Act Instituted 'An Act to Incorporate the Subscribers to the Bank of the United States'", 23 March 1804, *Statues at Large* 2: 274.

83 | The relevant proceedings of the Legislation are in Annals of Congress, 8th Cong. 1st sess. (29 November 1803, 16, 17, and 19 March 1804), pp.118−19, 278, 280, 282: 여기에 더하여 다음 자료를 참조하기 바란다. J. O. Wettereau, "The Branches of the First Bank of the United States", *Journal of Economic History*, 2, supp. *The Tasks of Economic History* (December 1942), pp.66−100, pp.85−7.

84 | "To the Secretary of the Treasury (Albert Gallatine)", 13 December 1803, *The Writings of Thomas Jefferson*, ed. P. L. Ford, 10 vols (New York: G. P. Putnam's Sons, 1892−1899), vol. 8, pp.284−5.

85 | "An Act to Punish Frauds Committed on the Bank of the United States", 24 February 1807, *Statues at Large* 2: 423−4.

86 | "Bank of the United States", 3 March 1809, *American State Papers: Finance* 2: 352. 이탤릭체는 갤러틴이 한 것임.

87 | "Bank of the United States", 5 February 1811, ibid., 2:481.

88 | 상원 의원의 연설문은 다음의 자료에서 볼 수 있다. On the Bill to Renew the Chapter of 1791; 14 February 1811, *Legislative and Documentary History of the Bank of the United States*, pp.329−52, especially 335 and 347.

89 | "Galatin to N. Biddle", 14 August 1830, *The Writings of Albert Gallatin*, ed. Adams, vol. 2, p.435.

90 | "On the Bill to Renew the Charter of 1791", 14 February 1811, Legislative and Documentary History of the Bank of the United States, p.351. 동일한 논리에서 은행의 문제점을 지적하는 여러 연설문에 대해서는 켄터키 하원 의원 데샤(J. Desha)와 메릴랜드 하원 의원 라이트(R. Wright)의 경우를 참조하라. ibid., 12 February 1811, pp.181−6, 183, and pp.197−204, 202.

91 | "Report of the Secretary of the Treasury on the Subjects of a National Bank, Made to the Senate", 2 March 1809, ibid., p.116.

92 | J. D. Hammond, *History of Political Parties in the State of New York*, 3 vols (Albany, NY:C. Van Benthuysen, 1842−48) vol. 1, p.578 Hammond, *Banks and Politics in America*, pp.224−5.

93 | "On the Bill to Renew the Chapter of 1791", 22 January 1811, *Legislative and Documentary History of the Bank of the United States*, p.226.

94 | Ibid., 21 January 1811, p.196.

350

95 | Hammond, *Banks and Politics in America*, p.145.

96 | J. T. Holdsworth and D. R. Dewey, *The First and Second Banks of the United States* (Washington D. C.: Government Printing Office, 1910), pp.42–51; Catterall, *The Second Bank of the United States*, pp.435–8.

97 | "In the General Assembly of the Commonwealth of Pennsylvania", 11 January 1811, 이 문건은 펜실바니아 주 상원 의원 리브(Senator M. Leib of Pennsylvania)의 연설문 "On the Bill to Renew the Chapter of 1791", 12 February 1811, *Legislative and Documentary History of the Bank of the United States*, pp.315–17.

98 | Ibid.

99 | "On the Bill to Renew the Chapter of 1791", 11 February 1811, Ibid., p.130.

100 | R. Sylla, J. B. Legler and J. J. Wallis, "Banks and State Public Finance in the New Republic: The United States, 1790–1860", *The Journal of Economic History*, 47: 2 (June 1987), p.393.

101 | Ibid., p.396.

102 | H. Bodenhorn, *State Banking in the Early America* (New York: Oxford University Press, 2003), p.222.

103 | Sylla, Legler and Wallis, "Banks and State Public Finance in the New Republic: The United States, 1790–1860", p.398.

104 | Ibid., p.399.

105 | Remini, *Henry Clay*, pp.39, 52.

106 | "On the Bill to Renew the Chapter of 1791", 15 February 1811, *Legislative and Documentary History of the Bank of the United States*, p.354.

107 | 갤러틴(Gallatin)은 다음과 같이 기록하고 있다. "나는 1810년 연방 은행의 재 인가에 대해서 찬성하지 말았어야 했다는 말을 하는 사람들의 이야기를 많이 들었다. 그러한 사람들에게서는 모든 연방 정부의 재정적인 운영상 미국 연방 은행은 '유용한'(*utility*) 것이라고 말하는 것은 충분한 설명이 되지 못하고 있다. …그러므로 (그들을 설득하기 위해서 필요한 것은 무엇보다도) 연방 헌법의 몇몇 조항을 수행하기 위해서는 그 기구가 '필요한'(*necessity*) 것이라는 증명해야 할 것이다." "Gallatin to R. Walsh, Jr", 2 August 1830, *The Writings of Albert Gallatin*, ed. Adams, vol. 2 pp.430–1.

108 | "On the Bill to Renew the Chapter of 1791", 15 February 1811, *Legislative and Documentary History of the Bank of the United States*, p.357.

109 | Ibid., 30 January 1811, p.301. 이 문제와 연관해서, 갤러틴은 나중에 아주 주목할 만하고 흥미로운 발언을 남겨놓았다. 존 보트(John. M, Botts)에게 보낸 편지에서 갤러틴은 다음과 같이 말하였다. "연방 정부의 재정적인 기구로서 그 성격을 제외하고는 몇몇 인물들이 그 연방 은행에 대해서 옹호하는 것과는 달리 본

인은 그렇게 큰 의미를 두지는 않고 있다." "Gallatin to John M. Botts, M.C.", 14 June 1841, *The Writings of Albert Gallatin*, ed. Adams, vol. 2, p.552.

110 | "On the Bill to Renew the Chapter of 1791", 2 March 1811, *Legislative and Documentary History of the Bank of the United States*, p.448.

111 | Senate Journal, 11th Cong. 3rd sess. (20 February 1811), p.587; *House Journal*, 11th Cong. 3rd sess. (24 January 1811), pp.500−1.

112 | *Legislative and Documentary History of the Bank of the United States*, 20 February 1811, p.446.

113 | 은행업과 통화 문제와 연관해서 구체적으로 지불 중지의 원인과 그 결과들에 대해서는 아주 명쾌하고도 광범위한 분석을 한 다음 자료를 참조하라. Gallatin, "Considerations on the Currency and Banking System of the United States", 1 January 1831, *The Writings of Albert Gallatin*, ed. Adams, vol. 3, pp.282−90.

114 | 1812년의 전쟁 기간 동안 경화 지불 거부를 야기하게 된 이유가 무엇인지에 대해 다른 입장은 다음 자료를 참조하라. R. H. Timberlake, *Monetary Policy in the United States: An intellectual and Institutional History* (Chicago, IL: The University of Chicago Press, 1993, original publication 1978), pp.13−20.

115 | 표 목차 1−4를 참조하라.

116 | Gallatin, "Considerations on the Currency and Banking System of the United States", pp.288, 291.

117 | Ibid., p.363, Statement V.

118 | "State of the Finances", 8 December 1815, *American State Papers: Finance* 3:7, 3:9−10.

119 | Ibid., 3:4.

120 | 연방 정부의 토지 정책과 토지 문제에 대한 역사가들의 논의에 대해서는 다음 자료를 참조하라. J. C. Ballagh, "Southern Economic History: Tariff and Public Lands", *Annual Report of the American Association of the Year 1898* (Washington D. C.: n. p., 1899), p.238; P. J. Treat, *The National Land System, 1785−1820* (New York: E. B. Treat, 1910), p.389; R. G. Wellington, *The Political and Sectional Influence of the Public Lands* (Cambridge, MA: Riverside Press, 1914), pp.2−3; B. H. Hibbard, *A Histoy of the Public Land Policies* (Madison, WI: University of Wisconsin Press, 1965), pp.553−4.

121 | "Plan for Disposing of the Public Lands", 22 July 1790, *American State Papers: Public Lands* 1:4.

122 | "On Distributing the proceeds of the Sales of the Several States", 16 April 1832, ibid., 6: 441−51.

123 | "An Act Making Provision for the [Payment of the] Debt of the United States", 4 August 1790, *Statutes at Large*, 1: 144. 법안 제목에 쳐있는 꺽쇠 괄호([],

square brackets)는 원문에 있는 그대로 이다.

124 | "An Act Providing for the Sale of the Lands of the United States in the Territory Northwest of the river Ohio, and Above the Mouth of Kentucky River", 18 May 1796, Ibid., 1: 464-9. 1795년 3월 4일부터 1797년 3월까지 계속된 제4차 연방 의회(The 4th Congress) 당시 정당 분포도를 보면 연방파(The Federalist Party)이 54명이었고 민주 공화파(The Democratic-Republican Party)는 52명으로 구성되어 있었다. M. A. Booker (ed.) *Members of Congress Since 1789*, 3rd edn (Washington: Congressional Quarterly, 1985), p.183. 1796년을 전후하여 연방 의회에서 갤러틴의 지도력과 정치적 수완에 대해서는 다음 자료를 참조하라. Adams, *Life of Albert Gallatin*, pp.154-67.

125 | *Annals of Congress*, 4th Cong. 1st sess. (17 February 1796), p.339.

126 | Ibid., pp.339-40.

127 | Ibid., p.340; Ibid., (18 February 1796), pp.348-9.

128 | Dewey, *Financial History of the United States*, p.113.

129 | 이 통계수치는 표 목차 1-5를 기준으로 해서 계산된 것이다.

130 | 이 수치는 1843년 4월 24일 재무 장관(The Secretary of Treasury)이 연방 상원에 제출한 보고서에서 제시한 수치와 비교하면 적은 것이다. 그는 그 보고서에서 토지국(The Land Offices)의 설치(1800) 이전 전체 토지 판매 금액은 1,050,085.43달러에 이른다고 기록하고 있다. 갤러틴은 약간 높은 수치를 제시했다. 1810년 갤러틴은 그의 긴 제목의 글(Introduction to the collections of Laws, Treaties, and Other Documents Having Operation and Respect to the Public Lands)에서 다음과 같이 쓰고 있다. "1800년 5월 10일 토지 법안 이전에는 고작 121,540에이커가 팔렸다. 즉 구체적으로 보면, 1787년에 뉴욕에서 72,974에이커의 공유지가 판매되었고 그 대금은 87,325달러였다. 대금은 연방 정부의 채권으로 지불되었다. 마찬가지로 1796년 한해에 피츠버거(Pittsburgh)에서는 43,446에이커가 판매 되었고 그 대금 총액은 100,427달러에 이르는 금액이었다. 이어서 같은 해에 필라델피아에서는 에이커 당 2달러로 5,120에이커가 판매되었다." 갤러틴이 계산한 토지 판매 대금은 총 197,992달러이다. 토지 판매 대금에서 이러한 차이가 보이는 것은 우선 예산 회계 연도 기간이 뒤죽박죽 하였을 뿐만 아니라 통계와 그 보고에서도 부정확하였기 때문이다. 그래서 여기에 제시된 세 경우의 지표가 갤러틴이 원래 기대했던 수치와는 상당한 차이를 보여주고 있는 것이다. "Public Debt", 24 February 1815, *American State Papers: Finance* 2: 919; *Senate Document*, No246, 27th Cong., 3rd sess. p.6; "Introduction to the Collection of Laws, Treaties, and Other Documents Having Operation and Respect to the Public Lands", 1810, *The Writings of Albert Gallatin*, ed. Adams, vol. 3, pp.221-2.

131 | "Petition to Congress By Citizens of the Territory", 1799, *The Territorial Papers*

of the United States, ed. C. E. Carter, 28 vols (Washington: Government Printing Office, 1934), pp.52-3, 다음에 제시하는 사료도 참고가 될 만하다. "Application for Lands at Reduced Price", 16 January 1789, "Applications for Land at Reduced Prices", 19 may 1798, *American State Papers: Public Lands* 1:71, 1:73에서는 공유지 토지 가격을 "상당히 줄여서" 판매하면서 당시의 토지에 대한 총 수요 차원에서 문제를 해결해야 한다고 주장하고 있다.

132 | "An Act to Amend the Act Intituled 'An Act Providing for the Sale of the Lands of the United States, in the Territory Northwest of the Ohio, and Above the Mouth of Kentucky River'", 10 May 1800, *Statutes at Large* 2: 73-8.

133 | 모든 토지가 320에이커로 판매된 것은 아니다. 머스킹검 강(Muskinggum River) 서부에 있는 토지는 320에이커의 절반의 섹션(half sections of 320 acres)으로 판매되었다. 반면 머스킹검 강 동부에 있는 지역의 토지는 640에이커의 한 섹션을 기준으로 판매되었다.

134 | 토지 법 제정에서 토지 구획 항목에 대한 논쟁을 시작한 것은 연방파(Federalist) 에 속하는 코네티컷(Connecticut)의 그리스월드(R. Griswold)에 의해서 시작되었다. 그는 하프 섹션(한 섹션의 반에 해당하는 320에이커)으로 토지를 판매하는 문제의 조항을 제거하였다. 그리스월드의 주장은 같은 주 출신 연방파 에드먼드(W. Edmond)에 의해서 적극적으로 지지를 받았다. 반면 갤러틴, 해리슨, 버지니아 주 출신의 민주 공화파(Democrat)인 니컬러스(J. Nicholas), 연방파인 사우스캐롤라이나 주의 하퍼(R. G. Harper), 뉴햄프셔 출신의 고든(W. Gordon) 은 그 조항에 찬성하였다. 이 문제는 결국 연방 상원에서 조정을 거쳐 수정안으로 정리되게 된다. 그 수정안에 따르면, 머스킹검 강(Muskinggum River) 동안에 있는 토지에 대해서는 320에이커의 섹션으로 구획하여 판매하는 것이 아니라, 640에이커 섹션으로 판매를 한다는 것이다. 해리슨은 그의 선거 지역 구민들에게 다음과 같이 말하였다. "어떠한 중요한 세부 항목의 변경 없이 그 법안은 연방 하원에서 채택되었다. 그러나 연방 상원에서 수정안이 발의되어, …(하원에서 채택된 법안의 규정 대신에) 이제 두 가지 방식으로 토지 판매 구획 항목을 정리하게 된다. 우선 그 하나는 320에이커의 섹션으로 구획해서 판매하게 되고, 다른 하나는 640에이커를 한 섹션으로 구획하여 판매하는 것으로 조정되었다." *Annals of Congress*, 6th Cong. 1st sess. (31 March 1800 and 22 April 1800), pp.651, 165; "Harrison to His Constitutions", 14 May 1800, *Messages and Letters of William Henry Harrison*, ed. Esarey, 2 vols (Indianapolis, IN: Indiana Historical Commission, 1922), vol. 1, p.13.

135 | *Annals of Congress*, 6th Cong., 1st sess. (1 April 1800), p.652.

136 | 남북 전쟁 전에 토지 판매에 대한 통계 수치를 이용할 때 조심해서 다루어야 할 것이다. 우선 몇몇 경우에서는 그 기준을 회계 연도(fiscal years)를 기준으로 통계 수치를 설정하였다. 반면 어떤 경우들은 일반 달력(calendar years)에 기초하

여 수치를 뽑은 것이었다. 여기에 더하여 미국의 초기 역사에서는 회계 연도 기준도 그때 그때 마다 달랐다. 이러한 이유에서 여기서 제시된 통계 수치와 게이츠(P. Gates)가 "공공 토지 법안 발전사"(*History of Public Land Law Development*, Washington DC, 1968), p.132.에서 작성한 통계는 *American State Papers: Finance*, 2 에 있는 미국 재무 장관 보고서(The reports of the secretary of the Treasury)를 기준으로 수치를 작성하였다. 현재로서는 이 두 통계 수치 중에서 어떤 것이 더 정확한지에 대한 판단은 어렵다. 미국 역사가들의 공유지 판매 수치에 대한 통계의 신빙성에 대한 논의에 대해서는 S. W. Schoene, "The Economics of U. S. Public Land Policy Prior to 1860", (Unpublished PhD Dissertation, The University of North Carolina, 1981), p.62. 션너(Shoene)는 지금까지 역사가들이 사용하고 있는 자료들에 대해서 회의적인 태도를 취한다. 그는 이러한 통계의 허실을 바로 잡기 위해서 콜(Arthur N. Cole)에 의해서 채집 정리된 원 사료들을 사용하여 이 분야에서 자신만의 독특한 통계 수치를 만들어 낼 수 있었다. 특히 그가 이 문제를 어떻게 보고 그 문제점을 지적하고 있는지, 또는 스스로 새롭게 작성한 통계 수치에 대해 확인하기 위해서는 박사 학위 논문의 제3장을 참조할 필요가 있다. 이 책의 필자는 션너의 통계 수치를 사용하지 않았다. 그 이유는 션너는 통계를 시작을 1806년부터 출발하고 있다. 그러므로 문제시되는 것은 1806년 이전에 대해서 알 수 없다는 점이다. 그런데 바로 이 생략된 기간이 바로 가장 중요한 시기라고 할 수 있다. 특히 이 장의 토지 정책을 확인하고 정리하는데 있어서 이 기간의 중요성에 대해서는 설명할 필요가 없을 정도로 의미를 갖는 기간이라고 할 수 있다. 여기에 하나 더 고려해야 할 점이 있다. 션너가 인정하였듯이 연구의 목적이 정확한 통계 수치를 내는 것이 아니라 대강의 추세를 알아보는 것이라면, 다른 이들이 계산한 통계 자료를 이용하더라도, 결론에서 많은 차이가 나지는 않는다.

137 | 해리슨(Harrison)은 다음과 같이 쓰고 있다. "비록 토지 최소 가격은 에이커 당 2달러로 고정되어 있었지만 지불 절차와 시간에서 상당한 여유를 주어 근면한 사람들이 열심히 저축하여 그것을 해결할 수 있도록 하였다." 그러나 갤러틴(Gallatin)은 이 문제를 다르게 보고 있다. 1804년 연방 하원의 한 위원회 질문에 답변하는 과정에서 그는 다음과 같이 쓰고 있다. "현재로서 새로운 지역에 정착하여 최초 4년 내에 그 토지에서 생산된 농작물을 가지고 빚을 제대로 갚는 것은 거의 불가능하다." "Harrison to His Constituents", 14 May 1800, *Messages and Letters of William Henry Harrison*, ed. Esarey, vol. 1, p.13; "Alteration of the Laws for the Sale of Public Lands", 23 January 1804, *American State Papers: Public Lands*, 1: 168.

138 | *Annals of Congress*, 13th Cong., 3rd sess. (21 September 1814), p.15.

139 | Feller, *The Public Lands in Jacksonian Politics*, p.30; W. N. Chambers, *Old Bullion Benton: Senator from the New West* (Boston, MA: Little, Brown, 1956),

pp.64-5, 77.

140 | "Petition to Congress By Citizens of the territory", 20 February 1801, *The Territorial Papers*, ed. Carter. vol. 3, pp.122-3.

141 | *Annals of Congress*, 8th Cong. 1st sess. (22 November 1803), pp.615-16.

142 | 문제의 그 하원 위원회에 대해서 그리고 여기서 갤러틴의 답변에 대해서 알고자 하면 다음 자료를 참고하시오, "Alterations of the Laws for the Sale of Public Lands", 23 January 1804, *American State Papers: public Lands* 1: 166-9.

143 | Ibid., 1: 167.

144 | Ibid.

145 | Ibid.

146 | 갤러틴은 일관적으로 서부 거주인에게 우선권을 주는 선취득권(The grant of pre-emption rights)에 대해서 반대 입장을 취해왔다. 이러한 권한이 주어지게 되면 결국 토지 판매를 통해서 얻는 수입은 감소하게 될 것이라고 보았다. 그는 또한 다른 측면에서도 이 문제를 고려하였다. 바로 이러한 문제가 발생하게 될 도덕적인 타락을 고려하고 있었던 것이다. 그는 1801년 7월 16일 칠리코스(Chilicothe)의 토지 등기국(The Register of the Land Office)에 근무하고 있는 토마스 워딩턴(Thomas Worthington)에게 보낸 서한에서 다음과 같이 말하고 있다. "토지는 미합중국 재산이다. 그런데 토지를 구입하지 않고, 또는 하등 구입 의사도 없는 사람들이(intruders) 그 땅에 대해서 그들 만큼의 진정한 권한을 가지고 있는 미합중국 일반 국민들의 권한을 실질적으로 강탈하는 것은 것과 같은 것이다." 다른 말로 하면 갤러틴은 공유지 무단 점령자(The squatters)를 미합중국 국민의 공공 재산을 약탈하는 도적 떼에 불과하다고 보았다.

147 | 갤러틴은 결코 이러한 입장을 바꾼 적이 없다. 그의 입장의 완고함을 이해하기 위해서는 다음 자료를 참고하기 바란다. "Gallatin to John W. Eppes, Chairman of Ways and Means", 26 February 1810, *The Writings of Albert Gallatin*, ed. Adams, vol. 1, pp.470-1.

148 | "Alterations of the Laws for the Sales of Public Lands", 23 January 1804, *American State Papers: Public Lands*, 1: 166-7.

149 | "Application of Purchasers of Public Lands for an Extension of Credit", 22 March 1806, *American State Papers: Public Lands* 1: 263.

150 | 1818년 말에 오면, 연방 하원은 서부 지역에서 공유지 가격을 "증가하는 것"이 효과적인 정책인가를 확인하기 위한 조사를 수행할 위원회를 구성할 것을 요청하게 된다. 그래서 켄터키 주 출신의 로버트선(G. Robertson)을 위원장으로 하는 위원회가 설치되었다. 그런데 그 위원회에서는 토지 가격 증가안은 그렇게 좋은 의견이 아니라고 반대하였다. 위원장은 다음과 같이 말하였다. "위원회는 미합중국이 지금까지 볼 때 공유지 가격을 증가할 수 있었다기 보다는 가격을 줄이도록 강요 되어 왔고, 또는 공유지 판매를 통하여 발생하는 막대한 수입을

추구하여 왔던 저 황금의 꿈을 이제 버려야한다는 요구를 직면하고 있음을 염려한다." 간단히 말하면, 지금까지 너무나 오랜 시간 동안 연방 의회는 토지 판매를 통해서 얻은 "그 엄청난 수입"을 얻었던 "황금의 꿈(golden dreams)"에 취해 있었음을 지적하고 있다. 그렇다면 왜 연방 의회에서 토지 가격을 올리려는 제안을 이때 하게 되었는가? 토지 가격을 올리자는 주장은 1817년 12월 2일 제임스 먼로 대통령(President James Monroe)의 연례 시정 연설에서 나왔다. 그리고 이러한 요청을 연방 의회에서는 수용해서 고려하기 시작하였다. 바로 "공공의 안전을 위하여 공유지 판매에 대한 지금보다 더 발전적인 법령이 준비되어야 할 것이다." 라는 구절이다. 이후에 오는 문장에서, 먼로는 프런티어 지역에서의 정착을 돕는 것과 함께 토지 가격의 증가를 요구하고 "각각의 개인보다는 국가 차원에서의 이익을 도모하기 위해" 토지 경쟁 매매를 통한 이익의 (창출)이 필요하다고 촉구하였다. (이와 같은 상황을 고려해 보아도) 먼로 대통령이 토지 가격의 증가를 만들 수 있는 방안을 의회에 요청한 것은 아주 분명한 사실이라고 할 수 있을 것이다. "Proposition to Increase the Price of Public Lands", 5 January 1818, *American State Papers: Public Lands* 3: 264; "First Annual Message", 2 December 1817, *Messages and Papers of the Presidents,* ed. Richardson, vol. 1, p.586.

151 | *Massachusetts Senate Documents,* No, 4, p.13, cited in Hibbard, *A History of the Public, Land Policies*, p.78.

152 | "Relief to Purchasers, Reduction of the Price, and repeal of the Credit System, in the Sale of Public Lands", 19 January 1809, *American State Papers: Public Lands* 1: 826.

153 | "Second Inaugural Address", 4 March 1805, *Messages and Papers of the Presidents*, ed. Richardson, vol. 1, p.367.

154 | "Sixth Annual Message", 2 December 1806, ibid., p.397.

155 | Ibid.

156 | Ibid., p.398.

157 | M. D. Peterson, *Thomas Jefferson and the New Nation* (New York: Oxford University Press, 1970), pp.858-9.

158 | "Second Annual Message", 5 December1810, *Messages and Papers of the Presidents*, ed. Richardson, vol. 1, p.470.

159 | Peterson, *Thomas Jefferson and the New Nation*, p.859.

160 | "Seventh Annual Message", 5 December 1815, *Messages and Papers of the Presidents*, ed. Richardson, vol. 1, p.553.

161 | "Eighth Annual Message", 3 December 1816, ibid., p.561.

제2장: 아메리칸 시스템의 성장과 시련 (1815-24)

1 | "Gallatin to Matthew Lyon", 7 May 1816, *The Writings of Albert Gallatin*, ed. Adams, vol. 1, p.700.

2 | "Seventh Annual Message", 5 December 1815, *Messages and Papers of the Presidents,* ed. Richardson, vol. I, p.553.

3 | Ibid., pp.550-2.

4 | Ibid., p.553.

5 | Howe, *What Hath God Wrought*, p.80.

6 | "Seventh Annual Message", 5 December 1815, *Messages and Papers of the Presidents*, ed. Richardson, vol. 1, p.553.

7 | Taussing (ed.), *State Papers and Speeches on the Tariff*, p.12.

8 | North, *The Economic Growth of the United States*, Tables E-III on p.228 and C-VIII on p.234.

9 | "Protection to Manufactures", 22 December 1815, *American State Papers: Finance*, 3: 54.

10 | 제안된 관세 법안의 명칭은 "수입품에 대한 관세(Tariff of Duties on Imports)"이다. 13 February 1816, *American State Papers: Finance* 3: pp.85-99.

11 | "State of the Finances", 8 December 1815, *American State Papers: Finance* 3: 15-16. 당시 미국 부채는 1816년 1월 1일을 기준으로 1억 2천만 달러에 이르게 된다. A Gallatin, "Memorial of the Committee of the Free Trade Convention, 1831", in Taussig (ed.), *State Papers and Speeches on the Tariff*, p.110.

12 | "State of the Finances", 8 December 1815, *American State Papers: Finance* 3:15.

13 | Ibid.

14 | *Annals of Congress*, 14th Cong., 1st sess. (20 March 1816), p.1234.

15 | Ibid., p.1240.

16 | Adams, *Taxation in the United States, 1789-1816*, p.19.

17 | 칼훈의 연설문은 다음을 참조하라. *Annals of Congress*, 14th Cong. 1st sess. (4 April 1816), pp.1329-36. 인용 페이지는 p.1330이다.

18 | Ibid., p.1331.

19 | Ibid., p.1335.

20 | 웹스터(D. Webster)는 브래들리(S. A. Bradley)에게 다음과 같이 쓰고 있다. "이제 제조업의 이익은 *강력한 정치적 응집 세력*(*a strong distinct political party*-원문 이탤릭 체)으로 성장하게 되었다." "To Samuel Ayer Bradley", 21 April 1816, *The Papers of Daniel Webster: Correspondence 1798-1824*, ed. C. M. Wiltse, 6 vols (Hanover, NH: University Press of New England, 1974), vol. 1, p.197.

21 | N. W. Preyer, "Southern Support of the Tariff of 1816-A Reappraisal", *Journal of Southern History* 25:3 (August 1959), pp.306-22.

22 | North, *Economic Growth of the United States*, p.221의 표 B-III와 p.233의 표 A-VIII를 참조 하라.

23 | "To Benjamin Austin", 9 January 1816, *The Writings of Thomas Jefferson*, ed. Fond, vol. 10, p.10.

24 | Ibid.

25 | 갤러틴(Gallatin)은 다음과 같이 말하였다. "[제2] 연방 은행의 설치는 재무부의 권고에 의한 것이다. 그리고 이 기구는 연방 의회에서 법인체로 설립되었다. 분명하고도 확고한 목적은 개별 주에서 운영하는 지폐 체계와 더불어서 같은 주 안에서도 다양하게 사용되는 통화 제도 때문에 발생 할 수 있는 화폐 가치의 하락의 비율(The difference in the rate of depreciation)의 차별 때문에 발생하는 심각한 문제들의 제거를 목적으로 하는 것이다. Considerations on the Currency and Banking System of the United States", p.263.

26 | "An Act to Incorporate the Subscribers to the Bank of the United States", 10 April 1816, *Statutes at Large* 3: pp.266-77.

27 | "Seventh Annual Message", 5 December 1815, *Messages and Papers of the Presidents*, ed. Richardson, vol. 1, pp.550-1.

28 | "The State of the Finances", 8 December 1815, *American State Papers: Finance* 3: 19.

29 | Ibid.

30 | J. T. Holdsworth and Dewey, *The First and Second Banks of the United states*, pp.42, 51; Catterall, *The Second Bank of the United States*, pp.435-8.

31 | "National Bank", 8 January 1816, *American State Papers: Finance* 3: pp.57-61.

32 | "On the Grant of the Chapter of 1816: A Bill to Incorporate the Subscribers to the Bank of the United states", 8 January 1816, *Legislative and Documentary History of the Bank of the United States*, pp.621-30.

33 | "On the Grant of the Charter of 1816", 26 February 1816, *Legislative and Documentary History of the Bank of the United States*, p.631.

34 | Ibid., pp.632-633.

35 | Ibid., 9 March 1816, p.670.

36 | Ibid., 27 February 1816, p.670.

37 | 예를 들어 상원의원 바뷰어(J. Barbour)의 연설문을 참조할 필요가 있다. Ibid., 2 March 1816, p.687.

38 | *Annals of Congress*, 14th Cong., 2nd sess. (16 December 1816), p.787, p.792.

39 | Ibid., (31 January 1816), pp.832-3.

40 | Ibid., p.836.

359

41 | *Annals of Congress*, 14th Cong., 2nd sess. (16 December 1816), p.296.

42 | Ibid., (23 December 1816), p.361.

43 | Ibid., (11 January 1817), p.466.

44 | Ibid., (4 February 1817), pp.851-4.

45 | Ibid., p.855. 또한 문제의 그 법안을 옹호하기 위해서 클레이가 한 뛰어난 연설을 참조할 필요가 있다. Ibid., (14 February 1817), pp.866-8: 여기에 뉴욕 출신의 골드 (T. R. Gold)의 연설문도 참조하라. (16 February 1817), pp.878-80; 펜실바니아의 윌슨(T. Wilson)의 연설문에 대해서는 Ibid., (6 February 1817), pp.899- 910.

46 | Ibid., (16 February 1817), pp.893-4.

47 | Ibid., pp.894-895.

48 | 문제의 법안이 연방 헌법의 규정에 위배된다는 측면에서 이 법안에 비판적인 입장을 취한 인물들은 코넷티컷 주의 상원 의원 데저트(D. Daggert), 매사추세츠 주의 에쉬문(E. P. Ashmun), 노스캐롤라이나 주의 메이콘(N. Macon)이다. Ibid., (26 February 1817), pp.164-77, pp.179-80, pp.177-9.

49 | "Veto Message", 3 March 1817, *Messages and Papers of the Presidents*, ed. Richardson, vol. I. pp.569-70.

50 | 여기서 주목해서 볼 측면은 역사가 헤만 에임즈(Herman V. Ames)의 주장이다. 그는 아메리칸 시스템에 대한 공격에 있어 보호 관세가 국토 개발 계획 문제보다 공격의 핵심적인 문제가 된 것은 1827년이후라고 지적하고 있다. Ames (ed.), *State Documents on the Federal Relations*, p.133.

51 | *Annals of Congress*, 15th Cong., 1st sess. (30 March 1818 and 14 April 1818), pp.1649-50, 1678-9; "Roads and Canals", 7 January 1819, *American State Papers: Miscellaneous* 2: 533-7.

52 | "Roads and Canals", 7 January 1819, *American State Papers: Miscellaneous* 2: pp.534-6.

53 | Ibid.

54 | Ibid., p.536, 이탤릭체는 칼훈 자신의 것이다.

55 | Ibid.

56 | "Roads and Canals", 6 April 1808, ibid., 1: 741.

57 | J. S. Young, *A Political and Constitutional History of the Cumberland Road* (chicago, IL: University of Chicago Press, 1904), p.64.

58 | Dewey, *Fianncial History of the United States*, p.170.

59 | Ibid., ; Howe, *What Hath God Wrought*, p.149; Sellers, *The Market Revolution*, pp.126-7.

60 | Howe, *What Hath God Wrought*, p.149.

61 | W. W. Freehling *The Road to Disunion: Secessionists at Bay, 1776-1854* (New

York: Oxford University Press, 1990), pp.153−4; R. P. Forbes, *The Missouri Compromise and Its Aftermath: Slavery and the Meaning of America* (Chapel Hill, NC: The University of North Carolina Press, 2007), pp.45−6.

62 | Howe, *What Hath God Wrought*, p.152, p.154.

63 | Ibid., p.150; *House Journal*, 15th Cong., 2nd sess. (16 February 1819), p.273; *Senate Journal*, 15th Cong., 2nd sess. (27 February 1819), p.322.

64 | Howe, *What Hath God Wrought*, p.156.

65 | R. H. Brown, "The Missouri Crisis, Slavery, and the Politics of Jacksonianism" *The* Southeast *Quarterly*, 65:1 (Winter 1966), p.61.

66 | "Jefferson to Gallatin", 26 December 1820, *The Writings of Albert Gallatin*, ed. Adams, vol. 2, pp.176−7.

67 | Sellers, The Market Revolution, pp.138, 162−3; c. Sellers, "Banking and Politics in Jackson's Tennessee, 1817−1827", The Mississippi Valley Historical Review, 41: 1 (June, 1954), p.732, p.734.

68 | "Mr. Trimble's Resolution", 19 January 1819 and "Mr. Johnson's Resolution for a Repeal of the Charter", 9 February 1819, *Legislative and Documentary History of the Bank of the United States*, p.732, p.734.

69 | Ibid., p.734.

70 | "An Act Providing for the Division of Certain Quarter Sections, in Future Sales of the Public Lands", 22 February 1817, Statutes at Large, 3: 346. 이 법안에서만 오직 이러한 특이한 규정을 정하고 있다.

71 | "An Act Making Further Provision for the Sale of Public Lands", 24 April 1820, *ibid.*, 3: 566.

72 | "Public Lands", *Niles Weekly Register*, vol. 17 (5 February 1820), p.386.

73 | Treat, *The National Land System*, p.129, p.143, p.161.

74 | "Alterations of the Laws for the Sale of Public Lands", 23 January 1804, "Credit on Public Lands", 5 April 1806, "Relief to Purchase, Reduction of Price, and Repeal of the Credit System", 19 January 1809, *American State Papers: Public Lands* 1:166−7, 1: 265−7, 1: pp.825−6.

75 | North, *Economic Growth of the United States*, pp.128−9.

76 | "Plan to Prevent Fraudulent Combination at the Resale of Relinquished Lands, and to Authorize Their Entry At Fixed Prices", 17 January 1828, *American State Papers: Public Lands* 5:377; C. F. Emerick, *The Credit System and Public Domain* (Nashville, TN: Cumberland Presbyterian Publishing House, 1899), p.7; A. H. Cole, "Cyclical and sectional Variations in the Sale of Public Lands, 1816−1860", in V. Carstensen (ed.), *The Public Lands: Studies in the History of the Public Domain* (Madison, WI: University of Wisconsin Press, 1963),

pp.229-52, p.248.

77 │ 이러한 사태를 이해하기 위한 좋은 보기는 브라한(J. Brahan)이라는 사람이 1817년 1월 1일부터 1819년 4월 10일까지 구입한 공유지의 사례에서 확인할 수 있다. *American States Papers: Public Lands*, 3: 488-91.

78 │ *Annals of Congress*, 16th Cong., 1st sess. (24 February 1820), p.446.

79 │ 오하이오, 인디아나, 일리노이, 미주리 주, 미시건 준주(The Territory of Michigan)에서의 토지 지불 잔액은 무려 9,646,513.35달러에 이르고 있었고, 미시시피와 앨라바마 주에서는 12,153,046.47달러에 이른다. "State of Finances", 5 December 1820, *American State Papers: Finance*, 3:560, 3:562.

80 │ 상원 의원 워커(Senator Walker) 또한 토지 투기 광풍(The speculation fever)이 바로 켄터키와 테네시 주 지역의 신설 은행 권 지폐의 증가의 원인이라고 지적하고 있다. 그는 말하기를 우리 주의 "온 지역에 대량으로 살포되고 있다" (profusely scattered over the country)라고 하고 결국 면화 가격을 상승시킨다. Ibid., 3: 551; *Annals of Congress*, 16th Cong., 1st sess. (24 February 1820), p.446.

81 │ *Kentucky Reporter*의 논설은 다음 자료에서 찾을 수 있다. "Public Lands", *Niles Weekly Register*, vol. 17 (4 September 1819), p.10.

82 │ "Banks in which the Receipts from the Public Lands are Deposited", 15 February 1822, *American State Papers: Finance*, 3: 718.

83 │ *St Louis Enquirer* (1 September 1819)를 M. J. Rohrbough, *The Land Office Business: The Settlement and Administration of American Public Lands, 1789 -1837* (New York: Oxford Unversity Press, 1968), p.142.에서 재인용.

84 │ Edward Tiffin to Josiah Meigs, National Archive, General Land Office, Letters and Records, SG, NW, 5: October, 31, 1819, Ibid., p.142에서 재인용.

85 │ "State of the Finances", 5 December 1820, *American State Papers: Finance* 3: 551.

86 │ S. Sato, *History of the Land Question in the United States* (Baltimore, MD: The Johns Hopkins University, 1886), p.150.

87 │ 여기서 기억해야 할 것은 1817년 토지법(The Land Act of 1817)은 최소 판매 단위를 1/8 섹션(80에이커)으로 낮추었지만, 이것은 한 타운 쉽(36 섹션)의 단지 6 섹션에 대해서만 해당되는 조건이었다. 나머지 30 섹션의 토지는 여전히 1/4 섹션(160에이커)이 최소 판매 단위였다. Ibid., p.143; "An Act Providing for the Division of Certain Quarter Sections in Future Sales of the Public Lands", 22 February 1817, *Statutes at Large* 3: 346.

88 │ *Annals of Congress*, 16th Cong. 1st sess. (20 December 1819), p.27.

89 │ Ibid., (11 January 1820), p.78.

90 │ 여러 가지 방식으로 그 토지 법안에 대해서 옹호하였던 상원 의원들은 (연방파,

Federalist)인 뉴욕 주의 킹(R. King), (공화파, Republican)인 인물로서는 오하이오 주의 루글즈(B. Ruggles), 트림블(W. A. Trimble), 노스캐롤라이나 주의 메이컨(N. Macon)이 있고, 다양한 이유로 그 현금 법안(The cash bill)에 반대하는 인물에는 (공화파)인 일리노이 주의 에드워드(N Edwards), 루이지애나 주의 존슨(H. Johnson), 켄터키 주의 존슨(R. M. Johnson), 인디아나 주의 노블(J. Noble), 사우스캐롤라이나 주의 스미스(W. Smith)가 있다. 다음 자료를 참조하라. *Annals of Congress*, 16th Cong. 1st sess. (16 December 1819, 21 December 1819, 11 January 1820, 28 February 1820, 1 March 1820, 6 March 1820, 8 March 1820 and 9 March 1820), pp.26-7, p.32, p.78, p.417, p.426, pp.437-8, pp.444-52, p.458, pp.463-6, pp.476-7, pp.481-7, p.489.

91 | Ibid., (9 March 1820), p.486.

92 | 매사추세츠 주의 풀러(T. Fuller, 공화파, Republican), 뉴욕 주의 스토스(H. R. Storrs, 연방주의자, Federalist), 켄터키 주의 앤더슨(R. C. Anderson), 로버트선(G. Robertson, 공화파), 오하이오 주의 부시(H. Bush), 슬로안(J. Sloane, 공화파), 버지니아 주의 바뷰어(P. P. Barbour, 공화파)는 이 법안에 찬성하였던 인물들이다. 반대로 일리노이 주의 쿠크(D. P. Cook), 인디아나 주의 헨드릭(W. Hendericks), 테네시 주의 존슨(F. Johnes), 켄터키 주의 브라운(W. Brown), 클레이(H. Clay), 맥리언(A. McLean), 앨라바마 주의 크로웰(J. crowell), 루이지애나 주의 버틀러(T. Butler)는 그 법안에 반대하였다. Ibid., (17 April 1820 and 19 April 1820), pp.1862-3, 1889.

93 | Ibid., (20 April 1820), p.1901.

94 | 연방 의회는 서부에 대한 무언의 약속(tacit promise)을 통하여 그들의 기대에 부응하게 된다. 1821년 연방 의회는 서부의 농민들이 미합중국 정부로부터 구입한 토지에서 일정 부분을 토지 구매 대금으로 지불할 수 있게 하고, 그 토지를 국고로 환속 할 수 있도록 하는 법안을 통과하게 된다. 최종적으로 볼 때, 연방 의회는 토지에 관계된 채무를 청산하기 위한 구제조치로 11개의 구제 법안을 통과하게 된다. 여기에 대해서는 다음의 법안을 참조하라. "An Act for the Relief of the Purchasers of Public Lands Prior to the First Day of July, Eighteen Hundred and Twenty", 2 March 1821, "An Act Supplementary to the Act, Entitled 'An Act for the Relief of the Purchasers of Public Lands Prior to the First Day of July, Eighteen Hundred and Twenty'", 20 April 1822, "An Act Further to Extend the Provisions of the Act Entitled" An Act for the Relief of the Purchasers of Public Lands Prior to the First Day of July, Eighteen Hundred and Twenty", 3 March 1823, "An Act to Provide for the Extinguishment of the Debt due to the United States, by the Purchase of Public Lands' 18 May 1824, ""An Act Explanatory of An Act, entitled 'An Act to Provide for the Extinguishment of the Debt due to the United States, by the Purchase of the Public Land', approved on the

Eighteenth Day of May, One Thousand Eight Hundred and Twenty Four, 26 May 1824, "An Act Making Further Provision for the Extinguishment of the Debt Due to the United States by the Purchasers of Public Lands", 4 May 1826, "An Act to Revive and Continue in Force the Several Acts Making Provision for the Extinguishment of the Debt Due to the United states by the Purchasers of the Public Lands", 21 March 1828, "An Act for the Relief of Purchasers of the Public Lands That Have Reverted for Non Payment of the Purchasers Money", 23 May 1828, "An Act for the Relief of the Purchasers of the Public Lands, and for the Suppression of Fraudulent Practices at the Public Sales of the United States", 31 March 1830, "An Act Supplemental to an Act Passed on the Thirsty-First March, One Hundred Thousand Eight Hundred And Thirty, Entitled 'An Act for the Relief of the Purchasers of Public Lands, and for the Suppression of Fraudulent Practices at the Public Sales of the United States'", 25 February 1831, and "An Act to Amend An Act Entitled "An Act for the Relief of Purchasers of the Public Lands That Have Reverted for Non-Payment of the Purchase Money", Passed Twenty-Third Day of May, One thousand Eight Hundred And Twenty-Eighty," 9 July 1832, *Statues at Large*, 3: 612-14, 3:665-6, 3:781, 4:24-5, 4:60, 4:158-9, 4:259-60, 4:286-8, 4:390-2, 4: 445-6, 4:567-8. 각 법 조항의 특징에 대해서는 다음 자료를 참조하라. Treat, *The National Land System*, p.161. 1821년 9월 30일에 이르면, (연방 정부 소유 토지를 미국인들이 구매하는 과정에서 발생한) 부채 규모는 11,957,430달러로 감소하게 된다. 이 액수는 1820년의 부채의 50%에 이르는 액수였다. 1825년 6월 30일 부채는 6,322,765.64. 1/2로 감소하게 된다. 마지막으로 통과된 구제 법안은 1832년이다. 에머릭(Emerick)은 채무를 청산하는 방식을 다음과 같이 간단하게 요약 설명하고 있다. "요약하면, 4,602,573에이커의 토지 소유권이 포기된다. 국민들이 지고 있는 빚 70%가 이러한 방식으로, 즉 토지 소유권을 포기하는 방식으로, 다른 말로 하면 정부가 다시 토지를 환수하는 조건으로 이루어지게 된다. 15 2/10%는 현금 지불 할인(cash and discounts)으로 해결하였고, 6 4/10%는 감액으로 처리되었고, 나머지는 다음의 방식으로 처리되었다. (1) 몰수 선언 인증 (certificates for forfeitures)이 이루어진 토지에 대해서는 빚의 탕감, (2) 감액에 따른 현금 지불(cash incidental to abatement), (3) 할부금에 대한 할인이 없는 현금 지불 (cash without discount on installments), (4) 토지 반환(reversions)." "Relinquished Lands", 27 January 1826, "Operations of the Land System, and the Number of Military Bounty Land Warrants Issued During the Last Year", 5 December 1826, *American State Papers: Public Lands 4: 482, 4: 790-5; Emerick, The Credit System and the Public Domain*, p.12. p.14.

95 | "An Act to Regulate the Duties on Imports and Tonnages", 27 April 1816,

Statutes at Large 3: 310-15.

96 | *Annals of Congress*, 16th Cong., 1st sess. (21 April 1820), p.1921. E. C. Gross of New York (Republican) also called the Tariff Act of 1816 a "revenue act", *Annals of Congress*, 16th Cong., 1st sess. (24 April 1820), p.1966.

97 | "Eighth Annual Message", 3 December 1816, *Messages and Papers of the Presidents*, ed. Richardson, vol. I, p.559.

98 | M. R. Eiselen, *The Rise of Pennsylvania Protectionism* (New York: Garland Publishing, Inc., 1974), p.42.

99 | "First Inaugural Address", 4 March 1817, *Messages and Papers of the Presidents*, ed. Richadson, vol. 2, p.577.

100 | Ibid., pp.577-8.

101 | Eiselen, *The Rise of Pennsylvania Protectionism*, p.44. fn. 32.

102 | Ibid., p.45.

103 | Ibid., p.14.

104 | *Annals of Congress*, 16th Cong., 1st sess. (8 December 1819), p.710.

105 | Stanwood, *American Tariff Controversies in the Nineteenth Century*, vol. 1, p.180.

106 | 과거 실시되었던 관세법과 새로운 관세 법안의 차이를 확인할 수 있는 비교표는 다음의 자료에서 확인 할 수 있다. *Annals of Congress*, 16th Cong., 1st sess. (21 April 1820), pp.1913-16.

107 | N K. Risjord, *The Old Republicans: Southern Conservatism in the Age of Jefferson* (New York: Columbia University Press, 1965), p.211.

108 | 이 문제에 대해서 볼드윈과 클레이의 연설문을 보기 위해서는 다음 자료를 참조하라. *Annals of Congress*, 16th Cong., 1st sess. (21 April 1820), p.1917; (26 April 1820), p.2036.

109 | 문제의 연설문은 Ibid., (24 April 1820), pp.1952-63에서 확인할 수 있다.

110 | 아담스의 서간집에서 이 자료는 다음의 날짜에서 찾을 수 있다. 8 January 1820, *Memories of John Quincy Adams*, ed. Adams, vol. 4, p.497.

111 | Preyer, "Southern Support of the Tariff of 1816- A Reappraisal", pp.320-1.

112 | Risjord, *The Old Republicans*, p.213.

113 | Young, *A Political and Constitutional Study of the Cumberland Road*, pp.64-5.

114 | *Annals of Congress,* 17th Cong., 1st sess. (3 May 1822 and 29 April 1822), pp.444, 1734.

115 | "Veto Message", 4 May 1822, Messages and Papers of the Presidents ed. Richardson, vol. 1 pp.711-12를 참조하라. 앞의 자료와는 달리 연방 하원에 제출된 거부 메시지 전체를 확인하고자 한다면 그 다음 쪽에 있는 "Veto Messages: Views of the President of the United States on the Subject of Internal

Improvements", 4 May 1822, ibid., pp.713-52를 참조하라.

116 ǀ Ibid., p.711.

117 ǀ Ibid., pp.711-12.

118 ǀ 존 퀸시 아담스에 따르면, 먼로는 그의 이러한 견해와 주장을 1818-19년 기간에
작성하였다고 말하고 있다. 다음 아담스의 서간집 자료를 참조하라.
3 December 1819, *Memoirs of John Quincy Adams*, ed. Adams, vol. 4, p.462.

119 ǀ "Veto Message: Views of the President", 리차드슨(Richardson)의 다음 저서에서
는 작은 서체로 40페이지에 이른다. 그런데 (헌법적 문제가 아니라) 유용성과 관
련된 논의는 단지 4페이지에 불과했다. 다음 자료를 참조. Richardson, *Messages
and Papers of the Presidents*, pp.743-6.

120 ǀ "Madison to Monroe", 27 December 1817 *Writings of James Madison*, vol. 8,
p.403, cited in J. H. Harrison, "The Internal Improvement Issue in the Politics
of the Union, 1783-1825" (PhD dissertation, University of Virginia, 1954), part
2, p.404.

121 ǀ "Seventh Annual Message", 2 December 1823, *Messages and Papers of the
Presidents*, ed, Richardson, vol. 2, pp.785-6.

122 ǀ *Annals of Congress*, 18th Cong. 1st sess. (15 December 1823), pp.829-30.

123 ǀ Ibid., (12 January 1824), p.994.

124 ǀ Ibid., p.999.

125 ǀ Ibid., pp.999-1000.

126 ǀ Ibid., (13 January 1824), p.1006.

127 ǀ Ibid., p.1007.

128 ǀ Ibid., pp.1011-12.

129 ǀ Ibid., (14 January 1824), pp.1022-41.

130 ǀ Ibid., (30 January 1824), pp.1307-8.

131 ǀ "Macon to Bartlett Yancey", 15 April 1818, cited in W. E. Dodd, *The Life of
Nathaniel Macon* (Raleigh, NC: Edwards & Broughton, Printers and Binders,
1903), p.310.

132 ǀ *Annals of Congress*, 18th Cong., 1st sess. (30 January 1824), p.1315.

133 ǀ 기록상으로 이러한 논리와 주장을 최초로 한 인물은 조지아 주의 크로포드(W.
H Crawford)이다. 1811년 2월 11일 연방 상원에서 제1 연방 은행(The First
Bank of the United States)재인가에 대한 논쟁에서 그는 적극적으로 재인가를
주장하였다. 크로포드는 다음과 같이 말하였다. "연방 헌법에 의해서 연방 정부
에 부여된 고유한 본원적 권한은 여러 가지 상황과 조건의 변화에서도 결코 변
함 없이 유지되어 왔다. 그러나 이러한 헌법의 본원적 권한을 현실적으로 실천
하기 위해서 필요한 제반 수단들은 이 (연방)국가(The nation)의 다양한 상황과
Varying State는 다양한 상태(상황)의 조건에 따라서 여러 가지 방식으로 요구된

다." 그런데 그 당시에서는 클레이는 이러한 주장에 대해서 반대하였다. "On the Bill to Renew the Chapter of 1791", 11 February 1811, *Legislative and Documentary History of the Bank of the United States*, p.309.

134 | 버지니아 주의 바뷰어(J. S. Barbour of Virginia), 켄터키 주의 버커너(R. A. Buckner of Kentucky), 사우스캐롤라이나 주의 맥더피(G. McDuffie of South Carolian), 테네시 주의 레이놀즈(J. B. Reynolds of Tennessee), 오하이오 주의 개즈레이(J. W. Gazlay of Ohio), 메릴랜드 주의 니엘(R. Neale of Maryland), 그리고 루이지애나 주의 리빙스턴(E. Linvingston of Louisiana)은 그 법안을 지지하였다. 반면 버지니아 주의 터커(G. Tucker), 리브스(W. C. Rivers), 스미스(A. Smith of Virginia), 노스캐롤라이나 주의 스페이트(R. D. Spaight of North Carolina), 그리고 코네티컷 주의 푸트(S, A. Foote of Connecticut)는 그 법안에 반대하였다. 그들의 찬반 지지 연설문은 다음 자료에서 확인할 수 있다. *Annals of Congress*, 18th Cong. 1st sess. (3 February 1824 and 9–11 February 1824), pp.1324-7, 1430-69.

135 | Ibid., (10–11 February 1824), pp.1468-71.

136 | 지역주의 성격을 이해하기 위해서는 예를 들어 켄터키의 리처드 존슨(Richard M. Johnson of Kentucky), 메인의 존 홈즈(John Holmes of Maine), 노스캐롤라이나의 나산 메이콘(Nathan Macon of North Carolina)의 연설문을 참조하라. Ibid., (21 April to 23 April 182), pp.541-65, p.568.

137 | Ibid., (24 April 1824), pp.570-1.

138 | Feller, *The Public Lands in Jacksonian Politics*, p.61.

139 | "Calhoun to Robert S. Garnett", 3 July 1824, *The Papers of John C. Calhoun*, eds. W. E. Hemphill, C. N. Wilson, S. B. Cook and A. Moore, 28 vols (Columbia, SC: University of South Carolina Press, 1976), vol. 9, pp.198-202.

140 | 아담스의 서한집 다음 날짜를 참조. 1 October 1822, *Memoirs of John Quincy Adams*, ed. Adams, vol. 6, p.75.

141 | Ibid., p.76.

142 | "Sixth Annual Message", 3 December 1822, "Seventh Annual Message", 2 December 1823, *Messages and Papers of the Presidents*, ed. Richardson, vol. 1 and 2, pp.759-61, pp.785-6.

143 | Stanwood, *American Tariff Controversies in the Nineteenth Century*, vol. 1, p.198.

144 | "Protection to Agriculture", 19 March 1824, *American State Papers: Finance* 4: 494.

145 | Ibid.

146 | *Annals of Congress*, 18th Cong., 1st sess. (9 January 1824), pp.960-5.

147 | 1822년 재정 수입은 총 20,232,000달러였고, 총지출은 14,999,000달러였다. 1823

년의 경우에는 20,540,000달러 수입에서 지출은 14,706,000달러였다. 다음 자료를 참조하라. Dewey, *Financial History of the United States*, pp.169-70.

148 | *Annals of Congress*, 18th Cong., 1st sess. (11 February 1824), p.1478.

149 | 매사추세츠의 웹스터(D. Webster)는 연방 하원에서 다음과 같이 말하였다. "강력한 상업 세력과 제조업의 이익을 추구하는 지역의 위임을 받은"이라고 언급하고 있다. Ibid., (2 April 1824), p.2027.

150 | Ibid., (27 February 1824), pp.1695, 1699-700, 1701; (19 March 1824), pp.1867, 1869; (23 March 1824), p.1888; (24 March 1824), p.1904; (2 April 1824), pp.2026-68.

151 | 해밀턴과 맥듀피의 연설에 대해서 다음을 참조하라. Ibid., (13 February 1824), pp.1518-19; (17 February 1824), 1552-5.

152 | Ibid., (26 March 1824), p.1918.

153 | Van Deusen, *The Life of Henry Clay*, p.57.

154 | Baxter, Henry Clay and the American System, p.5.

155 | Van Deusen, *The Life of Henry Clay*, p.57.

156 | "Encouragement to Manufactures", 22 January 1811, *American State Papers: Finance* 2: 465-7.

157 | Baxter, *Henry Clay and the American System*, p.3.

158 | 아주 명민하고 통찰력이 뛰어난 역사가 밴 도슨(Van Deusen)은 클레이에 대해서 "명백하게 동정적인 태도를 취하고 있지"(thought not overly sympathetic biographer of Caly)는 않고 있다. 특히 그가 제18대 연방 의회 회기(1823-5) 동안 클레이의 활동을 서술하는 경우에서 특히 그런 면이 보이고 있다. "대권을 향한 버릴 수 없는 유혹"(The Lure of the President's palace)이라는 제목의 장을 참조하라. 한편 당 시대 정치사를 조망하는데 있어 최고의 권위를 가지고 있는 역사가 레미니(R. V.Remini) 또한 클레이의 전기를 썼다. 그는 그 책에서 이 기간 동안 클레이의 대권에 대한 야망을 "욕망"(lust)이라고 표현하고 있다. Van Deusen, *The Life of Henry Clay*, pp.160-78; Remini, *Henry Clay*, p.218.

159 | 클레이는 1824년 3월 30일과 31일 이틀 동안 연설을 하였다. 클레이의 연설문 전문은 다음에서 확인할 수 있다. *Annals of Congress*, 18th Cong., 1st sess. (30 to 31 March 1824), pp.1961-2001.

160 | Ibid., p.1994.

161 | Ibid., p.1978.

162 | Ibid., p.1966.

163 | N. E. Cunningham, Jr, *The Presidency of James Monroe* (Lawrence, KS: Univeristy Press of Kansas, 1966), p.8.

164 | Ibid.

165 | I. Brant, *James Madison*, 6 vols (New York: The Bobbs-Merrill Company, inc.,

1961), vol. 6, p.450.

166 | "To William T. Barry", 4 August 1822, R. Ketcham (ed.), *Selected Writings of James Madison* (Indianapolis, IN: Hackett Publishing Company, inc., 2006), pp.309-10.

167 | "First Annual Message", 2 December 1817, *Messages and Letters of the Presidents*, ed. Richardson, vol. 1, p.587.

168 | Ibid.

169 | D. H. Howe, "Church, State, and Education in the Young American Republic", *Journal of the Early American Republic*, 22:1 (Spring 2002), p.3.

제3장 : 개혁운동과 아메리칸 시스템의 실천 (1825-9)

1 | Howe, *What Hath God Wrought*, pp.247-8.

2 | Ibid., pp.108-9.

3 | Ibid., pp.111-15.

4 | R. G. Walters, *American Reformers 1815-1860*, revised edn (New York: Hill and Wang, 1997, original publication 1987).

5 | L. P. Masur, *1831: Year of Eclipse* (New York: Hill and Wang, 2001), p.65.

6 | Ibid., p.65-7.

7 | W. G. McLoughlin, *Revivals, Awakenings and Reform* (Chicago, IL: University of Chicago Press, 1980), p.114.

8 | Walters, *American Reformers*, pp.21-37.

9 | M. Raja, *Evangelizing the South* (New York, Oxford University Press, 2008). Qoutes are on p.4.

10 | Masur, *1831: Year of Eclipse*, p.68.

11 | Howe, *What Hath God Wrought*, p.175.

12 | J. Claiborne, *Life and Correspondence of John A. Quitman* (New York, 1860), p.109, cited in Masur, *1831: Year of Eclipse*, p.73.

13 | Walters, *American Reformers*.

14 | J. L. Thomas, "Romantic Reform in America, 1815-1865", *American Quarterly* 17: 4 (Winter, 1965), p.658.

15 | K. Barry, *Susan B. Anthony: A Biography of a Singular Feminist* (New York: New York University Press, 1988), p.659.

16 | Brooke, Cultures of Nationalism, Movements of reform, and the Composite-Federal Polity, p.15.

17 | Ibid., p.20.

18 | Ibid., p.18.

19 | "Macon to Bartlett Yancy", 8 March 1818, 다음 저서에서 재인용 W. E. Dodd, *The Life of Nathaniel Macon* (Raleigh, NC: Edwards & Broughton, Printers and Binders, 1903), p.313.

20 | Howe, *The Political Culture of the American Whigs*, p.153.

21 | "First Annual Message", 6 December 1825, *Messages and Papers of the Presidents*, ed. Richardson, vol. 2, p.877.

22 | *Daily National Intelligencer* (7 July 1828).

23 | Bemis, *John Quincy Adams and the Union*, p.103.

24 | 아담스의 서한집 26 November 1825년을 참조 하라. *Memoirs of John Quincy Adams*, ed. Adams, vol. 2, p.62.

25 | Ibid., p.63.

26 | "To Charles Hammond", 27 May 1829, *The Papers of Henry Clay*, ed. R. Seager II and M. P Hay, 11 vols (Lexington, KY: The University Press of Kentucky, 1984), vol. 8, p.59.

27 | *Register of Debates*, 22nd Cong., 1st sess. (20 June 1832), p.1118.

28 | Howe, *The Political Culture of the American Whigs*, pp.125−32.

29 | "To James Barbour", 21 November 1829, *The Papers of Henry Clay*, ed. Seager and Hay, vol. 8, p.127; Holt, *The Rise and Fall of the American Whig Party*, p.10.

30 | Holt, *The Rise and Fall of the American Whig Party*, p.14.

31 | T. H. Benton, *Thirty Years' View: A History of the Working of the American Government for Thirty Years, From 1820−1850*, 2 vols (New York: D. Appleton and Company, 1864), vol. 1, p.102.

32 | Chambers, *Old Bullion Benton*, pp.3. 61, 64−5, 77, 89−90; A. S, Weiner, "John Scott, Thomas Hart Benton, David Barton, and the Presidential Election of 1824", *Missouri Historical Review*, 60: 4 (July 1966), pp.460−94. p.464.

33 | Benton, *Thirty Years' View*, vol. 1, p.102.

34 | Fayette, *Missouri Intelligencer* (2 August 1826), cited in Weiner, "John Scott, Thomas Hart Benton, David Barton, and the Presidential Election of 1824", p.478.

35 | "Senate Chamber February 8, 1825", *Niles' Weekly Register*, vol. 28 (26 March 1825), p.51.

36 | "Application of Illinois for the Reduction in the Price of Certain Lands", 3 February 1825, "Application of Indiana for the Relief of Purchasers and for Reduction in Price of Public Lands", 14 December 1825, "Application of

Alabama for Relief of Purchasers, for Reduction of Prices, Change in Mode of Selling, and certain Public Lands to that State", 8 February 1826, *American States Papers: Public Lands* 4: 148, 4: 429–30.

37 | *Annals of Congress*, 18th Cong., 1 st sess. (28 April 1824), pp.582–3.

38 | Ibid., (3 May 1824), p.656.

39 | Ibid., (21 May 1824), p.769.

40 | Chambers, *Old Bullion Benton*, p.70.

41 | 한때 스콧은 바턴에게 다음과 같이 쓰고 있다. "부디. 벤턴을 위해서 최선을 다해주시오.…[주지사 알렉산더Governor Alexander] 맥 내어(McNair)가 벤턴에 대해서 올바른 행동을 취하도록 도울 수 있는지요? …우리는 우리 친구들을 구하는 데 있어서 최선을 다해야 할 것입니다." "Scott to Barton", 19 September 1820, in the St. Louis *Missouri Republican*, 21 August 1822, cited in Weiner, "John Scott, Thomas Hart Benton, David Barton, and the Presidential Election of 1824", pp.467–8.

42 | Ibid., p.468; Chambers, *Old Bullion Benton*, p.100.

43 | "Late Presidential Election", *Niles' Weekly Register*, vol. 29 (19 November 1825), p.187.

44 | Weine, "John Scott, Thomas Hart Benton, David Barton, and the Presidential Election of 1824".

45 | "Application of Illinois for the Reduction in the Price of Certain Lands", February 1825, "Application of Missouri for a Reduction in the Price of Public Lands and a Donation to Accused Settlers", 27 December 1827, *American State Papers: Public Lands* 4: 148, 5: 36.

46 | *Register of Debates,*, 19th Cong., 1 st sess. (16 May 1826), pp.720–49.

47 | 그 법안은 다음 자료에서 찾을 수 있다. *Register of Debates*, 19th Cong. 2nd sess. (12 January 1826), pp.39–40.

48 | *Register of Debates*, 19th Cong. 1st sess. (16 May 1826), pp.720–6.

49 | Ibid., p.727.

50 | Ibid.

51 | Ibid., p.727, p.742.

52 | 바턴의 연설문은 ibid., pp.749–53.

53 | *Register of debates*, 19th Cong., 2nd sess. (9 January 1827), pp.39–48.

54 | 벤턴과 바턴의 정치적인 대결에 대해서는 그리고 최종적인 승자에 대해서는 Weiner, "John Scott, Thomas Hart Benton, David Barton and the Presidential Election of 1824".

55 | *Register of debates*, 19th Cong., 2nd sess. (9 January 1827), pp.45–6.

56 | Ibid., p.42.

57 ㅣ Hibbard, *A History of the Public Land Policies*, pp.45–53; Rohrbough, *The Land Office Business*, p.17.

58 ㅣ *Register of debates*, 19th Cong. 2nd sess. (19 January 1827), p.43.

59 ㅣ 그 법안 토론에 참여한 인물들은 다음과 같다. 미주리 주의 바턴(D. Barton of Missouri), 인디애나 주의 헨드릭스(W Hendricks of Indiana), (R. M. Johnson of Kentucky), 앨라바마 주의 매킨리(J. McKinley of Alabama), 테네시주의 이턴(J. H. Eaton of Tennessee), 일리노이 주의 케인(E. K. Kane of Illinois), 인디아나 주의 노블(J. Noble of Indiana), 루이지애나 주의 존슨(J. S. Johnson of Louisiana), 뉴욕 주의 벤 뷰렌(M. Van Buren of New York). *Register of Debates*, 19th Cong., 2nd sess. (9 January 1827 and 14 February 1827), pp.39–52, 346–7.

60 ㅣ Ibid., (14 February 1827), pp.346–7.

61 ㅣ 1 December 1826, Memoirs of John Quincy Adams, ed. Adams, vol. 7, p.194; "Second Annual Message", 5 December 1826, *Messages and Papers of the Presidents*, ed. Richardson, vol. 2, pp.916–30.

62 ㅣ 1 December 1826, *Memoirs of John Qunicy Adams*, ed. Adams, vol 7, p.194.

63 ㅣ 10 November 1862 and 1 December 1826, Ibid., p.173, p.194.

64 ㅣ "Application of Missouri for a Reduction in the Price of Public Lands and a Donation to Actual Settlers", 27 December 1827, "Application of Arkansas for a Graduation of the Price of the Public Land and an Exchange of School Lands", 31 December 1828, *American State Papers: Public Lands* 5:36, 5:37, 5:582–3.

65 ㅣ "Twentieth Congress–1st Session Senate", *Niles' Weekly Register*, vol. 33 (5 January 1828), p.290.

66 ㅣ *Register of Debates*, 20th Cong., 1st sess. (24 December 1827), pp.23–8.

67 ㅣ 벤턴의 연설이 있은 후 이어진 토론에서 바턴은 벤턴의 이론과 그의 실제 정치적 행보에는 심각한 이율배반이 있음을 지적하였다. Ibid., (25 March 1828), pp.490–1.

68 ㅣ 던컨의 보고서(Duncan's report)는 다음 자료에서 찾을 수 있다. "Reduction and Graduation of the Price of the Public Lands", 5 February 1828, *American State Papers: Public Lands* 5: 447–50.

69 ㅣ *Register of Debates*., 20th Cong., 1st sess. (24 December 1827 and 25 March 1828), pp.28–9, pp.483–97.

70 ㅣ Feller, *The Public Lands in Jacksonian Politics*, pp.30–1. 다음 자료도 참고하시오, P. W. Gates, "The Role of the Land Speculator in Western Development", in *The Jeffersonian Dream: Studies in the History of American Land Policy and Development* (Albuquerque, NM: University of New Mexico Press, 1996), 특히 pp.6–8 페이지를 참고하라. 원래 이 논문은 다음 논문집에 게재되었다. *Pennsylvania*

Magazine of History and Biography 66 (July 1942), pp.314–33.

71 | *Register of Debates*. 20th Cong., 1st sess. (25 March 1828), pp.485–5.

72 | Ibid., (28 March 1828), p.486.

73 | Ibid., (25 March 1828), p.497.

74 | 당시 5년 거주 조항은 영구 거주로 가기 위한 일종의 사회 또는 통념상의 기준이라고 생각한 것 같다. 예를 들어 1862년 홈스테드 액트(The Homestead Act of 1862)에서도 농민들이 정착 농지(홈스테드)에 대해서 정부로부터 토지 소유권을 얻기 위해서 최소 5년 거주 조건을 필요로 했다. Hibbard, A. *History of the Public Land Policies*, p.85.

75 | 벤턴의 연설에 부가하여, 일리노이 주의 케인(E. K. Kane)의 연설 또한 참고하시오. *Register of Debates*, 20th Cong., 1st sess. (25 March 1828), pp.499–500.

76 | 예를 들어 앨라바마의 존 매킨리(John McKinley)의 연설을 참조하라. Ibid., (26 March 1828), p.518.

77 | "Third Annual Message", 4 December 1827, *Messages and Papers of the Presidents*, ed. Richardson, vol. 2. p.957.

78 | "일반적으로 말해 인구 대 자본의 비율은 증가하는 방향으로 유지하는 것이 좋다⋯. 인구가 광범위하게 분산되면 자연히 자본의 창출은 증가되기 보다는 줄어드는 것은 너무나 명약관화한 것이라서 특별히 설명이 필요치 않는 명제에 해당한다. 인구가 너무 멀리 퍼지는 경향을 제어하는 어떤 방안도 유익할 것이지, 결코 나쁜 측면을 가지고 있다고 할 수는 없을 것이다. ⋯ 실제 인구가 많은 것이 아니라 단지 그렇게 보일 뿐인 그런 주들에서 인구가 이동하지 않고 제조업 노동자로서 그 지역에 머무르면 국가는 다음의 두 가지 면에서 이익을 본다: 첫째, 자본이 빠른 시간에 축적이 되며, 둘째, 과다한 농업 종사 인구가 점차 줄어들게 될 것이다." "State of the Finances", 10 December 1827, *American State Papers: Finance* 5: 638.

79 | *Register of Debates*, 20th Cong., 1st sess. (14 April 1828), p.656.

80 | Ibid., (22 April 1828), p.677.

81 | Ibid., (15 April 1828), pp.657–60.

82 | "To Charles Hammond", 27 May 1829, *The Papers of Henry Clay*, ed. Seager and Hay, vol. 8, pp.59–60.

83 | "Twentieth Congress–2nd Sesssion. Senate", *Niles' Weekly Register*, vol.35 (27 December 1828), p.293.

84 | Wellington, *The Political and Sectional Influence of the Public Lands*, p.10.

85 | 미국 역사에서 서부 토지 문제와 연관해서 불만 사항이 어떻게 정리되는가 보면, 이후 1830년, 1841년의 선취득권법(The Preemption Acts of 1830, 1841), 최종적으로 1862년 홈스테드법(The Homestead Act of 1862)에 통해서 해결을 보게 된다. 우선 선취득권법에 따르면 공유지에 무단 거주하는 자(squatter,

unauthorized settlers on public lands)들에게 정착과 경작을 목적으로 공유지 160에이커를 불하한다는 것이다. 이후 이 지역에 거주하기 된 이들 거주자들에게 특별히 경매를 거치지 않고 최소 가격으로 구매토록 한다는 것이다. 홈스테드 법은 무상으로 160에이커의 땅을 정착자 들에게 불하하는 것이다. 이러한 경우 토지 소유권을 확보하는데 필요한 적은 액수의 비용 이외는 하등 정착자에게 부담을 주는 것은 없다. Hibbard, *A History of the Public Land Policies*, p.153, p.158, p.385.

86 | "Inaugural Address", 4 March 1825, *Messages and Papers of the Presidents*, ed. Richardson vol. 2, p.864.

87 | Ibid., p.865.

88 | "First Annual Message", 6 December 1825, ibid., pp.879-80. 아담스의 기억할 만한 진술은 "국토 개발 계획의 정신은 아주 보편적 포용성(catholic)을 가진 것이며 자유주의적인 것이다." 라는 말이다. *Daily National Intelligencer* (7 July 1828)

89 | "First Annual Message", 6 December 1825, *Messages and Papers of the Presidents, ed. Richardson*, vol. 2, p.877.

90 | Ibid., pp.877-8.

91 | Ibid., p.882.

92 | "Farewell Address", 17 September 1796, ibid., vol. 1, p.208.

93 | "First Annual Message", 6 December 1825, ibid., vol. 2, p.882.

94 | "Gallatin to Jefferson", 16 November 1806, *The Writings of Albert Gallatin*, ed. Adams, vol. 1, p.319.

95 | 클레이의 반응에 대해서 아담스는 다음과 같이 기록하고 있다. "클레이는 전체적인 측면에서는 나와 같은 의견을 가지고 있다. 그러나 세부적으로 많은 부분에서는 주저하고 있다"(Clay approved of the general principles, but scrupled great part[s] of the details). 이러한 클레이의 조심성을 어떻게 해석해야 할 것인가? 이것은 클레이가 이 문제에 대한 기본적인 "원리들"(principles)와 함께 "세부"(details)적인 점에서도 충분히 잘 알고 있는 것을 고려해 본다면, 아담스의 메시지 전체를 동의하지 않는다는 것을 의미하는 것임에 틀림없다. 당시 아담스 행정부 하에서 전쟁부 장관(The secretary of war)을 역임하고 있었던 버지니아 주의 제임스 바뷰어(James Barbour of Virginia)는 또한 아담스의 메시지에 대해서 반대하고 있다. 그러나 최종적으로 그는 "마지못해서 [국토 개발 계획의] 전체에 대해서 반대에서 한발 벗어나고 있다"(very reluctantly withdrew his objection to the whole topic [of internal improvement]. 이러한 노회한 정치가들이 이 문제를 풀어가는 방식을 보다 잘 알고 있었다는 것을 확인하는 대목이다. 다음을 참조하라. 26 November 1825, *Memoirs of John Quincy Adams*, ed. Adams, vol. 7, pp.62-3.

96 | "First Annual Message", 6 December 1825, *Messages and Papers of the Presidents*, ed. Richardson, vol. 2, p.883.

97 | 26 November 1825, *Memoirs of John Quincy Adams*, vol. 7, p.63.

98 | Bemis, *John Quincy Adams and Union*, pp.103–4; *Daily National Intelligencer* (7 July 1828).

99 | "Crawford to Clay", 4 February 1828, Clay's Works, IV, p.192, cited in C. M. Wiltse, *John C. Calhoun: Nationalist, 1782–1828* (Indianapolis, IN: Bobbs-Merrill Co., 1944), p.321.

100 | "Macon to Bartlett Yancey", 8 December 1825, Bartlett Yancey Papers, University of North Carolina, cited in S. J. Barry, "Nathaniel Macon: The Prophet of Pure Republicanism, 1787–1837" (PhD dissertation, State University of New York at Buffalo, 1996), p.257.

101 | "To William B. Giles", 26 December 1825, *The Writings of Thomas Jefferson*, ed, A. E. Bergh, R. H. Johnson and A. A. Lipscomb, 20 vols (Washington DC: The Thomas Jefferson memorial Association, 1903), vol. 16, pp.149–50.

102 | M. Van Buren, *Autobiography of Martin Van Buren*, ed. J. C. Fitzpatrick, 2 vols (1920; New York: A. M. Kelly, 1969), vol. 2 p.195.

103 | 버지니아 주 입법부(The Virginia General Assembly) 또한 유사한 결의안을 1827년 3월 6일 통과하였다. Ames, (ed.), *State Documents on Federal Relations*, pp.142–3.

104 | Ibid., p.147. 이탤릭체는 원문에서.

105 | Ibid., p.139.

106 | A. G. Smith, Jr, *Economic Readjustment of an Old Cotton State: South Carolina, 1820–1860* (Columbia, SC: University of South Carolina Press, 1958), pp.1–18.

107 | M. W. M. Hargreaves, *The Presidency of John Quincy Adams* (Lawrence, KS: university Press of Kansas, 1985), p.167.

108 | 아담스 서간집 다음 부분 참조. 26 August 1826, *Memoirs of John Quincy Adams*, ed. Adams, vol. 7, pp.145–6.

109 | Hargreaves, *The Presidency of John Quincy Adams*, pp.167–72.

110 | 국토 개발 계획이라는 프로젝트를 수행함에 있어서 사설 회사에 공적 자금을 지원하는 최초의 사례는 법적으로 먼로 행정부 임기 마지막 날이라고 볼 수 있는 1825년 3월 3일 나타난다. 그 날짜에 재무 장관은 체사피크 델라웨어 운하 회사(The Chesapeake and Delaware Company)의 주식 1,500주(300,000달러)를 구입하는 것을 허락하는 법안을 통과하게 된다. 3 March 1825, *Statutes at Large* 4: 124.

111 | 여기서 사용된 백분율(퍼센트)은 표 목차 3.2, 표 목차 3.3을 기반으로 해서 계산된 것이다.

112 | *Senate Journal*, 20th Cong., 1st sess. (21 May 1828), pp.448-9; *House Journal, 20th Cong., 1st sess.* (9 May 1828), pp.716-18.

113 | 존슨(W. Jones) 은행장 시기에 행해진 무분별한 신용대출에 대해서는 다음을 참조하라. Catterall, *The Second Bank of the United States*, pp.93-163.

114 | Catterall, *The Second Bank of the United States*, pp.68-92.

115 | Ibid., pp.93-163.

116 | R. A. Bayley, *History of the National Loans of the United States from July 4, 1776, to June 30*, 1880, 2nd edn (Washington, 1882), pp.355-60.

117 | 연방 정부의 연 지출 총액은 다음 저서에서 가져온 것이다. Dewey, Financial History of the United States, p.169. 여기서 나타나는 수치는 1816년에서 1830년까지 연방 정부의 지출 총합을 합한 후 동 기간으로 나눈 것이다.

118 | "Public Debt", 14 April 1808, *American State Papers: Finance*, 2: 288-9.

119 | 연방주의자들(The Federalists)이 통치하는 기간 동안 연방 정부의 빚의 총액은 감소되었다기보다는 상당한 수준으로 증가되었다. 구체적으로 1791년 75,463,000달러에서 1800년 82,976,000달러로 증가하게 된다. 이후 제퍼슨주의자들(The Jeffersonians)이 권력을 차지한 후, 그 액수는 점차적으로 축소되었다. 그래서 1812년에 오면 45,210,000달러에 이르게 된다. 그러나 1812년의 전쟁으로 인하여 공공부채의 액수는 또 다시 증가하게 된다. 그 결과 1817년에 이르면 123,492,000달러에 이르게 된다. 그리고 이후 다시 부채는 감소하게 된다. 그리하여 1835년에 오면 완전히 해소된다. 1791년부터 1835년까지 미국 연방 정부 총 부채의 변화에 대한 통계는 다음을 참조하라. "Historical Statistics of the United States", House Documents: No. 33, 86th Cong., 1st sess, p.721.

120 | Smith, *Economic Aspects of the Second Bank of the United States*, p.56.

121 | Gallatin, "Considerations on the Currency and Banking System of the United States", 1 January 1831, *The Writings of Albert Gallatin*, ed. Adams, vol. 3, p.281.

122 | 제2 연방 은행(2BUS)법인화 법안(An Act to Incorporate the Subscribers to the Bank of the United States) 제14조 참조하라. 10 April 1816, Statutes at Large 3: 274.

123 | 제2 연방 은행 법인화 법안 제11조 8항을 참조하기 바란다. ibid., 3: 272.

124 | 제2 연방 은행 법인화 법안 17조를 참조하기 바란다. ibid., 3: 274-5.

125 | Smith, *Economic Aspects of the Second Bank of the United States*, pp.47-8.

126 | Catterall, *The Second Bank of the United States*, p.502.

127 | J. T. Holdsworth and Dewey, *The First and Second Banks of the United States*, pp.42, 51; Catterall, *The Second Bank of the United States*, pp.435-8.

128 | Ratner, *The Tariff in American History*, p.15.

129 | "Pennsylvania", *Niles' Register*, 30 (3 June 1826), p.239.

미주

130 | Taussig (ed.), *State Papers and Speeches on the Tariff*, p.190; "Wollen Manufactures", *Niles' Register*, vol. 31 (11 November 1826), pp.185−6.

131 | *Register of Debaters*, 19th Cong., 2nd sess., 10 and 28 February 1827, p.1099, p.496.

132 | Howe, *What Hath God Wrought*, p.273.

133 | Risjord, *Teh Old Republicans*, pp.263−64; Wiltse, *John C. Calhoun: Nationalist*, p.343, p.351, p.353; Holt, *The Rise and Fall of the American Whig Party*, pp.11−12.

134 | Ratner, *The Tariff History in American History*, p.15.

135 | 러쉬의 보호무역주의적 입장은 다음의 자료에서 확인 할 수 있다. "State of the Finances", 12 December 1826, *American State Papers: Finance*, 5: 526.

136 | Feller, *The Public Lands in Jacksonian Politics*, p.121; R. N. Current, *Daniel Webster and Rise of National Conservatism* (Boston, MA: Little, Brown and Company, 1955), p.40.

137 | 보호 관세에 대한 남부의 경제적인 불만을 확인하기 위해서는 다음을 참조하라. 구체적으로 토마스 쿠퍼(Thomas Cooper)의 연설에 대해서는 "Speech of Dr. Cooper", *Niles Weekly Register*, vol. 33 (8 September 1827), pp.28−32. 그러한 입장에 대한 아주 명쾌한 분석을 하고 있는 경우는 다음의 저서이다. W. W. Freehling, *Prelude to civil War* (New York: Harper & Row, Publishers, 1965), pp.106−7.

138 | W. E. Freehling (ed.), *The Nullification Era: A Documentary Record* (New York: Harper & Row, Publishers, 1967), pp.33−4.

139 | Ibid., p.37.

140 | "Speech of Dr. Cooper", *Niles' Weekly Register*, vol. 33 (8 September 1827), p.28.

141 | Ibid., p.32.

142 | 1824년 선거에서, 오하이오, 미조리, 켄터키 주는 클레이를 지지하고 있었다. R. V. Remini, "Martin Van Buren and Tariff of Abominations", *American Historical Review*, 63: 4 (July 1958), p.904.

143 | Eiselen, *The Rise of Pennsylvania Protectionism*, pp.82−5.

144 | Wiltse, *John C. Calhoun: Nationalist*, p.369.

제4장: 아메리칸 시스템의 쇠퇴 (1829–37)

1 | *Senate Journal*, 18th Cong., 1st sess. (23 January 1824, 20 February 1824, 22 April 1824, 24 April 1824 and 19 May 1824), pp.126–7, 184, 313–18, 321–2, 441; *Senate Journal*, 18th Cong., 2nd sess. (26 January 1825, 23 February 1825 and 24 February 1825), p.111, p.189, pp.194–5.

2 | Seller, *The Market Revolution*, p.193.

3 | A. Jackson, "Gen. Jackson on the Tariff", in *Andrew Jackson and Early Tennessee History*, Illustrated, ed. S. G. Heiskell, 3 vols (Nashville, TN: Ambrose Printing Company), vol. 3, pp.69–71, p.71.

4 | R. V. Remini, *The Life of Andrew Jackson* (New York: Harper & Row, 1988), 이 장에서는 필자는 많은 부분에서 레미니의 동 저서의 도움을 받았다.

5 | Ibid., pp.7–11.

6 | Wilentz, *The Rise of American Democracy*, p.169.

7 | Remini, *The Life of Andrew Jackson,* p.12.

8 | Freehling, *The Road to Disunion*, p.263.

9 | Remini, *The Life of Andrew Jackson*, p.17, pp.24–6.

10 | Ibid., pp.33–4.

11 | Wilentz, *The Rise of American Democracy*, p.172.

12 | R. V. Remini, *Andrew Jackson and His Indian Wars* (New York: Penguin Books, 2001), p.142.

13 | Remini, *The Life of Andrew Jackson*, p.128.

14 | Hargreaves, *The Presidency of John Quincy Adams*, pp.20–1, pp.26–7, pp.37–8; Howe, *What Hath God Wrought*, p.209.

15 | Remini, *The Life of Andrew Jackson*, p.155; Howe, *What Hath God Wrought*, p.211.

16 | Remini, *The Life of Andrew Jackson*, pp.176–7.

17 | "Inaugural Address", 4 March 1829, *Messages and Papers of the Presidents*, ed. Richardson, p.1000.

18 | Howe, *What Hath God Wrought*, p.356–7.

19 | D. S. Heidler and J. T. Heidler, *Indian Removal* (New York: W. W. Norton & Company, 2007), p.83; Remini, *The Life of Andrew Jackson*, pp.19–21, p.23, pp.28–30.

20 | Howe, *What Hath God Wrought*, p.342.

21 | R. N. Satz, *American Indian Policy in the Jacksonian Era* (Norman, OK; University of Oklahoma Press, 2002), p.12; Howe, *What Hath God Wrought*, p.346.

22 | *A Digest of the Laws of the State of Georgia* (Athens, GA: state of Georgia, 1837), p.285.

23 | A. F. C. Wallace, *The Long Bitter Trail: Andrew Jackson and Indians* (New York: Hill and Wang, 1993), p.4.

24 | D. Williams, *Georgia Gold Rush: Twenty–Niners, Cherokees and Gold Fever* (Columbia, SC: University of South Carolina Press, 1993), p.12.

25 | J. M. Mooney, *History, Myths and Sacred Formulas of the Cherokee* (Fairview, NC: Bright Mountain Books, Inc., 1993), p.4.

26 | J. Meacham, *American Lion: Andrew Jackson in the White House* (New York: Random House, 2008), p.92.

27 | Howe, *What Hath God Wrought*, p.342; P. S. Onuf, *Statehood and Union: A History of the Northwest Ordinance* (Bloomington, IN: Indiana University Press, 1987), p.10.

28 | "Inaugural Address," 4 March 1829, *Messages and Papers of the Presidents*, ed. Richardson, vol. 2, p.1001.

29 | "First Annual Address", 8 December 1829, ibid., p.1021.

30 | "Indian Removal Act", in F. P. Prucha (ed.), *Documents of United Indian Policy* (Lincoln: university of Nebraska Press, 1975), pp.52–53. 또한 다음 자료를 참고 하시오. Appendix B, "Text of the Removal Act", in Wallace, *The Long Bitter Trail*, pp.125–8.

31 | *Senate Journal*, 21st Cong., 1st sess. (24 April 1830), p.268; *House Journal*, 21st Cong., 1st sess.(26 May 1830), pp.729–30.

32 | Satz, *American Indian Policy*, pp.64–9; Remini, *The Life of Andrew Jackson*, pp.215–16.

33 | Satz, *American Indian Policy*, pp.75–9.

34 | Ibid., pp.81–2.

35 | Ibid., pp.100–1.

36 | Ibid., p.112.

37 | R. Sutch and S. B. Carter (eds), *Historical Statistics of the United States: Ealiest Times to the Present, Millennial Edition*, 5 vols (New York: Cambridge University Press, 2006), 1: 180–1:359.

38 | P. Kolchin, *American Slavery, 1619–1877* (1993: New York: Hill and Wang, 2003), p.95: W. Johnson, *Soul by Soul: Life inside Antebellum Slave Market* (Cambridge, MA: Harvard University Press, 1999), p.5, pp.48–9.

39 | Kolchin, *American Slavery*, p.95.

40 | A. Fishlow, "Antebellum Interregional Trade Reconsidered", *American Economic Review*, 54:3 (May, 1964), pp.32–64, pp.353–5.

41 | Ibid., p.362.

42 | Ibid., 360 페이지에 있는 표 목차 3을 보라.

43 | Ibid., pp.353-5, pp.360-2.

44 | North, *The Economic Growth of the United States*, p.130.

45 | G. R. Taylor, *The Transportation Revolution, 1815-1860* (New York: Rinehart & Company, 1975), p.133.

46 | Ibid., p.135.

47 | Ibid., p.136.

48 | Ibid., p.137.

49 | Ibid., p.139.

50 | Ibid., p.143.

51 | Ibid., p.136.

52 | North, *The economic Growth of the United States*, p.35, p.51, pp.103-5, p.154.

53 | Ibid., pp.140-1.

54 | Ibid., p.192, pp.196-7, p.197n. p.18.

55 | Ibid., pp.130-1, p.258 표 목차 C-X.

56 | Baxter, The Public Lands in Jacksonian Politics, p.111-12; 문제의 이 회사의 정식 이름은 메이쉬빌, 워싱턴, 파리, 렉싱턴 유료 도로 주식회사(Maysville, Washington, Paris, and Lexington Turnpike Road Company).

57 | Feller, The Public Lands in Jacksonians Politics, p.137. 뉴올리언즈까지 연방 도로를 확장하는 내용에 대해서는 다음 자료를 참고하시오. Baxter, *Henry Clay and the American System*, p.113.

58 | *Senate Journal*, 18th Cong., 1st sess. (24 April 1824), pp.321-2.

59 | "First Annual Message", 8 December 1829, *Messages and Papers of the Presidents*, ed. Richardson, vol. 2, pp.1014-15.

60 | *Senate Journal*, 21st Cong., 1st sess. (31 May 1830), p.368.

61 | Ibid., 364.

62 | Ibid.

63 | 25 June 1830, *Memoirs of John Quincy Adams*, ed. Adams, vol. 8, p.233.

64 | Van Buren, *The Autobiography of Martin Van Buren*, ed. Fitzpatrick, vol. 2, p.337.

65 | "Second Annual Message", 6 December 1830, *Messages and Papers of the Presidents*, ed. Richardson, vol. 2. p.1073.

66 | Ibid.

67 | 이 문제에 대한 토론에 대해서는 fn. 72, in Feller, *The Public Lands in Jacksonian Politics*, pp.233-4. 거부 메시지에 대한 해석은 다양하다. 다른 측면

380

에서 거부 메시지를 보고 있는 경우에 대해서는 다음을 참조하라. "Speech of Mr. J. A. Rockwell", 11 January 1848, *Congressional Globe*, 30th Cong. 1st sess. (11 January 1848), 부록(Appendix) pp.106–7.

68 | Feller, *The Public Lands in Jacksonian Politics*, p.148.

69 | "On Distributing the Proceeds of the Sales of the Public Lands Among the Several States", 16 April 1832, *American State Papers: Public Lands* 6: 441–51; *Senate Journal*, 22nd Cong., 2nd sess. (25 January 1833), p.138; *House Journal*, 22nd Cong., 2nd sess. (1 March 1833), p.460.

70 | Baxter, *Henry Clay and American System*, p.116; Van Atta, "Western Lands and the Political Economy of Henry Caly's American System, 1819–1832" ; Van Atta, "'A Lawless Rabble'".

71 | Baxter, *Henry Clay and American System*, p.114.

72 | "Third Annual Message", 6 December 1831, *Messages and Papers of the Presidents*, ed. Richardson, vol. 2, p.1119.

73 | "To Francis T. Brooke", 4 October 1831, *The Papers of Henry Clay*, ed. Seager and Hay, 11 vols (Lexington, KY: University of Kentucky Press, 1963), vol. 8, p.413.

74 | Feller, *The Public Lands in Jacksonian Politics*, p.158.

75 | Ibid., pp.154–5.

76 | Holt, *The Rise and Fall of the American Whig Party*, p.17.

77 | Remini, *Henry Clay*, pp.378–411.

78 | Feller, *The Public Lands in Jacksonian politics*, p.158.

79 | *Senate Journal*, 22nd Cong., 2nd sess. (25 January 1833), p.138; *House Journal*, 22nd Cong. 2nd sess. (1 March 1833), p.460.

80 | Feller, *The Public Lands in Jacksonian Politics*, pp.163–4. 특히 164쪽에 있는 표목차 6.2를 참조하기 바란다.

81 | Ibid., pp.153–5, 특히 154 쪽 표 목차6.1을 참조하라.

82 | Freehling, *Prelude to Civil War*, pp.7–24.

83 | Ibid., pp.361–2, 부록(Appendix A) 표 목차1(Table 1)

84 | Ibid., pp.361–2, 부록(Appendix A) 표 목차1(Table 1)

85 | Ibid., p.27. p.47.

86 | Freehling, *The Road to Disunion*, pp.254–7.

87 | Freehling, *Prelude to Civil War*, p.107, p.117.

88 | Freehling (ed.), *The Nullification Era*, p.27.

89 | *Niles' Weekly Register*, 33 (8 September 1827), p.31.

90 | "버지니아 왕조의 몰락"(the End of the Virginia Dynasty)이라는 용어는 시드노 (Sydnor)의 저서(*The Development of Southern Sectionalism 1818–1848*,

pp.157−76)에서 한 장의 제목으로 사용된 것을 차용한 것이다.

91 | Ibid.

92 | 17 February 1832, *Memoirs of John Quincy Adams*, ed. Adams, vol. 8, p.474.

93 | "Jackson's Denunciation of Nullification: The Nullification Proclamation", 10 December 1832, in *Andrew Jackson, Nullification, and the State−Rights Tradition*, ed. C. Sellers (Chicago, IL:,Rand McNally & Company, 1963), pp.7−15; Wilentz, *The Rise of American Democracy*, p.380, p.382.

94 | M. Wiltse, *John C. Calhoun: Nullifier, 1829−1839* (New York: Russell & Russell, 1968), pp.184−5; M. D. Peterson, *Oliver Branch and Sword−The Compromise of 1833* (Barton Rouge, LA: Louisiana State University Press, 1982), p.53.

95 | T. P. Govan, *Nicholas Biddle: Nationalist and Public Banker, 1786−1844* (chicago, IL: The University of Chicago Press, 1959), pp.22−3.

96 | Ibid., p.59, p.80; R. H. Timberlake, *The Origins of Central Banking in the United States* (Cambridge, MA: Harvard University Press, 1978), pp.31−3; Catterall, *The Second Bank of the United States*, pp.440−1.

97 | P. Temin, *The Jacksonian Economy* (New York: W. W. Norton & Company inc. 1969), pp.49−50.

98 | Ibid., pp.50−1.

99 | "First Annual Message", 8 December 1829, *Messages and Papers of the Presidents*, ed. Richardson, vol. 2, p.1014, p.1025.

100 | "Second Annual Message", 6 December 1830, ibid., p.1092.

101 | "Third Annual Messages", 6 December 1831, ibid., p.1121.

102 | Baxter, *Henry Clay and the American System*, pp.89; Howe, *What Hath God Wrought*, p.378; 잭슨 대통령이 은행에 대해 거부권을 행사한 후 "연방 은행 옹호론자들은 무지하게도 다음과 같이 말하였다. 은행의 사활은 '바로 지금(now) 대통령이 거부권을 행사하는 것에 달려있다. 이번 가을의 대통령 선거전에서 많은 국민들이 잭슨 대통령의 은행에 대한 거부권 행사 때문에 그를 지지하지 않을 것이다.'" Catterall, *The Second Bank of the United States*, p.240. 이탤릭체는 원문.

103 | Catterall, *The Second Bank of United States*, p.223.

104 | Remini, *The Life Andrew Jackson*, p.223.

105 | Biddle to Caldwalader, 3 July 1832, Biddle Papers, Library of Congress. Remini, *The Life of Andrew Jackson*, p.227에서 재인용.

106 | Remini, *The Life of Andrew Jackson*, p.227.

107 | Senate Journal, 21st Cong., 1st sess. (31 May 1830), pp.360−9; R. V. Remini, Andrew Jackson and the Bank of War (New York: W. W. Norton & Company, 1967), pp.84−5; Hammond, Banks and Politics in America, pp.40−11; 역사학자

테민(Temin)은 대통령의 거부권의 내용은 현실적인 경제 상황, 특히 은행 상황을 왜곡하고 있을 뿐만 아니라, 경제적인 분석에서도 일관성이 결여되었다고 비판하고 있다. Temin, *The Jacksonian Economy*, pp.28-58.

108 │ Baxter, *Henry Clay and American System*, p.95; Giavon, *Nicolas Biddle*, p.203.

109 │ Howe, *What Hath God Wrought*, p.382, p.393; 대통령의 거부권 사용 전후로 제2 연방 은행을 대신하기 위한 주 단위 또는 독립적 차원에서의 은행 설치를 위한 북동 지역 민주당 인사들에 의한 지원과 노력에 대해서는 다음을 참조하라. W. G. Shade, *Banks or No Banks The Money Issue in Western Politics* (Detroit: Wayne State University Press, 1972), pp.20-39.

110 │ Catterall, *The Second Bank of the United States*, p.287, pp.296-7.

111 │ Catterall, *The Second Bank of the United States*, p.287, pp.296-7.

112 │ Remini, Andrew Jackson and Bank, p.126, pp.136-7, pp.141-2; Howe, *What Hath God Wrought*, p.389. 잭슨이 재무장관을 연속적으로 해고하자, 연방 의회의 중요 인물 이었던 클레이는 이를 비난하였다. 이러한 공격에 대해 잭슨이 취한 첫 번째 행동은 결투를 신청한다고 위협하는 것이었다. 이것은 바로 잭슨의 성격과 일처리 방식을 이해 할 수 있는 좋은 사례가 된다. 즉 잭슨은 상원에서 자신을 비난한 것에 대해서 클레이에 결투를 불사하겠다고 위협을 가하였다. 물론 마지막에 가서는 잭슨은 이 문제를 단지 의회가 내각 구성원의 임명과 해고에 대한 "고유한 대통령의 권한"(presidential prerogatives)에 대한 참견에 해당한다고 비난하는 수위에서 문제를 해결하였다.

113 │ Howe, *What Hath God Wrought*, pp.391-2.

114 │ Remini, *Andrew Jackson and Bank War*, p.173.

115 │ P. W. Gates, *History of Public Land Law Development* (Washington: US Government Printing Office, 1968), p.166.

116 │ Remini, *Andrew Jackson and Bank War*, p.173.

117 │ J. W. Markham, *Financial History of the United States: From Christopher Columbus to the Robber Barons 1492-1900*, 3 vols (New York: M E. Sharpe, 2001), vol. 1, p.148.

118 │ R. C. McGrane, *The Panic of 1837: Some Financial Problems of the Jacksonian Era* (Chicago, IL: The University of Chicago Press, 1924), p.93.

119 │ P. L. Rousseau, "Jacksonian Monetary Policy, Specie Flows, and the Panic of 1837", *The Journal of Economic History*, 62:2 (June 2002), p.457.

120 │ McGrane, *The Panic of 1837*, p.98.

121 │ S. Rezneck, "The Social History of an American Depression, 1837-1843", *The American Historical Review* 40 (July 1935), p.664.

122 │ McGrane, *The Panic of 1837*, p.99.

123 │ Ibid., p.100.

124 │ Howe, *What Hath God Wrought*, p.505.

125 │ "To Francis T. Brooke", 9 October 1838, *The Papers of Henry Clay*, ed. Seager and Hay, vol.9, p.239.

126 │ "Clay to Tucker", 10 October 1838, *The Letters and Times of the Tyler*s, ed. L. G. Tyler, 2 vols (Richmond: Whitter & Shepperson, 1884), vol. 1, pp.601–2; Holt, *The Rise and Fall of the American Whig Party*, p.94.

127 │ "Inaugural Address", 4 March 1829, *Messages and Papers of the Presidents*, ed. Richadson, vol. 2, p.1000.

128 │ "First Annual Message", 8 December 1829, ibid., p.1014.

결론: 아메리칸 시스템과 미국의 사회, 경제 (1790–1837)

1 │ 다니엘 웹스터 상원 의원의 연방 상원에서의 연설을 보라. *Register of Debaters*, 21st Cong., 1st sess.(26 and 27 January 1830), pp.58–73.

2 │ Benton, *Thirty Years' View*, vol. p.73.

3 │ 잭슨 시대 소수의 이익 문제와 다수의 지배라는 어려운 문제에서 발생하는 갈등과 그 해결에 대해서는 다음의 저작을 참조하라. R. E. Eliis, *The Union ar Risk: Jacksonian Democracy, States' Rights, and the Nullification Crisis* (New York: Oxford University Press, 1987).

4 │ T. Brown, *Politics and Statemanship: Essays on the American Whig Party* (New York: Columbia University Press, 1985), p.126.

5 │ Howe, *What Hath God Wrought*, p.285.

6 │ W. Licht, *Indistralizing America: The Nineteetn Century* (Baltimore, MD: The Johns Hopkins University Press, 1995), p.126.

7 │ Van Buren, *The Autobiography of Martin Van Buren*, ed. Fizpatrick, vol. 2, p.338.

8 │ Fishlow, "Antebellum Interregional Trade Reconsidered"; D. Linderstrom, *Economic Development in the Philadelphia Region, 1810–1850* (New York: Columbia University Press, 1978).

9 │ Lindstrom, *Economic Development*, pp.5–7.

10 │ D. R. Meyer, *The Roots of American Industrialization* (Baltimore, MD: The Johns Hopkins University Press, 2003), p.2.

11 │ Howe, *What Hath God Wrought*, p.605, pp.851–2; D. Henkin, *The Postal Age: The Emergence of Modern Communications in Nineteenth–Century America* (Chicago, IL: University of Chicago Press, 2007).

12 | 다음 자료를 참조하라. Feller, *The Jacksonian Promise*; 특히 역사가 하우 (Howe)의 서평을 참조하라. "Jacksonianism and the Promise of Improvement", *Reviews in American History*, 25 (1997), pp.58−62.

에필로그

1 | H. C. Richardson, *The Greatest Nation of the Earth: Republican Economic Policies During the Civil War* (Cambridge, MA: harvard University Press, 1997), pp.105−8; J. R. Hummel, "The Civil War and Reconstruction", *Government and American Economic: A New History* (Chicago and London: The University of Chicago Press, 2007), pp.188−231, p.206.

2 | Richardson, *The Greatest Nation of the Earth*, p.86.

3 | Ibid., pp.87−8.

4 | Ibid., p.195.

5 | Ibid., pp.155−60; L. A. Cremin, *American Education: The National Experience 1783−1876* (New York: Harper &Row, Publishers, 1980), p.149, p.341, p.364, p.406, p.516, p.583.

색인
INDEX

저 자

하성호 Songho Ha

고려대학교 사학과를 졸업하였고, 미국 뉴욕 주립대학(SUNY Buffalo)에서 미국사 전공으로 박사학위를 받았다. 현재 미국 알래스카 주립대학교(University of Alaska Anchorage) 역사학과 정년 보장 부교수로 재직 중이다. 저서로는 *The Rise and Fall of the American System: Nationalism and the Development of the American Economy, 1790–1837* (London, Pickering & Chatto, 2009)가 있고, 논문으로는 「The Jeffersonian Land Policies, 1800-1828」, 「The Radical Political Culture of the American System, 1801-1829: The Case of Internal Improvements」, 「존 퀸시 애덤스와 크리크 인디언 추방, 1825–1827」 등이 있다. 풀브라이트(Fulbright) 장학금, 우암학술상 등을 수상하였다.

역 자

양홍석 梁弘錫

경남 산청에서 태어났으며 동국대학교 사학과를 졸업하였다. 동 대학원에서 문학박사 학위(미국사 연구)를 취득하였으며, 현재 동국 대학교 문과대학 사학과 교수로 재직 중이다. 논문으로는 「앤드류 잭슨의 주권론(州權論)」, 「앤드류 잭슨의 인디언 정책」, 「개항기(1876–1910) 미국의 치외법권 적용논리와 한국의 대응」, 「페기이튼 시건과 앤드류 잭슨의 정치 전략」 등이 있고, 저서로는 『미국 정치문화의 전개』(국학자료원)와 『미국기업성공신화의 역사』(동과서), 『고전으로 가는 길』(아카넷. 공저), 『고귀한 야만』(동국대학교 출판부) 등이 있으며, 번역서로는 에밀리 로젠버그(Emily S. Rosenberg)의 『미국의 팽창·Spreading the American Dream』(동과서), 『사료로 읽는 미국사』(궁리출판, 공역), 『대한민국 임시정부 자료집 20: 주미외교위원부 II』(교학사, 공역) 등이 있다.

아메리칸 시스템의 흥망사, 1790-1837

초판 인쇄   2014년 7월 20일
초판 발행   2014년 7월 30일

저   자| 하성호
역   자| 양홍석
펴 낸 이| 하운근
펴 낸 곳| 學古房

주   소| 서울시 은평구 대조동 213-5 우편번호 122-843
전   화| (02)353-9907 편집부(02)353-9908
팩   스| (02)386-8308
홈페이지| http://hakgobang.co.kr/
전자우편| hakgobang@naver.com, hakgobang@chol.com
등록번호| 제311-1994-000001호

ISBN   978-89-6071-409-0 94300
         978-89-6071-274-4 (세트)

값 : 28,000원

이 도서의 국립중앙도서관 출판시도서목록(CIP)은 서지정보유통지원시스템 홈페이지
(http://seoji.nl.go.kr)와 국가자료공동목록시스템(http://www.nl.go.kr/kolisnet)에서 이용하
실 수 있습니다.(CIP제어번호: CIP2014021667)

■ 파본은 교환해 드립니다.